해방이후 재일한인 외교문서 해제집

제2권

(1945~1969)

동의대학교 동아시아연구소 편저

이경규 임상민 이수경 소명선 박희영 김웅기

엄기권 정영미 이행화 박미아 이재훈 공저

박문사

머리말

본 해제집은 동의대학교 동아시아연구소 인문사회연구소 지원사업(2020년 선정, 과제명 「해방이후 재일조선인 관련 외교문서의 수집 해제 및 DB구축」)의 2차년도 성과물이며, 해방이후 재일한인에 관련된 대표적인 사건을 이해하는데 중요하다고 생각되는 외교문서를 선별하여 해제한 것이다. 본 해제집 『해방이후 재일한인 외교문서 해제집』은 1945년부터 1969년까지 한국정부 생산 재일한인 관련 외교문서를 대상으로, 한국정부의 재일한인 정책을 비판적이고 상대적인 관점에서 통합적인 연구를 추진하는 것을 목적으로 간행된 것이다. 제2권에서는 「재외국민 보호」 「재외국민 실태조사·재외공관 설치·재외국민 정책」 「재일민단 관련」 「재일한인 강제퇴거」 등에 관련된 외교문서를 다루었다.

현재, 재일한인 사회는 탈식민과 분단의 재일 70년을 지나면서 한일 관계사의 핵으로 남아 있으며, 그만큼 한일과 남북 관계에서 이들 재일한인 사회가 갖는 의미는 강력하다고 할 수 있다. 바꾸어 말하면, 재일한인 사회를 한국과 일본 사이에 낀 지점에서 정치적이고 민족적인 이데올로기를 주입하여 부정적인 이미지로 읽어온 관점은 더 이상 유효하지 않다. 재일한인 사회는 한국과 일본을 상대화시키며 복합적인 의미망을 만들어내고 있기 때문에 오히려 한국과 일본, 그리고 남북 분단의 문제를 새롭게 재조명할 수 있는 위치로 자리매김할 필요가 있다. 특히, 현재 동아시아의 지형도가 급속도로 변화하고 있다는 점에서 남북의 역사적 관계사를 통합적으로 상대화할 수 있는 이른바 중간자로서의 재일한인 연구는 반드시 필요하다. 이에 본 연구팀은 재일한인 사회와 문화가 갖는 차이와 공존의 역학이 한국과 일본, 그리고 북한을 둘러싼 역동적인 관계망 속에서 어떠한 기제로 작동하고 있는지, 한일 양국의 외교문서를 통해서 살펴보고자 하는 것이다.

지금까지 재일한인 관련 외교문서에 대한 선행연구는 한일회담 관련 외교문서를 연구하는 과정 속에서 일부 재일한인의 북한송환사업 및 법적지위협정 문제를 다루고 있을 뿐, 해방이후부터 현재까지의 전체상을 파악할 수 있는 연구는 전무한 상태이다. 특히, 한국인 연구자는 재일한인 연구를 통해 일본의 내셔널리즘을 점검·수정하는 것에 집중한 나머지, 재일한인 사회와 문화에 한국이 어떠한 형태로 개입해 왔는지에 대해서는 그다지 관심을 두지 않았다. 따라서 본 연구팀에서는 한국정부의 재일한인 정책을 비판적이고 상대적인 관점에서 통합적 연구를 추진하기 위해, 한국정부의 재일한인 관련 외교문서는 물론이고 민단을 비롯한 재일한인단체가 발행한 자료를 수집하여 심화연구의 기초적인 자료로 활용할 계획이다. 이를 통해, 재일한인을 연구하는 한국인 연구자의 중립적인 포지션을 비판적으로 사유하고, 한국인의 내셔널리즘까지 포괄적으로 점검·수정할 수 있는 획기적인 토대자료 구축 및 새로운 연구방법론을 모색·제시하고자 한다.

본 해제집 제2권에서 다루게 될 외교문서에 대해서 간략히 소개한다. 「재외국민 보호」 관련 문서는 재외한인 보호와 지도, 감시에 관한 내용을 모은 것으로 재일한인에 관한 것과 쿠바·멕시코 거주 한인에 관한 내용으로 이루어져 있으며 양적인 면에서는 재일한인에 관한 문서가 대부분을 차지하고 있다. 재일한인 관련 문서는 재일한인의 동향에 대한 실태 파악과 재외한인 보호지도 시책에 관한 사항이 주된 내용이다. 그리고 「재외국민 실태조사·재외공관 설치·재외국민 정책」 관련 문서에서는 재외한인들의 실태 파악과 한일수교 이후의 재외공관 설치, 한국정부의 대일본정책 등의 내용이 다루어져 있다.

「재일민단」 관련 문서에는 당시 재일한인의 법적지위 문제와 일본이 제정한 출입국관리특별법안에 대한 진정서, 그리고 민단 차원의 대책회의 내용 등이 담겨 있다. 「재일한인 강제퇴거」 관련 문서에서는 한일협정 체결 이후에도 지속적으로 발생한 한인들의 밀항에 대한 강제 퇴거 문제를 다루고 있다. 당시의 밀항과 강제퇴거 문제와 관련된 재일한인들의 시대적 상황을 이해하는데 귀중한 자료이다.

본 해제 작업은 1년이라는 짧은 기간 동안에 1945년 8월부터 1969년 12월 사이에 한국정부 생산 재일한인 외교문서를 수집·DB 구축해야 했고, 이 시기에는 상태가 양호하지 못한 문서들이 많았다는 점에서 해제 작업 수행에 어려움이 많았던 것이 사실이다. 그러나 동아시아연구소의 인문사회연구소 지원사업 연구팀 멤버들은 끊임없이 방대한 자료들을 조사·수집했고, 정기적인 회의 및 세미나를 통해서 서로의 분담 내용들을 공유·체크하면서 해제집 내용의 완성도를 높이는데 힘을 보탰다.

마지막으로 관련 자료 수집에 적극적으로 협조해주신 외교부 외교사료관 담당자 선생님들께 진심으로 감사드리며, 방대한 분량의 자료수집과 해제작업의 악전고투를 마다하지 않고 적극적으로 집필에 임해주신 인문사회연구소지원사업 연구팀 멤버들께도 이 자리를 빌려 다시 한번 깊이 감사드린다. 끝으로 이번 해제집 출판에 아낌없는 후원을 해주신 도서출판 박문사에 감사를 드리는 바이다.

2022년 6월

동의대학교 동아시아연구소

소장 이경규

목차

第1부

재외국민 보호, 1957~1959

第2부

재외국민 실태조사·재외공관 설치·재외국민 정책의 건

제3부

재일민단 관련

제4부

재일 한인 강제퇴거

해제집 이해를 위한 부가 설명

본 해제집은 해방 이후인 1945년부터 1969년(일부 문서는 사안의 연속성으로 인해 70년대 초반까지 포함)까지 생산된 대한민국 외교문서 중 공개된 재일 한인 관련 사안들을 모아 해제한 것이다. 외무부 파일은 시기와 주제에 따라 분류되어 있으므로 본 해제집의 수록 파일들도 그 기준에 의해 정리된 것이다. 본 해제집은 아래와 같은 기준에 의해 작성되었다.

1. 각 해제문은 제목, 해제 본문 이하 관련 문서를 수록하였다.
2. 관련 문서는 동일 내용의 중복, 재타자본, 문서상태 불량으로 인한 판독 불가, 여러 사안을 모은 문서철 안에서 상호 맥락이 연결되지 않거나 상대적으로 중요도가 덜한 부분은 채택하지 않았다.
3. 관련 문서는 생산 연도순으로 일련번호를 매겼고, 각 문서철의 기능명칭, 분류번호, 등록번호, 생산과, 생산 연도, 필름 번호, 파일 번호(사안에 따라서는 존재하지 않는 것도 있음), 프레임번호 등 외교부의 분류 기준을 그대로 사용하였다.
4. 문서의 제목은 생산문서의 원문대로 인용하거나 핵심 내용을 요약하여 사용하였으나, 제목이 작성되지 않은 경우는 공란으로 두었다.
5. 문서번호는 전술한 이유로 인해 미채택 문서가 있으므로 편집진의 기준대로 일련번호를 부여하였다.
6. 발신처, 수신처, 작성자, 작성일 등은 편집부의 형식을 따라 재배치하였다
7. 인쇄 번짐, 원본 필름의 촬영불량, 판독 불가의 경우 □의 형태로 처리하였으나, 원문에서 판독하기 어렵더라도 동일 사안에서 여러 차례 반복된 단체, 지명, 인명 등은 표기가 명백한 부분을 기준으로 통일성을 기하였고, 오타, 오기 등으로 각기 다르게 표기되었을 경우에는 각주로 이를 처리하였다.
8. 원문의 표기를 그대로 따르는 것을 원칙으로 하였으나, 경우에 따라 임의로 띄어쓰기를 했고 이해에 심각한 지장을 초래하는 경우 주석을 달았다.

제1부

재외국민 보호, 1957~1959

해방이후 재일한인 외교문서 해제집

▌제2권▌(1945~1969)

본 문서는 재외국민 보호에 관한 내용을 수합한 것으로 1957년에서 1959년 사이에 생산된 문서이다. 문서의 구성은 일본 거주 동포에 관한 것과 쿠바와 멕시코 거주 동포에 관한 것으로 이루어져 있고, 양적인 면에서는 재일동포에 관한 문서가 대부분을 차지하고 있다.

1950년대는 국가적 차원의 재외동포정책이 실시되기 이전의 시기에 해당한다. 식민지에서 해방된 후 독립국가 수립과정에서 이념을 달리하는 두 국가가 수립되었고, 남북한정부의 대립구도는 민족전쟁으로 이어졌다. 즉, 한국전쟁과 전쟁으로 인한 국가적 타격을 복구하는 것이 급선무였던 시기였기 때문에 재외동포에 대해서는 관심을 둘 여유가 없었다고 할 수 있다. 이 시기의 재외동포정책은 부재의 시기로 평가되고 있다.[1] 1960년대에 들어서면서 산업화와 경제성장을 위한 일환으로 해외이주가 장려되면서 《해외이주법》(1962년 3월 9일 제정 및 시행)과 같은 관련 법률이 마련되기 시작했으며, 재외동포정책이 본격화하는 것은 《재외동포재단법》(1997년 3월 27일 공포, 4월 28일 시행)과 《재외동포의 출입국과 법적지위에 관한 법률(약칭:재외동포법)》(1999년 9월 2일 제정, 12월 3일 시행)이 마련되는 1990년대에 들어서면서부터이다.

COVID-19의 세계적인 확산을 전후로 한 시기에 재외국민과 관련된 법률이 일부 개정되는 등 재정비 움직임이 활발해졌다. 《재외국민의 교육지원 등에 관한 법률(약칭: 재외국민교육법)》(2007년 1월 3일 제정, 7월 4일 시행)과 《재외국민등록법》(1949년 11월 24일 제정 및 시행) 등의 개정이 있었고, 재외국민의 생명과 신체 및 재산을 보호하기 위한 국가의 영사 조력과 관련된 제반 사항을 규정한 《재외국민보호를 위한 영사조력법(약칭: 영사조력법)》이 새롭게 마련되기도 했다. 2019년 1월 15일에 공포된 영사조력법은 2년의 준비기간을 거쳐 2021년 1월 16일부터 시행, 대한민국 국민의 안전한 국외 거주와 체류 및 방문을 도모하고 있다. 우리 헌법 제2조 제2항의 "국가는 법률이 정하는 바에 의하여 재외국민을 보호할 의무를 진다."라는 규정에 근거하여 입법화가 진행된 것이다. 영사조력법 이전에도 외교부 훈령으로써 《재외국민보호를 위한 재외공관의 영사업무 처리지침》 이 2018년 6월 5일부터 시행되고 있어 재외국민 보호는 이루어져왔으나, 헌법에 근거한 법률로 입법화한 것이 영사조력법이다. 자국민의 해외출국이 빈번하고 해외 각지에서 테러, 각종 사건과 사고,

---

1) 이와 같은 평가는 이종철(2008) 「재외동포정책 비교연구-각국 사례를 중심으로」(『한국국제정치학회 학술대회 발표논문집』8호, 한국국제정치학회)와 김용찬(2018) 「재외동포정책의 역사적 평가와 과제」(『민족연구』72호, 한국민족연구원) 등 많은 재외동포정책에 관한 연구논문에서 지적되고 있다.

자연재해와 재난 등의 위험에 노출될 가능성이 커짐에 따라 영사조력법의 필요성이 제기된 데에 따른 결과라 할 수 있다. 이와 같이 재외국민보호를 위한 법률이 재정비되고 본격적으로 입법화 절차를 거쳐 관련법률이 시행된 것은 최근의 일이다.

본 문서철에 수합된 재일동포 관련 문서는 크게 재일동포 동향에 대한 실태 파악(1957년도 생산 문서)과 재외국민 보호지도 시책(1959년도 생산 문서)으로 나눌 수 있다. 1965년 6월 22일 한일협정이 체결되기까지 양국간의 수차례의 회담이 이루어졌다. 그 시작은 미군정시기인 1951년 10월 21일에 GHQ 외교국장 시볼드의 중개로 이루어진 예비회담에 이어, 1952년 2월 15일부터 본회담에 돌입하지만 양측의 주장이 엇갈려 회담은 중단되고 만다. 이후 재개와 중단을 반복하며 양국이 조약에 조인하게 되는 것은 제7차 회담에 이르러서이다. 본 문서철은 재일동포 문제 등의 법적지위와 청구권 문제, 선박과 어업 문제, 문화재 문제 등을 중심으로 제4차 한일회담(1957.04.15.~1960.04.15.)이 진행되고 있는 사이에 생산된 문서이다.

앞에서도 언급했지만, 1950년대는 재외동포정책사에 있어 '기민(棄民)정책의 시기' 혹은 '네트워크 부재 시기'로 평가되고 있는 시기에 해당한다.[2] 남북한의 대립구도에서 오는 정치적 긴장감이 반공과 반일 정서로 나타났고, 특히 일본사회에서 법적 지위 변화와 탄압과 차별을 받고 있던 재일동포에 대해 적극적인 보호정책을 실시하지 않았다는 점에서 기민정책의 시기로 평가하고 있는 것이다. 해방 직후 통일된 정부 수립이 이루어지지 않은 단계에서 조국으로의 귀환을 추진하는 재일동포들은 스스로가 생활권 보호를 위해 투쟁할 수밖에 없었다. 이러한 과정에서 수많은 단체들이 생겨났고, 이들 단체를 규합하는 재일본조선인연맹(약칭:조련)이 1945년 10월 15일에 결성되었다. 좌파적 성향이 강한 조련은 일본공산당과도 연결된 조직으로 당시 대다수의 재일동포가 이 단체에 소속되어 있었기 때문에 이승만정권은 재일동포를 친일파 혹은 공산주의자로 간주해 재일동포의 귀국을 어렵게 했다.[3] 그러나 1947년 5월 2일, 일본정부가 《외국인등록령》(칙령 제207호)을 공포하자, 국내에서도 재일동포의 법적지위문제가 논의되었고, 1949년에는 《재외국민등록령》(1949년 6월 25일 제정, 8월 1일 시행)이 시행되었다. "외국에 체류하는 국민의 신분을 명확히 하고 그 보호를 적절히 행하기 위해 그 등록을 실시함을 목적"으로 하여 한국국적으로의 등록을 유도하고자 한 것이다. 그러나 사실상 조선 국적을 고수하는 재

2) 최종호(2006) 「역대정부의 재외동포 정책-법적, 제도적 문제점과 그 대안」(『민족연구』27, 한국민족연구원, p.171), 정영국(2013) 「한국의 재외동포정책에 관한 연구-글로벌재외동포정책의 수립과 전개를 중심으로」(국민대학교대학원 박사학위논문, p.129)

3) 이용재(2015) 「한국의 재외동포정책의 과정과 과제」(『민족연구』61, 한국민족연구원) pp.12-13

일동포는 보호대상에서 제외되는 것이었다. 이와 같이 이승만정부의 반일, 반공 정서는 재일동포에 대한 적극적인 보호정책으로 이어지지 못했고, 1955년 5월 25일 재일본조선인총연합회(약칭: 조총련 혹은 총련)이 결성되면서 북한측은 재일동포에 대해 교육원조금을 지원하는 등 적극적인 포섭 활동을 펼쳤고, 1959년에는 북송사업까지 추진하게 된 것이다. 북송사업을 저지하지 못한 것도 결국 이러한 한국정부의 미온적인 태도에서 비롯된 것이라는 비판을 낳게 되는 것이다.[4] 본 문서철은 이러한 면모를 확인할 수 있는 자료가 되고 있다.

생산된 순서대로 재일동포와 관련된 문서부터 살펴보면, 1957년 9월 20일자 내무부장관 발신의 문서는 일본에서 입국한 자로부터 입수한 정보를 정리하여 「재일동포 활동에 관한 건」이란 건명으로 주일대사에게 발송된 것을 확인할 수 있다. 외무부는 국가 위신 추락에 관한 문제와 한일회담을 둘러싼 잡음에 대한 문제 지적과 함께 상급학교 진학에 필요한 추천장 발급 문제, 좌익계 청년의 전향문제 등을 언급하며 시정을 요구하고 있다. 이 문서에 대해 주일대사의 보고는 재일동포의 교육문제가 중심이 되고 있다. 부진한 민족교육 시설에 비해 조총련계는 북한에서 송부된 학교 규정과 규칙, 교육과정안, 교육요강에 따라 체계적으로 운영되고 있음을 보고하고, 한국계 교육기관과 조총련 측 교육기관 수와 학생수를 수치화한 별첨자료를 통해 제시하고 있다. 이 별첨 자료에 의하면 1957년 8월 현재 한국계 교육기관은 초등부, 중등부, 고등부를 총합하여 총 13개 학교가 운영되고 있고, 조총련 측은 41개 학교로 보고되고 있다.

그리고 일자는 명기되어 있지 않으나 10월 *일, 오후 3시에 외무부 회의실에서 이루어진 좌담회에서는 재일교포 교육문제와 재일교포 사상선도문제에 대한 구체적인 질의응답이 이루어지고 있다. 좌담 보고서는 아주과장 강영규(姜永奎)의 10개 항목의 질문에 대한 재일거류민단 중앙총본부 부단장 홍현기(洪賢基)의 답변을 정리하고 있다. 외무부의 질의 내용은 (1) 현재 일본내에 있는 한국계 교육기관의 수와 학생수, (2) 한국계 교육기관의 수 및 규모내용이 북한계의 그것에 비교해서 부족한 원인, (3) 한국계 학교의 운영 실태 및 장래 발전 전망, (4) 북한계 학교의 운영 실황 및 북한정권과의 연락 상황, 앞으로의 추이 전망, (5) 재일교포의 해방 후의 움직임과 현황, (6) 거류민단의 교포 포섭 및 지도 방침, (7) 재일교포의 일본국적에로의 귀화문제 및 그 실태, (8) 재일교포에 대한 북한정권의 침투공작 상황, (9) 재일한국교포의 선도문제 및 기본적 방안, (10) 거류민단의 최고간부로서 본국 정부에 대해

4) 상기의 글 pp.12-13

교육문제 및 사상선도 면에서 요구하는 희망사항으로 이루어져 있다.

민단 측의 답변을 보면, 한국계 교육기관 수는 1957년 5월 현재 6개로 보고하고 있어 9월 20일자 문서에서 13개 학교(1957년 8월 현재)로 보고한 내용과는 상이하다. 한편, 북한계 교육기관 총수는 300개에 달한다는 보고를 하고 있어, 이 부분에서도 41개로 보고되었던 수치와 큰 차이를 보이고 있다. 이러한 격차를 낳게 된 배경에는 2가지 사실을 들고 있다. 1949년 9월 2일, GHQ의 《단체 등 규정령》에 의해 조련이 해체 명령을 받았을 때 "해산에 대한 대가로 일본정부 소유의 학교 건물 및 시설의 이양을 주장"하는 이면공작을 펼쳤고, 이 요구에 대해 일본정부는 전국각지의 300여개의 학교 건물을 이양했기 때문으로 보고 있다.

또 하나는 학교 건물뿐 아니라 일본정부로부터 매년 "최소 8억에서 최고 15억엔"에 이르는 교육보조 장학금을 수혜한 결과 양적으로도 질적으로도 북한계 학교가 우세하게 된 실정으로 분석하고 있다. 이에 반해 한국계 학교의 경우, 학생수는 증가하고 있으나 학교 운영은 학부형을 비롯한 특정 교포들의 기금으로 이루어지고 있어 학교 설립이 쉽지 않은 상황이라고 한다. 그러나 교포 2세들이 진학할 수 있는 대학의 필요성이 제기되고 있고, 이를 추진하기 위해 현재 오사카(大阪)에서는 한국인대학설립기성회가 설립되었음을 보고하고 있다. 한국계 대학 설립은 북한계 학교에서 중고교육과정을 받은 학생들을 포섭할 수 있는 기회로 판단하고 있는데, 여기에는 북한계 학교에 지급해오던 교육조성금이 정치자금으로 유용된 정황을 포착한 일본정부가 1954년부터 보조금 지급을 중단한 점과 북한계 학교 출신자의 상급학교 진학을 억제한 점을 근거로 제시하고 있다. 또한 한국정부의 재일동포 교육문제에 대한 관심이 고조되고 있다는 점도 한국계 학교의 전망을 밝게 하고 있다고 보고 있다.

재일동포의 해방 후의 동향에 관해서는 해방 직후 조련에 의한 "적화활동"으로 한국계와 북한계의 비율이 2대 8 정도였으나 한국전쟁을 기점으로 변화하기 시작하여 1957년 현재는 한국계가 8을 차지하게 되었고, 이러한 결과는 "민단조직의 강화철저와 선전"에 의한 것으로 분석하고 있다. 이어 민단 조직에 대한 상세 설명과 활동 사항을 구체적으로 소개하고 있다. 귀화문제의 경우, 일본정부가 실업가를 대상으로 일본국적으로의 귀화를 유도하고 있으나 "법적 지위와 사실상의 지위간에 오는 차질"을 실감하고 있어 감소 추세를 보이고 있다고 한다.

마지막으로 한국정부에 대한 민단 측의 요구사항으로는 ① 유익한 국정교과서의 수급양 증가와 전달 방식 재고, ② 문교부로부터의 장학관 파견 요청, ③ 모국의 교육과정과 동등하게 인정하고 취직과 편입학 혹은 전학에 불리함이 없도록 하고,

④ 민단의 대외 위신 선양을 위해 간부급의 모국방문 기회를 공여하고 출입국을 용이하게 해줄 것, ⑤ 재일동포 제조업자의 생산활동 증대를 위해 모국에서의 생산품 전시회 기회 부여, ⑥ 민단의 공로자에 대해 국가차원의 표창제도 신설과 모국 초청 기회 부여 등을 제안하고 있다.

민단 간부와의 좌담 이후 11월과 12월에는 조총련의 활동(1957년 10월 행사) 보고와 좌익계통 학교의 실태조사에 대한 의뢰와 보고 관련 문서가 중심을 이루고 있다. 1957년 12월 9일자 주일참사관 발신 문서는 한신(阪神)교육투쟁과 그 결과, 조선대학교를 비롯하여 좌익계 조직 재일조선인교육회와 재일조선인교직원동맹에 관한 보고로 이루어져있다. 1947년 10월, GHQ는 재일조선인을 일본의 교육기본법과 학교법에 따르도록 하라는 지령을 내렸고, 일본정부는 1948년 1월 24일에 《조선인학교 폐쇄령》을 내리게 된다. 조련을 중심으로 폐쇄령에 반대하는 투쟁이 전개되었고, 그 과정에서 당시 16살의 김태일(金太一) 소년이 경관에 사살되는 일이 발생하기도 했다. 4월 14일부터 26일에 걸쳐 오사카와 고베(神戸) 일대에서 전개된 교육투쟁에 대해 "조련은 이 조치(조선인학교 폐쇄 조치)를 부당탄압이라 지적하여 일본공산당 지원 하 각지에서 실력투쟁을 하고 소요사건 등을 야기"했고, 그 후 "일본국 문부성에 '일절 일본교육법을 엄수하겠다'는 각서를 제출하고도 소위 민족교육의 명목 하 공연하게 공산주의 교육을 실시"했다고 보고하고 있다. 조선대학교에 관해서는 설립 과정과 목적, 부지 매입과 위치뿐 아니라 학장을 비롯하여 교직원 명부, 향후 학교운영 방침에 대해서 소개하고 있다. 재일조선인교육회와 재일조선인교직원동맹에 관해서도 조직 구성과 역할, 그리고 주요 임직원 명부를 기재해서 보고하고 있다. 한국전쟁이 휴전한 상태로 남과 북이 대치하고 있는 긴장된 상황이었던 만큼, 주일대사와 주고받은 외교문서에도 그 흔적은 역력히 드러나고 있다. 이 시기는 재외국민에 대한 보호정책 실시를 위해서라기보다 북한과 연결된 조직의 동태 파악이 우선시되고 있음을 알 수 있다.

한편, 1957년 11월 28일자로 주일대사가 외무부장관에게 발송한 문서 「재일교포 4명 북한행 계획에 관한 건」에는 영문으로 표기된 구상서(口上書)가 첨부되어 있다. 주일대사는 재일동포 4명(오용생, 정장율, 김왕섭, 김교운)이 북한으로 향하려던 사실을 파악하고, 일본정부가 북한으로의 출국을 허가한 조치에 대해 강력히 항의하고 있다. 그리고 국제관행에 반하는 행위로 규탄하고, 재일한국인의 해외 출국은 대한민국이 발행하는 여권을 소지한 자에 한해 가능하도록 일본 외무성에 확약을 요청한 사실을 보고하고 있다. 그러나 이 문서와 관련된 외무부 발송의 후속 문서는 발견되지 않는 것으로 보아, 한국정부의 반응은 확인할 수 없다.

1958년도에 생산된 재일동포 관련 문서는 발견되지 않으며, 1959년도에는 중남미 지역의 재외동포에 관한 문서가 혼재되어 있는데, 이 부분에 대한 해제는 생략하기로 하겠다.

1959년 6월부터 8월 사이에는 다시 재일동포와 관련된 문서가 생산되고 있는데, 이 시기에는 재일동포의 북송사업이 주요 현안이 되고 있다. 1959년 6월 18일에는 민의원 의장인 이기붕(李起鵬)이 이승만대통령에게 「재외국민 보호지도를 위한 건의」 문서를 발송하고 있다. 여기에는 민의원에서 작성한 재일동포 북송사업에 대한 결의문이 첨부되어 있다. 민의원에서는 "우리정부의 재외국민보호책은 소극고식적인 방임상태인 바 이 사태는 철저히 방심할 수 없으므로 정부는 재외국민 보호지도를 위해 기본 시책을 확립 실천할 것을 촉구"하고 국제사회의 여론에 호소하는 등 강력하고도 적절한 방법을 취할 것을 요청하고 있다. 이와 함께 재일동포 보호지도 시책을 위한 예산 지출 요구(2억원의 긴급 지출)와 시책상 시정해야 할 중요한 사항을 6항목에 걸쳐 제시하고 있다. 6항목은 ① 외무부와 주일대표부의 인사 쇄신, ② 민단의 지도육성책 강구, ③ 교포학생 지도부에 대한 적절한 대책, ④ 교포의 모국왕래 제한 완화와 여권발급 사무 간소화와 신속 처리, ⑤ 교포의 재산반입을 권장하는 대책 확립, ⑥ 대일교역에서 교포 생산제품 우선 구매이다.

이와 같은 국회의 대정부 건의안에 대해 긴급 예산 편성이 이루어졌는지의 여부는 확인할 수 없고, 외무부를 위시해 재무부와 상공부에서 생산된 문서(의정(아) 제1687호)를 보면, 상기의 시정 사항에 대해 ⑤번과 ⑥번 항목에 대해서만 의견을 제시하고 있다. 즉, 외무부는 재무부와 상공부에 각각 "교포의 본국 재산반입을 권장하는 대책을 확립할 것"과 "대일교역에 있어서 교포생산 제품을 우선적으로 구매할 것"을 요청하고 있다. 본 건과 관련된 마지막 문서는 재무부에서 외무부로 보낸 문서로, 여기에는 1957년 1월 1일자 법률 제429호 《관세법 개정의 건》으로 재외교포의 재산반입을 인허하는 제도가 이미 법제화되어 있고, 이듬해인 1958년에는 재산반입 절차를 명문화했으며 1959년 5월 6일자 재무부령 제168호 《재산반출입 심사위원회 규정》을 제정함으로써 자문기관 설치와 통관 절차도 간소화되었음을 알리고 있다.

이러한 과정을 살펴볼 때 재외국민 보호지도 시책을 요청한 대정부 건의안은 특정 항목, 즉 국가 경제와 관련된 사항에만 반응하고 있고, 이미 법제화되었다는 보고로 끝나고 있어 사실상 대정부 건의안은 묵살된 것이나 마찬가지라 할 수 있다. 재일동포에 대한 북송사업은 한국전쟁 이전부터 추진하려는 움직임이 있었으나 1955년 5

월에 재일조선인총연합회(조총련)이 결성되고 난 이후부터 본격화했다. 일본은 북한과의 국교가 없었기 때문에 양국 적십자사가 주체가 되어 추진한 북송사업에 대해 민의원에서는 "일본정부는 수단방법을 가리지 않고 재일교포 추방계획을 추진" 중이므로 우리정부에 적극적인 재외국민보호책을 마련해 달라는 건의를 한 것이지만, 사실상 아무런 조치도 취하지 않았다. 그 결과 제1차 귀국선 만경봉호가 니이가타항(新潟港)을 출발한 1959년 12월 14일부터 귀국사업이 종료하는 1984년까지 일본인 배우자를 포함하여 9만 3000여명의 재일교포가 북한으로 향하게 되었던 것이다. 일본과 북한이 공동으로 추진한 북송사업을 저지하지 못한 것도 이승만정부의 재일동포 보호정책에 미온적인 태도에서 비롯된 결과로 볼 수 있을 것이다.

▌관련 문서▐

재외국민 보호, 1957-59.

재외국민 보호, 1957-59

기능명칭: 재외국민 보호, 1957-59

분류번호: 791.31 1957-59

등록번호: 448

생산과: 교민과

생산연도: 1959

필름번호: P-0001

프레임번호: 0039-0158

1. 내무부 공문-재일교포동향의건

번호 內治情 第五四九四號

일시 1957.9.20.

발신 內務部長官

수신 外務部長官

제목 在日僑胞動向의 件

首題件에 関하여 最近 日本으로부터 入國한 者等이 漏說하는 바에 依하면 在日僑胞中 識者層에서 僑胞에 対한 施策問題 및 韓日會談問題 等에 關하여 左記와 如히 與論을 喚起식히고 있다는 바 此는 施政上 參考되는 点 不尠할 것으로 認定되옵기 右 參考 通報하나이다

記

一. 國家威信失墜에 関한 問題

1. 東京都内 新宿을 爲始로 各 빠친코街에서 韓國老婆 및 青年等이 襤褸한 衣服으로 堵物煙草를 몰아 사기에 沒頭하는 姿態가 國際的으로 큰 醜態임으로 本國으로 送還하여야하며

2. 韓國人에 対한 刑事々件을 日本新聞에 報道할 時 "朝鮮人"이라는 侮辱的인 代名詞로 発表함에도 不拘하고 이것을 指摘하여 名譽毀損으로 문제를 惹起 식이는 者 全無한 形便이며

日本人이 쩍하면 "李라인" 云々하면서 辱說을 하는 者 許多함에도 이것을 勇敢히 反駁하는 同胞皆無한 地境이라고

日本에 居住하는 美國人等이 日本人과 同調하여 日本人으로 하여금 韓國을 支配케하는 方向으로 나가는 現象이며 美國人直接韓國人에 対하여도 侮辱하는 傾向이 許多함에도 一言半句도 建議하는 者 全無하다고

二. 韓日間 國交調整 問題에 関하여

1. 맥아더-將軍이 日本司令官으로 在任時에

ㄱ. 関東震災当時 韓國人殺戮事件을 上当히 処理하지 않는 問題과

ㄴ. 光州學生事件 当時 大多數의 學生等을 殺傷한 問題과

ㄷ. 独立萬歲事件 当時 虐殺行爲等을 强力히 力說하였드라면 難舫中인 財寶問題가 무난히 解決되여 韓國々交関係는 解決되여슬것을 오늘에

와서 이러고, 저려고 하는 것은 理解할 수 없다고

三. 學生에 対한 推薦狀 発給問題

上級學校에 就學하려면 居留民團의 地方支部, 中央總本部를 経由 駐日代表部의 推薦을 受하는바 其手數料가 二十円(日貨)이나되여 貧困한 學生等의 進學에 悪影響이 있으니 手數料徵收를 廃止하여 달라고

四. 左翼青年等의 轉向問題

在日韓國人青年이 左右로 対立되고 있지만 南韓側에서 하는 일이 建設的이고 発展的이라면 隱然中에 轉向되여 훌륭한 韓國人이 된다고,

2. 기안-재일교포동향의건

번호 외 제3320호
기안연월일 1957.09.2□
시행연월일 10.04.
발신 장관
수신 주일대사
건명 在日僑胞 動向에 관한 件

首題之件 在日僑胞의 最近動向에 관하여 別添과 같은 內務部長官으로부터의 提報가 有하오니 参照 하심을 바랍니다.
別添 內務部長官 提報公文寫本 一通

별첨-내무부장관 제보 공문 사본

번호 內治情 제5695호
일시 1957.9.28.
발신 내무부 장관
수신 외무부 장관
제목 在日朝總聯係 動向의 件

首題件에 関하여 日本往來者等을 通하여 蒐集한 情報에 依하면 在日朝總聯 分者等은 在日僑胞 및 本國의 旅行者等을 如左 手段으로 包攝 弄絡하고 있다고 하옵기 玆以 參考通報하나이다.

記

一. 朝總聯에서는 專門担当者로 하여금 日本 各地의 司法保護委員会와 各刑務所를 定期的으로 巡廻訪問하여 僑胞受刑者 中 滿期出獄者 또는 假出獄者 等의 出獄時日을 探知하여 其日時에 刑務所 門前에 待機하고 있다가 張本人이 出獄하면 于先 慰勞를 한 후 封套十枚 葉書五枚 便紙々一卷 및 旅費千円式을 支給하여 歡心을 사게한 후 朝總聯에 加入하게 하며

二. 密航渡日 又는 密輸業을 常習的으로 敢行하는 者等을 探知 旅館 其他 宿所等에 來訪하여 物品購入 其他에 대한 諸般 便宜를 供與 包攝 後 그들로 하여금 本國에 來往하면서 各種 情報를 蒐集 提供케 하고 있음에 反하여 居留民團側에서는 民團에 加入하려는 人物에게 대하여 于先 李大統領 閣下 肖像畵를 三万円에 強賣하는 同時 加入金 등을 徵收하는 關係上 民團加入者가 稀少하여지는 實情이라고 함

3. 외무부 공문–재일교포 동향에 관한 건

번호 外政 제　호
일시 1957.9.30.
발신 외무부 장관
수신 주일대사
제목 재일교포 동향에 관한 건

首題之件 在日同胞의 最近 動向에 관하여 別添과 같은 內務部長官으로부터 提報가 有하오니 參照하심을 바랍니다.
別添 內務部長官　公文寫本 1通

별첨-내무부 장관 공문 사본

번호 內治情 제5494호

일시 1957.9.20.
발신 내무부 장관
수신 외무부 장관
제목 재일교포 동향의 건

首題件에 관하여 最近 日本으로부터 入國한 者等이 漏說하는 바에 依하면 在日僑胞中 識者層에서 僑胞에 對한 施策問題 및 韓日會談問題 等에 關하여 左記와 如히 與論을 喚起키고 있다는 바 此는 施策上 參考되는 点 不尠할 것으로 認定되옵기 右 參考 通報하나이다.

記

一 . 國家威信 失墜에 関한 問題

1. 東京都內 新宿을 爲始로 各 빠친코 街에서 韓國老婆 및 靑年等이 襤褸한 衣服으로 堵物煙草를 몰아 사기에 沒頭하는 姿態가 國際的으로 곧 醜態이므로 本國으로 送還하여야 하며
2. 韓國人에 対한 刑事々件을 日本新聞에 報道할 時 "朝鮮人"이라는 侮辱的인 代名詞로 發表함에도 不拘하고 이것을 지적하여 名譽毁損으로 問題를 惹起시키려는 者 全無한 形便이며 日本人이 척하면 "李라인" 云々하면서 辱說을 하는 者 許多함에도 이것을 勇敢히 反駁하는 同胞皆無한 地境이라고 日本에 居住하는 美國人等이 日本人과 同調하여 日本人으로 하여금 韓国을 支配케 하는 方向으로 나가는 現象이며 美国人, 直接 韓国人에 대하여도 侮辱하는 傾向이 許多함에도 一言半句도 建議하는 者 全無하다고

二 . 韓日間 國交調整 問題에 関하여

1. 맥아더-將軍이 日本司令官으로 在任時에
   ㄱ. 関東震災当時 韓國人殺戮事件을 正当히 処理하지 않은 問題와
   ㄴ. 光州學生事件 当時 多数의 學生等을 殺傷한 問題와
   ㄷ. 獨立萬歲事件 当時 虐殺行爲等을 强力히 力說하였드라면 難航中인 財寶問題가 無難히 解決되여 韓國々交關係는 解決되었을 것을 오늘에서 이러고 저러고 하는 것은 理解할수 없다고

三 . 學生에 對한 推薦狀 発給問題

上級學校에 就學하려면 居留民團의 地方支部, 中央 總本部를 經由 駐日代表

部의 推薦을 受하는바 其手數料가 二千円(日貨)이나 되며 貧困한 學生等의 就學에 惡影響이 있으니 手數料徵收를 廢止하여달라고

四. 左翼青年等의 轉向問題

在日韓國人青年이 左右로 対立되고 있지만 南韓側에서 하는 일이 建設的이고 発展的이라면 隱然中에 転向되어 훌륭한 한국인이 된다고

以上

4. 외무부 공문–재일교포교육실황에 관한 건

번호 韓日代 제458호
일시 1957.10.10.
발신 주일대사
수신 외무부 장관
제목 재일교포교육실황에 관한 건
(対 ST901010 無電)

首題件 対號 在日僑胞教育實況을 于先 如左 回報하며 具体的事項에 関하야서는 後報為計임

記

一. 在日僑胞教育 基幹教育施設의 總數 및 運営状況

(1) 別添表 (一) 參照

在日僑胞의 教育施設은 極히 不足하며 未備된 現況으로 自治運營制를 採択하고 있는바 主로 学校自体에서 理事陣을 十余名으로 構成하야 其理事陣에서 據出되는 全員 및 其他 有志로부터 喜捨되는 金額으로 運営을 持續하고 있는 形便임 故로 多大數의 僑胞의 子弟는 日本人学校에 登校하지 안으면 안되는 現象을 露呈하고 있음

(2) 別添表 (二) 參照

所謂 朝總聯에서는 昨年八月以来 東京에 中央学院을 開設하고 「맑스레-닝」主義에 立脚한 幹部教育을 實施하는 一方 北韓傀集에서 実施하고 있는 「民主宣傳室」制度를 採択하고 一般大衆을 傀集 公民으로서 指導教育하는 方針

을 決定, 實踐하고 있는 바 이 教育方針은 傀集教育政策의 一環으로 實施하고 있는 것임.

여기서 總聯中央教育部에서는 在日朝鮮人의 小中高校에 対하야서도 昨年 新学年度부터 이 教育方針에 따라 教育을 實施하게되여 北韓傀集으로부터 送付된 学校規程 学生規則 教育課程案 教育 및 教授要綱 教育圖書等을 參考로 하야 教育方針 又는 教科書를 策定하고 여기에 基依한 教育이 實踐되고 있음

如斯한 総聯의 教育方針은 모-든 것을 北韓傀集에 뵈우고 在日朝鮮人을 「맑스레-닝」主義의 革命思想에 依하야 教育하고 이것을 思想的으로 人間改造를 劃策하고 있음

其運營基□으로서는 總聯傘下 地方自治体에서 教育助成을 名目下에 大衆으로부터 會員를 收集交附되고온 바, 去五月에 來到한 教育費壱億□□萬圓(日貨)은 其間 各 在日總聯傘下 教育機關에 送達되여 一層 活潑한 樣相을 露呈하고 있는 一方 其 宣傳的 効果는 注目되는 바 至大함

(3) 在日大学生学校 및 男女別

學校別	男	女	計
國立大學	二九七	二	二九九
公立大學	二〇一	一二	二一三
私立大學	二五八六	七九	二,六六五
短期大學	一八四	二一	二〇五
計	三,二六八	一一四	三,三八二

이 數字는 國民登錄된 者 中에서의 數字이며 大概 密航으로 渡日하야 苦学又는 多少의 非公式送金으로 学校에 다니고 있는 現況임

□總聯系의 學生數字는 約四千余名을 算하고 있는 바 其 分佈는 未詳임

別表第一 民族教育機関 生徒數 調査表 (4290.8.13 現在)

學校名	初等部	中等部	高等部	總生徒數	教職員數
東京韓國学園	113名	91名	47名	251名	25名
京都韓國中学校		175 〃		175 〃	16 〃
名古屋名南学園	45 〃			45 〃	2 〃
岡崎井田小学校	98 〃			98 〃	4 〃
大阪金剛学園	385 〃	155 〃		540 〃	16 〃
倉敷韓國学園	176 〃			176 〃	8 〃

宝塚韓國小学校	87〃			87〃	5〃
大阪建国高等学校		224〃	216〃	440〃	18〃
川崎韓国小学校	45〃			45〃	2〃
京都教会夜間学校	50〃			50〃	5〃
立川学院	132〃			132〃	6〃
愛媛新居学園	24〃			24〃	2〃
熊本韓国学園	21〃			21〃	2〃
各部別計	1,176名	645名	263名		
總在籍數				2,084名	112名

別表第二　朝總聯側 生徒数 調査表 (4290.8.15 現在)

學校名	初等部	中等部	高等部	總生徒數	教職員數
東京朝鮮高校			901名	901名	82名
〃　〃　中校		1,487名		1,487	
東京第一朝鮮小学校	843			843	18
〃 第二　〃	644			644	15
〃 第三　〃	267			267	8
〃 第四　〃	381			381	9
〃 第五　〃	284			284	8
〃 第六　〃	362			362	11
〃 第七　〃	264			264	8
〃 第八　〃	261			261	8
〃 第九　〃	241			241	8
〃 第十　〃	296			296	10
〃 第十一 〃	176			176	8
〃 第十二 〃	219			219	10
〃 第十三 〃	156			156	8
朝鮮師範学校	325			325	39
京都朝鮮中学校		460		460	15
山形朝鮮小学校	251			251	9
愛媛　〃	250			250	10
広島安佐　〃	225			225	9
〃 安芸　〃	151			151	7
〃 大竹　〃	59			59	4

吳 〃	141			141	7
秋田 〃	220			220	7
大阪金利寺 〃	420			420	14
〃 東部 〃	280			280	8
川崎小学校	751			751	29
大阪中西小学校	1,200			1,200	48
〃 鶴橋 〃	1,205			1,205	7
〃 御幸森〃	380			380	14
〃 北中 〃	1,525			1,525	33
〃 朝鮮中学校		2,992		2,992	165
横浜鶴見小学校	480			480	25
〃 長津田 〃	380			380	13
〃 保土谷 〃	853			853	10
横浜朝鮮中学校		530		530	21
〃 〃 高校			490	490	23
名古屋朝鮮小学校	560			560	27
〃 〃 中学校		490		490	23
大坂朝鮮高校			2,300	2,300	92
朝鮮大学校				125	23
初等部 〃	14,040 13,715				
高等部 〃	5, 957				
大学校 〃	3,691				
師範学校 〃	125				
総職員総数	325				
總職員總數	23,815名	教職員總數	893名		

5. 아주과 보고서

일시 1957.10.
발신 亞洲課囑託 黃秉泰
수신 外務部長官

報告書

標記件 檀紀四二九〇年十月 日 午后三時 外務部會議室에서 亞洲課長과 在日居留民団中央本部 副团長間에 行해진 在日僑胞教育問題를 爲始한 在日僑胞 思想善導問題에 関한 座談內容을 如左히 要略報告하나이다

亞洲課囑託 黃秉泰

外務部長官 閣下

記

一. 亞洲課長 姜永奎의 質疑要旨

(一) 現在日本內에 있는 韓國系教育機関의 数 및 學生數

(二) 韓國系教育機関의 數 및 規模內容이 北韓系의 그것에 比較해서 不足한 原因

(三) 韓國系學校의 運営実態 및 將來 発展展望

(四) 北韓系學校의 運営実況 및 傀儡北韓政權과의 連絡狀況, 앞으로의 追移展望

(五) 在日僑胞의 解放后의 움직임과 現況

(六) 居留民団의 僑胞包攝 및 指導方法

(七) 在日僑胞의 日本國籍에로의 歸化問題 及 其実態

(八) 在日僑胞에 対한 北韓傀儡政權의 浸透工作狀

(九) 在日韓僑胞의 思想善導問題 및 基本的方案

(十) 居留民團의 最高幹部로서 本國政府에 対해서 教育問題 및 思想善導의 面에서 要求하는 希望事項

以上의 諸般問題及質問에 対한 在日居留民團中央總本部 副團長 洪賢基氏는 各項目別 以下와 같이 答辯하였음

(一) 現在 韓國系 教育機關으로써는 다음의 것이 있다.

學校名	所在地	生徒數	設立年月日	種類
東京韓國学院	日本東京	三一五名(約)	一九五四年四月	初中高各級包含
京都韓國中学校	日本京都	一五〇名(約)	一九四七年五月	中學校
金剛学校	日本大阪	五四〇名(約)	一九四九年四月	小中各級包含
建國中高等学校	日本大阪	七〇〇名(約)	一九四九年五月	中小高各級包含
倉敷中學校	日本岡山縣	一七〇名(約)	一九五三年二月	中學校
宝塚小學校	兵庫縣	八〇名(約)	一九四二年四月	小學校

一九五七年五月 現在

(二) 現在北韓系學教總數는 日本 全國各地를 網羅하면 三百個程度라고 한다. 우리 韓國系學校數는 不過 六個에 不過함에 反하여 北韓系學校數가 이렇게 数的으로 또 內容的으로 優勢를 보이는 理由는 두가지 事実에 根據하고 있다. 첫째 解放后 在韓人中 共產分子들은 機會를 놓치지 않고 在日朝鮮人聯盟을 組織하여 大大的으로 共產勢力浸透工作에 着手하였든 것이다. 이와 같은 勢力의 膨脹擴大는 마침내 一九四八年 九月 二日에 멕아더 占領軍司令部로 하여금 在日 朝聯系의 共產分子団体의 解散令을 發布하겠끔 이끌었다. 当時 이 解散令執行에 責任을 맡게된 当局은 日本警察当局이였다. 解散의 平和裡의 遂行에 지나치게 熱中하는 日本当局은 相当한 代価의 犠牲을 무릅쓰고라도 遂行할 処地에 있게 되자 共產分子들은 狡猾하게도 表面工作으로부터 教育을 通한 裏面的인 工作으로 戰術을 轉化하며 二世僑胞의 赤化運動을 為하여 共產系 朝聯団体의 解散에 対한 対価로 日本政府所有의 學校建物 及 施設의 移讓을 主張하게 되었다. 이 要求에 應해서 日本政府는 日本全國各地에 散在해 있는 三百余學校建物 及 施設을 共產系僑胞에 移讓하고 解散에 成功했다 即 새로운 建立이나 設立의 努力없이 既往의 學校를 이처름 多量으로 一時에 獲得할 수 있게 되었다. 둘째 既存學校는 日本文部省의 認可된 學校이기 때문에 継続 日本政府가 支給하는 教育補助奬學金을 이를 北韓系의 새로 移讓받은 學校는 受恵하게 되였다 奬學金의 支給額은 每年 最小 八億(日貨)에서 最高 十五億에 이르렀을 것이다 既往의 施設과 設備에다 補助金까지 받아 運営하게된 北韓系學校가 質과 量 共히 優勢하였음은 当然한 論理的 結論일 것이다

(三), 以上과 같은 北韓系學校의 出發 運営에 反하여 韓國系學校는 全部가 解放과 더부러 在日僑胞들 間에 澎々히 싹든 民族意識과 國民正氣 등의 民族的 諸思想 及 諸努力에서 出發한 二世僑胞教育 目的을 遂行하기 為하여 自力으로써 設立되였으며 그 運営도 學父兄及 特志僑胞들의 호주머니에서 醵出되는 資金으로써 維持되여오는 形便이다 私設(立)學校이지만 一定한 財団이 確立된것도 아니다 허지만 六個学校에서 輩出되는 學生數는 年年增加一路에 있다 이 같은 增加하는 學生들을 收容할 大學이 尙今 設立되지 못하고 있다 이러한 実情에 対備하는 하는 한便 北韓系學校서 共產教育을 받은 學生의 日本內大學에로 進出이 事実上停止됨으로서 오는 僑胞들의 二世學生(이들은 中高校課程을 北韓系學校에서 받고 있다)들을 韓國系學校에로 包攝하려는 努力에서 大阪에서는 徐甲虎氏를 中心하여 韓國人大學設立期成會가 設立되였는바 不遠한 時日內에 八

-十五億 (韓貨)의 基金으로서 大學이 設立될 氣運에 있다 이로봐서 앞으로 在日僑胞의 敎育의 展望은 極히 樂觀的이라 할 수 있다 이같은 樂観論을 더욱 強하게 만드는 要素로서 첫째 日政府가 従来 北韓系学校에 対해서 支給해오든 敎育補助金이 中断되였다는 点이다 이 中断의 直接契機는 吉田三次內閣時 이들 敎育補助金使用에 관한 調査가 行해진 結果 敎育吳補助金이 共産運動의 政治資金으로써 流用되였다는 것이 判明됨으로서 一九五四年에 中断되였든 것이다 따라서 年間八-十□億円의 補助金의 中断은 北韓系學校의 運営을 거이 維持 □以下로 □ 되여 相対的으로 韓國系學校의 □ 있다. 그 둘째는 日政府가 暗々裡에 公式的訓令으로써 北韓系出身學校生의 上級校進出을 抑制하고 있다는 点이고 셋째 今年부터 在外 特히 在日僑胞들의 敎育에 対한 政府關心의 高潮化다 이 結果 政府는 今年에 文敎部所管 在外僑胞敎育補助金으로써 十五億圓을 策定하였고 來年에는 三〇億(?)程度로 策定하고 있음은 앞으로 이를 韓國系學校의 發展에 絶大的인 支柱役割을 한다는 点이다 綜合하여 보건데 앞으로 政府의 適切한 保護만 持続되면 發展의 展望은 極히 明朗하고 希望的이라 하겠다.

(四) 앞서도 말한바와 같이 北韓系學校는 日政府로부터의 補助金支給停止, 日政府의 默示的인 進學抑制, 其外 또 在日僑胞가 漸次 居留民団系에로 轉化되여 現在 韓國系僑胞와 北韓系僑胞間의 比率은 一九四六年에만 해도 韓國이 三이고 北韓系가 七이든 程度에 比해서 오히려 韓國系가 七, 北韓系가 三으로 逆転한 形便이니 二世僑胞들의 北韓系學校에로의 進出은 漸次 減少 一路에 있다는 事実等은 이들 北韓系學校들의 萎縮을 말해주고 있다 여기서 한가지 看過할 수 없는 한가지 重大한 事実은 北韓政権의 움직임이다 敎育補助金을 日政府로부터 받지 못하게된 北韓系學校는 다시 代替補助金을 北韓政権으로부터 流入할 수 있는 許可를 日政府로부터 得하게 되여 今年에 처음으로 公公然하게 北韓傀儡政権은 國際赤十字를 通하여 一億三千万円(日貨)을 日本에 投入하였다 이 投入된 敎育補助金으로서 在日赤色分子는 갖은 手段의 方法으로써 在日僑胞子弟敎育에 赤化浸透를 企圖하고 있다

(五) 一九四五年 解放과 同時 在日僑胞는 赤化된 日本內韓人共産分子를 中心하여 在日朝鮮人連盟을 組職하였든 것이다 이와 같은 赤化運動이 漫然됨을 보고 이를 牽制하겠다는 運動이 朝鮮建國 促進青年同盟을 中心하여 勃起하기 始作했다 이 運動이 大韓民団이 建國하든해에 組職된 居留民団이 出現하기까지 前面에서 反共運動闘争을 하였든 것이다 이동안 朝聯系와 青年同盟間에는 三六

○余의 暴力事件을 □出하면서 悲慘히 闘爭하였다는 것이다 解放后에 八対二의 勢力으로 共産系가 支配的이였으나 이 勢力의 配置図는 韓國動亂을 中心하여 反転하기 始作하혀 現在 反対로 八対二로 在日僑胞의 庒倒的인 韓國系居留民団 支持現象이 支配하고 있다 이는 아마도 大韓民國의 國際的信望과 海外威信이 北韓보다 越等하고 있기 때문일 것이다.

(六) 이 같은 居留民団의 勢力이 拡大하게 된 遠因은 勿論 傀儡政權에 比하여 大韓民國이 더 믿을수 있는 政府로 믿어지기 때문일 것이다 그러나 더보다 直接的인 契機는 居留民団의 組職의 强化徹底와 宣傳의 두가지에 있다고 한다 첫째 居留民団의 組職은 中央總本部를 東京에 두고 그 支所団体로 四九縣本部가 있고 그밑에 또 三百六○余支部가 있다 이 支部下에는 二二分団을 갖이고 있다 이같이 組職自体가 全國各地로 散在하고 있는가 하면 命令系統이 確実한 것이 特色이다 따라서 在日僑胞의 움직임은 이 組職을 통하여 完全히 把握되며 또 包攝되는 것이다 더욱이 이 居留民団內에도 文敎部란 것이 各在日橋胞子女 敎育에 非常한 関心과 保護에 主力한다 特히 敎育機関을 通한 赤化工作의 事前 防止야말로 참으으로 在日二世僑胞敎育의 当面한 課題라 아니할수없다 以外에도 居留民団의 幕下団体로써 學生同盟 大韓青年団, 大韓婦人會, 大韓戰友會 一二八名 大韓体育會가 存在하고 있다 이를 諸団体의 幹部總數는 四千四百三○名이다 둘째의 宣傳的方法에 依한것으로 在日居留民団은 宣傳局을 두고 在日僑胞 思想善導에 注力하고 있다 記念日마다 各種行事를 行하며 行事마다 母國의 実情을 演説하며 東京에서는 民主新聞-地方에는 地方데로 新聞을 発刊하면서 反共愛國精神을 高吹식히는 것이다 其外에도 反共活動을 目的한 亞細亞之友會란 것이있다 이団体는 日本에 居住하고있는 韓人中國人(自由中國) 泰國人 比律賓人등으로 組織된 民間団体다 이 같은 民間外交도 그 成敗與否에 따라 在日僑胞들의 大韓民國에로 轉化에 크게 影響하는 것이다

(七) 이 問題는 日本政府가 韓人系実業家에 対해서는 金融機関의 融資를 困難하게 하고 韓人系生□에 対하여 差別待遇를 함으로써 自然히 一部沒知覺한 僑胞는 日本에로 歸化로써 이 같은 不利益을 避하려고 하였다 허나 이들의 近視眼的인 考慮와 見解는 法的地位와 事実上의 地位間에 오는 蹉跌로써 漸次 들어나기 始作 하였다 即 戶籍上에는 비록 日人으로 歸化하였을찌라도 亦是 韓人은 韓人이란 것이다 적어도 日人과 同一한 待遇를 받을때는 二乃至三世代의 子孫일것이다 이 같은 事実에 対한 漸次的 認識은 過去頻繁히 発生하였을 歸化를

近者에는 大幅的으로 減少식히는 傾向이 있다 이 같은 認識을 一層 더 強化하도록 在日居留民団에서 活動(宣傳)하고 있다 따라서 앞으로는 그 数가 줄어들것이다

(八) 이는 이미 言及한바와같이 北韓系學校가 日本政府로부터 從来受惠하여 오든 敎育補助金이 中断됨에 窮如之策은 마침내 北韓政権으로부터 敎育補助金이란 名□의 資金의 流入의 길을 마련하겠끔 되였고 日政府亦是 許可하게 되였다 이리하여 今年 一億三千円(日貨)이 國際赤十字를 通하여 日本에 流入하게되였다 이같이 流入된 資金으로써 奬學生募集이니 無料講座이니 無償敎育이니 하여 日本僑胞 子女敎育面에 赤化工作을 꾀하고 있다. 즉 돈(金錢)으로써 運営難維持難이 逢着된 그들의 學校를 維持하면서 보다 많은 二世僑胞에게 赤化工作을 꾀하고있다 最近 北韓系學校入學生数가 減少함에 비추어 如斯한 工作은 그를 主된 成□임은 再言할 必要도 없다. 또 이렇게 流入된 資金의 一部는 政治資金으로 化하여 全國(日本中)各地에 있는 僑胞들사이에 널리 赤化包攝費로 支出된다

(九) (六)項參照

(十) 첫째는 日本國政府가 보다 나은 敎育費補助金을 策定하여 在日敎育面에 支給해주며 居留民団駐日代表部를 通하여 보다 賢実한 連絡을 取하여 韓國의 諸風俗美風地理에 関해서 有益한 宣伝資料 教化資料를 日本内 敎育機関橋胞들에 分配하며 有益한 国定敎科書의 보다많은 量의 伝達配給의 方法의 施行이다

둘째는 文敎部의 在日僑胞의 正常的이며 国是에 順應하는 옳바른 敎育을 指導하기 為한 奨学官의 派遣이다

셋째 在日韓國系學校出身學生을 國内의 相応한 敎育課程中 又는 畢한 學生과 同等히 取扱하며 就職編入學就學等에 조금의 不利한 点도 없게 할 것

넷째 放學期間을 利用하여 在日學生의 母國訪門機会를 最大限으로 供與할 것

다섯째 非但 敎育뿐아니라 在日僑胞全般과 居留民団의 要望事項으로써 居民団의 対外威信을 宣揚하며 이들의 権威를 本國政府에서 認定해준다는 認識및 印象을 强□ 해주는뜻에서 居留民団幹部級의 母國訪問의 機会를 供與하고 아울러 出入國의 容易를 期할 것

여섯째 在日僑胞中 生産業者가 製造한것으로써 國内經濟 発展에 支障없는

限 通□后에는 國內展示会를 갖도록 해주면 一層活潑한 僑胞中 生産業者의 生産活動이 利植되며 그만큼 在日僑胞의 福祉增大에 寄與한다

아홉째로써 居留民团에 功勞있는 者에게는 國家的으로 表彰하는 制度를 設定하며 國慶日 等에 母國訪問의 招請을 할 것 等이다

以上

6. 주일공사 보고서-「조총련」 시월행사종합보고의 건

번호 韓日代 제627호

일시 1957.11.14.

발신 주일공사

수신 외무부 차관

제목 「조총련」 십월행사종합보고의 건

首題件 朝總聯에서의 十月中會議와 仝會議의 共通된 內容의 概要를 如左報告하나이다

記

十月九日 教育會中央委員會第九次會議

〃 〃 教職員同盟中央委員會第二十八次會議

十月十一, 十二, 十三 (三日間)

朝總聯中央委員會第十一次會議

十月十五日 女性同盟創立十週年記念大會

概要

1. 第二次教育費援助의 義意
2. 人工衛星의 成功과 平和運動推進의 優位한 立場誇示
3. 自由主意的 言動의 批判
4. 共和國々民으로서 外國(日本)의 資本主義社會制度속에서 生計를 営爲하는 困難에 対한 日常斗爭의 强化策에 留意할 것
5. 李政權策謀을 援助하는 美國 및 日本政府에 対한 斗爭强化
6. 思想的 水準을 昻揚하고 組織的統一 强化

7. 生活權의 擁護를 圖謀하고 日常斗爭을 展開

8. 反動份子의 策謀를 防止하고 組織防衛斗爭을 强化하기 爲하야 組織上下을 通한 「學習組」를 積極的으로 組織活動할 것

7. 외무부발신전보-재일교포 좌익계통 학교의 실태조사 의뢰의 건

MINISTRY OF FOREIGN AFFAIRS
번호 SP-901140
일시 161300
발신 외무부정무국장
수신 주일참사관
제목 재일교포 좌익계통 학교의 실태조사 의뢰의 건

머리의 건 공보실로부터 재일교포괴뢰집단계열학교(조선대학을 중심한 각급학교)의 전반적인 실태를 파악하여 재일교포에 대한 시정상의 자료로 공하겠다 하여 각급학교별로 하기 사항의 조사를 의뢰하여 왔아오니 조속히 조사 회보하여 주시기 바랍니다.

기

1. 학교명
2. 소재지
3. 학생수
4. 설립일자 및 당시상황과 현황
5. 교직원명단 및 경력
6. 운영재단
7. 재단리사진명단 및 경력
8. 괴뢰집단의 자금 제공 여부
9. 존립의 법적근거 및 해당 일본법규
10. 기타

8. 주일참사관 공문-재일교포좌익계통학교의 실태조사회보의 건

번호 韓日代 제1817호
일시 1957.12.9.
발신 주일참사관
수신 외무부정무국장
제목 在日僑胞左翼系統學校의 實態調査回報의 件

(対四二九〇年 十二月六日字 STP01212/十一月十六日字 STP01140号無電)
(連四二九〇年 十月十日字 韓日代 第一四五八号)
首題의 件 在日僑胞左翼系統學校의 実態概要에 関하여는 檀紀四二九〇年十月十日字 韓日代 第一四五八号로 旣히 回報한바이나 左翼系統學校의 全般的인 具体的事実에 対하여서는 現在調査中에 있으며 教育에 対한 左翼系諸般団体의 所謂 民族教育斗爭等의 經過概要를 如左回報하나이다

記
1. 所謂民族教育斗爭의 経果
終戰 即後 駐在國北韓傀集団体에서는 그들이 말하는 民族的自覺에서 出発한 朝鮮語講習所가 設置되여 男女老幼를 不問하고 朝鮮語教育이 始作되였음
西紀 一九四六年(昭和二十一年) 当時 在日朝連은 文化部의 事業으로 所謂 自主學校의 建立과 民族的 小中學校教育普及을 強力히 推進할 方針을 全國各地에 浸透시켰음
然이나 如斯한 所謂 自主學校는 一九四七年 三月 日本國會에서 制定公布된「教育基本法 및 學校教育法」에 違背되는 無認可學校였음으로 日本政府當局은 一九四八年 一月頃 朝鮮人児童의 公立小中學校에의 就學 無認可校의 廃止를 通告하고 特히 私立學校로서의 認可申請을 勸告한 바 朝連은 이 措置를 不当弾压이라고 指摘하야 日本共產党支援下 各地에서 実力斗爭을 하고 騷擾事件等을 惹起한 바 有함 其後 朝連은 日本國 文部省에「一切 日本教育法을 遵守하겠다」는 覺書를 提出하고 또 所謂 民族教育의 名目下 公然하게 共產主義教育을 実施하였음

2. 朝鮮大學校

朝鮮大學은 所謂 「北韓人民共産國의 忠実한 子弟들 하여금 優秀한 教師로 育成하기 為하야 今年四月 東京에 設置된 學校임

一九五三年 十二月 千葉市에서 開設된 「中央朝鮮師範學校」가 其前身이며 仝校는 昭和三十年七月에 「中央朝鮮師範専門學校」로 發展한 바 更히 初期의 目標인 「朝鮮綜合大學」에로 発展시키기 為해 同大學校建設委員會를 設置 各地에서 資金 "캄파"를 行하야 仝大學建設実現에 努力한 바 資金関係로 実現이 안되고 于先 今年四月에 東京所在 中高級學校의 一部를 借用하야 開校한 것인데 今年四月中旬과 十月四日의 二次에 亘한 傀集教育報助金 二億二千万円(日貨)의 送金이 있은 後부터는 仝大學建設事業도 活氣를 띄고 京王線 桜上水駅 附近에 農地二千余坪를 買收 来年三月 竣工을 目標로 建築을 進行하고있음

仝大學의 教授陣은

學長	韓德銖	朝總聯首席議長團議長	
教育課長	李東準		
	金鍾鳴	政經科 朝鮮史	
	南時兩	朝鮮文學 語文學科	
	洪登	理數學	
	柳碧	朝鮮語 朝鮮文學	
	李贊義	經濟原論	
	芮成碁	英語 簿記學	
	金宗会	朝鮮現代經濟史	
	魚塘	朝鮮地誌	
	李殷直	古代文學 文學原論	
	李寅斗	美術史	
	朴漢鍾	音樂	
	Mrs.ANNA A. MARKOOA	露語	
日本人講師	松村一人	山本正雄	岡邦雄
	角圭子	見形直夫	我藤伸二
	奧田靖雄	高永五郎	石井友幸
	堀江邑一	関根正四	

現在는 二年制로서 九十余名이 入校中임 来年부터는 四年制로 発展시키고 二百名을 募集予定하고 있고 朝總聯에서는 仝校卒業生들에게 対하야

① 將來祖國大學進學의 優先的 保障

② 日本에 잇는 朝鮮人學校教員으로서의 正式免許狀附與

③ 本人의 希望에 依하야 朝總聯 各機関에 推薦 又는 朝鮮人이 經営하는 企業所等의 職場 斡旋

等의 特別措置를 講究하고 있음

今年四月까지 所謂 朝鮮師範學校 및 朝連師範專門學校를 卒業한 者는 二百余名에 達하고 있다함

3. 所謂 在日朝鮮人教育会

一九四六年 十月 東京에서 傀集系列 各種學校가 設立되고 翌一九四七年 十一月에는 其學教等의 第一回管理組合常任委員会가 開催되였음.

一九四八年 五月 日本國學校教育法에 依하여 仝傀儡系 新制中學校 및 高等學校가 認可되엿는데 朝連 民青 解放後인 一九四九年 十二月에 P.T.A.가 結成 尹德崑이 會長으로 就任함

教育會의 基本任務는

1. 學校運営의 母体가 될 것

2. 日本全國에 學校를 建設할 것

3. 空白地帶에 教育會를 組織할 것

4. 既成校의 運営을 充実케 할 것

第二回教育會全國大会에서 決定된 中央役員은 左와 如함

中央會長　尹德崑

副會長　李起杓

〃　李容挋

〃　姜易雄

現在當國府縣單位로 一五地方本部

一〇四支部

三〇分会

一,一,三〇〇余名의 構成員을 算하고 있다하며 機関紙로서 「教同」「民族教育」等을 発刊하고 있음

4. 所謂在日朝鮮人教職員同盟

終戦後의 所謂「在日朝鮮人聯盟」의 結成은 在日朝鮮人의 民族教育事業推進에도 크게 貢献하고 一九四七年에는 日本全國에 五四一個所의 小學校와 七個所의 中學校, 三〇個所의 青年學校를 設置하고 傀集系教員 一,四四五名을 算하였음 그리고 今年八月에 「在日本朝鮮人教育同盟」을 結成하고 所謂 民戦綱領에 依하야 民族教育의 権利擁護斗爭과 平和擁護運動 밑 組織強化運動을 強力이 推進함 然이나 所謂 民戦은 其運動을 批判하고 戦術을 轉換함에 있어 所謂 教同도 自己批判을 하고 昨年七月 教同 第八回全体大会에서 従来의 組織을 發展的으로 解消한다는 名目으로

名稱을 「在日本朝鮮人教職員同盟」으로 改称함

地方組職으로서는 地方本部 十六個所

支部 五〇

分會 二四

構成員 七〇〇余名을 算하고 있으며 今年五月의 二全大会에서 改選된 中央役員은

教員中央委員長	李東準
副委員長	宋枝学
〃	李守根
監事	姜南元
〃	孫正賢

機関紙로서는 「民族教育」을 発刊함

9. 대정부건의서-재외국민보호지도를 위한 건의 이송의 건

번호 民議 제86호
일시 1959.6.18.
발신 민의원의장 이기붕(李起鵬)
수신 대통령 이승만
제목 在外國民保護指導를 爲한 建議移送의 件

檀紀四二九二年 六月 十七日 第三十二回 國會第四十五次 本会議에서 標記의 件에 關하여 別紙와 如히 政府에 建議하기로 決議하였압기 玆에 移送하나이다.

在外國民保護指導를 위한 建議

日本政府는 手段方法을 가리지 않고 在日僑胞追放計劃을 推進中인데 我政府의 在外國民保護施策은 消極姑息的인 放任狀態인바 이 事態는 到底히 放心할수없으므로 政府는 在外國民保護指導를 爲하여 確固한 基本施策을 確立實踐할 것을 促求하며 時急히 左記事項을 英斷적으로 措置할것을 建議한다

記

一. 在日僑胞保護指導施策豫算에 關한 事項
  1. 時急한 在日僑胞保護指導費 二億圜을 緊急支出할 것
  2. 僑胞信用組合에 融資措置를 講究할 것
  3. 新年度豫算策定에 있어서는 僑胞保護指導費, 子女敎育費, 宣傳對策費, 基幹團體育成補助費, 領事事務費等을 大幅增額할 것

二. 施策上要是正事項
  1. 外務部와 駐日代表部의 人事刷新을 斷行할 것
  2. 駐日韓國人居留民團의 指導育成策을 講究할 것
  3. 僑胞學生指導에 關한 適切한 對策을 樹立할 것
  4. 僑胞의 歸國往來制限을 緩和하고 이에 따른 旅券發給事務를 簡素化 迅速처리할 것
  5. 僑胞의 本國財産搬入을 勸奬하는 對策을 確立할 것
  6. 對日交易에 있어서 僑胞生産製品을 優先的으로 購買할 것

10. 외무부공문

일시 1969.6.20.
발신 정무국장
수신 각 국장

민의원으로부터 국무원 사무국을 경유하여 별첨과 같이 대정부건의서를 이송하여 왔기에 그 사본 1통을 송부하오니 참고하시기 바랍니다.

첨부-대정부건의서(재일교포 북송반대에 관한 결의의 건)

번호 국사총 제183호
일시 단기四二九二년六월十八일
발신 국무원사무국장
수신 외무부장관
제목 재일교포 북송반대에 관한 결의의 건

단기 四二九二년 六월 一八일자로 민의원으로부터 별지와 같은 통고가 있었아옵기 통보하나이다

첨부-민의원 통고(재일교포북송반대에 관한 결의의 건)

번호 民議 제87호
일시 1959.6.18.
발신 민의원의장 이기붕
수신 대통령 이승만
제목 在日僑胞北送反對에 關한 決議의 件

檀紀四二九二年六月十八日第三十二回國會(臨時會)第四十五次本會議에서 在日僑胞의 北送을 阻止하기 爲하여 別紙와 如히 決議하였아옵기 玆以通告하나이다

在日僑胞北送反對에 関한 決意文
日本이 北韓傀儡集團과 野合하여 在日韓人을 共産奴隷地域으로 大量 追放하려 함은 人道主義에 違背되고 大韓民國의 主權을 侵害하여 世界自由陣營에 敵對하는 行爲임을 斷定한다. 그러므로 大韓民國國會는 이를 阻止하기 爲하여 모든 國民과 더부러 國際正義 및 與論에 呼訴하는 强力適切한 方法을 講究할 것을

決議한다.

첨부-민의원 건의사항(외국민 보호제도를 위한 건의 이송의 건)

번호 민의 제86호
일시 1959.6.18.
발신 민의원의장 이기붕
수신 대통령 이승만
제목 재외국민 보호제도를 위한 건의 이송의 건

단기 4292년 6월 17일 제32회 국회 제45차 본회의에서 표기의 건에 관하여 별지와 여히 정부에 건의하기로 결의하였압기 자에 이송하나이다.

재외국민 보호지도를 위한 건의

일본정부는 수단방법을 가리지 않고 재일교포 추방계획을 추진중인데 아정부의 재외국민보호시책은 소극고식적인 방임상태인 바 이 사태는 도저히 방심할수 없으므로 정부는 재외국민 보호지도를 위하여 확고한 기본시책을 확립실천할 것을 촉구하며 시급히 좌기 사항을 영단적으로 조치할 것을 건의한다.

기

1. 재일교포보호지도시책 예산에 관한 사항
   1. 시급한 재일교포보호지도비 2억환을 긴급지출할 것.
   2. 교포신용조합에 융자조치를 강구할 것
   3. 신년도 예산책정에 있어서는 교포보호지도비, 자녀교육비, 선전대책비, 기간단체육성 보조비, 영사사무비등을 대폭증액할 것
2. 시책상 요시정사항
   1. 외무부와 주일대표부의 인사쇄신을 단행할 것.
   2. 주일한국인 거류민단의 지도육성책을 강구할 것.
   3. 교포학생지도에 관한 적절한 대책을 수립할 것
   4. 교포의 귀국왕래제한을 완화하고 이에 따른 여권발급 사무를 간소화 신속 처리할 것.
   5. 교포의 본국 재산반입을 권장하는 대책을 확립할 것.

6. 대일무역에 있어서 교포 생산제품을 우선적으로 구매할 것.

11. 기안-대정부 건의서 사본 송부에 관한 건

번호 외정(아) 제1600호
기안일시 1959.5.20.
발신 외무부장관
수신 대통령 비서실
건명 대정부 건의서 사본 송부에 관한 건.

머리의 건, 민의원으로부터 국무원 사무국을 경유하여 6월 18일부로 별첨과 같은 대정부 건의서를 이송하여 왔기에 그 사본 1통을 송부하나이다.

별첨-대정부건의서

번호 민의 제87호
일시 1959.6.18.
발신 민의원의장 이기붕
수신 대통령 이승만
제목 재일교포 북송 반대에 관한 결의의건

단기 4292년 6월 18일 제32회 국회(임시회)제45회 본회의에서 재일교포의 북송을 조지하기 위하여 별지와 여히 결의하였압기 자이 통고하나이다.

재일교포북송반대에 관한 결의문
일본이 북한괴뢰집단과 야합하여 재일한인을 공산노예지역으로 대량 추방하려 함은 인도주의에 위배되고 대한민국의 주권을 침해하여 세계자유진영에 적대하는 행위임을 단정한다. 그러므로 대한민국 국회는 이를 조지하기위하여 모든 국민과 더부러 국제정의 및 여론에 호소하는 강력 적절한 방법을 강구할것을 결의한다.

12. 외무부 공문-대정부 건의서 사본 송부에 관한 건

번호 의정(구)제1604 호
일시 1959.6.23.
발신 외무부 장관
수신 각 재외공관장
건명 대정부 건의서 사본 송부에 관한 건.

머리의 건, 민의원으로부터 재일한인 북송 반대 결의문과 정부시책에 대한 별첨과 같은 건의서를 이송하여 왔으므로 그 사본 각 1통을 송부하오니 참고하시기 바랍니다.

13. 기안-재외국민 보호 지도를 위한 국회의 대정부 건의사항에 관한 건

번호 외정(아) 제1687호
일시 1959.7.6.
발신 외무부 장관
수신 재무부 장관, 상공부 장관
건명 재외국민 보호 지도를 위한 국회의 대정부 건의사항에 관한 건

머리의 건에 관한 지난 6월 18일자 국회의 대정부 건의 사항(사본 별첨) 중 하기 사항은 이를 실현하기 위하여서는 일본 정부와의 절충이 필요함은 물론이오므로 이에 관하여서는 당부로서 최선을 다할 것이오나 국내적으로는 이에 대처하는 대책의 확립이 요청되는 바이오니, 이에 대한 귀부의 견해와 대책에 관하여 회보하여 주시기 바라나이다.

기

1. 교포의 본국 재산반입을 권장하는 대책을 확립할것.(대 재무부)
1. 대일교역에 있어서 교포생산 제품을 우선적으로 구매할 것. (대 상공부)

별첨: 국회의 대정부건의안

14. 외무부 공문

일시 (1959).7.28.
발신 정무국장
수신 통상국장

재외국민 보호지도를 위한 국회의 대정부 건의사항에 관하여 상공부에 대일 무역에 있어서 교포생산제품을 우선적으로 구입하는데 있어서 그 견해와 대책을 문의하였든바 별첨 사본과 같은 의견이 유하였으므로 이에 송부하오니 참고해 자하시기 바라나이다.

별첨-상공부공문(재외국민 보호지도를 위한 국회의 대정부 건의상항에 관한 건)

번호 상역 제2656호
일시 1959.7.20.
발신 상공부 장관
수신 외무부 장관
제목 재외국민 보호지도를 위한 국회의 대정부 건의상항에 관한 건

4292년 7월 6일자 귀요청한 수제건에 관하여 하기와여히 통보하나이다.

기

1. 대일교역에 있어서 교포생산 제품을 우선적으로 구매할 것.
   (1) 교포생산공장에 시설, 제품 및 해외수출 상황등을 파악함이 긴요함에 비추어 우선 모국으로 수출을 희망하는 업체와 그 제품에 관한 상세한 신고를 주일대표부에서 받도록 외무부에 의뢰한다.
   (2) 상공부는 동조사내용을 품목별로 무역계획에 따라 정비하여 교포생산품 수입 권장을 위한 소개책자로 발간한다.
   (3) 한국 무역협회로 하여금 각회원에게 주지시켜 종래에 일본상사로부터 구입하여온 물품과 동일한 교포생산품이 유할시에는 가급적 이를 구입토록 권장한다.

15. 기안

번호 외정(아) 제1812호
일시 1959.7.29.
발신 외무부 장관
수신 주일대사
건명 재외국민 보호지도를 위한 국회의 대정부 건의사항에 관한건
(련: 6월23일자, 외정(아) 제1604호)

머리의 건에 관하여서는 련호 공문으로 이미 통보한바 있아오나, 표기 건의사항 중 "대일교역에 있어서 교포생산 제품을 우선적으로 구매할 것"에 관하여 상공부에 그 견해와 대책을 문의하였든바 아래와같이 대책을 강구하고 있다는 회보가 있었아옵기 귀대표부에서는 하기사항(1)에 대하여 상세히 조사 보고하시기 바라오며, 이를 적극 추진시키는데 있어서 귀대표부의 의견이 있으면 아울러 회보하여주시기 바라나이다.

기

(1) 교포생산공장에 시설, 제품 및 해외수출 상황등을 파악함이 긴요함에 비추어 우선 모국으로 수출을 희망하는 업체와 그 지출에 관한 상세한 신고를 주일대표부에서 맡도록 외무부에 의뢰한다.
(2) 상공부는 동조사내용을 품목별로 무역계획에 따라 정리하여 교포생산품 수입 권장을 위한 소개책자를 발간한다.
(3) 한국 무역협회로 하여금 각회원에게 주지시켜 종래에 일본상사로부터 구입하여온 물품과 동일한 교포생산품이 유할시에는 가급적 이를 구입토록 권장한다.

이상

16. 외무부 공문–재외국민 보호 지도를 위한 국회의 대정부 건의사항에 관한건

번호 외정(아) 제 　　호
일시 1959.7.31.

발신 외무부 장관
수신 주일대사
건명 재외국민 보호 지도를 위한 국회의 대정부 건의사항에 관한건

(련: 6월23일자, 의정(아)제1604호)

머리의건에 관하여서는 련호 공문으로 이미 통보한바 있아오나, 표기 건의사항 중 "대일교역에 있어서 교포생산 제품을 우선적으로 구매할 것"에 관하여 상공부에 그 견해와 대책을 문의하였든바 아래와같이 대책을 강구하고 있다는 회보가 있었아옵기 귀대표부에서는 하기사항(1)에 대하여 상세히 조사 보고하시기 바라오며, 이를 적극 추진시키는데 있어서 귀대표부의 의견이 있으면 아울러 회보하여주시기 바라나이다.

기

(1) 교포생산공장에 시설, 제품 및 해외수출 상황등을 파악함이 긴요함에 비추어 우선 모국으로 수출을 히망하는 업체와 그 제출에 관한 상세한 신고를 주일대표부에서 맡도록 외무부에 의뢰한다.
(2) 상공부는 동조사내용을 물품별로 무역계획에 따라 정리하여 교포생산품 수입 권장을 위한 소개책자를 발간한다.
(3) 한국 무역협회로 하여금 각회원에게 주지시켜 종래에 일본상사로부터 구입하여온 물품과 동일한 교포생산품이 유할 시에는 가급적 이를 구입토록 권장한다.

이상

17. 기안-재외국민의 보호 지도를 위한 국회의 대정부 건의사항에 관한건

번호 외정(아) 제1847호
일시 1959.8.6.
발신 외무부 장관
수신 주일대사
건명 재외국민의 보호 지도를 위한 국회의 대정부 건의사항에 관한건

(련: 6월23일자, 외정(아)제1604호 및 7월 31일자, 외정(아) 제1812호)
머리의 건에 관하여는 련호 공문으로 통보한바 있아오나, 표기 건의사항중 "교포의 본국 재산 반입을 권장하는 대책을 확립할 것"에 관하여 재무부에 그 견해와 대책을 문의하였든 바 별첨 사본과같은 회보에 접하였아오니 참고에 자하시바라나이다.

18. 공문—재외국민의 보호지도를 위한 국회의 대정부 건의안에 관한건

번호 외정(아)제　　　　호
일시 1959.8.10.
발신 외무부 장관
수신 주일대사
건명 재외국민의 보호지도를 위한 국회의 대정부 건의안에 관한건
(련. 6월23일자, 외정(아)제1604호 및 7월31일자 외정(아)제1812호)

머리의건에 관하여는 련호 공문으로 통보한바 있아오나, 표기 건의사항중 "교포의 본국 재산반입을 권장하는 대책을 확립할 것"에 관하여 재무부에 그 견해와 대책을 문의하였든 바 별첨 사본과 같은 회보에 접하였아오니 참고에 자하시기 바라나이다.
별첨. 재무부 공문 사본 1통

별첨-재무부 공문 사본

번호 재총 제964호
일시 1959.7.29.
발신 재무부장관
수신 외무부장관
제목 재외국민 보호지도를 위한 국회의 대정부 건의 사항에 관한 건

표기의 건에 관하여 당부 소관사항을 좌기와 같이 송부하나이다

기

一. 교포의 본국재산반입을 권장하는 대책을 확립할 것 해외교포 특히 재일교포를 위하여 재산반입을 권장하는 정책은 이미 수립되어 시행중에 있읍니다 즉 단기四二九〇년 一월 一일자 법률제四二九호 「관세법 개정의건」으로서 동법제一二五조의 二항을 신설하여 재외교포의 재산반입을 인허하는 제도를 법제화하였고 단기四二九一년 十二월 十一일 대통령 제一,四二二호 「관세법 제一二五조의 二 시행에 관한건」을 제정 공포하므로서 재산반입의 절차를 명문화하였으며 단기四二九二년 五월 六일자 재무부령 제一六八호 「재산반출입 심사위원회 규정」을 제정함에 의하여 자문 기관까지 설치함과 아울러 통관 절차도 이미 간소화되었읍니다 또 재일교포는 국내 거주자에게 재외재산을 상속시킬수 있을 뿐 아니라 귀국하지 않트라도 생산시설을 본국에 반입할수도 있고 기증을 위하여 재산을 반입할 수도 있읍니다.

제2부

재외국민 실태조사·재외공관 설치·재외국민 정책의 건

해방이후 재일한인 외교문서 해제집

▌제2권▐ (1945~1969)

① **재외교민 실태조사, 1953-60**

이 문서들은 1960년에 교민과에 의해 생성되었으며 총 368쪽으로 아래 표와 같이 1. 실태조사보고와 2. 대상 국가별 보고로 이루어진다. 각지의 재외공관에서 추진된 재외공관 재외교포 일제등록 사무의 목적이란 "단순한 인원 파악이 아니라 국세조사처럼 교육, 생업, 재산상태, 사상, 종교, 가정 등 다방면에 걸쳐 조사할 것을 주목적으로 함"에 있었다.

병역자원 확보를 위한 국방부의 요청도 있는 등 관계부처들과의 협의를 위한 연석회의를 개최해 외무부 계획 수립에 이바지할 것을 의도한 것이다. 재외국민 대다수가 거주하고 사상적 갈등 수위가 지극히 높은 일본에 주재하는 주일공사에게 현장 사정과 참고의견을 제시해 줄 것을 요구하라는 내용도 볼 수 있다.

연석회의는 1960년 5월 30일 개최되었다. 국방부(재외교포에 대한 병역강화)와 내무부(재외교포에 대한 사찰 및 사상동향), 법무부(재외교포에 대한 국세조사)가 외무부와 더불어 참석했다. 이하 재일교포에 대한 일제등록 관련 내용과 제반 통계 작성을 위한 서식이 분야별로 제시되었다.

방대한 분야에 걸쳐 정보수집이 추진되는 만큼 통계작성을 위한 서식이 제작되었고, 연령대는 14세 이하, 40세 이상은 5년 단위, 15-39세는 1년 단위로 집계하고, 실업 및 무업자에 대해서는 14세 이상 65세 미만인 자를 대상으로 노동능력이 있지만, 직업을 갖지 못한 자(실업자)와 무능력자, 무희망자 및 부동산, 유가증권 등에 의한 수입으로 생계를 이어 나가는 자, 피부양자, 시설 등에 수용된 자, 자선단체의 구조를 받는 자 등(무업자)으로 구분했다.

재외국민등록 상황에 대한 대통령 보고에서는 재외국민등록이 국세조사와 유사하다는 점, 재외국민 보호에 대한 구체적 방안 수립을 목적으로 한다는 점이 보고되었다. 재외국민등록에 의한 조사가 필요한 이유는 "6.25 동란으로 인해 이들 재외국민 등록 관계 서류가 대부분 유실"된 점에서 찾을 수 있다. 1954년 11월 현재 재외국민 총계는 568,487명이며, 이들 가운데 재일동포는 565,685명으로 대부분을 차지했다. 이들 가운데 재외국민 등록자수는 157,373명에 그쳐 재외국민에 대해 제대로 파악하지 못했던 상황을 알 수 있다.

1954년 재일동포의 실태에 관하여 교육수준은 총 66,565명 중 국졸 54,913명, 중졸 9,152명, 전문학교 이상 2,500명이며, 취학자가 그리 많지 않은 점을 알 수 있다. 다만 이는 조총련이 운영하는 조선학교 재학자나 조총련계 동포를 합산했는지는 알 수 없다. 직업 분포는 무직 118,282명, 자유 및 토건업이 155,000명이 압도적 다수를 차지했다. 재중(대만)동포는 남녀 합쳐서 390명이며, 선원과 학생이 160명이었다. 이어서, 프랑스는 25명, 이탈리아 9명[1] 영국은 190명 등이다.

재일동포 실태와 관련하여 소학교 졸업 이상의 학력을 가진 것은 66,565명으로 전체 인구 중에서 10%를 약간 상회할 정도다. 그나마도 소학교 졸업자가 54,913명으로 학력이 있는 동포들 가운데 82.4%를 차지했다.

1954년 1월 22일 보고는 재일교포의 재외국민등록상황, 재일거류민단일람표, 재일교포 각종단체, 재일교포자녀의 취학상황, 일본 정부로부터 생활보호를 받고 있는 상황, 범죄행위형 언도를 받고 복역 중에 있는 수감자 등이 포함되었다. 일본 법무성이 집계한 지자체별 외국인등록자수는 오사카 110,211명, 효고 49,120명, 교토 47,232명, 도쿄 45,036명 순이다. 재외국민등록자수는 오사카 38,441명, 후쿠오카 17,009명, 도쿄 14,149명, 히로시마 8,330명, 효고 7,419명 순으로 등록 실적이 외국인 등록자수와 비례하지 않는다.

민단 또는 산하단체로 단체명이 확인되는 것은 1. 대한민국재일거류민단 (단장 김재화), 2. 재일대한부인회 (회장 오기문), 3. 재일대한청년단 (단장 조령주), 4. 재일재향군인회 (회장 안기백), 5. 재일한국학생동맹 (대표위원 김승호) 등 다섯 개 단체다.

재일교포 자녀의 취학상황을 살펴보면 소중고를 합산한 취학자 수는 94,649명으로 진학률이 그리 높지 않다. 지자체별, 학교별로 집계되어 있는 통계 중에서 도쿄의 진학률이 소중에서 인구 대비 타지역보다 높은 비율인 반면에 고등학교 진학자 수는 오사카의 1/10 선에 그치고 있다. 도쿄의 고등학교 진학자 수가 타 지역에 비해 현저히 낮다는 점에서 미루어볼 때, 이 지역에서 재외국민등록이 제 성과를 거두지 못했던 것으로 짐작해 볼 수 있다.

한국의 기초생활 수당에 해당하는 생활보호 수급자수는 1953년 말 시점에서 107,643명으로 재일동포 중 약 19%가 빈곤상태에 놓여 있었음을 알 수 있다. (참고로 같은 시기 일본인 수급률은 0.02%에 불과하다) 실제로는 이보다 훨씬 많은 이들이 복지의 사각지대에서 절대빈곤 상태에 놓여 있었다고 보는 것이 일반적이므로 이 당시 재일동포 빈곤 상태의 심각성을 짐작해 볼 수 있다. 이 수치는 당시 일본 정부가 유독 북송사업에 동조했던 이유가 생활보호 대상자 수를 줄이려 하는 데 있었다는 Morris-Suzuki(2007) 등의 연구 성과를 뒷받침해준다.[2] 한편, 재일동포 중 범죄

1) 남성만 9명이라는 점이 눈에 띈다.

2) Morris-Suzuki, Tessa, *Exodus to North Korea: Shadows from Japan's Cold War*, Rowman

행위로 형의 언도를 받고 복역중이던 사람은 4,641명(이중 여성 77명)이며, 2/3가 절도범이었다. 1957년 1월 말 재일동포 인구수는 675,295명으로 3년 전 565,685명에서 크게 증가했다.

재외교포 일제등록 실시에 관한 건(1953.9.24.)은 국민등록실시 대책 내용과 현지 상황을 보고했다. 이 보고는 재일교포가 까다로운 대상이라고 기술하였다. 그 이유로 경제능력이나 지적수준 등 격차가 심하고 대부분이 저급이라는 점과 구 조련계의 선동으로 인해 반국가적 좌익계열에 속하는 자 또는 중간노선을 취하는 자 등이 많아 철저한 계몽선전이 필요하다며 1. 한국사정에 밝은 인사 등으로 국민등록 지도원 양성, 2. 북에 대한 증오를 환기하도록 선전영화나 사진전시회를 개최, 3. 홍보 활동 및 자료 제작, 4. 민족진영 청년에 의한 경호대 편성 등 대책을 제시했다. 또한, 민단 조직을 활용하여 중앙본부가 지방지부에게 국민등록 업무를 의뢰하여 회수하도록 했으며, 인력 증강을 위해 민단 각 지부 450명, 중앙본부 10명, 주일대표부 5명 등의 촉탁직을 고용하기로 했다.

주일대표부는 이 같은 내용을 본부에서 검토해 줄 것을 요청했으며, 이에 대해 차관은 주일공사에 대한 회신공문(外政第1418號, 1953.10.1.)에서 지도원에 대해서는 긍정적이지만 선전영화나 사진전을 통해 북에 대한 증오심을 선동하는 것은 역효과일 뿐만 아니라 비용 문제도 있으니 '교포위안의 밤'을 개최하여 막간을 이용하여 국민등록 실시와 연관된 안내를 하는 것이 긍정적 분위기 속에서 추진이 가능하다며 대안을 제시했다.

주일대표부 측은 국민등록을 통해 당시 대부분 조선적(朝鮮籍)[3]이었던 재일동포에게 한국 국적을 갖게 하려 했지만, 외무부 본부는 국교 정상화를 위한 한일 간 교섭이 추진되는 상황이어서 유보적 태도를 보였다. 1954년 10월 15일 자료에 따르면 재일동포 558,366명 중 북한 423,554명, 남한 134,812명으로 남한 측 열세 정도가 상당한 수준이었음을 알 수 있다. 다만 한국 국적 취득자 등 재외국민 등록을 필한 이들만을 '남한'에 포함시켰을 가능성이 농후하여 다소 간의 차이가 있을 것으로 보인다.

1956년 자료에서는 재일동포 수가 556,705명이며, 지역별로는 오사카(110,211), 효고(49,120), 교토(47,232), 도쿄(45,036), 후쿠오카(30,342), 야마구치(27,039) 순

---

and Littlefield, 2007

3) 일제강점기 조선인은 일본인(내지호적)과 다른 호적(조선호적) 편제자였다. 1947년 일본정부는 조선인의 일본 신민으로서의 지위를 정지하면서 조선호적 편제자 등을 대상으로 '조선적'으로 규정하여 외국인등록령에 따라 외국인등록 대상자로 간주했다. 이는 '외국 국민'이 아니라 '비(非) 일본인'을 뜻하는 것이었다.

이다. 한편, 직업별 분류는 여전히 '자유 및 토건업(155,000)'과 '무직(118,282)'이 압도적 다수를 차지하고 있다.

한편, 중국(대만), 홍콩 등 타 지역 재외국민 현황을 보고 내용에는 아래 표와 같은 통계가 있다.

내용	페이지
실태조사보고, 1953-60	5
대상국가	101
-1. 일본, 1953-59	0102
-2. 중국, 1953-58	0147
-3. HongKong, 1953-60	0178
-4. 터키, 1957-60	0195
-5. 필리핀, 1955-60	0203
-6. 월남, 1956-60	0213
-7. Sidney, 1956-60	0242
-8. 프랑스 및 스페인, 1958-60	0262
-9. 이탈리아, 1960	0285
-10. 영국, 1955-60	0290
-11. New York, 1958-60	0299
-12. Honolulu, 1953-60	0308
-13. San Francisco, 1959-60	0332
-14. Los Angeles, 1953-60	0341
-15. 독일, 1959-60	0349
-16. 스위스, 1954-60	0357
	~0368

② 재외공관 설치 - 일본 총영사관, 영사관 1966

본 문서들은 한일수교가 이루어진 직후부터 주일 총영사관 및 영사관을 설치 및 관할구역 지정 등 실무적 교신 내용을 다루고 있다. 1965년 12월 시점에서 주일대사관, 오사카 총영사관과 후쿠오카 총영사관의 관할구역은 다음과 같다.

오사카 총영사관: 오사카부, 교토부, 도야마현, 아이치현, 기후현, 이시카와현, 후쿠이현, 시가현, 미에현, 나라현, 와카야마현, 효고현, 오카야마현, 돗토리현, 시마네현, 시마네현

후쿠오카 총영사관: 히로시마현, 야마구치현, 후쿠오카현, 나가사키현, 오이타현, 구마모토현, 미야자키현, 가고시마현

주일대사관: 이들 외 지역

1965년 12월 10일 대사관은 구술서를 통해 일본 외무성에 대해 오사카 총영사관과 후쿠오카 총영사관을 설치할 것을 통보했다. 오사카 및 후쿠오카에는 그동안 출장소가 있었으나 이를 총영사관으로 격상시킨 것이다. 우선 간판을 '총영사관'으로 교체할 것을 지시하는 공문(1966.1.13)을 발송했고, 일본 측과의 합의도 이룬 상태에서 1월 17일 대사관 측이 일본 외무성 측에 이들 총영사관 설치통고 공문을 전달했다.

내용은 총영사관을 오사카, 후쿠오카 외에 삿포로를 추가 신설하고, 센다이, 요코하마, 나고야, 고베, 시모노세키 등 다섯 개 지역에 영사관을 설치할 것을 구상해 관할구역에 대해서는 기존 도쿄, 오사카, 후쿠오카 세 개 공관의 관할구역을 그대로 운영하고 추후 조정을 거칠 것을 예고했다.

새로 들어설 공관까지 포함한 사무조정 작업은 이미 설치 전부터 진행되고 있었던 점을 확인할 수 있다. 눈에 띄는 것은 재일동포를 어떻게 관리하느냐에 관한 내용이다. 예를 들어 아주국장 발송 '주일대사관과 주일 각 영사관 간의 사무조정'이라는 제목의 기획관리실장 수신 협조전(외기획27, 1966.2.28.)에서는 민단이 중앙본부의 통솔 아래 전국조직을 가지고 있는 점을 언급하면서 민단, 중립계, 조총련 등 사상적으로 나누어져 있는 재일동포 사회를 강력하게 지도하기 위해서는 그 기능을 일원화하는 방안이 좋다는 견해에 따라 종전대로 대사관에게 담당케 하는 기존 구도를 유지하고자 했다. 공관이 적극적으로 재일동포사회에 개입하겠다는 뜻으로 이해할 수 있다. 이 문서에서는 재일동포 사회의 정치 성향과 관련하여 '민단, 중립계, 조총련' 등 세 가지로 분류했는데 오늘날 '민단-조총련'이라는 이분법으로 접근하는 추세와 다른 양상이며, 이후 다른 문서에서도 이 같은 인식은 거듭 등장한다.

이 연장선상에서 주일 공관으로 파견될 외교관들에게 일본이라는 '특수지역'에서 근무하는 데 대한 경각심을 가질 것을 촉구하는 주일대사 발신 외무부 장관 수신 공문(주일영(2) 725-441, 1966.4.1.)이 작성된 것이다. "특히 일본이라는 협소한 지역에 우리나라 교포가 60만이나 거주하며 이들은 사상적으로 개방되어 있는 일본의 국책에 따라 민단계 및 조총련계, 중립계 등으로 분파되어 상호간 퍽 유동적으로 격론하고 있는 현실이며 조총련계는 이북 괴뢰집단의 지령 하에 우리나라에 대하여 또는 민단계에 대하여 사상공세 및 파괴공작을 직접적으로 또한 간접적으로 공제하

고 있는 특수조건 하에 있음"이라는 내용에 따라 일본에 파견될 외교관은 대사관에서 부임지 특성을 사전교육 받을 것, 매월 일정한 장소에서 회합을 가져 영사업무에 관한 연석회의를 가질 것을 제안했으며, 이에 대해 본부는 주일대사의 제안을 그대로 받아들였다.

한편, 새로 개설될 총영사관(삿포로) 및 영사관(센다이, 요코하마, 나고야, 코베, 시모노세키)을 위한 준비현황이 표로 정리되어 있다. 준비위원회 성격의 교민단체가 각지에서 결성되었고 모금목표액도 적게는 1,500만 엔(센다이)부터 많게는 5,000만 엔(요코하마) 선으로 설정되었다.

파견된 총영사 및 영사들은 5월 6일에 새로운 부임지로 떠날 예정이어서, 그 사이에 각 공관의 업무 개시를 위한 실무적 내용을 담은 공문 교신이 이루어졌다. 주일대사관 측이 각 영사관 설치를 통고하는 구술서 제출이 5월 7일에 완료되었음을 장관에게 보고하고, 센다이 영사관에 새 영사가 부임했다는 현지 언론기사도 첨부되었다. 주일대사 주최로 신입 각급 영사 전원이 참석한 종합간담회가 개최되었다. 이때, 일본인 단체관광비자 발급과 긴급시 발급될 임시여권 및 자비귀국 등에 대해서는 총영사 및 영사 책임 아래 발급한 후, 외무부 장관 및 주일대사에게 사후보고 의무 등이 거론되었다. 신규개설 공관의 개관 날짜는 시모노세키(5/23), 요코하마(5/25), 고베(5/27), 나고야(5/31), 센다이(6/18) 및 삿포로(6월 하순 예정) 등이었다.

한 가지 눈길을 끄는 것은 대사관 개관시 이렇다 할 리셉션이 없었던 반면, 청구권 자금과 관련해 일본기업과의 소통창구 역할을 위해 새로 파견된 청구권 사절단이 리셉션(미화 2,000불 소요)을 개최하는 것에 맞서 대사관 측이 1966.6.22. 힐튼호텔에 1000-1200명 규모의 리셉션을 개최할 것을 외무부 장관에게 재가해 달라는 내용이다.

당시 청구권 사절단은 일본기업 본사들이 모여있는 도쿄 마루노우치에서 가까운 신바시에 거점을 두었으며, 아자부에 있는 대사관과 신경전을 벌이고 있었다. 박정희의 오른팔 중 한 명였던 민충식(후에 한전 사장 역임)이 이끄는 청구권 사절단은 비외교관 출신들로 구성되어 있었으며, 이후 대사관 측과 관계는 민충식이 호주대사로 발령될 때까지 계속해서 껄끄러운 상태가 지속되었다고 한다.

시모노세키 영사관 개관식과 후쿠오카 총영사관의 보고, 후쿠오카 총영사 정문순에 관한 현지 보도기사를 비롯해 요코하마 영사관, 고베 영사관 개관식 관련 보고도 수록되었다. 주일대사는 5월 31일에 나고야 영사관에서 거행된 개관식에 참석하였으며, 현지 언론의 관련 기사도 첨부되었다. 각 공관 개관식이 일단락될 무렵인 196

6.6.23. 한일기본조약 서명 1주년 기념 축하연이 대사관에서 개최되면서 이때 각 공관장이 소집된 회의도 열렸다.

나고야 영사관 개소식 보고 내용에는 행사에 김동조 주일대사가 참석했으며, 나고야시장, 아이치현 부지사 등을 예방했다는 내용이 담겨 있다. 이에 대해 현지 언론이 대대적으로 보도했다는 내용도 확인할 수 있다.

고베 영사관 개소식에도 김동조 대사가 내방했으며, 축하연에는 효고현 지사도 참석했다. 삿포로 총영사관 개소식 관련 현지 언론 보도 내용도 첨부되어 있다. 센다이 개관식은 김동조 대사 일정으로 인해 6월 24일에 연기, 개최되었으며, 개관식 상황 보고와 관련 보도기사가 첨부되어 있다.

한편, 북한에 대해 우호적인 일본사회당이 동포들에 의한 기부로 공관이 설립된 데 대해 국회에서 문제 삼겠다는 보고도 포함되어 있다. 외환거래 등 금융적 문제를 거론하려 했으나, 대사관 측에서 일본 대장성을 방문하여 문제가 없다는 해석을 받아내어 별도 조치를 취하지 않기로 했다. 이와 관련하여 아주국장은 동포를 돌봐야 할 한국 정부가 되레 공관 토지, 건물을 동포들로부터 기증받아 채납(採納)케 한다는 것은 정부의 위신이 훼손될 우려가 있다며 '주객전도'라는 견해를 밝히기도 했다. 오늘날 미담으로 거론되는 재일동포에 의한 주일공관 기증(열곳 중 아홉 곳)이지만, 한국 정부 내부에서는 이를 당연시하지 않은 견해가 있었던 것을 알 수 있다.

③ 재외국민지도자문위원회,1967-68

이 문서들은 재외국민과가 생성했다. '각종 위원회 정비 자료 제출'이라는 문서는 아주국 소관인 재외국민지도위원회의 운영실적 및 향후 존폐 여부에 관한 의견 제시를 해 줄 것을 요청한 내용이다. 아주국장은 1967.1.9. 회신을 보내어 1962.6.26.에 재외국민지도위원회가가 설립된 후, 1962.11.30.까지 운영되었으나 위원회 출석 실적이 좋지 않아, 1966.12.31.까지 사실상 중단되어 왔다고 밝혔다.

동위원회가 "국민의 지도, 보호 및 육성에 관한 기본정책의 수립 및 그에 관한 관계부의 업무의 조정에 관하여 관계부 장관의 자문에 응하겠끔 되여 있으나" 운영실적이 저조한 점을 감안하여 대안으로 관계 부처들 간의 '관계관 회의'를 수시로 개최하는 쪽이 실효적인 방안이라는 견해를 제시했다.

'재외국민지도위원회'에 관한 조사서는 재일한국인 지위협정에 따른 협정영주권 신청 기간 중인만큼 추이를 지켜보면서 지도 방안 등을 고려 중에 있어 계속해서 검토할 것임을 회신했다. "재외국민지도자문위원회 설치에 관한 건의"는 정부 관계부처 및 각계 유식자의 자문을 받기 위한 기관으로 '재외국민지도자문위원회'를 설치하고자 한다는 내용이다. 근거는 대통령령으로 하고, 설치 목적을 "재외국민에 관한 기본 정책을 조사 심의하여 외무부 장관에게 건의를 한다"고 명시했다. 기능으로는 재외국민의 지위, 복지, 교육문화, 반공, 단체 등을 조사, 심의하고 건의한다는 내용이 포함되었다. 위원장은 외무부 장관으로 정하고 20명 이내의 위원을 선출할 것이 계획되었고, 연 1회 이상 회의를 개최한다는 내용도 포함되었다. 참고사항 중에는 1962년 8월 이후 존재해온 재외국민지도위원회가 실질적으로 기능하지 않음에 따라 1968년 9월에 폐지된 내용의 기술이 있으며, 신설될 재외국민지도자문위원회의 성격과는 본질적으로 차이가 있음을 강조했다. 신설될 재외국민지도자문위원회(가칭) 규정안과 폐지된 재외국민지도위원회 규정 조문도 함께 수록되어 있다.

④ 한국의 대일본정책, 1969

이 문서들은 대일정책과 관련된 것으로 김상현 국회의원 외 31명이 공동제출한 "한일관계에 대한 정부의 기본방침과 대책에 환한 질문서"에 대한 답변서 작성 단계에서 검토를 요청하는 내용이 주를 이루고 있다. 이 공문의 첨부자료로 해당 질문서 전문이 첨부되어 있다. 질문 항목 및 내용은 다음과 같다.

① 조총련계의 북괴 왕래 허용에서는 북한을 왕래한 조총련계 교포 6명에게 일본 정부가 재입국허가를 발급했던 점에 대한 확인 요청과 이에 대한 한국 정부 측 대응책, ② 한일간의 무역 불균형에 대한 대통령의 인식, ③ 재일교포 북송문제에 대한 정부의 저지 대책을 묻는 내용이다. 이어서 ④ 1965년 한일협정에 따른 한국 국적자에 대한 영주권 신청자 수가 기대에 못 미치는 상황에 대한 강력한 대책을 강구할 것, ⑤ 그 외 사항으로 조총련에 대한 강경책이 필요하다는 전제 아래 한일관계가 미봉책이라는 점에 대한 대통령의 인식을 묻는 내용이다. 또한 재일동포의 권익 보호와 선도를 위한 한국 정부 기구의 산만한 대응을 개선하기 위해 교민청 같은 기구 설치 용의에 관한 것이 눈에 띈다.

동북아주과장이 교민과장에게 보낸 협조전(아북700-16, 1969.1.28.)은 위 질문서에 관한 자료 요청이다. 그 외 각 부서로 보낸 답변서 작성용 협조 요청 공문을 보면 재무부장관에게는 한국 측이 무역적자인 반면에 북일 간은 북한이 흑자가 되고 있는 상황에 대한 질문, 강경책 수립 필요성, 한일협정의 개편 내지 폐지에 대한 정부 방침, 무역불균형 시정을 위한 일본인 출입국 제한 등 여러 강경책에 대한 인식을 전제로 하는 응답을 요청하고 있다. 그 외 법무부 장관, 경제기획원 장관, 상공부

장관에게 유사한 방향의 응답 협조를 요청하고 있다.

이에 대해 외자총괄과에서는 질문서 내용대로 강경책을 강구할 필요가 있다는 회신을 하였고, 경제기획원 장관 발신 공문에서는 한일 간 교섭에서 개선책을 강구하는 중이어서 규탄보다 성의 있는 해결책을 모색하는 편이 나으니 이해득실을 따져 성급한 대응을 하지 않을 것이 득책이라는 인식을 밝혔다. 통상국장 발신 공문에서도 "한일간의 무역불균형"에 관한 회신이 일본 측의 성의 있는 대응 또한 촉구하면서 수입제한과 같은 강경책보다 점차 대일 수출을 늘리는 방안을 강구할 것이 필요하다고 강조되었다.

교민과장은 재일동포의 협정영주권 취득 독려 대책에 관한 내용을 보고하며 1968년 말까지 3년 동안 신청자가 유자격자 55만명 중 20%에 그친 점을 감안하여 각종 독려 대책 다섯 가지를 거론하였다. ① 계몽 강사단을 일본으로 파견할 것, ② 한일 실무자 회담 개최, ③ 유공자 초청, ④ 영주권 신청 지도원 양성, ⑤ 재일교포 모국 방문시 교육 등이 그 내역이다.

법무부의 회신공문을 보면 가) 일본인의 출입국 제한 문제에 관련하여 국가차원에서 수출진흥, 기술유지, 관광객 유치 및 국제문화교류 증진 등 시책을 적극 추진하고 있어 일본인 입국제한을 취할 의지가 없음을 밝혔다. 나) 재한일본인의 귀국조치 문제에서는 한국인 남편과 혼인한 일본인 아내 700명의 귀국 지원을 언급하는 한편, 상업, 산업과 연관된 600명에 대한 출국조치는 있을 수 없다고 답변했다. 한편, ②와 연관한 ③ 재한 일인상사의 활동제한 문제에서는 상사 주재원 127명의 증원을 억제하는 등 일본 종합상사 활동에 제약을 가하는 방향으로 대응하려 했던 것은 확연한 차이점이다.

재무부는 국내 부처의 판단만으로 추진이 가능한 오퍼상의 영업활동에 대해서는 과세를 강화하겠지만, 조세협정이나 관세 인하 등 일본 측과의 협의가 필요한 내용에 대해서는 "앞으로 계속해서 일본정부의 태도를 관찰할 것이며 우리의 주장이 관철되도록 노력하고자 함" 등 소극적인 입장을 밝혔다. 역으로 1차 산품에 대한 관세율 인하 또는 섬유, 전자제품, 선박 등 7가지 업종의 기계류 및 부품, 원자재에 대해서는 관세 면제를 요구하고 있다. 상공부 또한 한일 간 협의를 통해 점차 개선되고 있는 실적을 강조하면서 앞으로도 협상을 통한 노력을 지속해 나갈 취지를 강경책에 대해 언급하지 않은 채 답변했다.

외자총괄과의 공문은 김상현 의원 등에 의한 질의서에 대한 답변서를 외무부 장관에게 재가해 줄 것을 요청한 것으로 대통령 및 국무총리 전결, 경제기획원 장관,

법무부 장관, 상공부 장관 협조 등) 지금까지 각 부처로부터 받은 회신 내용에 바탕하여 작성되었다.

먼저 조총련계 인사의 북한 왕래에 대해서는 고령자들의 불가피한 방문이었다는 점을 적시하면서 일본정부 측이 이를 선례로 하지 않을 것을 한국 측에 약속했다는 점을 강조했다. 따라서 이 사건이 '두 개의 한국론'을 야기하지 않을 것이라는 인식을 밝혔다.

무역 불균형에 대해서는 호혜평등의 정신에 입각하여 시정되어야 할 것임을 강조하면서 점차 시정될 것이라는 전망을 내놓았다. 일본 측이 북한에 대한 수출에 엄격히 대응하고 있는 점 또한 강조되었고, 재일교포의 북송사업에 대해서는 일본 측에 강경하게 지양할 것을 촉구하고 있다는 것을 답변서에 포함시켰다. 또한, 재일교포의 일본 협정영주권 적극적 취득을 위해 조속히 대책을 마련할 것을 강조했다. 이를 위해 "재외국민, 특히 재일교포의 보호, 지도 및 육성을 기하여 교포 전반의 지위를 향상 시키기 위한 종합정책의 수립을 위하여" 재외국민지도자문위원회 설치에 필요 조치를 취하고 있으며, 한일 국교정상화 이후의 실적을 강조하면서 점진적으로 접근해나갈 필요성을 강조했다. 그리고 향후에도 지속적으로 조속한 해결을 기할 수 있도록 한일관계 개선 및 발전을 위해 노력해 나갈 의지를 표명했다.

⑤ 주일본대사관 및 영사관 피습, 1969

이 문서들은 '1969. 9. 15 대사관 피습'과 '1969. 10. 20 대사관 화염병 투척', 두 가지 사건에 관한 것이다. 사건의 시작을 알리는 문서는 주일대사 발신, 외무부 장관 수신의 1969.9.15.부 긴급공문(JAW-09183)이다. 15일 오후 13시 30분경 학생으로 추정되는 약 40 여 명이 대사관 경비실과 본관 건물로 침입을 시도했으며, 박정희 대통령 3선에 반대하는 목적으로 정문에 플래카드를 게양하는 등 소요를 일으키려 했으나, 결국 45명이 체포된 사실을 보고하는 내용이다.

일본 산케이신문 9월 15일자 보고 요약문은 9월 14일 한국 국회가 박정희 대통령 3선 길을 여는 개헌안 의결에 항의하는 재일한국청년학생(한청) 전국 궐기대회가 15일 도쿄 히비야에서 개최, 조국의 자유와 평화를 원하는 결의문 및 본국 청년 학생에게 보내는 호소문을 채택했다는 내용이다. 한청은 민단과 독립적으로 활동하는 청년단체이며, 민단 산하였다가 이 같은 반정부운동을 벌여 민단으로부터 퇴출된다. 한청 퇴출 후 민단은 자체적으로 청년단체를 구성하였는데 이것이 현재의 민단 청년회다.

사건 발생 이튿날인 9월 16일 오후, 일본 외무성 외무심의관이 위문차 주일대사를 방문했다는 내용, 대통령 및 국무총리에 대한 사건 보고서, 체포된 학생의 이름과 신분, 성분, 배후관계 유무, 압송 후 처리 경위 등을 조속히 보고할 것을 주일대사에게 요청한 외무부 장관 발신 공문 등도 있다.

이에 대한 회신 공문은 18일까지 체포된 45명 전원이 석방되었다는 내용이다. 한청 결의문 사본과 체포된 45명의 경찰조사 그리고 명단 사본도 보고되었다. 이들 청년은 후에 민단 조직에서 활약하거나 대학 교수가 되는 등 고학력자부터 자동차 정비공, 미용사 견습생 등 배경이 다양하다.

1969.9.5. 일본어로 생성된 자료는 사건 요지를 기록한 자료다. 이들 청년은 '한민자청계(韓民自青系:한국민족자주통일청년동맹)'로 조직의 배후에 한민자통(한국민족자주통일동맹 일본본부)이 있음을 확인할 수 있다. 일본 경찰 측 자료로 보인다. 피의자는 오충웅(3選改憲反対載日韓国青年学生全国協議会 대표위원) 외 이 조직 소속 44명(이중 여성 11명)이며, 죄명은 건조물침입죄(형법130조)였다. 대사관 침입부터 사건의 상세한 경위가 경찰 입장에서 기술되어 있는데, 학생 측이 작성한 동 협의회 결성 경위와 목표(박정희 대통령 3선 저지 및 조직 확대), 방침(9.14개헌안 가결에 대한 민주공화당에 대한 항의 및 한국 학생에 의한 지원을 호소하는 전보 발송 등) 등이 결성대회에서 채택되었음이 적혀 있다.

모 조직인 한민자통과 한민자청 각기의 조직 규모와 대표자, 기본 정보 등도 정리되어 있다. 한민자통은 한국진보당의 이영근이 일본으로 온 후 1959년 통일조선신문사를 설립하고, 한반도 평화통일운동을 펼칠 목적으로 활동하면서 1965년 결성한 것이다. 일본 경찰당국에 의하면 한국 혁신야당 계열에 연루된 것으로 간주되고 있다.

박정희 정권에 대해 지극히 비판적인 반면에 북한의 통일 주장에 깊은 관심을 보인 점이 특징이며, 민단, 조총련 양측으로부터 적성단체로 지정되었다. 기본방침 세 가지는 모두 북한이 주장하는 자주통일과 궤를 같이 한다. 한민자청은 1966년에 결성된 한민자통 산하 청년조직이며 '한국에서의 역할을 짊어질 것을 최우선 임무'로 하는 단체로 인식되었다. 회원수는 한민자통 1,200명, 한민자청 1,000명이며, 실질적으로 이영근의 운동단체로 이해해도 무방하다. 한편, 주의를 기울여야 할 한민자통/한민자청의 또 다른 특징으로는 오늘날에 이르기까지 이들 조직 출신자들이 민단 조직에서 주요 보직을 차지해 왔다는 점이다. 이에 대해서는 다양한 해석이 가능할 수 있겠지만, 좌익운동과 조직 논리에 정통한 이들이 상대적으로 조직 구조가 느슨한 민단을 접수할 수 있었다는 해석이 가능하다.

외무부장관 발신 대통령 및 국문총리 수신 추가보고사항 공문(1969.9.24.)은 사건 경위를 본문에서 요약적으로 설명한 다음, 체포자 명단과 한민자통/한민자청에 관한 참고자료가 첨부된 것으로 기술되어 있으나, 첨부 자료는 찾을 수 없다.

한편, 1969.10.20.에 발생한 주일한국대사관 화염병 투척 사건에 관한 문서들에서는 다음 내용을 확인할 수 있다.

10월 20일 오전 국제주의 공산학생동맹 및 동 동맹 일본 쥬오(中央)대학 지부 소속 청년(학생) 5명 및 여자 2명이 대사관 경비원 및 일본 경찰의 제지를 뿌리치고 관내에 침입하여 화염병 3병을 투척하여 폭발케 하고, 본관 건물에 침입하여 통신실 앞에 화염병을 던지려 했으나, 실패하고 파일실의 유리창을 깨뜨리는 소란을 일으켰으나, 공관 직원에게 제지당한 후, 전원 일본 경찰에 인도되었다. 이들은 "아세아 반혁명동맹-일미 안보봉쇄," "남조선-오끼나와-본토반제국동 해방혁명승리," "박 3선 개헌 저지, 박정권 타도" 등이 적힌 플래카드를 소지했으며, 이 사건으로 인해 대사관 직원(고용원) 4명이 경상을 입었다는 것이 사건 개요다.

아이치 일본 외무대신은 일본 정부를 대표하여 유감의 뜻을 표하고 재발 방지를 위한 경비 강화를 약속하는 담화문을 발표했다는 내용도 확인된다. 같은 날, 서울에서는 아주국장이 가미카와 주한 일본 공사를 면담했다. 일본 측은 피해에 대한 배상을 할 뜻이 있는 점과 사토 총리도 유감스럽게 생각한다는 점을 언급했고, 아주국장은 상부에 보고하겠다는 뜻을 전했다. 다음날 외무부 장관은 대통령과 국무총리에 대해 위의 내용대로 사건을 보고했다. 이날 외무부는 담화문을 발표하여, 사건 개요를 밝히고 유감의 뜻과 함께 범인에 대한 엄중처벌을 기대한다는 내용 등을 밝혔다.

한편, 외무부장관은 별도 공문으로 주일대사에게 일본 측 담화문 내용을 보고할 것을 요청했다. 이에 대해 주일대사는 곧바로 회신 공문을 보내어 경비 강화 의지를 전했다. 그리고 주일대사관이 일본 정부 측에 적절한 조치를 취할 것을 촉구하는 NOTE를 발송했다.

⑥ 재외국민 지도 자문위원회, 1969

1969년 1월 8일 대한일보에 '僑胞보호책 건의: 在外國民 指導委설치'라는 제목의 기사가 실렸다. 이 기사는 '재외국민지도위원회'의 설치 목적이 "재외국민을 효율적으로 보호, 지도"하는 데에 있음을 밝혔으며, 동 위원회를 상설기구로 1월 29일에 정식 발족시킬 것을 결정했다고 보도했다. 인원구성은 정부 관계부처(외무부, 문교부, 문공부 등)에서 8명, 국회의원 6명, 언론계 2명, 학계 2명, 사회단체 2명 등 20명의 저명인사로 구성하여 월 1회 정도 회동을 가지고 재외국민 보호지도책을 연구 검토하여 외무부장관에게 건의할 것을 목표로 삼았다.

이중 관심을 보인 분야에 따라 ① 교포교육 향상위원회, ② 교포생활 안정위원회, ③ 이민관계 위원회, ④ 재일교포 북송대책위원회, ⑤ 재일교포 영주권협정신청 촉진위원회, ⑥ '사할린'교포송환□선위원회 등 6개 전문위원회를 두기로 했다. 이중 ①, ②는 재일동포가 일본에서 직면한 열악한 민생문제에 대처하기 위한 기구, ④, ⑤는 북한/조총련 지지자가 많았던 재일동포사회에서 북측에 대한 대항과 한국 지지를 획득하기 위해 설치된 것으로 보인다. 당시 통계에 의하면 재외국민 중 96.8%가 재일동포였는데 재외국민정책은 곧 재일동포정책임을 의미했다.

재외국민지도 자문위원회규정(안) 제안 사유는 앞서 언급된 대로 "재외국민의 지도, 보호와 육성에 관한 기본 정책의 수립 및 집행에 관하여 외무부 장관의 자문에 응하게 하기 위하여 외무부 장관 소속 아래 재외 국민 지도 자문 위원회를 설치하려는 것"이라고 명시되어 있으며, 위원 정수를 20명 이내로 하고, 위원장 및 부위원장을 외무부 장관이 임명할 것을 골자로 한다. 9쪽에는 관계부처와의 합의가 완료된 사실이 명시되었으며, 10쪽부터 13쪽까지는 '재외국민지도자문위원회규정(안)' 조문이 기재되어 있다. 대통령에 의한 이 규정은 총 일곱 개 조문으로 제1조(설치), 제2조(기능), 제3조(구성), 제4조(위원장의 직무), 제5조(회의), 제6조(간사) , 제7조(운영세칙) 등으로 구성되어 있다.

해외교포문제연구소 이사 명단도 수록되어 있는데 재외국민지도자문위원회가 이 같은 형태로 변용된 것을 짐작해 볼 수 있다. 위원회 부위원장 후보로 언급된 이원만 의원은 명단에 포함되었지만 위원장 후보로 거론된 김유택 의원의 이름은 찾을 수 없다. 이사는 법조인, 정치인, 기업인, 대학교수, 언론인 등으로 구성되었으며, 법조인은 대법원 판사 또는 부장판사 출신, 정치인은 민주공화당 교민분과 위원장과 동 부위원장이 함께 명단에 포함된 점이 눈에 띈다. 민단 부단장 출신자도 있으며, 박정희 정부의 주요인물 중 한 명인 차지철도 국회의원 신분으로 명단에 포함되었다. 한편, 실무진 중에서는 현 해외교포문제연구소 이사장인 이구홍이 출범 당시 사무국장으로 실무진에 포함된 점을 확인할 수 있다.

'외무부장관은 김상현 국회의원의 래방을 받고 요지 아래와 같이 요담하였음(1969. 2.15.)'이라는 문서에서는 1969.7.27부터 일본에 파견할 재일교포실태조사단이 조사해 올 내용 중 학술적 내용이 있을 경우, 해외교포문제연구소에 연구를 위촉할 것을 고려하지만 조사단에 동 연구소 관계자를 포함시키지 않는다는 내용이 있다.

'재외국민지도자문위원 위촉'이라는 제목의 공문(아교725, 1968.3.15.)에서 위원은 1. 정부요원 (외무부차관, 법무부차관, 문교부차관, 문화공보부차관, 중앙정보부 차장, 이경호 〈법무부〉 차관), 2. 국회의원(이원만 의원, 김창욱 의원, 김규남 의원, 김수한 위원, 김상현 의원, 양희수 의원, 이원우 의원, 김유택 의원, 신용남 의원), 3. 언론계(이원강, 홍종인, 김봉기), 4. 학계(이한기), 5. 기타(김훈) 등 20명이 기재되어 있다.

'재외국민지도자문위원 교체위촉 건의(1969.4.9.)'라는 건의서에는 추천된 위원 중 김성용 의원 대신 신용남 의원을 위촉할 것을 건의한다는 기술이 확인된다. '진행계획' 공문에서는 대통령령 제2765호에 따라 재외국민지도자문위원회를 발촉시킴과 동시에 첫 번째 회의를 69.4.23에 1차회의를 개최하고, 위촉장 전달 등 회의 당일 진행순서에 관한 언급도 있다.

⑦ 일본지역 영사관 기부채납, 1969

이 자료는 외무부 총무과에서 1969년에 생성된 자료로 공관별로 기부가 채납된 안건을 정리한 문서철이다. 고베, 나고야, 센다이, 시모노세키 공관 관할구역 내 기부 채납 현황을 제시하고 있다.

주고베 한국영사관의 토지, 건물 기부가 채납되었다는 내용을 보면 기부자 명의가 주 고베 영사관 설립위원회임을 알 수 있다. 총무과에서 장관에게 보내는 공문(1968.10.16.)에는 등기 등 절차를 밟을 것을 요청하는 내용이 있다.

총 45쪽에 이르는 기증서 내용을 살펴보면 기부된 영사관 부지는 고베시 이쿠타구 나카야마 데도리 2가(神戸市生田区中山手通二丁目 七三의 二四 및 五番地)에 127.5평, 건물 연면적은 220평 규모이며 지상 4층과 지하층 건물이 들어설 예정임이 확인된다. 기증목적은 "韓日條約이 締結된 後, 國交가 正常化됨에 따라 日本國內에 領事館이 增設하게 되어 當地 神戸市에도 우리나라 領事館이 새로히 設置하게 되었읍니다"라는 설명을 통해 기존 건물과 별도로 새로 분관을 건설한다는 계획임을 알 수 있다. 당시 동포들의 기증에 대한 열의는 다음과 같이 기술되어 있다.

> 우리 海外同胞의 指導와 保護를 위하여 執務하게될 分館은 우리의 손으로 마련하자는 同胞의 自發的인 決意 自進 分館設立 後援會를 組織하여 管內 여러 僑胞의 基金으로 現土地와 建物을 購入하게된 것입니다.

한편, 기증자 명의는 앞서 언급한 고베한국영사관 회관설립 후원회 회장 황공번(黃孔熉)이며, 수령자는 고베영사관 이원달 영사이다. 일본어로 작성된 매매계약서가 이어지며, 매매자 명의가 도쿄 다이토구(台東区) 소재 주식회사 다이토빌딩(株式会社　台東ビル) 대표이사 야마구치 쓰루(山口鶴)라는 점을 알 수 있다. 이 인물의 배경은 알 수 없으나 회사는 재일동포가 운영하는 것으로 보인다.

이하, 소유권 이전 관련 등기부 등본 사본과 건물 설계도 등도 확인되며 토지건물 매매 비용, 공사대금, 집기 구입비 등은 총 56,834,800엔이었다. 기증된 물품 목록과 금액을 정리한 문서 사본이 있으나, 보존 상태가 좋지 않아 내용을 식별할 수 없다.

나고야 영사관 관련 문서는 건물 및 대지 확장 관련 기부 내용이다. 고베와 마찬가지로 동포들은 영사관 건설위원회를 구성하였고, 기증자 대표는 장영준 이하 정화희, 김인구, 강구도, 정환기 등이다. 기증서를 보면 토지는 나고야시 히가시쿠 히가시오쓰네(名古屋市東区東大津根1丁目8番地)에 위치하며 면적은 335㎡(약 101평)이다. 기존 본관(연면적 293.01㎡)에 부속건물(동 175.86㎡), 정원으로 사용할 것을 전제한 폐가옥(108.88㎡)을 추가적으로 받아 확장한다는 내용이다. 토지, 건물을 등기하기 위한 촉탁서와 소유권 이전 등기부 등본 사본도 있다.

나고야 시장에게 증명을 요청한 가환지 지정증명서(1969년 2월 22일부, 미즈노 이치로 명의)에는 현금 기부자의 이름과 금액, 주소가 수기로 기록된 내용을 확인할 수 있는 내용이 들어있다. 이에 따르면 기부 총액은 일화 1,686만 7,200엔이다.

센다이 영사관 기증 관련 내용은 1969년 4월 14일부 협조전에 센다이 영사관 대지 및 건물이 기부채납이 청산되어 등기부 등본 사본 및 도면이 첨부되어 있다. '공관 대지 및 건물 기부 채납'이라는 문서에서는 토지 300평(일화 1995만 4047엔 상당), 건물 44.5평(연면적, 일화 2,045,953엔 상당)이 기부 내역임이 확인된다. 소유권 이전 관련 등기부 등본 사본이 이어지며, 부동산권리증서(소유자 다카하시 사토시(高橋敏)) , 매도증, 토지소유권 등기명의인 표시변경 등기신청서, 소유권보존 등기신청서, 건물도면, 지적측량도 등도 수록되어 있다.

시모노세키 영사관 기증 관련 내용은 본문에 이어 ① 기부서 사본, ② 소유권 보존 등기서 사본, ③ 건물 평면도 사본, ④ 건물 및 대지 평가서가 순으로 기술되어 있다.

감정평가에 따르면, 평가금액은 건물 총액 일화 31,938,368엔, 토지 총액 일화 22,821,290엔, 합계 일화 54,759,658엔이다.

⑧ 재일교민현황, 1969-70

이 자료는 외무부 재외국민과가 생성한 자료로 일본 법무성 자료에 의거하여 1969-1970년 시점의 재일동포 인구 지역, 성별, 연령 등 세 가지로 구분하여 총수를 정리한 자료와 '영주권 신청 현황'(1970년 12월 말 현재)이라는 자료 등 두 가지로 구성된다.

일본 법무성 통계는 1969년도 재일동포 총수를 603,712명(남 322,763명, 여 280,944명)으로 집계했다. 지역별(지자체)로는 오사카가 165,546명(오사카시 112,358명)으로 가장 많으며, 이하 도쿄 71,532명 (특별구 61,252명), 효고 61,784명 (고베시 24,108명), 아이치 48,921명 (나고야시 25,214명), 교토 40,959명 (교토시 34,033명), 가나가와 26,680명 (요코하마시 10,787명), 후쿠오카 25,617명 (기타큐슈시 9,040명) 순으로 가장 적은 지역은 도쿠시마로 321명이다. 이들 외 동포 인구가 10,000명 이상인 지역은 기후(10,786명), 히로시마(14,904명), 야마구치(15,623명) 등 세 개 지역, 5,000명 이상인 지역이 홋카이도(8,619명), 시즈오카(7,893명), 치바(7,675명), 사이타마(6,760명), 미에(7,643명), 시가(6,322명), 나라(5,001명) 등 일곱 개 지역이다.

한편, 1970년 12월 말 현재의 '영주권신청현황' 자료는 1965년 한일수교에 따른 이른바 재일한국인협정에 따라 제도화된 일제통치에 따른 일본 내 이주자 중 한국국적 소지자에 한해 영주권(이른바 협정영주권) 신청이 가능해짐에 따라 이를 신청한 동포 수를 집계한 자료다. 당시 한국정부와 민단은 협정영주권 신청을 북한/조총련으로부터 이탈로 보고 신청자수는 한국/민단 측으로 영입된 동포수를 측정하는 근거로 활용되었다.

이 자료는 원본 상태가 열악하여 수치 확인이 어려운 곳이 많다. 확인 가능한 부분만을 요약한다면 공관 관할 구역별로 도쿄(대사관), 오사카, 삿포로, 센다이, 요코하마, 나고야, 효고, 시모노세키 등으로 나누어지며, 신청 자격이 있는 (다만 조선적자의 경우, 한국 국적으로 전환한다는 전제) 재일동포 수를 559,147명으로 산출했다. 공관 관할구역 별로 오사카(149,083명), 나고야(73,329명), 도쿄(93,478명), 요코하마(33,044명), 시모노세키(31,592명), 센다이(10,975명), 삿포로(8,139명) 등 순이며, 후쿠오카와 효고(고베)에 대한 수치는 확인할 수 없다.

그 외 '목표수,' '12월 중 신청,' '신청누계,' '비율' 등 항목이 있지만, 확인이 가능한 것은 도쿄의 목표수(42,34?명), 12월 중 신청(1,125명), 신청 누계(25,580명)와 모든 관할구역의 12월 중 신청자 수의 합계 9,949명이 전부다.

▌관련 문서▐

① 재외교민 실태조사, 1953-60
② 재외공관 설치 - 일본 총영사관, 영사관 1966
③ 재외국민지도자문위원회,1967-68
④ 한국의 대일본정책, 1969
⑤ 주일본대사관 및 영사관 피습, 1969
⑥ 재외국민 지도 자문위원회, 1969
⑦ 일본지역 영사관 기부채납, 1969
⑧ 재일교민현황, 1969-70

① 재외교민 실태조사, 1953-60

기능명칭: 재외교민 실태조사, 1953-60

분류번호: 791.25 1953-60

등록번호: 1374

생산과: 교민과

생산년도: 1960

필름번호(주제-번호): P-0002

파일번호: 02

프레임번호: 0001~0368

1. 기안-재외교포일제등록실시에관한건

기안일 1953.5.6.
관계번호 外政 제 호
발신 차관
수신 장관
제목 在外僑胞一齊登錄實施에關한 件

稟議

首題件에 關하여 現年度에 實施計劃으로 所要豫算을 要求한 在外僑胞一齊登錄事務에 關하여 今般國會에서 該豫算이 要求額과 如히 通過되였으므로 目下 具體的인 實施案을 作成中이오나

今般一齊登錄은 從前의 登錄과 如한 單純한 人員數把握같은 것이 아니고 在外僑胞에 對한 國勢調査와 같이 敎育, 生業, 財産狀態, 思想, 宗敎, 家庭環境 等 多方面의 調査를 하는 것이 主目的인 同時에

一便 國防當局에서는 이를 契機로 하여 在外僑胞에 對한 兵務行政을 强化하도록 하여 달라는 要請도 有하므로 爲先, 法務, 內務, 國防 等 關係各部와의 連席會議를 開催하여 當部計劃樹立에 資하고저 하며 一便 駐日公使의게 現場의 事情과 參考意見을 具申하도록 하고저 左案과 如히 施行함이 如何하올지 裁決을 仰請하나이다

(參考)在外國民登錄費豫算內譯

2. 제2장 재외국민보호비

第2章 在外國民保護費

第2章 在外國民保護費

款	項	目	節	豫算額	內訳
1. 在外國民保護費				八〇九,二二〇,〇〇〇円	(在外國民保護費中 第一項·二八三,六二〇,〇〇〇円은 登錄費로)
	1. 在外國民登錄費			二八三,六二〇,〇〇〇 [redacted]	
		02 諸給與		一六六,三二〇,〇〇〇	
			1. 雜給	一六六,三二〇,〇〇〇	駐日大使館 嘱託手當 二五二名×二个月×每五五×六,〇〇〇円 ＝一六六,三二〇,〇〇〇
		06 會議費 翻譯料		一六,二〇〇,〇〇〇	
			2 翻譯料	一六,二〇〇,〇〇〇	駐日大使館 宣傳文翻譯 每一〇×三六个市×五回×六,〇〇〇円 ＝一〇,八〇〇,〇〇〇円 스피-치 外賓便 每五×三六个市×五回×六,〇〇〇円 ＝五,四〇〇,〇〇〇円
		07 印刷費		一〇一,一〇〇,〇〇〇	

外務部

1474

8

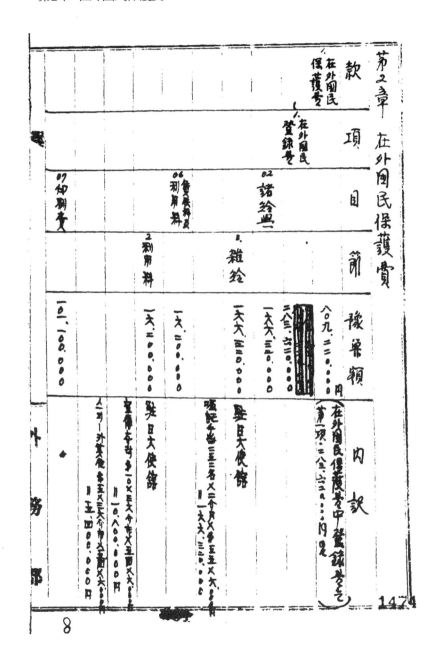

外務部

1.印刷費 一〇二,一〇〇,〇〇〇

1.駐日韓大使館

登録証等〇.〇〇五×六〇.〇〇〇枚×六.〇〇〇円

〃 一八,〇〇〇,〇〇〇円

登録済証等〇.〇〇八×六〇.〇〇〇枚×六.〇〇〇円

〃 二八,八〇〇,〇〇〇円

申請用紙等〇.〇〇四×一八〇.〇〇〇枚×六.〇〇〇円

〃 四三,二〇〇,〇〇〇円

手数料徴収証等〇.〇〇二五×六〇.〇〇〇枚×六.〇〇〇円

〃 九,〇〇〇,〇〇〇円

2.駐華大使館

登録証其他等〇.五×四〇枚×六.〇〇〇円

〃 一,二〇〇,〇〇〇円

3.駐香港總領事館

登録証其他等〇.〇五×一〇〇枚×六.〇〇〇円

〃 三〇〇,〇〇〇円

4.駐[illegible]總領事館

登録証其他等〇.五×二〇枚×六.〇〇〇円

〃 六〇〇,〇〇〇円

9

1475

3. 재외국민 일제등록실시에 관한 연석회의 개최에 관한 건

(案一)
발신 외무부 장관
수신 국방부 장관, 내무부 장관, 법무부 장관
제목 在外國民一齊登錄實施에關한聯席會議開催에關한件

首題件에 關하여 海外에 居住하고 있는 僑胞의 正確한 動態를 把握함은 國勢의 正確한 調査의 一部로 緊要한 일일 뿐만 아니라 在外國民의 保護를 爲하여도 至極히 重要한 것임에 鑑하여 當部에서는 現年度計劃으로 在外國民의 一齊登錄을 實施하기 爲하여 必要한 豫算을 要求하여 그 通過를 보게 되었으므로 그 實施計劃에 對한 具體的問題를 關係各部와 討議하고저 하오니 左記에 依하여 擔當職員을 參席하도록 하여 주심을 仰望하나이다

記

一. 日時 五月三十日午後二時
一. 場所 國務會議室
一. 各部關係事項 國防部, 在外僑胞에 對한 兵務行政强化
　　內務部, 在外僑胞에 對한 査察및 思想動向
　　法務部, 在外僑胞에 對한 國勢調査

(案二)
발신 외무부 장관
수신 주일 공사

仝件名

首題件에 關하여 現年度의 事業計劃으로 在外僑胞의 一齊登錄을 實施하기 爲하여 所要豫算을 要求하였든바, 要求額대로 通過를 보게 되였음으로 目下關係各部와 具體的인 打合을 進行中이온바 在外僑胞登錄實施에 있어서는 特히 在日僑胞問題가 中心이 될 것이며 따라서 貴部所要豫算을 別紙와 如히 □點的으로 計上하였아오니 特히 左記各項을 留念하시와 登錄實施에 對한 意見을 具體的으로 時急 回報하여 주심을 務望하나이다

記

一. 今般實施할 登錄은 從來에 施行한 것과 같은 單純한 人員把握과 如한 것이 아니고 在外國民에 對한 國勢調査로 敎育程度, 家庭環境, 生業, 財産狀態, 宗敎, 思想等 多方面에 亘한 調査를 施行하며

二. 在外國民에 對한 兵務行政의 參考資料를 整理하고

三. 在外僑胞保護에 對한 具體的對策을 樹立하기 爲하여 實情을 正確히 把握하기 爲한 基本措置이며

四. 本事業을 實施함에는 相當한 人員이 所要될 것으로 思料하여 相當數의 臨時職員을 採用할 수 있도록 豫算措置하였아오니 登錄實施에 對한 方法을 硏究하시와 實施計劃書를 作成 送付하여 주시압

添附書類

一. 在外僑胞一齊登錄實施에 必要한 豫算內譯書

(四二八六年度外務部豫算 第二章 在外國民保護費

第一款 在外國民保護費

第一項 在外國民登錄費 內譯

(案三)

발신 외무부 장관

수신 총무처장

제목 國務會議室使用에 關한 件

首題件에 關하여 當部現年度事業으로 在外國民의 一齊登錄을 實施하여 在外僑胞에 對한 正確한 國勢를 把握하고저 하는 바 그 實施에 關한 具體的方案을 樹立하기 爲하여 左記와 如히 國務會議室을 使用하고저 하오니 許可하여 주심을 務望하나이다

記

一. 日時五月三十日 午後二時

一. 參席部 外務部, 內務部, 國防部, 法務部.

4. 재일교포일제등록실시에 관한 건

번호 外政 제1418호
일시 1953.9.9.
발신 외무부 장관
수신 각재외공관장
제목 在日僑胞一齊登錄實施에 關한 件

首題之件에 關하여 今年度에 再次의 實施計劃으로 所要豫算을 編成하여 該豫算이 要求額과 如히 國會의 通過를 보았음으로 本部에서는 目下 이의 具體的인 實施案을 作成中이온데
今般 實施할 在外國民一齊登錄은 從前에 實施한 登錄과는 달리 單純한 人員數 把握같은 것이 아니고 在外國民에 對한 國勢調査와 같이 教育, 生業, 財産狀態, 思想, 宗教, 家庭環境等 多方面의 調査를 하는 同時에 在外國民保護에 對한 具體的對策을 樹立하기 爲한 基本措置이므로 別添豫算內譯 및 在外國民登錄法 및 同施行令 諸登錄用紙樣式(外務部關係法令集參照)을 參考로 하시어 左記事項에 對한 具體的方法을 硏究하시와 詳細한 實施計劃策을 作成하여 送付하심을 務望합니다.

記

一. 在外國民一齊登錄實施를 管轄地域內의 僑胞에게 周地시키는 諸方法에 對한 貴見
二. 登錄用紙樣式 및 同印刷에 對한 貴見
三. 登錄事務를 效果的으로 進行하는 具體的인 諸方法에 對한 貴見
四. 手數料 徵收에 對한 貴見
五. 登錄事務實施에 있어서 囑託採用에 對한 貴見
(駐日代表部. 호노루루總領事館. 羅城總領事館에 限함)
六. 其他事項

5. 재외국민일제등록실시에 수반하는 제반 통계작성에 관한 건

번호 外政 제 호

일시 1953.10.6.
발신 외무부 장관
수신 각재외공관장
제목 在外國民一齊登錄實施에 隨伴하는 諸般統計作成에 關한 件

首題之件 今般實施하는 在外僑胞一齊登錄은 在外國民保護事業 및 國家外交, 社會政策樹立의 基本이 될 重大한 意義가 있음에 鑑하여 登錄實施에 있어서는 總力을 傾注하여 가장 效果的이며 技術的인 方法으로 所期目的을 完遂하여야 할 것이므로 登錄을 接受한 后 整理하여 左記樣式에 依據하여 詳細하고 正確한 統計를 作成提出하십을 務望하나이다

記

一. 人口統計(男, 女別)	樣式	一
二. 家口 및 人口統計	〃	二
三. 家口의 構成統計	〃	三
四. 年令別統計	〃	四
五. 配偶關係統計	〃	五
六. 失業 및 無業率統計	〃	六
七. 職業別統計	〃	七
八. 教育程度統計	〃	八

統計作成에 있어서 留意할 点

一. 人口統計
各地域別로 男, 女別 總數를 記入할 것

二. 家口 및 人口統計
普通家口라 함은 世帶를 가진 家口를 말하며 準家口라 함은 下宿, 合宿을 하고 있는 者를 말함

三. 家口의 構成統計
家族數別로 分類할 것

四. 年齡別統計
이는 國家의 人的資源把握에 絶對必要하니 正確하고 詳細한 數字를 낼 것 十四歲以下四〇歲以上을 五歲單位로 하고 十五歲부터 三十九歲까지는 每歲單位로 할 것

五. 配偶關係統計

樣式대로 할 것

六. 失業 및 無業率統計

失業은 滿十四歲以上 滿六十五歲未滿者로 勞動能力이 有하나 職業을 갖지 못한 者를 말하고 無業은 就職無能力者, 就職無希望者 및 收入에 依한者(地代家賃, 有償證券等 其他收入으로 生計를 해 나가는者) 또는 基地無業(學生, 生徒, 兒童, 幼兒, 家政婦人等 從屬者 其他精神病院, 感化院, 慈善病院에 있는者 或은 官公署 또는 慈善團體의 救助를 받고 있는 者를 말함

七. 職業別統計

別添「職業內容例示」參照하여 詳細한 統計를 作成할 것

八. 教育程度統計

別添「教育程度欄」參照

6. 재외국민등록상황보고의 건

번호 外政 제2690호
일시 1954.2.24.
발신 정무국장 제2과장
수신 대통령 비서실
제목 在外國民登錄狀況報告의 件

首題之件 去二月十八日字 大統領閣下께서 外務部長官에게 下示하신 在外國民登錄狀況을 左記와 如히 報告하나이다

記

在外國民登錄은 在外國民에 對한 國勢調査와 같은 것이며 教育, 生業, 財産狀態, 思想, 宗教, 家庭環境等 多方面의 調査를 하는 同時에 在外國民保護에 對한 具體的인 對策을 樹立하기 爲한 基本措置이므로 當部에서는 在外國民登錄法(四二八二, 十一, 二四, 法律第七〇號) 및 同施行令(四二八三, 二, 十一, 大統領令第二七九號)에 依據하여 在外國民登錄을 實施하고 있었으며 登錄申請書는 各在外公館에서 接受하여 本部에 送付하고 있었으나(登錄薄는 在外公館에 備置) 六.二

五 動亂으로 困하여 이들 在外國民登錄關係書類가 大部分消失되여 在外國民의 實態를 正確하게 把握하기 困難하게 되였으므로 當部에서는 새로히 在外國民에 對한 一齊登錄을 實施하여 國民登錄의 所期目的을 達成코저 檀紀四二八六年度에 所要豫算을 編成하여 各在外公館과 緊密한 連絡下에 가장 有效的인 實施計劃을 樹立하여 客年十一月부터 實施中에 있음. 在日僑胞에 對하여는 韓日會議 結果에 비추어 實施를 待機하고 있음. 登錄狀況은 各在外公館別로 追後詳細하게 報告하겠음.

7. 해외거류동포수에 관한 자료의뢰의 건

번호 調統 제18호
일시 1954.4.28.
발신 한국은행 조사부장
수신 외무부 정무국장
제목 해외거류동포수에 관한 자료의뢰에 건

敬啓者 局務日益多祥하심을 慶賀하나이다
就 公務多忙하신데 罪송하온 仰託이오나 當行經濟年鑑編纂統計資料로 必要하오니 解放後 우今까지의 年別左記資料回報하시어 주심을 敬望하나이다

記

一. 海外居留同胞數(在外公館職員및 留學生包含)
國別 男女別 年齡別 職業別
以上

8. 해외거류동포수에 관한 자료의뢰의 건

번호 外政 제238호
일시 1954.5.5.
발신 정무국장

수신 한국은행 조사부장
件名: 海外居留同胞數에 關한 資料依賴의 件
(對四二八七年四月 二十八日字 調統 第十八號)

首題之件에 關하여 在外僑胞分布狀態를 左記와 如히 回報하나이다.

記

在外僑胞分布狀態 및 登錄狀況(四二八五年十一月現在)

國別	僑胞數	登錄數
日本國	五六五,六八五	一五三,四〇五
美國	二,三一三	一,七五〇
中國	三九〇	三九〇
香港	五〇	三五
佛國	二八	二五
英國	九	九
獨乙	一	一
西班牙	一	一
瑞西	一	一
計	五六八,四八七	一五七,三七三

(A) 在日僑胞의 實態

(가) 敎育狀況

(1) 專門以上學歷者 二,五〇〇名

(2) 中學卒業者 九,一五二名

(3) 小學校卒業者 五四,九一三名

六六,五六五名

(나) 職業狀況

(1) 官公吏및 公務員 一,七〇〇名

(2) 會社員및 本版書籍業 九,五〇〇名

(3) 工業및 纖維業 六,五〇〇名

(4) 商業 一,五〇〇〇名

(5) 農業 五,五〇〇名

(6) 漁業및 製鹽業 一,二三八名

(7) 自由및 土建業 一五五,〇〇〇名

(8) 無職 一一八,二八二名

(9) 其他失業者

9. 해외교포동태 조사의 건

번호 외정(政) 제992호

일시 1954.8.7.

발신 장관

수신 내무부 장관

제목 해외교포동태 조사의 건

(대 四二八七년[1] 八월 四일자, 내치정三 제一一三三八호)

수제의 건에 관하여 해외 교포 분포 상황을 다음과 같이 회보하나이다.

기

一. 일본(日本)

(A) 인원수 五六五,六八五 (등록자수 一五三, 四〇五)

(B) 직업상황

(1) 관공리 및 공무원 一,七〇〇

(2) 회사원 및 출판서적업 九,五〇〇

(3) 공업 및 섬유업 六,五〇〇

(4) 상업 一五,〇〇〇

(5) 농업 五,五〇〇

(6) 어업 및 제원업 一,二三八

(7) 자유 및 토건업 一五五,〇〇〇

(8) 무직 一一八,二八二

(C) 교육상황

(1)전문 의상[2] 학력자 二,五〇〇

---

1) 1954년

(2)중학교 졸업자 九,一五二
(3)소학교 졸업자 五四,九一三

10. 재외교포 분포상황 조사보고의 건

번호 한일대 제155호
일시 1955.1.22.
발신 주일공사
수신 외무부 장관
제목 재외교포 분포상항[3] 조사보고의 건

대 단기 四二八七년 九월 八일부, 외정 제一,二四一호
단기 四二八七년 十二월 三十일자, 외정무 제二,二五七호
단기 四二八八년 一월 一五일자, 외정 제一,二四二호

수제의 건 재일교포의 동태 및 분포상항에 관하여 재일교포의 총수, 재외국민등록상항, 재일거류민단일람표, 재일교포각종단채[4], 재일교포자녀의 취학상항, 일정으로부터 생활 보호를 받고 있는 상항, 범죄행위를 형의언도로 받고 현재 복역중에 있는 수효 등을 우선 여좌히 보고하오며 재일교포경영 각종산업기관 일람표, 재일교포언론기관 지명일람표(좌익포함), 재일본민전(조련)산하 교포단체 기관명 일람표 등에 관한 것은 추후 보고하겠아오니 여차 양지하심을 경망하나이다.

추이 재일유학생에 관한 상항은 단기四二八八년 一월 五일부 한일대 제32호로 기히 본부에 보고하였아오니 참조하심을 병망하나이다

기

一. 재일교포의 총수(五五六,二六四名)

(註) 본항의 재일교포총수는 日政法務省이 집게[5]한 서기 一九五四년 九월말

---

2) '이상'으로 추정.
3) 상황
4) 단체
5) 집계

현재의 통계 수자이며 작년 十월부터 日本내에 거주하는 외국인에 대하여 일제히 외국인 등록을 갱신 실시하고 있으므로 본항의 수자에 극히 적은 수자의 변동은 있을지 모르겠음

지역(都県別)	수효	지역	수효	지역	수효
東京都	四五,〇三六	茨城県	五,四五二	岩手県	三,一二一
神奈川	一七,六八六	福島県	五,一〇三	宮城県	五,二七四
千葉県	八,九 三六	山形県	一,二九七	静岡県	七,一八八
埼玉県	四,一七四	秋田県	二,二五四	山梨県	三,三一二
群馬県	三,四六八	青森県	一,八四三	長野県	六,六六二
栃木県	二,七九七	北海道	九,一一五	新潟県	三,五三三
富山県	三,五〇〇	兵庫県	四九,一二〇	鹿児島県	一,四一二
石川県	三,七九一	岡山県	一二,九七〇	岐阜県	一〇,六九二
福井県	六,四七八	広島県	一六,一一七	宮城県	二,一八三
愛知県	三五,二二一	鳥取県	二,七五九	大分県	七,三八四
三重県	八,八八九	島根県	五,八一一	香川県	一,四三二
滋賀県	七,六一八	山口県	二七,〇三九	徳島県	七一〇
京都府	四七,二三二	福岡県	三〇,二四二	高知県	一,二五七
大阪府	一一〇,二一一	佐賀県	三,四九七	愛媛県	三,一五六
奈良県	四,一六三	長崎県	八,五二九		
和歌山県	四,九七七	熊本県	四,一三三		

二. 재외국민등록사항(각都道府県별)(一五九,七五一名)

東京都	一四,一四九	北海道	一,一四四	滋賀県	一,四四二
神奈川県	三,四二九	岩手県	六一五	京都府	六,六四五
三多摩	九四五	宮城県	一,〇〇八	大阪府	三八,四四一
千葉県	三,二八五	静岡県	一,三九七	奈良県	二,七五四
埼玉県	一,一四一	山梨県	四一六	和歌山県	二,五七四
群馬県	一,二八九	長野県	一,二六五	兵庫県	七,四一九
栃木県	四五〇	新潟県	一,二五二	岡山県	二,二二七
茨城県	九九六	富山県	一八二	広島県	八,二三〇
福島県	一八一	石川県	九三五	鳥取県	五〇四
山形県	二四六	福井県	九八一	島根県	四六三

秋田県	五〇一	愛知県	七,一七九	山口県	七,〇七一
青森県	四六二	三重県	二,五五一	福岡県	一七,〇〇九
佐賀県	一,九一六	鹿児島県	六五一	香川県	六八七
長崎県	六,三六三	岐阜県	八四七	徳島県	一四八
対馬島	一,二四五	宮崎県	一,〇三〇	高知県	一七三
熊本県	三一一〇	大分県	二,二五四	愛媛県	五四九

(註) 1. 三多摩, 對馬島는 県이 아니나 地域上으로 在日居留民團縣本部와 同等地位의 在日居留民團本部를 設置하고 있음.

2. 右人員數字는 西紀一九五四年末現在임

三. 재일거류민단본부, 지방본부, 지부의 일람표

(別添)

四. 재일교포 각단채명

1. 大韓民國在日居留民團 (團長 金載華)
2. 在日大韓婦人會 (會長吳基文)
3. 在日大韓青年團 (團長 曺寧柱)
4. 在日在鄕軍人會 (會長 安基伯)
5. 在日韓國學生同盟 (代表委員 金承浩)

五. 재일교포 자녀의 취학상항(都道府県別)

지역	소학생	중학생	고등학생	지역	소학생	중학생	고등학생
東京都	六,一三五	二,〇八〇	一一九	福島県	四六八	一四九	一九
神奈川県	一,七七三	二七五	一〇三	山形県	一五〇	一七	七
千葉県	八八〇	一六四	一二	秋田県	二一四	四二	一四
埼玉県	四四七	一〇二	一五	青森県	七七	二八	七
群馬県	三六五	一二〇	七	北海道	二三〇	六〇	四
栃木県	三〇二	五四	五	岩手県	三三八	七八	七
茨城県	三三八	二一二	三一	宮城県	五九〇	一四二	二一
静岡県	九四一	二二五	二九	奈良県	五八六	九五	一〇
山梨県	三七四	一一〇	一一	和歌山県	六一四	一二〇	五
長野県	九五三	三〇六	二七	兵庫県	五,九一五	一,三三六	二四九
新潟県	四一二	一二八	一八	岡山県	二,一九二	四九八	七八
富山県	四〇七	九七	一〇	広島県	二,六九〇	五二七	二二

石川県	三八二	九三	一	鳥取県	二九四	九六	五
福井県	一,〇五七	二六五	六八	島根県	七四七	二四九	二七
愛知県	五,六八〇	一,三〇五	一六一	山口県	四,六六五	八〇一	七一
三重県	一,三三六	三三五	三三	福岡県	四,四五五	六九九	三四
滋賀県	一,三五〇	三三六	四六	佐賀県	二八三	五四	三
京都府	六,〇〇〇	一,五七二	三五四	長崎県	一,一〇〇	一二四	一三
大阪府	一五,六四〇	三,八九二	一二二四	熊本県	四四五	八九	一一
鹿児島県	一一九	二四	二	香川県	二〇二	二六	二
岐阜県	一,五一四	三九九	一九	徳島県	二二	五	一
宮崎県	二三二	四〇	四	高知県	五六	二〇	一
大分県	九五二	一五九	二	愛媛県	一七七	四四	二

合計 소학생 七四,一四三

중학생 一七,五九二

고등학생 二,九一四

총합계 九四六四九名

(註) 본항 통계수자는 日政法務省에서 집계한 통계수자이며, 西紀一九五四年度 在學生數字임

六. 일정으로부터 생활보고[6]를 받고 있는 상항

在日僑胞로서 日本政府로부터 生活扶助費를 받고 있는 者가 서기一九五三년末 現在로 一〇,七六三四名이고 此人員이 扶助받는 金額은 十七億円(日貨)임. 一〇,七六三四名의 在日僑胞 五五,七〇〇〇名에 對한 人員比率은 約〇.一九%임.

「參考」 日本人으로 生活扶助費를 받고 있는 者는 一八一萬名이고 八〇〇〇萬人口에 對하여 人員比率은 〇.〇二%이다

(註) 右數字는 日本法務省 제공임

七. 범죄행위로 형의 언도를 받고 현재 복역 중에 있는 수효

1. 刑務所에서 服役中人員

四, 六四一名(이 중 女 七七名)

2. 裁判받기 위하여 拘置所에 收容된 人員

一,二七五名(이 중 女 六三名)

---

6) 생활보호

右의 各々 約2/3弱이 竊盜犯임

(註) 右數字는 昨年 六月末 現在의 統計數字임.

11. 해외교포실태

국적	교포수
미국	12,362
영국	31
불란서	119
서반아	1
이태리	37
희랍	5
서독	197
백이의	33
화란	4
서서	8
오지리	31
서전	12
정말	12
노루웨이	5
토이기	2
호주	9
뉴지랜드	2
멕시코	1,030
과테마라	2
부라질	54
알젠틴	12
쿠바	400
일본	613,671
자유중국	484
비율빈	48
태국	63
월남	103
라오스	5
홍콩	147
	622,637

12. 해외교포일람표

해외교포일람표

단기 4290년 1월 31일 현재

국명	재류교포	유학생	합계
중국	382	25	407
월남	34	0	34
태국	10	0	10
서독	3	71	74
비율빈	30	9	39
호주	0	5	5
향항	139	0	139
불난서	35	92	127
벨기	1	24	25
이태리	0	21	21
서반아	2	0	2
영국	0	14	14
놀웨이	0	5	5
정말	0	6	6
서전	0	9	9
미국	1,687	2,598	4,285
일본	675,962	10,382	686,344
총계	678,295	11,261	689,556
			690,629

13. 재외교포일제등록실시에 관한 건

번호 韓日代 제5477호

일시 1953.9.24.

발신 주일공사

수신 외무부 장관

제목 在外僑胞一齊登錄實施에 關한 件
(對九月九日外政 第一四一八號)

首題之件에 關하야 在外國民登錄法(法律第七〇號) 및 仝施行令(大統領令第二七九號)에 準據하야 左記와 如히 國民登錄實施對策 上達하오니 照亮하심을 바라나이다.

追而 韓日會談을 通하야 國籍問題에 있어서 決定을 보지 못하고 있는 点을 特히 考慮하여 주시압

一. 在外國民一齊登錄實施를 管轄地域內의 僑胞에게 周知시키는 諸方法에 對한 意見

日本에 있어서는 僑胞數가 在外國民으로서 類例가 없을만치 多大數일 뿐 않이라 그들은 生活能力과 知的水準等에 있어서는 千差萬別로 大部分이 低級한 程度인데 終戰卽後 舊朝連系의 煽動으로서 無分別한 政治團體等에 加入되여 있어 反國家的左翼系列에 屬하고 있는者 又는 中間路線을 取하고 있는 者들을 爲하야 徹底한 啓蒙宣傳으로서 認識을 注入하도록 할 必要가 有함은 勿論이오며 本國民登錄實施에 있어서도 此를 根本的으로 하야 對策을 講究할 必要가 有하오니 如左한 周知對策을 具申하나이다.

1. 國民登錄 指導員構成

日本全國을 統一的으로 指導企劃連絡을 取할 수 있는 機關을 駐日代表部에 두고 在日民族陣營 各團體에서 選出한 指導員을 相當期間 訓練講習을 식혀 統一된 方式에 依하야 各地域別로 派遣(關東 北海道 東北 近畿 中部 中國 九州) 講演會를 開催하여 特히 本國實情을 各方面에 亘하야 周知케 하고 在外僑胞로서 國民登錄을 完了하므로 日本內에 있어서 外國人處遇를 받게 되며 合法的으로 居住權을 獲得하야 國民의 襟度를 세울 수 있는 點을 周知케함

2. 本國戰亂에 있어서 共産傀儡軍의 蠻行과 暴行等을 周知케 함으로서 憎惡心을 喚起하도록 宣傳映畵와 寫眞展覽會(本部斡旋)을 開催할 것

3. 國民登錄實施方法에 있어서 其手續과 趣旨等을 容易히 知得케 하기 爲하야 宣傳文, 新聞廣告 및 스피-카等을 利用하도록 할 것

4. 左翼分子들의 阻害工作에 對備하야 民族陣營의 靑年團體 및 學生同盟員을 動員하야 警護隊를 編成하도록 할 것

二. 登錄用紙樣式 및 同印刷에 對한 意見

大概別添樣式에 依하야 本代表部에서 一括하야 印刷한後 配付하고저 함

三. 登錄事務를 效果的으로 進行하는 具體的인 諸方法에 對한 意見

登錄手續에 關한 申請書用紙 및 宣傳趣旨文等을 在日居留民團中央總本部를 通

하야 各地支部로 適當히 送付케 하고 一線的 事務取扱은 仝居留民團各地部에서 取扱하며 登錄申請書를 接收檢討한 後 整備된 國民登錄申請書를 一括編綴하야 別冊으로 國民登錄申請者名簿를 作成添付하고 또한 性別年齡順으로 統計數字를 添記하야 責任者가 捺印하야 中央總本部로 送達케 한 後 中央總本部에서는 全國的統計表를 詳細히 各項目別로(例 職業別, 教育程度, 財産狀態等) 作成하야 完備케 한 後 駐日代表部에서 國民登錄證을 發行하기로 함.

四. 手數料徵收에 對한 意見

在外國民登錄法施行令 第三條末尾規程에 依하야 日本에 있어서는 登錄手數料 美貨五十仙에 該當하는 全額을 徵收하기로 되여 있으나 日本에 있는 僑胞들의 特殊事情을 考慮하야 全國的實施期間에는 免除하도록 함이 本事務推進上 圓滑할 것으로 思料됨.

但 全國的實施期間以後에는 本規定에 依하야 徵收하도록 함.

五. 登錄事務實施에 있어서 囑託採用에 對한 貴意見

在日僑胞國民登錄事務는 極히 繁雜할 뿐 아니라 日本全國的으로 廣範圍함으로 勿論 臨時職員囑託이 必要하오며 仝登錄事務實施期間中 在日居留民團職員中에서 臨時囑託으로 充用함이 適當할 것으로 思料되오며 所要人員은 左記와 如함

記

1. 在日代表部 五名
2. 在日居留民團 中央總本部 一〇名
3. 民團各支部(各一名) 四五〇名

六. 其他事項

豫算措置에 對한 算出額은 別途作成中이오나 本意見에 對하야 可否如何를 回示하여주시압.

14. 재외교포일제등록실시에 관한 건

번호 外政 제1418호
일시 1953.10.1.
발신 차관
수신 주일공사

제목 在外僑胞一齊登錄實施에 關한 件
(對 韓日第五四七七號)

首題之件에 關한 貴部의 實施對策案을 檢討하여 左記와 如히 本部의 意見을 添附 玆以回示하오니 善處하시고 本登錄事務를 完遂토록 하심을 務望하나이다

記

一. 在外國民一齊登錄實施를 管轄地域內의 僑胞에게 周知시키는 方法

1. 國民登錄指導員構成
貴見과 如히 實施하대 訓練講習 및 地方派遣講演等을 組織的이며 效果的인 것으로 할 것.

2. 宣傳映畵 및 寫眞展으로써 共産軍에 對한 憎惡心을 喚起코저 함은 오히려 逆效果를 招來할 憂慮가 있을뿐더러 經費關係도 有하여 貴部에서 各民主陣營團體와 協議하여 「僑胞慰安의 밤」을 開催하여 幕間을 利用하여 國民登錄實施의 目的과 方法等을 알기 쉽게 放送하며 또 映寫幕을 利用하여 「스라이드」로써 宣傳하는 等 和氣靄々한 가운데 國民登錄實施에 對한 認識을 鼓吹시킬 것.

3. 貴見과 如히 實施하대 스피-카를 使用放送함은 外國에서는 實施키 困難할 것으로 思料됨.

4. 貴見과 如히 實施할 것.

二. 登錄用紙樣式 및 印刷
送付한 見本中「大韓民國々民登錄證」은 手帖으로 하지 말고 法에 規定된 樣式에 依據하여 別添樣式과 如히 實施할 것.

三. 登錄事務를 效果的으로 進行하는 具體的인 方法.
錄接受事務에 있어서는 各民團支部로 하여금 接受케 하고(接受事務取扱에 對한 練習과 知識을 가지게 할 것) 接受后의 諸般整理에 國民登錄實施의 意義가 있으므로 이의 分類, 統計(廣範圍하고 詳細한 統計) 作成에 對하여는 追後 詳細한 指示를 할 것임.

四. 手數料徵收
在外國民登錄法施行令의 規程도 있고 또 外務部歲入의 大部分을 차지하는 것이므로 全般的으로 免除하도록 하는 것은 不可하니 法定數手料를 徵收할 것. 生計가 貧困한者 其他 特殊한 境遇에 있는 者에 限하여서의 手數料免除

는 考慮中에 있으나 追後指示하겠음.

五. 囑託採用

貴部意見은 四六五名이 되여 있으나 이는 今年度豫算에서 通過된 二五二名에 比하면 너무나 過大한 數字이나 同豫算에는 二五二名의 六個月間의 賃金이 算出되여 있으므로 貴見과 如히 四六五名을 採用하되 同豫算範圍內에서 短時日에 所期目的完遂토록 格別硏究하도록 할 것.

追而, 豫算措置에 對한 算出額을 早速作成하여 本部에 請求하심을 併望하나이다

15. 재일교포 분포상태 조사에 관한 건

번호 외정 제 호

일시 1954.9.8.

발신 외무부 장관

수신 주일공사

제목 재일교포 분포상태조사에 관한 건

수제의 건에 관하여 근래 귀대표부 소관지역내에 현재 거주하고 있는 재일교포의 동태 및 그 분포상태를 파악코저 하오니 좌기요령에 의하여 조사작성 보고하심을 무망하나이다

기

一. 재일교포 총실수

一. 재일교포등록자 일람표

성명	성별	년령	본적지	현주소	거주기간	거류민단등록여부	일정등록여부	생활정도	교육정도			직업상항						
									소졸	중졸	대졸	농	상	공	노동	실업	부동자	기타

一. 미등록자수

一. 거류민단 일람표(중앙본부, 지방본부 및 지부포함)

一. 재일교포 각종단체명 및 그 일람표

一. 재일교포 경영 각종산업 기관명 및 그 종업원수 일람표

一. 재일교포 언론기관지명 일람표

一. 재일본 류학생수, 성별, 재학々교명 및 그 정공과목 일람표

一. 일정으로부터 생활보호(후생비수취)를 받는 자 수 및 그 일람표
一. 범죄행위로 형의 언도를 받고 현재 복무 중에 있는 자 수 및 그 수형자 년령별 일람표
一. 재일본 조련산하 교포단체 및 그 기관명 일람표
추기 전기 각사항을 부현별(府縣別)로 작성하시앞

16. 재오끼나와 교포동향에 대한 부민언동의 건

번호 내치정 제4,889호
일시 1956.5.10.
발신 내무부 치안국장
수신 외무부 정무국장
제목 재오끼나와(沖繩)교포동향에 대한 부민언동의 건

최근 "오끼나와"로부터 귀국한 교포언동에 의하면 "오끼나와"에는 교포 三四〇여명이 거류하고 있는 바 이들은 주로 고철상(古鐵商)을 경영하여 생계를 도모하고 있고 그 외 소수가 농, 어업 등에 종사하고 있는 실정으로 거개가 무식층에 속하야 민족의식이 박약하므로 본국에서 이들에 대하여 어떠한 교민정책이 수립되지 않는 한 이들은 제三국인으로 되고 말 것이라 운々하옵기 참고통보 하나이다

17. 재외교포 실태 통보의뢰에 대한 회보의 건

번호 외정 제1246호
일시 1956.5.24.
발신 외무부장관
수신 체신부장관
제목 재외교포 실태 통보의뢰에 대한 회보의 건
(대 단기四二八九년[7] 五월 五일자 체우 제一七八九호)

7) 1956년

머리의 건에 관하여 귀부로부터 의뢰하여 온 재외교포의 실태를 별첨과 같이 회보하나이다

첨부 (一) 재외교포수(국별, 년령별 및 성별)

(二) 재외교포 직업별표

(三) 재일교포 분포표

(四) 재일교포 직업별표

추이 재외교포 수에 관하여는 주로 재외국민등록에 의한 수를 기준으로 하고 있어 실수와의 차가 있으며 이 수에는 물론 류학생 수는 포함되어 있지 않음.

이상

(國別, 年齡別 및 性別)

15-19		20-24		25-29		30-34		35-39		40-44	
男	女	男	女	男	女	男	女	男	女	男	女
-	-	-	-	-	-	-	-	-	-	-	-
-	-	-	1	5	4	15	5	8	3	5	2
-	-	-	-	-	-	1	2	-	-	-	-
-	-	-	-	-	-	-	-	1	-	-	-
-	-	1	-	7	-	5	1	5	-	-	-
2	4	2	2	5	10	9	7	8	2	5	5
1	-	-	-	1	1	1	1	-	-	-	-
2	-	-	-	6	-	11	1	1	-	-	-
5	-	7	2	16	2	9	3	3	2	3	-
-	-	3	-	7	-	3	-	3	-	-	-
-	-	-	-	1	-	-	-	-	1	4	-
-	-	-	1	-	-	5	-	2	1	2	-
-	-	-	-	1	-	-	-	1	-	-	-
-	-	-	-	-	1	-	-	-	1	-	-
-	-	-	-	1	-	-	1	-	-	-	-
1	-	-	-	-	-	1	-	-	-	-	-
-	-	-	7	1	2	1	1	2	2	2	-
10	9	6	12	25	27	39	27	30	10	-	8
-	-	-	-	-	-	-	-	-	-	-	-

(一) 在外僑胞數(國別, 年齡別 및 性別)

滯在	總數			年齡 0-4		5-9		10-14	
國(地)別	總計	男	女	男	女	男	女	男	女
日本	556,705	-	-	-	-	-	-	-	-
美國桑港	104	75	29	1	1	-	-	-	-
〃 羅城	140	119	29	-	-	-	-	-	-
墨西哥	8	8	-	-	-	-	-	-	-
獨逸	21	20	1	-	-	-	-	-	-
香港	126	67	59	6	9	18	9	3	6
濠洲	7	4	3	-	-	-	-	-	-
英國	27	23	4	-	-	-	-	-	-
佛蘭西	83	63	20	1	1	1	2	2	1
伊太利	16	16	-	-	-	-	-	-	-
西班牙	3	2	1	-	-	-	-	-	-
白耳義	12	10	2	-	-	-	-	-	-
瑞西	3	2	1	-	-	-	-	-	-
丁抹	3		3	-	-	-	-	-	-
和蘭	1	1	-	-	-	-	-	-	-
諾威	2	2	-	-	-	-	-	-	-
比律賓	38	18	20	1	2	2	3	2	-
中國(臺灣)	370	210	159	20	16	19	21	15	18
總計	557,669	-	-	-	-	-	-	-	-

登錄數 159,751

別表摘記함

左記地를 除外한 美國各地에 約2,000餘名의 僑胞가 있음.

(一) 在外僑胞數

滯在	45-49		50-54		55-60		60以上		備考
國(地)別	男	女	男	女	男	女	男	女	
日本	-	-	-	-	-	-	-	-	
美國(桑港)	2	1	2	2	5	6	33	7	
〃 羅城	1	-	4	7	15	5	89	14	

墨西哥	-	-	-	-	4	-	3	-	
獨逸	-	-	-	-	1	-	-	-	
香港	9	-	6	4	1	-	1	-	
濠洲	-	1	1	-	-	-	-	-	
英國	-		1	2	-	-	-	-	
佛蘭西	3	1	3	-	5	1	5	-	
伊太利	-	-	-	-	-	-	-	1	
西班牙	-	-	-	-	-	-	-	-	
白耳義	1	-	-	-	-	-	-	-	
瑞西	-	-	-	-	-	-	-	-	
丁抹	-	-	-	-	-	-	-	-	
和蘭	-	-	-	-	-	-	-	-	
諾威	-	-	-	-	-	-	-	-	
比律賓	4	-	2	1	-	1	1	1	
中國(臺灣)	12	4	11	6	5	1	1	-	
總計	-	-	-	-	-	-	-	-	

(二) 在外僑胞

滯在	總數			專門的技術的職業		事務從事者		販賣從事者	
國(地)別	總計	男	女	男	女	男	女	男	女
美國桑港	104	95	29	37	4	4	-	5	-
〃 羅城	140	111	29	37	3	-	-	12	2
墨西哥	8	8	-	3	1	-	-	4	-
獨逸	21	20	1	2	-	1	-	-	-
香港	126	67	59	2	-	12	3	16	-
英國	27	23	4	2	1	-	-	-	-
佛蘭西	83	63	20	3	1	1	-	1	-
伊太利	16	16	-	-	-	-	-	-	-
西班牙	3	2	1	-	-	-	-	-	-
白耳義	12	10	2	-	-	-	-	-	-
瑞西	3	2	1	-	-	-	-	-	-
丁抹	3	-	3	-	-	-	-	-	-
和蘭	1	1	-	1	-	-	-	-	-
諾威	2	2	-	1	-	-	-	-	-
比律賓	38	18	20	10	-	-	-	-	-
中國(臺灣)	370	211	159	19	-	5	3	22	2
濠洲	7	4	3	-	2	2	-	-	-
日本	556,705	-	-	-	-	-	-	-	-
總計	557,669	-	-	-	-	-	-	-	-

(三) 在日僑胞分布表

都縣別	總數	都縣別	總數
東京都	45,036	北海道	9,115
神奈川縣	17,686	兵庫縣	49,120
千葉 〃	8,936	岡山 〃	12,970
埼玉 〃	4,174	岩手 〃	3,121
群馬 〃	3,468	宮城 〃	5,274
茨木 〃	2,797	静岡 〃	7,118
富山 〃	3,500	山梨 〃	3,312
石川 〃	3,791	広島 〃	16,117
城 〃	5,452	鳥取 〃	2,759
福島 〃	5,103	島根 〃	8,811
長野 〃	6,662	山口 〃	27,039
新潟 〃	3,533	福岡 〃	30,242
鹿児島 〃	1,142	佐賀 〃	3,497
岐阜 〃	10,693	長崎 〃	8,529
福井 〃	6,478	熊本 〃	4,133
愛知 〃	35,221	宮崎 〃	2,183
三重 〃	8,889	大分 〃	7,384
滋賀 〃	7,618	香川 〃	1,432
京都府	47,232	徳島 〃	710
大阪 〃	110,211	對馬島	1,245
奈良縣	4,163	三多摩	945
和歌山 〃	4,977	高知縣	1,257
山形 〃	1,297	愛媛 〃	3,156
秋田 〃	2,254	計	556,705
青森 〃	1,843		

(四) 在日僑胞職業別表

職業	官公吏 및 公務員	會社員 및 出版書籍業	工業 및 纖維業	商業	農業	漁業 및 鹽業	自由 및 土建業	無職 (其他)
數	1,700	9,500	6,500	15,000	5,500	1,238	155,000	118,282

② 재외공관 설치–일본 총영사관, 영사관, 1966

기능명칭: 재외공관 설치 – 일본 총영사관, 영사관 1966

분류번호: 722.31JA, 1966

등록번호: 1780

생산과: 동북아주과

생산년도: 1966

필름번호(주제-번호): C-0014

파일번호: 23

프레임번호: 0001~0121

1. 외무부 공문(착신전보)

대한민국 외무부
번호 JAW-02□□□□
일시 051610
발신 주일대사
수신 외무부 장관

대: WJA - 12525호

한일간의 출입국 허가 신청 사무에 관하여 금1.5일 당관 "이경훈" 과장 일본외무성 "나이또" 여권과장 간에 교섭한 결과를 다음과 같이 보고함.

1. 아측은 대요 1항을 일측에 통고한후, (가) 일반여권 소지자에 대한 "비사" 사무도 속히 주한 일본 대사관에서 취급토록하고, (나) 외교, 관용 및 일반여권 소지자별, 여행목적별, 및 체류기간별과 관련하여 아국인의 일본 입국허가 신청에 있어서 일측이 취하고저 하는 절차상의 방안을 알려주기 바란다고 말하였음.
2. 이에 대하여 일측은 전기1의 (나)항에 관하여는 상호주의의 원칙을 적용시키는 것은 아니지만 이라고 전제하면서, 아국인의 일본입국허가 신청에 수반하는 절차상의 방안은 한국측에서 일본인의 한국입국허가 신청에 수반하는 절차상의 방안을 제시할 때 동시적으로 제시하도록 하고, 또한 일반여권소지자에 대한 "비사" 사무는 일응 1.15.부터 주한일본 대사관에서 취급토록 하되, 동일자에 관한 최종적인 결정은 한,일 양측에서 전기 입국허가 신청에 수반하는 절차상의 방안을 제시할 시에 결정하도록 하자고 주장하여 왔음.
3. 아측은 일반 여권 소자자의 일본 입국 "비사" 취급 이관일자에 관한 전기 일측 제안에 대하여, 동 이관 일자의 문제는 입국허가 신청에 수반하는 절차상의 문제와는 별도 문제이니 이관일자를 일응 1.15일로 정할 것이 아니라 확정화 시키자고 주장하자, 일측은 관계부처와 협의, 확인한후 당관에 그 결과를 알려주겠다고 하였음.
4. 본건에 관하여 본부의 지시를 지급 하시하여 주시기 바람. (주일영-외의□, 외아북)

2. 외무부 공문(착신전보)

대한민국 외무부
번호 JAW-01023
일시 051840
발신 주일대리대사
수신 외무부 장관

연 : JAW-12744
대 : WJA-12504
1. 현 총영사관 관할구역에 관하여, 당대사관은 아래와 같이 일본외무성에 통보하고저 하옵기 건의함.
주 오오사카 총영사관:
오오사카, 교오또, 도야마, 아이지, 기후, 이시가와, 후꾸이, 시가, 미에, 나라, 와가야마, 효고, 오까야마, 돗도리, 시마네, 가가와, 도꾸시마, 고지, 에히메 (2부 17현)
주후꾸오까 총영사관:
히로시마, 야마구찌, 후꾸오까, 사가, 나가자끼, 오오이도, 구마모토, 미야자끼, 가고시마 (9현)
주일대사관 영사관할구역:
주오오사카 및 주후꾸오까 총영사관 관할구역을 제외한 일본영역.
2. 나가노와 시즈오까 양현에 관하여, "재외공관의 명칭, 위치, 관할구역에 관한건" (1965.3.30. 대통령령 제2090호로 개정된 각령 제777호)은 주오오사카 출장소 관할로 규정하고 있는 바, JAW-12585 보고와 같은 이유로 상기 1항과 같이 당대사관 관할로 함이 타당하다고 사료됨.
3. 이상에 대한 회시있는 대로 관할구역에 관한 일측에 대한 통고 조치를 취할 위계임 (주일정. 주일영 - 외기획, 외아북)

3. 외무부 공문-주나가사기 영사관 설치 청원

외무부

번호 외아북720-
일시 1966.1.5.
발신 외무부 장관 이동원
수신 수신인 참조
제목 주나가사기 영사관 설치 청원

일본국 나가사기시에 대한민국 영사관이 설치되기를 희망하는 귀하의 대통령 각하 앞 서한에 대하여 본인이 회답하고저 합니다.

일본에 우리 영사관을 설치하는 문제는 이미 일본국 정부와의 협의에 의하여 오오사까, 후꾸오까시 등의 8개지에 설치하기로 결정되었습니다. 나가사기시는 금번 합의된 장소 중에 포함되지 아니하였습니다.

앞으로 일본에 대한 영사관의 증설 계획이 있게 되면 귀하의 의견을 참작할 것이며, 본건에 대한 귀하의 관심에 감사하는 바입니다.

수신인 : 나가사기 상공회의소 회두, 나가사기현 일한친선협회 회장, 재일본 대한민국 거류민단 나가사기현 본부단장, 나가사기현 중소조선협동조합 이사장. 끝.

4. 외무부 공문-주나가사기 영사관 설치 청원

외무부
번호 외아북720
일시 1966.1.5.
발신 외무부장관 이동원
수신 주일대사
제목 주나가사기 영사관 설치 청원

일본국 나가사기 상공회의소 회두, 나가사기현 일한 친선협회 회장, 재일본 대한민국 거류민단 나가사기현 본부단장 및 나가사기현 중소 조선 협동조합 이사장이 공동명의로 대통령 각하께 나가사기시에 영사관을 설치하도록 진정한데 대하여 주일영사관 설치 장소는 이미 확정되였음을 별첨 서한(사본)과 여히 회답하였음을 참고로 남깁니다.

유첨: 서한 사본 1통. 끝.

5. 외무부 공문(발신전보)

대한민국 외무부
번호 WJA-0135
일시 061350
발신 외무부 장관
수신 주일대사대리

대: JAW-01023

1. 대호 건의와 같이 "나가노" 및 "시즈오까" 양현을 오오사카 출장소의 관할구역으로부터 주일대사관 관할구역으로 변경하는 것 이외 현행대로 하시기 바람.
2. 주일 영사관 증설에 따른 "재외공관의 명칭, 위치, 관할구역에 관한건" 개정에 있어서는 "오까야마" 및 "돗도리" 양현을 원안대로 코오베 영사관의 관할로 하는 것 이외 JAW-125□5로 건의한바를 모두 반영시켜 현재 개정 절차가 진행중에 있음을 참고로 통고함. (외기획)

6. 외무부 공문(수신전보)

대한민국 외무부
번호 JAW-01036
일시 061350
발신 주일대사대리
수신 외무부 장관

연: JAW - 12744 대 WJA - 01025

1. 연호, 주 오오사카 및 후꾸오까 아국총영사관 설치에 관한 당대사관 구술서에 관하여, 일본외무성 북동아과측은 당대사관 구술서에 12.18자 양 외무장관간의 교환 공한대신 동일자의 외무부와 주한일본대사관의 구술서(아국영사관 등급지정 협회)를 언급하는 귀절을 넣어 줄 것을 요망하여 왔음. 이에 대하여 당대사관측은 원안대로 교환공한을 언급할 것을 주장하였던 바, 일측은 타협안으로서 양측간의 문서를 일체 언급하지 않는 방안을 시사하고 있음.

2. 당대사관으로서는 아측의 원안을 계속 주장하되 일측이 끝까지 고집하는 경우, 일측 타협안대로, 언급하는 귀절을 삭제하고 양 총영사관 설치 사실만을 통보하는 것이 좋을 것으로 사료됨. 본건에 관하여 본부의 견해를 회시 바람.

3. 전기 통보 구술서문안은 사전협의를 거쳤던 것이나 외무성측 내부검토 끝에 이의를 제기하여 온 것인 바, 동문안은 다음과 같음.

THE EMBASSY OF THE REPUBLIC OF KOREA PRESENTS ITS COMPLIMENTS TO THE MINISTRY OF FOREIGN AFFAIRS AND, WITH REFERENCE TO AN EXCHANGE OF NOTES EFFECTED IN SEOUL BETWEEN MINISTER OF FOREIGN AFFAIRS OF THE REPUBLIC OF KOREA AND THE MINISTER FOR FOREIGN AFFAIRS OF (yupon comerning it location) CONSOLATEG OF THEIR RESPECTIVE GOVERNMENTS, HAS THE HONOUR TO INFORM THE LATTER OF THE ESTABLISHMENT ON THIS DAY OF THE CONSULATE-GENERAL OF THE REPUBLIC OF KOREA IN OSAKA AND THE CONSULATE-GENERAL OF THE REPUBLIC OF KOREA IN FUKUOKA.

DECEMBER 18, 1965.

TOKYO.

7. 외무부 공문(발신전보)

대한민국 외무부

번호 WJA-0193

일시 101600
발신 외무부 장관
수신 주일대사

대: JAW - 01038

1. 오오사까 및 후꾸오까 총영사관 설치 통고 구술서에 관하여는 원안대로 양국 외상 간의 교환 공문을 언급하도록 주장하시기 바람.

2. 만약 일본측이 끝까지 반대하는 경우에는 귀 건의대로 영사관 설치 사실만을 통고하시기 바람. (외아북)

8. 외무부 공문(착신전보)

대한민국 외무부
번호 JAW-0117□
일시 13153□
수신시간 □□□□.1.13.
발신 주일대사
수신 외무부장관

대: WJA-12504, 12571.
연: JAW-12551, 12634.

주 오오사까 및 후꾸오까 총영사관 간판에 관하여 너무 오랬동안 출장소 간판을 걸고 또한 대외 활동의 명의로 출장소로 하게 되어 여러가지 지장이 많아오니, 국내법 조치 및 인사조치가 지연되고 있는 상황을 고려하여, 지금부터라도 영사관 간판을 걸 수 있도록 건의함. 지급 보신바람. (주일정, 주일영-외기획, 외아북)

9. 외무부 공문(발신전보)

대한민국 외무부

번호 -
일시 -
발신 외무부 장관
수신 주일대사

대: JAW-01176.

1. 주 오오사카 및 주 후꾸오까 총영사관에 대한 국내법령 개정 조치가 아직 끝나지 아니하였으나 대외적으로는 귀 건의대로 총영사관 간판을 걸고 활동하기 바람.(외아북, 외기획, 외총무)

10. 외무부 공문(착신전보)

대한민국 외무부
번호 JAW-01249
일시 181424
수신시간 1.18.
발신 주일대사
수신 외무부 장관

언: JAW-01206. 대: WJA-01188호

1. 대호 내용을 일측에 통보하였던 바, 일측은 아측의 준비가 되는대로 조속히 통보하여 달라고 말하였음.
2. 일외무성 의전장실 "스기다니" 부의전장은 작17일 하오 의전장실을 방문한 당대사관 장명하 서기관에게 당대사관 및 주 오오사카 및 후꾸오까 양 총영사관의 영사담당 직원 통보문제에 관하여 아래와 같이 알려왔기 참고바람.
   가. 영사담당 직원에 관한 통보는 구술서로 대사관 및 영사관의 해당 직원 명단과 직위를 포함하는 것이면 된다하면서, 각직원에 대한 이력서를 첨부하여도 좋으나 꼭 필요한 것은 아니라고 말하였음.
   나. 일본의 관례상, 대사관 근무 영사담당직원에 관하여서는 직위여하를 불문하고 영사위임장을 필요로 하지 않으며, 영사관 직원에 관하여서도 영

사관의 장에 한하여서만 영사위임장의 제출이 필요하다고 말하였음. 동차장은 또한 일부 대사관으로부터 영사관장이 아닌 직원에 대한 위임장을 제출하여 오는 예가 있으나, 이에 대한 영사인가장은 발급하지 않으며, 영사관장에 대한 위임장이 준비되지 않은 경우에는, 영사담당직원 통보시, 동위임장을 추후 제출할 뜻을 알려주면 우선 영사직무를 수행할 수 있도록 필요한 조치를 한다 함. (주일정-외총무, 외아북, 외의전)

11. 외무부 공문(착신전보)

대한민국 외무부
번호 JAW-01306
일시 251754
수신시간 1.26. AM12:01
발신 주일대사
수신 외무부 장관

연: JAW - 01337 호
일본 외무성 측이 영사관 부영사와 아타쉐이의 차이점에 관하여 설명한바에 의하면, 본부근무 사무관이 재외 공관근무 발령을 받는 경우, 부영사 직위는 영사사무를 전담하는 공관직원에게, 아타쉐이 직위는 영사사무와 행정사무를 함께 담당하는 공관 직원에게 각각 부여 하는 것이 일 외무성의 관례라 하옵기 참고로 보고함. (외아북)

12. 주일대사관 공문

주일대사관
번호 주일정722-25
일시 1966.1.24.
발신 주일대사 김동조

수신 외무부 장관
제목 일본 주재 아국 영사관 설치 및 관할 구역 통보

연: JAW-01238

연호, 당 대사관과 일본 외무성 간에 교환된 바 있는 주 오오사카 및 주 후꾸오까 양 총영사관 설치 및 관할 구역에 관한 구술서 사본을 송부하오니 참고 바랍니다.

별첨: 1. 상기 영사관 설치 통보 관계 교환 구술서 각 1부.
2. 동 관할 구역 통보 관계 교환 구술서 각 1부. 끝

별첨-영사관 설치 통보 관계 교환 구술서

주일본국 대한민국 대사관 구술서
주일정-003

주 일본국 대한민국 대사관은 일본국 외무성에 경의를 표하며, 주 오오사카 대한민국 총 영사관과 주 후꾸오까 대한민국 총영사관을 금년 설치함을 외무성에 통보하는 것을 영광으로 생각 합니다.

1965년 12월 18일.
도오쿄오.

별첨-영사관 관할 구역 통보 관계 교환 구술서

주일본국 대한민국 대사관
구술서
주일정-005

주 일본국 대한민국 대사관은 일본국 외무성에 경의를 표하며, 주 오오사카 대한민국 총 영사관 및 주 후꾸오까 대한민국 총 영사관의 설치에 관한 1965년 12월 18일자 당 대사관 구술서 주일정 제003호에 언급하여, 이를 주 영사관의

영사 관할 구역을 아래와 같이 외무성에 통보하는 것을 영광으로 생각합니다.

가) 주 오오사카 총 영사관의 영사 관할 구역을, 오오사카 후, 교오또 후, 도야마 현, 아이찌현, 기후 현, 이시가와 현, 후꾸이 현, 시가 현, 미에 현, 나라 현, 와까야마 현, 효오고 현, 오까야마 현, 돗또리 현, 시마네 현, 가가와 현, 도꾸시마 현, 고오찌 현 □□□□ □□□□.

나) 주 후꾸오까 총 영사관의 영사 관할 구역은. 히로시마 현, 야마구치 현, 후꾸오까 현, 사가 현, 나가사끼 현, □□야마 현.

이와 관련하여, 당 대사관은, 또한, 당 대사관이 위의 영사 관할 구역을 제외한 일본국의 전 영역에 걸쳐 영사 직무를 행사함을 외무성에 통보하는 것을 영광으로 생각합니다.

1965년 12월 18일.
도오쿄오.

13. 협조전-주일대사관과 주일 각영사관 간의 사무조정

번호 외기획27
일시 1966.2.12.
발신 기획관리실장
수신 각실국장 총무과장(아주국장)
제목 주일대사관과 주일 각영사관 간의 사무조정

1. 외기획 20(1966.2.1) 과 관련된 것입니다.

2. 관련호로 통보한바와 같이 1966.1.27자 대통령령 제2386호로 "재외공관의 명칭, 위치, 관할구역에 관한 건 중 개정의견"이 공포됨으로써 일본에 주일대사관의 오오사카, 후쿠오카, 삿포로의 3개처에 총영사관, 센다이, 요코하마, 나고야, 코오베, 시모노세키의 5개처에 영사관을 설치케 되고 영사관할구역도 각각 지정되었으나, 현재에 있어서는 주일 대사관, 주오오사카 및 후쿠오카 총영사관의 3개 공관이 설치되어 있음에 비추어 타공관이 설치될 때까지 별첨과 같이 잠정적인 영사관할구역을 지정한바 있읍니다.

3. 상기에 의하여 주 오오사카 출장소 및 주후쿠오카 출장소가 총영사관으로 이미 승격되었고 남어지 지역에도 장래 영사관이 설치될 것인바, 일본에 있어서는 여러가지 사정에 비추어 주일대사관과 주일영사관과의 사무조정에 있어서 특수한 고려가 가하여져야 할 것이라는 의견이 있읍니다.

4. 주일대사관과 기설 공관인 주 오오사카 및 주후쿠오카 총영사관과의 사무에 관하여는 본부의 별도지시가 있을 때까지 종전대로 취급하라고 이미 지시하였는 바, 귀국(실,과)의 사무와 관련하여 여하히 사무를 조정함이 가장 효과적일 것인지 의견을 조속히 제출하여 주시기 바랍니다.

유첨: 주일 각 공관의 영사관할 구역표(잠정) 1부. 끝.

유첨-주일 각 공관의 영사관할 구역표(잠정)

1. 주일대사관 : 일본 영토 중 주 오오사카 총영사관 및 주 후쿠오카 총영사관의 관할에 속하지 아니하는 지역 및 오끼나와
2. 주 오오사카 총영사관 : 오오사카, 교오도, 도야마, 아이지, 기후, 이시가와, 후쿠이, 시가, 미에, 나라, 와가야마, 효고, 오카야마, 돗도리, 시마네, 가가와, 도쿠시마, 고지, 에히메(2부 17현)
3. 주 후쿠오카 총영사관, 히로시마. 야마구치, 후쿠오카, 사가, 나가사키, 오오이다, 쿠마모도, 미야자키, 가시마[1](9현).끝.

14. 협조전-주일대사관과 주일 각 영사관 간의 사무조정

번호 외아교 725-

일시 1966.2.28.

발신 아주국장 연하구

수신 기획관리실장

제목 주일대사관과 주일 각 영사관 간의 사무조정

1) 가고시마로 추정.

1. 주일대사관과 주일 영사관 간의 사무조성 문제에 대하여 다음과 같이 당국의 의견을 통보합니다.

가. 일본에는 60만이란 많은 교포가 일본 각지에 산재해 있음.

나. 재일거류민단의 조직은 각 지방현 본부가 중앙 총본부의 지휘감독을 받은 소위 중앙 집권 체재[2]로 되어 있음.

다. 또한 재일교포의 사상적 배경은 민단계, 중립계 및 조총련계로 분리 대립되여 있음으로 정부로서도 종합적이며 강력한 지도 유성책을 시행할 필요가 있음.

2. 따라서 재일교포에 대하여는 종합적인 지도육성책을 일원화하여 강력히 시행할 필요가 있음으로 종전과 같이 각 영사관을 주일대사의 직접적인 지도감독하에 둠이 좋을 것으로 사료됩니다. 끝.

15. 외무부공문(발신전보)

대한민국 외무부
번호 WJA-04119
일시 111015
발신 외무부 장관
수신 주일대사

1. 4.7.국회에서 제1차 추가 갱정 예산안이 통과되었음.
2. 이로서 국내적으로 예산의 뒷바침이 섰으므로(국내법령은 이미 정비되어 있음) 한일기본관계조약 제1조에 관한 교환공문(65.12.18.자)에서 합의된 바에 따라 한국정부는 "사뽀로"에 총영사관, "센다이", "요꼬하마", "나고야", "고베" 및 "시모노 세끼"에 각각 영사관을 불원 설치할 계획임을 우선 일측에 통고하여 두시기 바람. (외아북)

---

2) 체제

16. 대사관공문-신임 주일 각급 영사의 부임계획

주일본 대한민국 대사관
번호 주일영(2)725-441
일시 1966.4.1.
발신 주일대사 김동조
수신 외무부장관
제목 신임 주일 각급 영사의 부임계획

일본내 각급 영사관의 설치에 관련하여 앞으로 부임할 각급 영사들의 영사 업무 집행에 있어서 당 대사관과의 관계 및 영사관 상호간의 협조관계를 일본이라는 입지적인 특수성에 비추어 각 지역의 특성 및 포괄적이고 통일성 있는 업무체계를 수립하기 위하여 다음과 같은 계획을 건의하오니 검토하시고 회시하여 주시기 바랍니다.

다음

1. 일본은 우리나라와 가장 지근거리에 있어므로 각종의 교류기관이 빈번할 뿐만 아니라 이에 의한 양국간의 인적교류 및 문화, 정치, 경제 등 각 방면의 교류가 다양성 있게 움지기고 있어며 특히 일본이라는 협소한 지역에 우리나라 교포가 60만이나 거주하며 이들은 사상적으로 개방되어 있는 일본의 국책에 따라 민단계 및 조총련계, 중립계 등으로 분파되어 상호간 퍽 유동적으로 격돌하고 있는 현실이며 조총련계는 이북 괴뢰집단의 지령 하에 우리나라에 대하여 또는 민단계에 대하여 사상공세 및 파괴공작을 직접적으로 또한 간접적으로 공세하고 있는 특수조건하에 있음.

   상기한 바와 여히 이러한 특수조건 하에 있는 일본에서 영사업무를 수행함에 있어서는 본국정부의 강력한 뒷빛임은 물논이거니와 대사관 및 영사관 상호간의 긴밀한 연결과 협조가 필요할 것이므로 각급 영사는 임지에 부임한 후에 매월 일정한 장소에 회합을 하여 영사업무에 관한 연석회의를 함이 좋을 것으로 사료되며 이에 앞서 각급 신님 영사가 임지에 부임하기 전에 먼저 당대사관에서 각 지역별 특수성 및 영사업무에 관한 부리핑을 받고 상호 협조사항에 관한 제반 문제를 검토한 후에 부임하는 것이 좋을 것으로 사료됨.

3. 그러므로 각급 신님[3] 영사는 각 지역 임지에 부임하기 전에 당대사관에 일단 집합하여 다음과 같은 예정표에 의한 계획을 실시함이 좋을 것임.

가. 각급 신님 영사는 임지에 부임하기 전에 대사관에 집합한다. (일정은 본부에서 결정함)

나. 다음의 부리핑과 협조사항을 검토한다.

(1). 영사업무에 수반되는 지역적인 특수성에 관한 부리핑

(2). 교민정책(민단의 조직 및 활동사항을 포함) 및 대 조총련 관계에 관한 부리핑(교육, 문화, 선전 등)

(3). 기타 세부적인 영사업무의 부리핑(각종 실무 및 일본관청인 입관, 경찰, 국세청 등과의 관계 등)

(4). 대사관과 각 영사관 상호간의 협조사항(매사의 감독사항)

(가). 교포 지도에 관한 정책상의 문제

(나). 법적지위법정에 따러는 제반문제

(다). 보조금 분배에 관한 문제

(라). 밀입국자 송환문제

(마). 일본인에 대한 비사발급 문제

(바). 영주 및 임시여권, 단체여권 발급 문제

(사). 일반 영사업무에 있어서 정책상의 문제

(아). 영사업무 조정을 위한 연석회의 등 사항

(자). 기타 각 지방에서의 업무 중 일본 중앙정부와 교섭할 사항.

(5). 일본 외무성 및 법무성, 거류민단 예방

(6). 각 임지에 부임함과 동시에 신설될 영사관의 영사들은 영사관 개관 준비를 할 것이며 개관식은 일자를 순위별로 하여 가능한한 개관식에 대사 및 공사, 일본관청의 고위관리 등이 참석할 수 있도록 계획함.

4. 건의 사항:

가. 상기 계획을 실시하기 위하여 가능한한 영사 부임일자를 동일자로 하여 동경으로 일단 집합토록 해주실 것.

나. 계획 실시에 수반될 제반 경비의 예산조치
약 3일간의 각급영사의 동경 체류 경비

다. 각 영사관의 파우치 및 외신 사용에 관한 구체적인 방안

---

3) 신임

라. 영사업무에 필요한 각종 서식 인쇄

(특히 국민등록증의 각 영사관별 인쇄 등)

마. 매월 1획식[4]의 각 영사 연석회의 개최에 대한 승인.

이상

17. 외무부공문(발신전보)

대한민국 외무부

번호 WJA-04175

일시 131740

발신 외무부 장관

수신 주일대사

대: 주일영(2)725_441(66.4.1)

JAW - 04196

주일 각급 영사의 부임문제, 공관개관 및 연석회의 개최 등에 관한 귀공관 건의에 대하여 다음과 같이 지시함.

기

1. 각급 영사의 부임에 앞서 귀하의 주재하에 5월2일(월) (필요할 경우에는 5월 2, 3 양 일간) 회의를 개최하시고 대호건의에 포함된 제반문제 및 영사업무에 필요한 각종 서식 문제등 충분히 토의하시고 영사업무 현황에 관하여 부리핑을 하시기 바람. 따라서 본부는 관계자로 하여금 4월 30일까지 귀지에 도착하도록 조치하겠음. 또한 본부는 각급 영사가 늦어도 5월 5일까지는 임지에 부임하여 5월 10일을 기준으로 조속히 개관하도록 할 방침임. 본건 회의개최에 필요한 경비는 귀공관 예산에서 지변하시고 참석자의 체재비는 각자 부담으로 하시기 바람.
2. 각급 영사관의 개관은 귀 건의대로 순차적으로 하도록 하겠음.
   각급 영사로 하여금 개관 준비의 진척 상황을 수시로 본부에 보고하도록 조치하시기 바람

4) 1회씩

3. 귀공관과 각급 영사관 간의 정기 연석회의 개최 문제는 본부에서 새로히 검토하여 그 결과를 추후 지시 하겠음.
4. 귀 대사관과 각급 영사관의 업무처리상의 상호관계, 파우치 수발 및 통신계통 등 전반적인 사항에 관하여는 본부로서 현재 검토 중에 있으며 상기 회의 개최 이전에 귀공간에 시달할 예정임. (외무총)

18. 협조전-주일대사관과 주일 각 영사관 간의 사무조정

번호 외기획59
일시 1966.4.14.
발신 기획관리실장 백인환
수신 아주국장, 통상국장, 정보문화국장
제목 주일대사관과 주일 각 영사관 간의 사무조정

표기에 관하여는 이미 별첨사본과 같이 외기획 27(66.2.12.)로 귀국의 의견을 문의한바 있으나 귀국으로부터는 상금도 회신이 없는 바, 조속히 이에 관한 조치를 취하여야 할 사정에 있음에 비추어 귀견을 4. 29까지 필히 제출하여 주시기 바랍니다.

유첨: 외기획27(66.2.12) 사본 1부. 끝

유첨-領事関係事務 叢本部 建議事項

一. 駐日 各級領事館 開設置準備者現況(別添参照)
二. 駐日 各級領事館別 運營方針 및 豫算規模의 早速한 下達 要望.
三. 各 領事館 開設式을 爲한 特別經費支出(大使館으로부터의 關係職員 出張旅費 包含)
四. 各 領事館用品의 携帶 또는 早速한 発送
  1) 大統領閣下 近影(大型)
  2) 太極旗(大, 中, 小 各二枚)
  3) 領事館 看板(또는 規格 및 形式 下□)

4) 한글 타자기
5) 領事館 業務에 必要한 諸般 基本資料 및 参考文献.

各級 領事館 開設準備 現況表(1966, 4.15. 現在)
연: 1966.3.22. 주일영□)725-394
1966.4.7. 〃 725-470
대: 1966.4.13. WJA - 04175

公館名	僑胞後援会結成	募金額(日貨)	候補公館建物크기	所在地	契約関係	開設予定日
駐삿포로總領事館	1966.2.8.(150人)	目標額 3,500万円	臨時事務所 8坪	1.國有地拂下交渉中 2.다이야꾸生命 빌딩(7층) 2層		5月中旬
駐下関領事館	1965.10.27.(75人)	目標額 1,700万円	臨時事務所 內定	1.市有地 100坪拂下交渉中 2.市貿易빌딩 4層內定	同 臨時事務所 賃借契約중	〃
駐神戸領事館	1966.2.28.(46人)	僑民會館 新設計劃으로 意見対立				未定
駐名古屋領事館	新後援會組織中	約4,000万円募金	臨時事務所 8坪 內定	韓日文化센터 빌딩 4層 80坪		5月中旬
駐仙台領事館	1966.4.14.	目標額 1,500万円		4月末까지 臨時 事務所 物色		〃
駐横濱領事館	1966.2.25.(50人)	目標額 5,000万円 募金額 約2,000万円	垈地 534坪 連坪 78 坪	市中之山手町 118-3	4.15. 賣買契約完了 登記手續中 外務省에 □□措置 要求中 4.18.부터 內部修理	5月10日頃

19. 협조전–주일대사관과 주일 각 영사관 간의 사무 조정

번호 외아북108
일시 1966.4.25.
발신 아주국장 강영규
수신 기획관리실장
제목 주일대사관과 주일 각 영사관 간의 사무 조정

1. 외기획 27에 대한 회신입니다.

2. 주일대사관과 일본내에 설치된 각 영사관 간의 사무조정에 있어서는 당국 소관사무에 관한 한 타지역(예전에 주미대사관과 미국내 각 영사관)에 비하여 아래와 같은 사항이 특별한 고려를 요할 것으로 생각합니다.

가. 다른 외국과 달리 일본에는 특수한 역사적 배경을 가진 교포가 다수 각지에 산재하고 있으며, 일본 전역에 걸친 교포의 친목자치기관인 "대한민국 재일 거류민단"이 중앙 집중적 조직과 기구를 가지고 있으며 중앙 총본부의 지위 감독하에 각지방 현본부 및 그 명의 지방조직이 기능하고 있음.

나. 재일한인 전반에 관한 법적지위와 대우는 한일간의 "일본에 거주하는 대한민국 국민의 법적지위 및 대우에 관한 협정" (1965.6.22. 조인. 1966.1.17. 발효)에 의하여 총괄적, □□적으로 규정되고 있으며, 총 협정의 시행과 관련되는 사항(예컨데 강제퇴거 등)은 획일적으로 처리되어야 함.

다. 재일교포의 사상적 배경은 민단계. 중립계 및 조총련계로 분열 대립하고 있는 실정이므로 정부로서는 이들에 대하여 종합적이고 강력한 지도 육성책을 시행할 필요가 있음.

라. 기타 한일간의 제협정의 시행에 관련된 사항은 획일적인 조치가 필요함.

마. 타 외국의 경우와 달리 일본에는 현재 총영사관 3개, 영사관 5개, 합 8개의 영사관이 설치되어 있으며, 앞으로도 "교오토", "니이가타" 등에 설치될 가능성이 있음.

3. 이상과 같은 사유에 비추어 주일대사관의 일본내 각 영사관 간의 사무조정에 있어 당국에 소관 사무와 관련하여

(1) 한일간의 제협정 등의 시행과 관련한 사항.

(2) 재일교포의 지도 육성을 위한 정책에 관한 사항.

(3) 기타 정책과 관련된 사항에 관하여서는 본부□서 직접 주일대사에게 훈령하고 이에 관하여 각 영사관의 장은 주일대사의 지휘 감독을 받도록 하는 동시 이와 같은 사안에 관한 각 영사관의 질의 □□는 주일대사를 통하도록 함이 가할 것이라는 당국의 의견을 통보합니다. 끝

20. 외무부공문(발신전보)

대한민국 외무부

번호 WJA-04402
일시 270955
발신 외무부 장관
수신 주일대사

대: JAW-04464

1. 일본에 설치되는 각 영사관을 나열할 필요가 있을 때에는 하기에 의하시기 바람.
   (1) 주 오오사까 총영사관
   (2) 주 후쿠오까 〃
   (3) 주 삿뽀로 〃
   (4) 주 센다이 영사관
   (5) 주 요꼬하마 영사관
   (6) 주 나고야 〃
   (7) 주 코오베 〃
   (8) 주 시모노세끼 〃
2. 이상은 대통령령 "재외공관의 명칭, 위치 및 관할구역에 관한 건"에 기재된 순서에 의한 것임. (외아북)

21. 외무부공문(착신전보)

대한민국 외무부
번호 JAW-0455□
일시 281719
수신일시 1966.4.28. □□:□□
발신 주일대사
수신인 외무부 장관
참조 기획관리실장, 총무과장

연 JAW-04447(4.23)

대 WJA-04175(4.13)

1. 주일 각급 영사관 개관 준비회의(신임 영사 교육)는 5.2. 대사관에서 개최할 것임.

2. 동회의에 긴요하오니 대호로 요청한 건 중 특히 당대사관과 주일 각급 영사관 간의 기본관계에 대하여 조속 회시 바람.

3. 주 요꼬하마 영사관의 개관을 5.17. 로 잠정하였음을 첨기함. (주일영1)

22. 외무부공문(발신전보)

대한민국 외무부
번호 WJA-04457
일시 291105
발신 외무부 장관
수신 주일대사

연 WJA-01373
대 JAW-04447

1. 사무분장 관계: 주일 각급 영사관은 재외공관 직제 제10조 13조에 구성된 사항을 관장하되, (가) 한일간의 제협정 등의 시행과 관련한 사항, (나)재일교포의 지도 육성을 위한 정책에 관한 사항, (다) 기타 정책과 관련되[5] 사항 등에 관하여서는 관할구역에 관련된 것이라 하더라도 각 영사관의장을 주일대사의 지휘 감독을 받도록 함.

2. 관할구역: 주일 각공관의 관할구역에 관하여는 5.10을 기하여 JAW-01373(66.1.31)지시를 폐지하고 "재외공관의 명칭, 위치, 관할구역에 관한 건" (1966.1.27. 공포, 대통령령 제2386호)에서 규정된 바에 따르시기 바람. (동 대통령령은 추후 파우치로 송부할 것임.)

3. 예산관계:

(가) 각급영사관의 경리사무에 있어서는 독립회계를 유지하고 재정 보고서도

5) 관련된

공관별로 제출하도록 함.
(나) 연호 4항으로 지사한 오오사카, 후쿠오카 총영사관에 대한 2/4분기 예산 재배정 내역에 관하여는 4월말까지 신설공관 도급경비 송금시에 구체적으로 시달할 것임.
(다) 각급 영사관의 개관식을 위한 예산은 별도로 계상된 것이 없음으로 각급 영사관의 개관식에 경비가 소요될 경우에는 각급 영사관에 배정되는 도급경비에서 지변하시기 바람.
(라) 각급 영사관의 승격 및 신설에 수반한 주일대사의 여비는 별도로 배정할 것임.
(마) 각급 영사관별 예산 규모는 절차관계상 5월초까지 주일대사관으로 일괄 송금될 각급 영사관의 경비와 함께 시달될 것임.
4. 파우치 관계:
파우치는 각 공관별로 수발하되 편의상 본부와의 수발은 주일대사관, 오오사카 총영사관 및 후쿠오카 총영사관의 3개소로 하고, 삿포로 총영사관, 요코하마 영사관 및 센다이 영사관은 주일 대사관을 통하여, 나고야 영사관 및 코오베 영사관은 오오사카 총영사관을 통하여, 시모노네끼[6] 영사관은 후쿠오카 총영사관을 통하여 수발함.
주 오오사카 총영사와 주 후쿠오카 총영사는 관계 공관의 장과 협의하여 본부에 대한 파우치 송부 일정에 관하여 건의하시기 바람.
5. 통신시설 관계 :
각급 영사관에 통신 시설을 할 예산이 계상되어 있지 않으므로 필요한 경우에는 주일대사관 통신 시설을 이용하되, 긴급한 경우에는 상용 통신을 이용하도록 함.
6. 각급 영사관의 개관은 특별한 사정이 없는 한 이미 JAW-04175 로 지시한 바와 같이 5월 10일 기준으로 하시기 바람. (외기획)

23. 주센다이영사관공문–도착보고

주센다이영사관

6) 시모노세키

번호 주센다이영 제1호
일시 1966.5.9.(5.16.)
발신 주센다이영사
수신 외무부 장관
참조 주일대사
제목 도착 보고

1. 지난 5월 □일 21시에 센다이시에 도착하였으며 민단간부 및 교포유지 약 30명의 환영을 받고 일단 센다이호텔 808호실에 유숙하였음.

2. 5월 7일 아침에 지방 유력 신문사인 하북신문사(河北新聞社) 및 동북 래디오 및 탤래비존 방속국에서 인타뷰가 있었으며 그 내용의 요지는 별첨 신문에 개재된 내용과 같음.

3. 영사관 건물 문제는 현재 후원회에서 3반으로 조직하여 1반은 각지방의 회원조직, 2반은 센다이시 내에 건물 또는 대지 물색, 3반은 사무전용으로 나누어 활동 중에 있어며 후원회에서는 기금목표액을 2,000만원으로 결정한 바 있어나 실제 모금액을 1,500만으로 추산하고 이 한도 내에서 건물을 물색하거나 또는 대지를 물색하여 신건물을 건축하기로 목표를 세우고 있음.

4. 만약에 기존 건물을 구득하지 못하고 대지를 구입하여 건물을 신축하게 될 경우에는 임시사무소를 임대하여 영사 업무를 수행코저 하오며 이 결과는 금주말까지에는 결정될 것으로 예상합니다.

24. 외무부공문(착신전보)

대한민국 외무부
번호 JAW-05425
일시 201504
수신일시 1966.5.20.
발신 주일대사
수신 외무부장관
참조 기획관리실장, 아주국장, 총무과장, 공보관.

연 JAW-05215

1. 각급 영사관 개관에 대하여 다음과 같이 보고함.

(1) 나고야 영사관 : 5.31. 개관결정, 김대사 참석예정.

(2) 센다이 영사관 : 6.18. 개관내정

(3) 삿포로 총영사관 : 6월하순 예정

2. 연호 3)항으로 요청한 여비를 조속 송금하여 주시기 바람. (주일영)

25. 외무부공문(착신전보)

대한민국 외무부
번호 JAW-05501
일시 231632
발신 주일대사
수신 외무부장관

1. 작년 12.16 한일 양국의 국교가 정상화함으로서 대사관이 개관되고 본직 및 안광호 공사도 새로히 부임하였으나 대사관의 개관 또는 본직 및 신임 공사의 인사를 위한 리셉손을 경비상의 문제로 갖지 못하고 현재에 이른바 있음.
2. 금번 청구권 사절단이 업무를 개시함에 있어 동 사절단은 기히 아목□으로 책정된 경비(2,000불) 로서 리셉숀을 개최코저 하는 바 동일한 주재국 내에서 대사관이 개관할 때에는 여사한 행사를 갖지 않고 청구권 사절단이 발족하는데 있어서는 행사를 갖는 것도 이상함으로 한일간의 제협정이 조인된 6월 22일에 대사관 및 각 영사관의 개관 및 청구권 사절단의 발족을 축하하는 명목으로 사절단과 같이 리셉숀을 갖고저 함.
3. 위의 리셉숀 계획은 다음과 같음. 가. 일시 및 장소: 1966. 6. 22 힐튼호텔
나. 초청대상 및 참석 예상수:
대상: 일본정부, 국회 및 재계지도자와 교포대표자들, 초청 약 1,200쌍
예상 참석자: 1,000-1,200명
다. 소요경비: 1인당 일화 2,500원(음식대 1,500원, 음료 및 서비스 1,000원)
총계....일화 250만원(약 6,944불) 4. 위의 소요경비 250만원중 청구권 사절단) 경비 72만원(2,000불)은 기히 확보되었음으로 잔액 178만원(4,944불)을 □□하

오니 상기 1, 2항의 사정을 참작하시와 □□하여 주시기 바람.
(주일총, 외기획, 외아북, 외총무)

26. 주후쿠오카대한민국총영사가관 공문-총영사 임지 도착 보고

주호쿠오카 대한민국 총영사가관
번호 주후총영 제561호
일시 1966.5.9.
발신 주후쿠오카총영사 정문순
수신 외무부 장관
제목 총영사 임지 도착 보고

총영사 "정문순"은 동경으로부터 지난 5월 6일 "JAL" 항공편으로 재일 거류민단 간부 및 일본 유지들의 환영을 밟으면서 임지에 도착 부임 하였음을 보고 하나이다.

유첨: 총영사 부임 기사.

27. 외무부공문(착신전보)-주요꼬하마 영사관 개관 보고

대한민국 외무부
번호 JAW-05618
일시 271148
수신일시 1966.5.27.
발신 주요코야마 영사
수신 외무부 장관
참조 아주국장

주요꼬하마 영사관 개관 보고

1966년 5월 25일 주 요꼬하마 영사관을 정식으로 개관하였음을 보고하오며 동일 거행한 개관식 및 개관 리셉숀 상황 등을 개략 다음과 같이 보고함.

1. 개관식 거행:

동일 하오 4시부터 당 영사관 소재지인 요꼬하마시 중구 아마테쪼 118번지의 공관 정원에서 주일대사 주재하에 직원 및 요꼬하마, 시즈오까에 거주하는 교포 약 □00여명이 참석한 가운데 개관식을 거행하였으며 그후 주일대사, 이영사, 민단 중앙본부단장, 등 현 본부단장에 의한 TAPE CUTTING을 함으로서 정식 개관을 보았음.

2. 리셉숀 개최

상기 개관식이 끝난 후 하오 5시반부터 동 정원에서 상기 교포는 물론 그 외에 당지 □□□ 현지사, 서장, 현출신 국회의원 등의 지방 관헌 및 당지 주재 외국 영사 등 내외 인사 약 100명을 같이 초대하여 성대히 리셉숀을 개최하였으며 참석인사로부터 많은 지□를 받었음

3. 업무개시 준비 현황

가. 인원: 현재 사무원 2명과 운전수 1명의 현지 직원을 채용하였으며 이외에 사무원 2명을 더 채용코자 하며 이들에 대한 채용관계 서류가 정리되는 대로 정식 보고 위계함.

나. 건물 등기관계

본 건물 및 대지에 대한 정부 명의로의 등기를 하고자 일본 외무성을 통하여 등기에 소요되는 제세의 면세를 신청 중이며 이 등기가 끝난 후 관계 서류를 작성하여 정식으로 재산 국유화 조치를 취하고자 함.

다. 기타 사무용품 정비

업무용 차량 1대(일산)를 비롯하여 사무용 책상, 의자, 캬비넷 등을 구입하였으며 기타 사무용품 및 세□ 등의 준비가 수일 내로 완료될 예정이며 이로서 본격적인 업무를 개시코저 함.

(외아북)

28. 외무부공문(착신전보)-주나고야 영사관 개관 보고

대한민국 외무부

번호 JAW-06011
일시 011225
수신일시 66.6.1.
발신 주일대사
수신 외무부 장관
참조 기획관리실장, 아주국장, 총무과장 공보관.

주나고야 영사관 개관 보고

1. 주 나고야 영사관은 예정대로 5.31. 하오 4시 교포 유지 약 150명이 참석한 가운데 개관식을 거행하였고, 하오 5시부터는 김대사 내외 주최 리셉숀을 가졌는 바 이 자리에는 교포 및 일본 지방정부 및 민간 유지들 근 500명이 참석하여 성황을 이루었음.

2. 이보다 앞서 하오 12시반부터는 아이찌현 지사, 나고야시장, 나고야시 상공회의소 회두의 공동주최 김대사 내외 및 신임 영사를 위한 오찬회가 있었는 바 이자리에는 약 50명의 일본 유지들이 동석하였음.

3. 또한 하오 7시부터는 현지 민단 주최 개관 축하 석찬회가 있었음을 보고함.
(주일영1) 끝

29. 주코오베대한민국총영사관 공문–주코오베 영사관 개설 및 위치

주코오베대한민국영사관
번호 주코영공 제1호
일시 1966.5.21.
발신 주코오베 영사
수신 외무부 장관
제목 주코오베 영사관 개설 및 위치

1. 주 코오베 영사관을 하기 주소에 설치하고 별첨과 같이 개관회장을 관할지역의 현 및 시의 관계기관과 당지 주재 각국 영사관에 발송 통고하였읍니다.

기

코오베시 이꾸다구 가이간 도오리 1-5. (神戸 生田区 海岸道1-5)
도요 삘딩 4층
전화 : 33-9335-7.

2. 개관 축하연을 오는 5.27 정오 및 저녁의 2회에 걸쳐 정오에는 관할지역의 교포 약 300명, 저녁에는 일본 관계기관 및 공고기관, 상사와 당지주재 영사단을 약 300명 초청하여 개최하기로 하였읍니다.

30. 주일나고야영사관 공문–개관식 및 개관연 개최

주일나고야영사관
번호 주일나고야 임시14호
일시 1966.6.1.
발신 주일나고야영사관 영사
수신 외무부 장관
제목 개관식 및 개관연 개최

당관 개관식 및 개관연은 김동조 대사 래방하에 별지 표에 같이 성대하게 개최되였기 보고합니다,

1. 김대사 도착시...김대사부처는 월 31일 상오 11시 나고야 역에 전1등서기관, 박상용 영사과장, 김병현 비서를 동행하고 도착하였음. 역에는 문영사, 강영사를 비롯하야 앤지현[7] 민단단장 및 산하단체 기관장, 애지학 원장, 애지현 상은 대표, 기타 교포유지들 약 40명이 환영하였으며 이곳 태생 한국소녀들이 각각 꽃다발을 한복 차림으로 대사와 대사부인에게 화환을 보냈으며 동행한 민단중앙본부 권단장에게도 꽃다발을 보냈음. 역에는 이곳 저명한 *테레비*사, 신문사 사진반들이 총동원되었으며 도착시와 광경은 정오 *테레비*에 보도된 바 있음.

2. 김대사 "애지" 현청 방문..김대사는 문영사의 안내로 주지사가 상경중인 관계로 부지사를 예방하였음. 부지사는 지사실에서 김대사 부처를 환영하였으며 이것 역시 많은 사진반, 기자들에 의하야 취재되었음. 부지사와의 화담은

7) 애지현(愛知県)

대단히 좋은 분위기 속에서 진행되었으며 김대사는 현청에서 영사관설치에 있어 많은 협조를 하여 준 것에 대하야 사의를 표한 바 있음.

3. 김대사 "나고야" 시장 방문. 김대사는 문영사의 안내로 "나고야" 시장을 방문하였음. 예방은 약 15분간 행하여졌으며 김대사는 시청 역시 영사관 설치에 있어 많은 협조를 하여 준 것에 대하여 사의를 표한 바 있음.

4. 김대사 현청, 시청, 나고야 상공회의소 3자 합동환영 오찬회 참석 김대사 부처는 12:30부터 시작된 3자 합동 김대사부처 환영 오찬회에 참석하였고 동 오찬회에는 현간부, 시간부 및 상공회의소 회두, 부회두, 무역협회 간부, 합계 22명, 한국측에서 김대사 일행, 주일 공보관장, 신문측 사원 2명 영사관 대표 등 13명이 참석 성대한 오찬회를 가진 바 있음. 김대사도 시장인사에 답하야 한국의 경제안정상을 상세하게 설명하여 많은 감명을 참석자들에게 준 바 있음.

4. 김대사 영사관 개관 "테-푸" 절단식. 대사와 문영사는 영사관 개관 "테-푸" 절단식에 참가하였음. 절단 후 김대사 부처는 공관 내를 시찰하고 공관 응접실에서 문영사와 공관운영에 관하야 요담한 후 많은 기자, 사진 촬영반들이 이 식장을 촬영한 바 있음.

5. 김대사 개관식 참석. 김대사 부처는 영사관에서 주최한 교포만으로 된 개관 기념식에 참석하였음. 식순은 첨부함. 김대사는 교포들이 열성적으로 공관 설립을 위하야 노력하여 준 것에 대하야 치하를 하는 동시 문영사를 소개하는 한편 문영사를 위하야 많은 후원을 하여 줄 것을 역설한 바 있음. 문영사는 인사로서 성심것 봉사할 것이라는 인사를 하였고 래빈 축사로 권단장, 중부지구 협의회 사무국장 겸 "애지" 현 민단단장과 영사관 준비위원장와 각각 인사를 끝내고 축전 낭독 등으로 폐회하였음, 동식장에서는 관할 6현 교포 유지들 약 80명이 참석하여 대단히 성대한 식을 거행한 바 있음.

6. 김대사 주최 개관 축하 "리셉숀". 김대사부처가 주최한 영사관 개관 축하 "리셉숀"은 "애지현 지사", "나고야" 시장, "나고야 상공회의소 회두, 동 지방 관민 다수(약400명), 교포유지들이 참석하야 성대하게 거행된 바 있음. 동 연회에서 현지사는 축사를 통하야 양국의 우의를 강조한 바 있으며 계속 시장 역시 축하인사를 하였고 김대사는 답사로 영어와 일어로 축사를 한 바 있음. 지사, 시장, 상공회의소 회두 3자가 한 좌석에서 같이 합석한 것은 1년 내에 처음인 뜻에서 볼 때 이번 "리셉숀"이 대단히 성대하게 거행된 것을 알 수가 있음.

7. "중부지구 협의회 사무국장 겸 "애지" 현 민단장과 □ 영사관 준비 위원장

합동 겸 대사부처 환영 만찬회 참석..김대사는 부인과 함께 동 만찬회에 참석하였음. 만찬회는 화기애애한 속에서 잘 진행되었음.

이상 예정을 계획대로 완료하고 김대사 일행은 동일 하오 8:08분 차편으로 귀임하였음.

이번 개관행사는 "나고야" 에서는 큰 기사의 하나로 취급하였으며 각 신문에 게재된 기사 등은 첨부함. 또한 각종 광경 사진은 현상되는 대로 별도로 송부할 것임.

유첨. 신문기사 끝.

31. 주코오베대한민국영사관 공문–개관 축하연 보고

주코오베대한민국영사관
번호 주코영총 14호
일시 1966.6.4.
발신 주코오베 영사
수신 외무부 장관
참조 총무과장
제목 개관 축하연 보고
대: 주코영총제1호, (66.5.21.)

1. 대호에 관련하여 당영사관 개관 축하연은 지난 5월 27일, 12:00 - 14:30까지 시내 동명각 (東明閣)에서 교포 약 350명, 18:00 - 20:00까지 시내 뉴-포트 호텔에서 일본관계 기관, 공공기관, 상사관계 및 당지 주재 영사단들 약 500명이 참석한 기운데 거행하였음을 보고 하오며
2. 축하연 광경 사진을 별첨합니다.

끝

추기: 공관기관 테-프 갓팅 광경은 주일 공보관에서 촬영하였아온 바 당영사관에 송부하여오는 대로 우송 위계입니다.

유첨: 사진 8매

32. 외무부공문(착신전보)-주 삿포로 총영사관 개관식 보고

대한민국 외무부

번호 JAW-061□□

일시 16161□

수신일시 66.6.10.

발신 주일대사

수신 외무부 장관

참조 기획관리실장, 아주국장, 총무과장, 공보관.

제목 주 삿포로 총영사관 개관식 보고

1. 주 삿포로 총영사관의 개관식은 예정대로 6.9일 하오 4시 거행하였는 바, 이 자리에서는 북해도 각지에서 모인 약 200명이 참석하였음.

2. 하오 6시부터의 김대사 주최로 리셉숀에는 교포, 일 □장관청요인, □민유지. 주재 외국기관장 등 약 500명이 참석하여 성황을 이루었음.

□□□□에는 김대사의 환영사에 이어 북해도 지사, 삿포로 시장, 북해도 한일 □선협회 회장의 축사가 있었고, 30분간에 걸쳐 한국고전무용과 노래로 된 여흥 고조가 있었음.

3. 이보다 앞서 김대사와 일행은 12시 30분부터의 민단 주최 오찬회의에 참석하였고 하오 2시 반에는 북해도 지사를 예방한 다음 북해도청에서 간단히 기자회견을 갖었음. 하오 3시에는 삿포로 시장을 예방하였음.

4. 6.19일자 당지 신문(북해타임스) 조간은 김대사의 기자회견과 총영사관 개관 경축연에 관하여 1면에 5단기사로 사진과 함께 크게 보도하였음을 첨기함. (주일영1)

33. 주삿포로 총영사관 공문-주삿포로 총영사관 개관식 및 축하연 행사보고

주삿포로 총영사관

번호 주삿총 제2

일시 66.6.12.

발신 주삿포로 총영사
수신 외무부 장관
제목 주삿포로 총영사관 개관식 및 축하연 행사보고

1966.6.9. 김동조 주일대사를 비롯하여 권일 민단 중총단장, 민단 북해도 단장, 북해도 상은 이사장, 다수 교포 유지 등 약 300명이 참석한 가운데 하오 4시부터 "삿포로, 파-크" 호텔에서 개관 기념식이 성대히 거행되었음. 이날 개관식순에 따라 김대사의 기념사, 송찬호 총영사의 신임인사에 이어 권일 민단 중총 단장, 북해도 민단 단장 등 내빈 축사가 있은 다음 하오 5시경에 식이 끝났음.

이날 하오 6시부터 김대사 주최도 개관축하연이 베푸러졌는데 이 자리에는 "마찌무라" 지사, "하라다" 삿포로 시장, "크라크" 미국 영사를 비롯하여 도내의 각계 유력인사 약 300명과 교포 약 200명이 참석하였으며 김대사의 기념인사와 송찬호 총영사의 인사에 이어 내빈으로는 북해도 지사, 삿포로 시장의 축하인사가 있었고 민간대표로서 "일한친선협회" 회장을 대리하여 동 협회 사무국장의 축사가 있은 다음 우리나라 고전무용 등 여흥으로 하오 7시 40분경에 끝났음.

유첨 : 당디 유력신문 기사 각 2부. 끝

34. 외무부공문(착신전보)

대한민국 외무부
번호 JAW-066□□
일시 251023
수신일시 1966.5.25.[8)]
발신 외무부 장관
수신 주일대사
참조 기획관리실 실장, 아주국장, 총무과장, 공보관

6.24. 거행된 주센다이 영사관 개관식 경과를 다음과 같이 보고함.

8) 6.25.의 오타

1. 6.24. 10:30 기자회견에서 일본기자 약 10여명이 영사관 개관 및 교포 문제 등에 대한 회견 내용이 석간에 보고되었음.
2. 11:30 김대사는 미야기현 지사를 예방하고 신설된 영사관에 대하여 협조 있기를 요청하였으며, 현에서도 영사관 신설에 대한 환영의 뜻을 표했음.
3. 13:00 센다이 호텔대□에서의 개관식에 이어서 14:00부터 축하연이 개최되었는바. 동북지구 중요 한·일 인사 300여명이 참석하였으며, 특히 내빈으로 미야기현지사, 현의회 의장 및 한일□선협회 회장의 축사가 있었음.
5. 16:30 영사관에는 교포 약 500명이 참석하여 경축연을 베풀었음.
(주일영1) 끝

35. 외무부공문-주일 신설 영사관 건물 자금에 관한 일본 사회당의 동향에 관한 첩보 통고

외무부
번호 외아북-2068.41
일시 1966.7.29.
발신 외무부장관
수신 주일대사
제목 주일 신설 영사관 건물 자금에 관한 일본 사회당의 동향에 관한 첩보 통고

한일 국교정상화 후 신설된 일본 내 아국 영사관 건물의 매입 및 신축 자금의 출처에 관하여 일본 사회당에서는 별첨 내무부 통보와 같은 동향이 있다고 하오니 참고하시기 바랍니다.
유첨: 내무부 통보 1부 끝

유첨-내무부공문

내무부
번호 내치정2068.41-12866
일시 1966.7.20.

발신 내무부장관
수신 중앙정보부장(제3국장), 외무부장관(아주국장)
제목 일본 사회당 동향 첩보 통보

일본 사회당에서는 한일 국교 정상화 후 일본 주요 도시에 설치되고 있는 한국 영사관 건물의 매수 및 신축 자금은 외화를 도입하여 사용해야 함에도 불구하고 그 자금의 대부분 (5,000만원-1억원 정도)을 당지 교포들로부터 모금한 기부금에 의존하고 있음은 외국 위체법 위반이라고 지적 국회에서 문제화할 동향이라 하옵기 통보하오니 참고하시기 바랍니다. 끝,

36. 주일대사관 공문

번호 주일영(1) 2068.41-107
일시 1966.8.3.
발신 주일대사관
수신 외무부장관
제목 주일 각 공관 건물 자금에 대한 일본 사회당 동향 첩보

대: 외아북2068.41-13635

대호건에 대하여는 이미 당 대사관에서 동일한 첩보를 입수하여 가능한 한 사전에 모든 합법적 조치를 취하기 위하여 지난 7월 7일 김봉규 서기관이 대장성(국제금융국 기획과장 대리 "모리다 이찌" 를 방문하여 협의한 결과 다음과 같은 내용을 확인하였음으로 동 문제가 일본 국회에 제기되드라도 법령상의 저촉이 되지 않는 것으로 판단되어 당 대사관에서는 별도의 허가조치를 취하지 않았음을 보고함.

1. 일본 사회당에서 제기할 것으로 예견되는 문젯점은 일본 "외국위체 및 외국무역관리법" 제27조(지불의 제한 및 금지) "본 법률의 타의 규정 또는 정정으로 정하는 경우를 제외하고는 누구도 본방에 있어서 다음에 드는 행위를 할 수 없다.

1) 외국으로 향한 지불

2) 비거주자에 대한 지불 또는 비거주자로부터의 지불의 수령

3) 비거주자를 위한 거주자에 대한 지불 또는 당해 지불의 수령

4) 비거주자와의 미정의 대기 또는 □기.

2. 이 문제에 대하여

1) 동 법령의 규정에 따라 건물의 기증 경위를 불문하고 반드시 사전에 대장성으로부터 등 건물에 해당하는 금액환산의 총액 수령을 허가 받아야 하느냐?

2) 동 영사관 건물구입이 교포들의 기부금에 의하여 구입되었다고 하드라도 이것은 교포들이 독자적으로 "영사관 개설 후원회" 를 설립하여 후원 □체의 독립회계에 의하여 건물을 구입, 이를 영사관에 기증하게 되었음으로 사실상의 외환 이전에 없었는데도 동 법령의 규정에 따라야 하느냐에 대하야

대장성의 공식의견을 문의하였던 바,

3. 사정이 2항의 2)와 같다면 이는 동 법령의 저촉을 받지 않으므로 사전허가를 불필요로 한다고 답변하였음.

4. 본 건은 조총련이 일본 사회당을 책동하여 문제화하려는 정치적 음모로 간취되는 바, 본건에 대하여는 앞으로 계속 예의 관찰하여 적의 조치를 취함에 만전을 기하겠음.

37. 협조전

번호 1069

일시 1966.10.26.

발신 총무과

수신 아주국장

제목 기부의 채납 검토 의뢰

별첨한 공한 사본과 같이 주일센다이영사관 건물 및 대지를 현지 교포 후원회에서 매입 기증하여 동 공관에서는 이에 대한 국유재산 등기를 주일 대사간에 의뢰 중에 있는바 이러한 기부의 채납 여부를 정책면에서 검토하시여 그 결과를 당과에 조속히 알려주시기 바랍니다.

첨부: 주센영13호, 140호 공한 사본 각 1통

첨부-주센다이영사관 공문

주센다이 영사관
번호 주센영 제13호
일시 1966.6.13.
발신 주센다이영사
수신 외무부 장관
참조 주일대사
제목 영사관 입주보고

1. 지난 6월 10일 영사관 후원회에서는 건물 매입잔금 900만원을 지불하므로서 1,800만원의 건물을 매입하였으며 등기등본 등 각종 법적증서가 완비되며는 주일대사관에 송부하여 국유 재산으로서의 절차를 밟도록 하겠음.

2. 동 건물은 개인의 주택이었으므로 이를 사무실로 내부 개설공사를 하여야 할 것이나 일단 오는 14일에 동 건물에 입주하여 사무를 집행하면서 내부의 일부를 수리코저 함.

3. 생략

첨부-주센다이영사관 공문

주센다이 영사관
번호 주센영140
일시 66.6.□4
발신 주센다이영사
수신 외무부 장관
제목 영사관 건물 및 대지 국유재산 등기 요청

당 영사관 건물 및 대지를 국유재산으로 등기하기 위하여 별첨과 같이 주일대사에게 일□서류를 송부하였아옵기 이에 보고합니다.

유첨 : 주일대사에게 발송한 공문 사본 1통 끝

38. 협조전-기부의 채납여부 검토 회신

번호 외아북-274
일시 66.10.29.
발신 아주국장
수신 총무과장
제목 기부의 채납여부 검토 회신

1. 귀 협조전 1069호에 대한 회신입니다.

2. 본건 주 센다이 영사관의 건물 기증 채납은 정책적인 면에서 아래와 같은 문제점이 있을 것으로 생각합니다.

(1) 재외공관은 원칙적으로 정부 예산에 의하여 운영되어야 한다.

(2) 특히 영사관은 그 주요한 임무의 하나가 재외국민의 보호 육성인 바, 오히려 보호의 대상이 되는 재외교포로부터의 기증 채납은 주객이 전도된 것이며, 재외국민에 대한 정부의 위신을 손상할 우려가 있다. (특히 조총련 등 좌익계의 정부 공격 선전자료가 될 가능성도 있음.)

(3) 일본정부에 대한 위신이 손상될 가능성이 있다, (일본 사회당이 교포의 기증행위를 문제 삼고저 한다는 첩보가 있었음. -이에 관하여는 아주국 협조전 2068.41-214로 66.7.29.에 기획관리실장에게 통보한 바 있음.)

3. 당국으로서는 본건 주센다이 영사관의 건물 기증 채납은 "정책적인 면"에서는 현명하지 못하다고 생각합니다. 끝.

③ 재외국민 지도자문위원회, 1967-68

기능명칭: 재외국민 지도자문위원회, 1967-68

분류번호: 791.4, 1967-68

등록번호: 2874

생산과: 재외국민과

생산년도: 1968

필름번호(주제-번호): P-0006

파일번호: 06

프레임번호: 0001-0030

1. 협조전

번호 외아교
일시 1967.1.9.
발신 아주국장
수신 기획관리실장
제목 각종 위원회 자료 제출

1. 외기획 5호에 대한 회신임.
2. 운영실적.
   가. 각령 제840(1962.6.26. 공포)호에 의거 재외국민 지도 위원회가 설치되어 1962.11.30까지 운영되였음.
   나. 동기간 중 단 한번 동위원회가 개최되였었으나 위원회의 출석성적은 극히 좋지 않았음.
   다. 1962.11.30부터 1966.12.31까지 동위원회의 운영은 사실상 중단되여 왔음.
3. 동위원회는 다음과 같은 이유로 계속 존치할 필요성이 없다고 사료됨.
   가. 동위원회의 목적은 동위원회로 하여금 재외 국민의 지도, 보호 및 육성에 관한 기본 정책의 수립 및 그에 관한 관계부의 업무의 조정에 관하여 관계부 장관의 자문에 응하겠끔 되여 있으나 동위원회의 그간의 운영실적도 상기와 같이 별반 뚜렷하지 못하며 당초의 목적한 바 효과를 얻지 못하였음으로 이와 같은 98막부로 구성되는 광범한 기구를 통하느니보다는 오히려 필요에 따라 수시로 소범위의 관계부처와의 "관계관 회의"를 소집 협의함이 더욱 실효적인 것으로 사료됨.
   나. 현재 당국으로서는 필요시 수시로 관계부처와 협의하고 있음.
   끝.

2. 협조전

번호 외아교725-126

일시 1967.9.25.
발신 아주국장
수신 기획관리실장
제목 각종 위원회 자료 제출

당국 소관인 "재외국민 지도 위원회"에 관한 조사서 내역을 별첨과 같이 작성 제출합니다.

유첨: 위원회 조사서 1부. 끝.

1. 운영실적
   가. 본 각령 시행 이래 단 한번 동 위원회가 개최되였음.
   나. 1962.11.30.이후 동 위원회의 운영은 사실상 중단되여 왔음.
2. 상기와 같이 과거에는 별반 실적이 없었으나, 재외 교포의 대다수를 차지하고 있는 재일교포의 경우 대한민국과 일본국간의 재일교포에 대한 법적지위 및 대우에 관한 협정시행에 따라, 영주 허가 신청도 진행되고 있는 시기이므로, 본 재외 국민 지도 위원회의 존폐 문제에 관하여는 전기한 영주 허가 신청상황을 관망하며, 교포에 대한 제반 지도 방안 등을 고려하면서 앞으로 계속 검토코저 합니다. 끝.

3. 기안

번호 아교725-
기안일시 1968.12.30.
기안자 교민과 이태형
경유 수신참조 건의
제목 "재외국민 지도 자문 위원회" 설치에 관한 건의

재외 국민 지도 업무의 중요성에 비추어 동 업무에 관하여 정부 관계부처 및 각 분야의 학식 경험이 풍부한 인사로부터 필요한 자문을 받기 위하여 "재외국민 지도 자문 위원회"(이하 위원회라고 함)을 설치코저 아래와 같이 건의하오니, 결재하여 주시기 바랍니다.

1. 설치 방법

   본 위원회는 대통령령으로 설치한다.

2. 설치 원칙

   가. (목적)

   재외국민에 관한 기본 정책을 조사 심의하여 외무부 장관에게 건의를 한다

   나. (기능)

   외무부 장관의 자문에 응하여 다음 사항을 조사 심의하고 건의를 한다.

   1) 재외 국민의 지위에 관한 사항
   2) 재외국민의 복지에 관한 사항
   3) 재외 국민의 교육 문화에 관한 사항
   4) 재외국민의 반공 활동에 관한 사항
   5) 재외 국민 단체에 관한 사항
   6) 기타 외무부 장관이 필요하다고 인정하는 사항

   다. (구성)

   1) 위원장: 외무부 장관
   2) 위원: 20명 이내(임기 1년, 단 중임 가능)

   라. (회의)

   매년 1회 이상, 필요에 따라 수시 개최

3. 위원회의 운영 계획

   가. 위원 위촉:

   본 위원회의 위원은 관계부처 차관 및 국회, 정당, 언론계, 학계 등을 총망라한 각계에서 저명한 학식과 경험이 풍부한 인사 20명을 선출하는 바, 우선은 별첨(1)표의 인사를 위촉 함.

   나. 위원회의 제1회 소집은 본 위원회 규정이 발효한후 최단 시일 내에 함.

4. 위원회 규정 안

   금번 설치코저 하는 재외국민 지도 자문 위원회의 규정(안) 전문은 별첨 (2)와 갇으며, 앞으로 외무부 법무관의 검토를 거쳐 법제화를 위한 절차를 취하도록 함.

5. 참고 사항

가. 1968.11.20. 국회 예산 결산 위원회의 대 정부 정책 질의에서 국무 총리는 외무부 장관 밑에 재일교포 선도책을 강구하기 위한 위원회를 둘 것에 관하여 답변한바 있음.

나. 1962.6.26. 각령 제840호로 설치한 재외 국민 지도 위원회는 재외국민의 지도, 보호 및 육성에 관한 기본 정책의 수립 및 그에 관한 관계부의 업무의 조정에 관하여 관계부 장관의 자문에 응할 목적으로 외무부 장관 소속하에 두었던 것이나(위원회 규정에 관하여는 별첨 3 참조), 주목적이 관계부 간의 업무 조정에 있었음으로 실효성이 없어 68. 9월 폐기된 바 있음.

다. 본 위원회는 각 분야의 저명한 학식 경험자로서 구성하여 외무부 장관에게 정책을 건의하는 일방, 외무부 장관이 요청하는 문제에 관한 자문을 하도록 되어 있음으로 폐기된 재외 국민 지도 위원회와는 본질적으로 상이함.

첨부: 1. 위원후보 리스트 1부

2. 재외국민 지도자문위원회(가칭)구성안 1부

3. 재외국민 지도위원회 규정 1부 끝.

별첨-위원후보 리스트

위원 후보 리스트

1. 국회의원: 5명

가. 외무위원 중 3명

나. 재경위원 중 1명(김수한)

다. 기타: 2명(이원만, 김상현)

2. 관계부처 차관: 6명

외무, 법무, 문교, 중정, 문공, 경기원

4. 언론계 인사: 3명

홍□인, 이원경

5. 학계: 2명

이한기

계: 20명

별첨-재외국민 지도 자문위원회(가칭) 규정안

재외국민 지도 자문위원회(가칭) 규정안

제1조(목적)

재외국민의 지도, 보호 및 육성에 관한 기본정책의 수립 및 수행에 관하여, 조사 심의하게 하기 위하여 외무부에 재외국민지도자문위원회(이하 위원회라 한다)를 둔다.

제2조(기능)

1. 위원회는 외무부 장관의 자문에 응하여 다음의 사항을 조사 심의하고 건의한다.
   (1) 재외국민의 지위에 관한 사항
   (2) 재외국민 복지에 관한 사항
   (3) 재외국민의 교육 문화에 관한 사항
   (4) 재외국민의 반공투쟁에 관한 사항
   (5) 재외국민 단체에 관한 사항
   (6) 기타 외무부 장관이 필요하다고 인정하는 사항

제3조(구성 및 임기)

1. 위원회는 위원장 1인, 부위원장 1인. 및 위원 20인 이내로서 구성한다.
2. 위원장은 외무부장관이 된다.
3. 위원은 정부 관계부서의 차관 및 외교, 국제사정 및 재외국민 실태에 관하여 학식 또는 경험을 가진 저명인사 중에서 외무부 장관이 위촉한다.
4. 위원의 임기는 1년으로 하되 중임할 수 있다.

제4조(회의)

1. 위원회는 년 1회 이상 개최하여야 한다.
2. 외무부장관이 자문에 부하고저 하는 사항이 있거나 위원 3분의 1 이상의 요청이 있을 때에는 위원장은 수시 위원회를 소집한다.
3. 위원장이 위원회를 소집할 때에는 토의안건을 사전에 통고하여야 한다.
4. 위원회는 전위원 과반수의 출석과 출석위원 과반수의 찬성으로서 의결한다.

제5조(위원장의 직무)

위원장은 회무를 통리하며, 회의를 소집하고 그 의장이 된다.

제6조(직원)

1. 위원회의 서무를 처리하게 하기 위하여 간사 1인 및 서기 약간인을 둔다.
2. 간사는 외무부 아주국장이 되며 위원장의 명을 받아 위원회의 사무를 담당한다. 서기는 외무부 소속 공무원 중에서 임명하며 간사의 명을 받아 서무를 분장한다.

제7조(운영규칙)

본규정에 정한 것 이외에 위원회의 운영에 관하여 필요한 사항은 위원회의 의결을 거쳐 위원장이 정한다.

부칙

본규정은 공포한 날부터 시행한다.

별첨-재외국민 지도 위원회 규정

재외국민 지도 위원회 규정

공포: 1962.6.26. 각령 제840호

폐기: 1968.9.

제1조 (설치) 재외국민의 지도 보호 및 육성에 관한 기본정책의 수립 및 그에 관한 관계부의 업무에 관하여 조정에 관하여 관계부장관의 자문에 응하기 위하여 외무부장관 소속 하에 재외국민 지도위원회(이하 위원회라 한다)를 둔다.

제2조 (기능)

1. 위원회는 관계부장관의 자문에 응하여 다음 각호의 사항을 심의한다.
   1) 재외국민의 지도 보호 육성에 관한 기본정책의 수립에 관한 사항
   2) 재외국민의 교육 및 유학생의 지도에 관한사항
   3) 이민 보호에 관한 사항
   4) 재외 국민단체에 관한 사항
   5) 기타 관계부장관이 필요하다고 인정하는 사항
2. 위원회는 위원회에서 심의한 사항을 지체없이 관계부 장관에게 통보하여야 한다.

제3조 (구성)

1. 위원회는 위원장 1인과 위원 8인으로 구성한다.
2. 위원장은 외무부 차관이 되며 위원은 내무부, 재무부, 국방부, 문교부, 보건사회부, 교통부 및 공보부의 각차관과 중앙정보부 제3국장이 된다.

제4조 (위원장의 직무)

1. 위원장은 대표하여 회무를 통리한다.
2. 위원장이 사고가 있을 때는 전조 제2항에 규정된 순위에 의한 위원이 그 직무를 대행한다.

제5조 (회의)

1. 위원회의 회의는 관계부장관의 요청이 있는 때, 위원장이 이를 소집하고 그 의장이 된다.
2. 위원회는 위원장을 포함하는 재적위원 과반수 출석으로 개의하고 출석의원 과반수의 찬성으로 의결한다.
3. 의장은 표결권을 가지며, 가부동수인 때에는 결정권을 가진다.

제6조 (간사회)

1. 위원회에 위원회의 서무를 처리하기 위하여, 간사회를 둔다.
2. 간사회는 간사장 1인 및 간사 9인을 구성하되 간사장은 외무부 정무국장이 되고 간사는 공보부, 외무부, 내무부, 재무부, 국방부, 문교부, 보건사회부와 교통부의 장관이 그 소속 공무원 중에서 각각 지명하는 3급 공무원 1인 및 중앙정보부장이 지명하는 중앙정보부 소속 공무원 1인이 된다.

제7조 (운영규칙) 본령에 정하는 것 외에 위원회의 운영에 관하여 필요한 사항은 위원회의 의결을 거처 위원장이 정한다.

부측: 본명은 공포한날로부터 실시한다.

④ 한국의 대일본정책, 1969

기능명칭: 한국의 대일본정책. 1969

분류번호: 721.1JA, 1969

등록번호: 2940

생산과: 동북아주과

생산년도: 1969

필름번호(주제-번호): C-0029

파일번호: 02

프레임번호: 0001~0053

1. 협조전-한일관계에 대한 정부의 기본방침과 대책에 관한 질문서

번호 아북 700-15
일시 1969.1.28.
발신 아주국장
수신 통상국장
제목 한일관계에 대한 정부의 기본방침과 대책에 관한 질문서

국무총리실로부터 이송되어온 별첨 "한일관계에 대한 정부의 기본방침과 대책에 환한 질문서"(김상현 국회의원 외 31명 제출)에 대한 답변서 작성을 준비중이오니 귀국 소관 사항에 대하여 검토하여 주시기 바랍니다.(법정 답변서 기일: 23일)

첨부: 국무총리실 공한 및 유첨물. 끝.

첨부-국무총리실 공한 및 유첨물

국무총리실
번호 정부100-38(73-0098)
일시 1969.1.25.
발신 국무총리
수신 수신처참조
제목 한일관계에 대한 정부의 기본방침과 대책에 관한 질문서

국회 김상현 의원 외 31인이 제출한 한일관계에 대한 정부의 기본방침과 대책에 대한 질문서가 정부에 이송되어 왔으므로 이를 송부하니 외무부 장관 주관 하에 관계부처와 협의하여 국회법 제116호 제2항의 규정에 의한 법정기간 내(2월3일)에 이에 대한 답변서를 작성하여 당실 경유 국회에 제출하기 바랍니다.

유첨: 질문서 1부. 끝

수신처: 경제기획원 장관, 외무부 장관, 법무부 장관, 상공부 장관.

유첨-질문서

질문서

김상현 의원 외 31명

한일간 국교가 정상화 된지 어언 3년이 더 경과했읍니다. 그간 일본은 호혜 평등의 원칙을 저버린채 한일 협정의 기본 정신을 짓밟고 배신으로 시종했다 해도 과언이 아닌 상태입니다.

재일교포의 북송 계속은 물론 한일간의 무역 불균형은 시정될 줄 몰랐고 급기야 일본 정부는 조련계 교포 6명에게 북괴 왕래까지 허용하는 사태에 이르렀읍니다. 사태가 이에 이르도록 우리 정부는 항의 정도로 그치는 속수 무책의 형편임을 개탄하면서 한일 관계에 대한 정부의 기본 방침과 대책을 묻고자 하는 바입니다.

1. 조총련계[1)]의 북괴 왕래 허용

일본 정부의 수장 외무부 차관은 18일 조총련계 교포 6명에 대한 북괴 방문 후의 일본 재입국 사증을 발급했음을 거듭 확인 했습니다. 하필 그날은 대통령의 특사인 장기영씨가 일본에 도착하는 날로서 실로 치욕적인 일이 아닐수 없었습니다.

조총련계의 북괴 왕래 허용은 이미 작년말 방침이 서 있던 것으로, 정부 당국자들은 국회 본회의 증언을 통해 일본측이 허가를 연기하고 도의적으로 고려하겠음을 약속했다고 말했으나 그 결과는 오늘의 사태를 초래하고 말았습니다.

당초부터 이 문제는 단순한 항의나 호의적인 고려 정도로는 해결되지 않는 것으로 생각되는 것이었습니다. 조련계 교포의 북괴 왕래 허용은 결과적으로 이른바 "두 개의 한국론"을 기정사실화하는 중대 사태라고 판단 되는데 대통령의 견해는 어떤지? 그리고 이 문제에 대한 정부의 근본적인 대책은 무엇인지 답변을 구합니다.

2. 한일간의 무역 불균형

한일간의 무역 역조는 작년 11월말 현재 5.7대 1로써 피크에 이르렀습니다. 대일 수출액은 8천 42만 달라에 불과함에 반해 수입액은 무려 4억 64만 달라에 달하고 있습니다. 66년의 역조 비율은 4.4대 1이었고 67년엔 5.2대 1이었던 것

---

1) 동일 문서 안에서 조총련계와 조련계를 같이 사용하고 있다.

으로 이 문제는 시정되기는커녕 해가 갈수록 더 심해져 가는 형편입니다. 이 문제는 새해에도 일본측의 성의가 없는 한 전혀 개선될 전망이 보이지 않으며 일측이 그런 성의를 보일 기미도 보이지 않고 있는 것으로 판단 됩니다.

정부는 대통령 특사까지 파견하여 이 문제를 개선하려고 노력하고 있으나 여전히 전도는 암담할 것으로 보입니다. 다음 대책 사항(5)에 구체적으로 설명하겠습니다만 무역 역조 시정 또한 단순한 성의 촉구로는 해결되지 않을 것으로 보이는데 대통령의 견해는 어떤 것입니까? 본 의원은 일본과 북괴간의 무역 거래가 한국과는 반대로 일본이 거꾸로 수입초과 현상을 보이는 있는 사례를 지적해 두고자 합니다. 일본은 66년에 북괴에 대해 5백1만 달라를 수출했음에 반해 2천2백만 달라를 수입했으며 67년에는 수출 6백37만 달라였고 수입은 2천9백만 달라였음은 무엇을 말하는 것입니까?

3. 재일교포 북송 문제

일본 정부는 한일 국교 정상화 후에도 교포 북송을 계속해 왔고 북송 협정이 만료된 후에도 기회 있을 때마다 교포 북송을 꾀하고 있음은 공지의 사실입니다.

일측은 북송을 위한 새 협정을 맺지 않는다면서도 소위 "칼캇타 협정" 만료 전에 북송을 희망한 1만 6천 명은 조속한 시일내에 북송토록 일본 적십자사와 북괴 적십자사 간에 회담을 재개토록 한다는 등 기회있을 때마다 간교한 방법으로 교포 북송을 획책하고 있읍니다. 재일교포 북송 저지 대책은 무엇인지 답변 있기 바랍니다.

4. 재일교포 법적 지위

재일교포의 법적 지위 협정이 발표된 지난 66년1월7일부터 작년 11월말까지 신청 기간 5년의 절반이 지나도록 불과 8만6천명만 영주권 허가를 받고 있는 실정입니다.

이는 영주권 신청 자격자 55만 9천명의 14%에 미달되고 있는 실정으로 이 같은 상태가 유지된다면 5년 만료 후에도 10만 명 정도밖에 되지 않을 것으로 가정할 수도 있는데 그렇게 될 경우 야기될 정치적 사회적 혼란은 매우 막대할 것으로 정부는 이에 대한 획기적인 대책을 세워야 한다고 보는데 대통령의 견해는 어떤지?

영주권 허가 신청이 이토록 부진한 이유는 수속의 번잡과 법적 지위 협정 자체의 미비점 심사 과정의 가혹 등이 지적될 수 있는 것으로 정부는 민단과 협력하여 영주권 신청에 대한 선전 계통 등을 강화하고 심사 규정의 완화 등을 추구해야 할 것으로 생각되므로 정부의 강력한 대책을 촉구하는 바입니다.

5. 대책

한일간의 여러 상황을 종합하면 오늘의 사태는 단순한 미봉책으로 현실을 호도할 것이 아니라 비장한 결단으로 국교 단절 일부전의 강경책을 세워야 할 것으로 사료되는데 대통령의 견해는 어떤 것입니까?

조선 대학교 인가 문제 때도 그러했고 이번의 조련계 북괴 왕래 허용도 정부 당국자의 국회에서의 증언은 대부분 위증으로 결말나도록 사태가 진전되고 있는 실정입니다. 북괴 왕래는 일본 사법부까지 동조하고 있어 심각한 양상으로 여겨집니다.

미봉책이 아닌 근본적인 대일 대책으로 한일 협정 자체의 과감한 개폐 추진이 급선무라고 생각되는데 정부 방침은 어떤 것인지?

또 무역 불균형 시정을 위해 일인의 출입국 제한, 재한 일인의 귀국조치, 재한 일 상사의 활동 제한, 일 상품 수입의 제한 내지 금지, 대일 차관의 중지 등 강경책을 고려해야 한다고 생각되는데 대통령의 견해는 어떤지?

해외 교포의 지위 향상과 특히 재일교포의 권익 보호와 선도를 위해 현재 정부 내의 산란한 기구를 재정비해 교민청과 같은 기구를 설치할 용의가 없는지 묻습니다.

2. 외무부 공문-한일 관계에 대한 정부의 기본 방침과 대책에 관한 질문서

외무부
번호 아북700-1187(74-3874)
일시 1969.1.28.
발신 외무부 장관
수신 배부처 참조
제목 한일 관계에 대한 정부의 기본 방침과 대책에 관한 질문서

국무총리실로부터 1.25.자 공한(정부100-38)으로 김상현 국회의원 외 31의원이 제출한 "한일 관계에 대한 정부의 기본 방침과 대책에 대한 질문서"에 대한

답변서 작성을 요청하여 온데 관하여, 귀원(부) 관계 하기 사항에 대한 답변 자료(실제 답변안 및 그에 따라서 필요한 보충 참고 의견)를 당부에 1.29. 까지 보내주시기 바랍니다.

아래

1. 동 질문서중 "한일간의 무역 불균형" 부분중 특히 하기 부분"…단순한 성의 촉구로는 해결되지 않을 것으로 보이는데 대통령의 견해는 어떤 것입니까? 본 의원은 일본과 북괴간의 무역거래가 한국과는 반대로 일본이 거꾸로 수입초과 현상을 보이고 있는 사태를 지적해 두고자 합니다…무엇을 말하는 것입니까?"
2. 동 질문서중 대책 부분에 있는 하기 부분
   가. "한일간의 여러 상황을 종합하면 오늘의 사태는 단순한 미봉책으로 현실을 호도할 것이 아니라 비장한 결단으로 국교 단절 일보전의 강경책을 세워야 할 것으로 사료되는데 대통령의 견해는 어떤 것입니까?"
   나. "미봉책이 아닌 근본적인 대일 정책으로 한일 협정 자체의 과감한 개폐 추진이 급선무라고 생각되는데 정부 방침은 어떤지?"
   다. "또 무역 불균형 시정을 위해 일인의 출입국 제한, 재한 일인의 귀국 조치, 재한 일 상사의 활동 제한, 일 상품 수입의 제한 내지 금지, 대일 차관의 중지 등 강격책을 고려해야 한다고 생각되는데 대통령의 견해는 어떤지?"
3. 상기 질문 내용과 관련하여 필요시 일본 정부에 대하여 아국 정부가 고려할 수 있다고 보는 구체적인 대응책(정부내 참고용)
4. 상기 질문 내용에 대한 직접적인 답변은 아니나 정부의 답변서에서 지적하는 것이 좋을 것이라고 보는 사항. 끝.

배부처: 경제기획원장과, 상공부장관.

3. 기안-한일 관계에 대한 정부의 기본 방침과 대책에 관한 질문서

번호 외총321-314

기안일자 1969.1.29.

기안자 외자총괄과 손명현
경유수신참조 내부결재
제목 한일 관계에 대한 정부의 기본 방침과 대책에 관한 질문서

1. 외무부는 국회 김상현의원 외 31의원이 제출한 "한일 관계에 대한 정부의 기본 방침과 대책에 대한 질문서" 내용 중 한일간의 무역 불균형부분에 관한 당원의 의견을 요청하여 왔은 바 동 질문 내용은 아래와 같습니다.

   아래

   가. 한일간의 무역 불균형사태를 시정하는데 있어서 일시적인 미봉책만을 강구하지 말고 국교단절 일보전의 강격책을 수립하여야 할것이라고 사료됨

   나. 근본적 대일정책으로 한일협정 자체의 개폐추진이 급선무라고 생각됨.

   다. 무역 불균형 시정을 위해 일인의 출입국 제한, 재한 일인의 귀국조치, 재한 일 상사의 활동 제한, 일 상품 수입의 제한 내지 금지, 대일 차관의 중지등 강경책을 고려해야 할 것임.

2. 상기 질의에 대하여 다음과 같이 외무부에 회신코저 하오니 재가하여 주시기 바랍니다.

4. 경제기획원 공문–한일관계에 대한 정부의 기본방침과 대책에 관한 질문서

경제기획원
번호 외총321-314(72-6421)
일시 1969.1.29.
발신 경제기획원 장관
수신 외무부장관
제목 한일관계에 대한 정부의 기본방침과 대책에 관한 질문서

1. 귀부 아북700-1187(69.1.28)에 대하여 다음과 같이 회신합니다.

가. 정부는 경제관계에 있어서의 한일 양국간의 문제점으로 한일간의 무역 불균형을 제1의 순위로 취급하여 정부의 대일 일체 경제관계정책은 이의 시

정에 중점을 두고 단기적 안목과 동시에 장기적 계획으로 일본정부의 획기적인 태도개선과 제도정비에 모든 교섭을 진행하고 있음.

나. 이러한 교섭방침은 지난해 제2차 한일 정기각료회담에서 합의된 앞으로 약 5개년간의 중기적 관점에서 양국 무역 불균형 시정책을 협의하기로 한 점에 반영되어 있으며 또한 일본측이 합작투자를 승인하고 보세 가공 수출품목의 원자재에 대한 면세조치를 취하도록 하는 방안도 제2차 한일 정기각료회의 합의사항이었음. 현재 일본당국에서도 이들 합의사항 실천으로 비록 만족하지는 않지만 서서히 그 시행을 진행하고 있음.

다. 상기 합의사항에 대한 일본정부의 비협조적 태도를 규탄하고 보다 성의 있는 해결책을 강구하기 위하여 금번 장기영특사가 파일되었음.

라. 일측의 성의를 촉구하는 의미에서 지난 년말 상공부는 사전승인 품목의 폭을 넓혔으며 추천 품목에 가능한 한 대일 수입품목을 포함치 않도록 하여 대일지역구매 억제를 조치하고 있음.

마. 외교관계에 있어서는 이러한 대응조치에 대한 일측의 반응 및 보복조치도 아울러 고려해야 하는 만큼 이해득실을 따져 성급하게 하지 않는 것이 득책이라 사료됩니다. 끝.

5. 협조전-한일관계에 대한 정부의 기본방침

번호 아북764-30
일시 1969.1.29(협조제의)
발신 통상국장
수신 아주국장
제목 한일관계에 대한 정부의 기본방침

"한일관계에 대한 정부의 기본방침과 대책에 관한 질문서"에 대한 답변서를 "한일간의 무역불균형" 부분에 대한 답변서(안)을 별첨과 같이 작성 송부합니다.

첨부-상기 답변서(안) 1부. 끝.

한일간 무역불균형의 시정

1. 한.일간 무역불균형의 시정방안

1965년 한일 국교정상화 이래 한.일 양국간의 교역관계는 점차 확대 발전되어 왔었으나, 수출의 증가에 비하여 수입의 증가가 커서 수출입간에 상당한 격차가 벌어지고 있는 것이 사실입니다. 현재 한.일 양국정부는 이미 오래전부터 이 무역불균형 상태를 양국의 상호관계 일반에 중대한 영향을 미치는 것으로 보고 그 시정 방안에 관하여 논의하고 있습니다. 본인은 이러한 무역불균형은 조속히 시정되어야 하고, 또 시정될 수 있으리라고 보고 있습니다.

우리 정부는 동 불균형시정에 있어서 대일 수입억제에 의한 균형보다는 대일 수출증대에 의한 균형을 도모한다는 확대균형을 그 기본방침으로 삼고 있습니다. 이를 위하여 현 수출상품의 대일수출 강화 및 새로운 대일 유망품목의 발견 개척이라는 두 가지 방면에서 일본의 성의를 촉구하고 있습니다.

현 수출상품의 대일수출 강화를 위하여 정부는 현재 보세가공용 원자재에 대한 면세, 수입제한 조치의 철폐 및 완화, 관세율 인하 및 철폐 등을 교섭하고 있고, 새로운 수출 품목의 발견을 위하여 우리 실업인의 일본 시장에 대한 관심 및 한.일간 민간의 합작투자 등을 권장하는 방향으로 대내외 정책을 수립 조정하고 있습니다.

이상과 같은 종합된 정책과 계획으로 금년에는 대일 수출량을 1억8천만불로 올리고 수출입 불균형 차이를 가능한 최소한도로 줄이도록 노력할 것입니다.

2. 건의된 대책에 대한 정부 방침

한.일간 무역불균형 시정을 위한 대책으로는 원칙에 있어서는 정부는 수입을 제한하기 보다는 수출을 증대한다는 확대균형을 우선으로 하고 있으나, 이외에 일측의 성의와 협력을 촉구하기 위한 일련의 방안을 관계부처로 하여금 연구토록 하고 있으며 일부 실시하고 있습니다.

특히 대외경제관계에 있어서 특정국에 편중한 경제관계보다는 다각적이고 균형적인 대외 경제관계를 수립하기 위하여 특정국으로부터의 편중된 수입을 지양하기 위한 조치도 추진중에 있습니다.

6. 협조전-국회의원 질문서에 대한 답변자료

번호 아교725-19
일시 1969.1.29.
발신 교민과장
수신 동북아과장
제목 국회의원 질문서에 대한 답변자료

협조전 아북700-16(69.1.28.)로 요청하신 당과 소관 자료를 별첨과 같이 제출합니다.
첨부: 답변자료. 끝.

첨부-답변자료

(1) 재일교포의 법적 지위

1. 재일교포의 법적지위 협정이 66.1.17. 발효된 이후, 1968.12.31.까지 3년간 협정 영주권을 신청한 자의 수는 101,577명으로서, 이는 영주권 신청 유자격자 총 추산 55만명중 20%에 해당합니다.
2. 정부는 앞으로 남은 잔여 기간 2년중에는 모든 해당자가 기필 영주권 신청을 완료하도록 하기 위하여 아래와 같은 계획을 수립한바 있으며, 적극 영주권 신청을 촉진코저 합니다.

   가. 계몽 선전 실시:

   1) 계몽 강사단 파견
      본국에서 반공 계몽 강사단을 파견하여, 특히 영주권 신청을 권장할 것임.
   2) 계몽 간행물 및 편람 등을 발간하여 대상자에게 배포하고 독려함.
   3) 현지 공관에 계몽 출장비를 지급하며, 현지 출장케하고 신청자를 계몽함.

   나. 한일 실무자 회담 개최
   2차에 걸쳐 한일 실무자 회담을 개최하고 앞으로 일어나는 각종 애로사항을 계속 제거코저 함.

다. 유공자 초청

영주권 신청 촉진에 특히 요청되는 자 및 공이 현저한 자를 본국에 초청 하여 공로를 치하함으로서 신청 무드를 상승코저 함.

라. 영주권 신청 지도원 양성

각현의 민단 본부와의 협의하에 민단 간부 총 55인을 본국에 초청 교육 하고, 귀일후 적극 현지 지도에 전념토록 할 계획임.

마. 재일교포의 모국 방문 기회를 이용하여 영주권 신청 촉진을 위한 계몽 교육을 실시 할 것인바, 이미 1월14일부터 1주일간 일본 전국 민단 감찰 위원장 본국 훈련을 실시한바 있고, 앞으로 2월24일부터 1주간은 일본 전국 대한 부인회장의 본국 훈련을 계획하고 있음.

7. 법무부 공문-한일관계에 대한 정부의 기본방침과 대책에 관한 회보

법무부(24-3741)
번호 출입840
일시 1969.1.29.
발신 법무부 장관
수신 외무부 장관
제목 한일관계에 대한 정부의 기본방침과 대책에 관한 회보

1. 아북700-1186(69.1.28)로 문의한 질문서 중 당부 해당사항인 제2항 "다"호에 대하여 아래와 같이 회보합니다.

"아래"

가. 일본인의 출입국 제한 문제

1968년도에 우리나라에 입국한 일본인의 수는 24,521명이고 우리나라 사람(교포 제외)이 일본으로 출국한 수는 28,292명이며, 일본인 입국자를 목적별로 보면

관광객-16,588명
상용-5,532명
문화체육-995명

외교 및 공용관계-657명

으로서, 이들이 일본인 입국자의 대부분을 점하고 있다. 현재 우리는 국가의 경제개발을 위하여 수출진흥, 투자 및 기술 유치, 관광객 유치 및 국제문화교류의 증진 등 시책을 적극 추진하고 있는 바, 이와 같은 시책의 수행에 필요한 외국인의 입국은 환영하는 바이고, 입국허가 발급 당시에 입국목적에 대한 심사를 철저히 하고 있으므로 일본인에 대하여 별도의 출입국 제한 조치를 취할 필요는 없다.

나. 재한 일본인의 귀국조치문제

우리나라에서 거류신고를 필하고 장기체류 하고 있는 일본인의 수는 1,324명인바, 그중 해방 전부터 우리나라에 거류하거나 해방 전후를 통하여 한국인 남편과 함께 입국하여 거류하는 일본인 수가 약 700명이며 이들에 대하여는 그들이 일본귀국을 원하면 출국조치를 위하여 왔을뿐 아니라 근래 일본정부에서 그들의 귀국 편의를 제공하겠다는 운동이 일고 있으므로 우리 정부도 그 귀국을 권장할 방침이다. 전기 700명을 제외한 600여명의 일본인을 직업별로 분류하면,

기술 지도에 종사하는 자-232명

무역에 종사하는 자-209명

(이중 주재상사원 127명)

외교관, 공무종사자, 한미행정협정 관계종사자-103명

등으로 이들이 그 대부분을 점하고 있는 바, 앞에서도 말한 바와 같이 국가시책 수행상 필요한 인원으로서 별도 귀국조치는 있을 수 없다. 다만, 정부는 체류외국인의 동태를 항시 파악하고 범법 외국인이나 비합법적인 활동을 하는 외국인에 대하여는 수시로 이를 적발하여 출국조치를 하거나 강제퇴거를 시키고 있다.

다. 재한 일인상사의 활동제한문제

본 질의는 법무부 소관이라고는 할 수 없으나, 현재 재한 일인 상사는 26개사이고, 그에 종사하는 주재원 수는 127명인 바, 당부로서는 주재원을 1968년 3월 현재의 인원 이상으로 증원하는 것을 억제하고 있으며, 이들의 신원 및 동태를 항상 파악하여 우리나라 경제 질서를 교란한다던가, 그와 같은 우려가 있는자에 대하여는 출국조치를 취하고 있어 그들의 활동을 엄격히 규제하고 있다. 끝.

8. 재무부 공문-한일관계에 대한 정부의 기본방침과 대책에 관한 질문서

재무부
번호 세이1231.5-176
일시 1969.1.30.
발신 재무부 장관
수신 외무부 장관
제목 한일관계에 대한 정부의 기본방침과 대책에 관한 질문서

1. 아북700-118(69.1.28)에 대한 회신입니다.

2. 한·일 무역불균형 시정을 위한 대책 중 "주한일인상사의 활동제한" 문제에 관련한 당부의 답변자료를 별첨 송부합니다.

첨부 주한 일인상의 활동제한 문제에 관련하는 재무부 답변자료 1통. 끝.

첨부-주한 일인상사의 활동제한 문제에 관련하는 재무부 답변자료

1. 현재 주한 일인상사의 국내영업활동은 무역거래법에 의하여 상공부장관의 허가를 받아 하는 오-파상에 국한하도록 되어 있습니다.

2. 이러한 주한 일인상사의 국내 영업활동에 대하여는 지금까지 국내세법의 정하는 바에 따라 철저히 과세하여 왔읍니다.

3. 주한 일인상사의 영업활동에 대한 과세문제에 관련하여 장차 체결하기로 한 조세협정에 있어서는 "무역의 불균형 등을 포함한 양국간의 경제관계를 감안하여 총괄주의에 보다 가까운 기준에 의거"하여 협정을 체결하도록 하였습니다.

4. 따라서 정부로서는 조세협정의 체결을 양국간의 경제협력촉진의 일환으로서 다루고 있습니다.

5. 무역불균형 시정을 위한 조치로서 관세문제는 제2차 한일 각료회담시에 당부는 상공부와 협의하여 활어, 선어, 성게젓, 마른살 오징어, 갑각류와 연체동물, 마른김, 한천, 소체저림 등 9개 품목의 일차산품에 관하여 관세인하를 요청하였으며

6. 보세가공품중 섬유제품, 주물, 전자제품, 기계류 및 부분품, 피혁제품, 합성수지제품, 선박 등 7개품목의 원자재에 대한 관세 면제를 요청한 바 있음.

7. 그 후 일본측은 아직까지 일차산품 관세인하 문제에 관하여는 특별한 조치를 하지 아니하였으나 앞으로 전반적인 관세율 조정서에 반영될 것으로 보이며 보세가공 원자재에 대한 관세면제는 일본 관세정율법을 개정하여 품목별로 관세면제를 실시하기 위한 법개정안을 국회에 제출한 준비가 진행되고 있음.

8. 앞으로 계속해서 일본정부의 태도를 관찰할 것이며 우리의 주장이 관철되도록 노력하고자 함. 끝.

9. 상공부 공문–한일관계에 대한 정부의 기본방침과 대책에 관한 질문서(회보)

상공부
번호 역해1312.4-246.
일시 1969.1.29.
발신 상공부 장관
수신 외무부 장관
제목 한일관계에 대한 정부의 기본방침과 대책에 관한 질문서(회보)

본건에 대한 당부소관의 답변자료를 별첨 송부합니다.

첨부 답변자료. 끝.

첨부–국회의원 질문서에 대한 답변 자료

1. 한일무역의 불균형 시정에 대하여:

답: 귀 질문내용과 같이 한.일간의 무역역조 현상이 심하다는 것은 사실입니다. 그러나 정부는 이 역조 현상을 시정하기 위한 노력의 일환으로 68년 8월 서울에서 개최되었던 제2차 한·일 정기각료회의에서 무역의 불균형 상태를 개선하기 위하여 무역을 확대하는 일방, 균형을 도모하는 방책을 상호강구한다는데 의견의 일치를 보았고 그 방안으로서,

가. 위탁가공무역에 있어서 일본측은 원자재에 대한 면세조치 제도를 창설하기로 약속하였으며, 그후 일본정부는 원자재 면세에 관한 법률안을 국회에 상정코저 준비중에 있으며

나. 생우, 소채 어개류의 개발수출을 위하여 일본측은 기술, 자재 면에서 협력하기로 합의하였습니다. 또한

다. 우리나라 수출산업에 대한 일본인의 투자를 허가하는 방향으로 처리하며 재일교포의 본국투자도 허가에 있어 차별하지 않기로 합의하였습니다.

특히 한일양국은 무역불균형의 개선을 도모할 것을 공동 목표로 하고 금후 5개년 간의 중기적 관점에서 이를 차기무역합동위원회(오는 2월 개최 예정)에서 토의토록 합의를 보았읍니다. 앞으로 개최될 한·일 무역합동위원회에서는 해태, 어개류, 냉장우육 등 일차상품에 대한 관세 인하를 요구할 것입니다.

한편 대일역조 현상의 주인(主因)이 주로 수출용 원자재와 기계류(설비)도입에 있으므로 무역역조 시정을 위한 국내 조치로서 68.11.29.부터 당부 공고 제532호로 기계류의 대일 편중 수입을 지양토록 조치하였으며, 이외에 수입 담보금의 적립을 인상(100%-150%), 국산 원자재의 사용도 제고(提高) 기계류 국산화를 비롯한 수입대체 산업의 육성 등으로 대일수출을 증대시켜나가는 한편 수입면에 있어서도 이를 조정함으로서 가급적 가까운 장래에 균형을 이룰 수 있도록 계속 노력할 것입니다.

2. 북괴의 대일무역순조에 대하여:

답: 북괴의 대일무역이 67년도에 약 5:1의 출초를 보이고 있는 것은 사실이나, 북괴의 수출품 가운데 대종을 차지하는 것은 철광석, 선철이며, 한편 북괴의 대일 수입품 가운데 주요품목은 일반 기계류, 섬유사 및 화학품입니다. 이렇듯 북괴가 대일 무역상 상당한 순조를 보이고 있으나 그 절대액에 있어서는 크게 평가할 것이 못되며 일본 대 북괴(日本對北傀)의 무역 현상을 한국과 일본간의 무역 관계와 대비할 성질의 것이 아니라고 사료됩니다.

3. 무역불균형 시정을 위한 방편으로서 일인의 출입국 제한, 재한 일인의 귀국조치, 재한 일상사의 활동제한, 일상품의 수입의 제한 내지, 대일차관의 중지 등 강경책을 고려해야 한다고 생각되는데:

답: 일인의 상용 이외의 출입국에 대하여는 상호주의의 견지에서 별 문제시될

것이 없으나, 일인 상사의 활동 제한에 관하여는 이를 개별적으로 심사하여 아국의 국가 이익에 배치되지 않는 범위 내에서 허용하고 있는 실정이며 아국은 재한 일인상사로 하여금 아국상품의 대일 수출증대를 위한 중계역할을 하도록 권장하고 있읍니다.

10. 기안- "한일 관계에 대한 정부의 기본 방침과 대책에 관한 질문서"

번호 아북700
시행일시 1969.1.30.
기안자 동북아주과 정해현
경유수신참조 건의
협조 경제기획원장관, 법무부장관, 상공부장관
제목 "한일 관계에 대한 정부의 기본 방침과 대책에 관한 질문서"

국회 김상현 의원 외 31의원이 정부에 제출한 "한일관계에 대한 정부의 기본 방침과 대책에 관한 질문서"에 대하여 별첨 답변서를 제출코저 하오니 재가하여 주시기 바랍니다.
첨부: 답변서 안 1부. 끝.

첨부-답변서

한일 국교 정상화를 계기로 하여 정부가 취해온 대일 정책의 기본 방향은 자유 진영에 속하는 양국이 호혜원칙에 입각하여 양국의 공동 번영을 기하는 동시에 나아가서는 이 지역 전체의 안전과 번영에 기여하려는 것입니다.

정부는 한일간 조약 및 제 협정의 근본 정신에 입각하여 양국 간의 제 현안을 조속히 해결하도록 계속 노력할 것이며 일측의 태도를 예의 주시하면서 효과적으로 대처해 나갈 것입니다.

정부는 일본 정부가 조련계의 북괴 왕래를 허가하는 것을 반대해 왔으며 조련계 등이 획책한 빈번한 북괴 왕래를 위한 움직임은 억제되어 왔읍니다. 최근 조련계에 속하는 약간 명의 고령자에 대한 재입국 허가 발급에 관하여 일측은 국내 사정에 의한 부득의한 조치이었다고 하고 있는 바, 정부는 이에 엄중 항의하는 한편 대일 특별 교섭 사절단을 파견하여 교섭케 한 데 대하여, 일측은 아국 정부의 입장을 장차 충분히 고려할 것이며 동 건을 선례로 삼지 않을 것이라는 약속을 한 바 있습니다. 정부는 이러한 일본측의 태도 표명이 실효를 거두어 동일한 사건이 되풀이되지 않도록 계속 일측의 태도를 주시해가면서 대처해 나갈 것입니다. 일본은 대한민국의 유일한 합법성을 확인하고 있으며 금반 사건이 이른바 "두개의 한국론"에서 연유되었다고는 보지 않습니다.

대일 무역 역조 시정에 관하여는 그간 일측과 한일 정기 각료 회의 등을 통하여 꾸준히 교섭해온 문제인바, 양국 지도자간에 시정 원칙에는 합의 보았으나 실제 면에서 아직 만족스러운 단계까지는 이르지 않고 있어 정부는 무엇보다도 이의 시정에 역점을 두고 추진중에 있으며 최근의 대일 특별 교섭 사절단도 특히 이에 관하여 일본 정부 당국자들과 구체적인 시정 방안을 협의한바 있습니다. 이러한 역조 현상은 비정상적인 것으로 호혜평등을 표방하는 양국간에는 시정되어야 하며 또한 점차 시정되리라고 봅니다. 일본 정부의 지도자와 경제인들이 이 문제의 중요성과 시급성을 잘 알아서 단기적·장기적 시정 방안에 효과적인 협력을 하게 될 것이라고 생각합니다. 일본과 북괴간의 민간 무역 거래에 관해서는 일본 정부가 북괴에 대하여 전략 물자와 프란트 수출 문제에 있어 엄격한 억제를 가하고 있는 사정이 있음을 부언하고자 합니다.

정부는 재일교포가 공산 치하의 북한으로 송출되어서는 안된다는 입장에서, 1959년에 체결되었던 일본과 북괴간의 소위 칼캇타 북송 협정을 반대하여 왔으며, 그동안의 효과적인 외교 교섭으로 이를 1967년 11월 12일에 일본으로 하여금 종료케 한 바 있습니다. 소위 칼캇타 협정이 종료된 금일에 있어서 새로운 북송을 위한 북괴와의 교섭은 있을 수 없다는 견지에서 정부는 일측에 대하여 북송이 종료되도록 계속 강력히 촉구하고 있습니다. 정부는 북괴와 일본의 움직임을 예의주시하여 대처해 나가는 한편, 재일교포의 선도책을 계속 효과적으로 추진하고자 합니다.

정부는 또한 재일교포의 법적 지위 협정에 의한 영주권 취득 신청이 조속히 촉진되도록 노력할 것입니다. 신청 기간이 아직도 2년이나 남아 있다는 안이한 생각과 영주권 취득의 의의를 깊이 인식하지 않는 경향이 있으므로 정부는 이점에 관하여 재일교포를 계몽하기 위한 효과적인 조치를 강구중에 있으며, 한편 이미 추진되어 온 바 있는 절차의 간소화 및 심사기준의 완화를 위하여 일측의 실효적인 조치를 더욱 촉구할것입니다. 정부는 재외 국민 특히 재일교포의 보호, 지도 및 육성을 기하여 교포 전반의 지위를 향상시키기 위한 종합 정책의 수립을 위하여 "재외 국민 지도 자문 위원회"의 설치를 위한 필요한 조치를 취하고 있읍니다.

한일 양국은 국교 정상화를 통하여 과거를 청산하고 호혜평등의 원칙 하에서 공동 번영을 기하며 이 지역 전체의 평화와 안전에 기여한다는 대국적인 견지에서 새로운 출발을 하였으며, 국교 정상화 이래 양국 관계는 이러한 기본 방향의 테두리 안에서 상당히 진전된 점도 허다합니다마는 한편 양국간에는 아직도 해결과 시정을 요하는 몇가지의 문제점이 가로놓여 있는 것도 또한 사실입니다. 이러한 문제점들은 양국간에 외교 관계가 있는 만큼 외교 교섭을 통하여 일보일보 해결해 나가야 할 것이라고 생각 합니다. 이러한 의미에서 최근 대일 특별 교섭 사절단을 파견하여 일본 정부 수뇌 및 정계 요인들과 현안 문제 해결을 위한 진지한 의견 교환을 하고 교섭케 한 결과 상당한 성과를 보았다고 생각합니다.

정부는 금후에도 위에서 말한 기본 방향에 입각하여, 이들 문제의 조속한 해결을 기하고 양국 관계의 개선과 발전을 위하여 계속 노력할 것입니다. 끝.

⑤ 주일대사관 및 영사관 피습, 1969

기능명칭: 주일대사관 및 영사관 피습, 1969

분류번호: 722.1JA, 1969

등록번호: 2945

생산과: 동북아1과

생산년도: 1969

필름번호(주제-번호): C-0029

파일번호: 07

프레임번호: 0001~0052

1. 외무부공문(착신전보)

외무부
번호 JAW-09183
일시 151455
수신일시 1969.9.15. 15:21
발신 주일대사
수신 장관

1. 금 15일 오후 1330경 아직 정체가 밝혀지지 않은 청년(학생들인 것 같음) 약 40여명이 대사관에 강제 침입한 후, 그중 상당수는 대사관 경비실에 침입, 경비원을 협박하고 나머지 약 10여명은 대사관 본관 건물에 침입하려고 하든 차 마침 사무실에 있든 직원들의 제지로 침입하지 못하였으며 몇 명은 "삼선개헌안 도적강행 채택 규탄" (삼선개헌반대 재일한국학생 전국협의회 대표회의명의)라는 푸래카드를 대사관 정문에 게양하고 소요을 이르키려하였음.
대사관 요청에 의하여 긴급 출동한 일본경찰의 제지로 진압되었으며, 그중 45명은 체포되어 경찰로 압송되였음을 우선보고함.
2. 대사관은 금일 일본국의 축제일임으로 휴무중임을 첨언함.
(총인, 아국, 정보, 아교)

2. 외무부공문(착신전보)

외무부
번호 JAW-09188
일시 152113
발신 주일대사
수신 장관

헌법개정: 신문보고(산께이 9.15일 조간 14면 1단)
한국국회가 14일 미명 박대통령 3선의 길을 여는 개헌안을 강행 채결한 것에

항의하여 동일 1시 반부터 동경 히비야의 니쎄이회관에서 재일 한국 청년 학생 전국궐기 대회가 개최되었음. 집회에는 재일한국청년 학생등 약 500명이 참가하였음. 학생들은 토론 후 개헌에 항의 조국의 자유와 평화를 원하는 결의문과 본국의 청년 학생에의 호소문을 채택하였음.
결의문을 박대통령 정부 및 여당의 민주공화당에 전보로 송부하였다고 함. (아북)

3. 외무부공문(착신전보)

외무부
번호 JAW-09190
일시 160855
수신일시 69.9.16. 10:23
발신 주일대사
수신 장관

한국대사관 난입사건: 신문보고(9.15 석간)

15일 오후 1시반경 한국대사관에 학생풍의 한국인 약 50명이 난입하여, 이를 제지하는 경비원을 경비실에 연금시키고, 전화도 막았기 때문에 외부와의 통화도 불가능이었음. 경시청에 110번 전화로 연락이 되어 기동대가 긴급 출동하여 대사관측의 양해를 얻어 약 20분후 전원을 대사관에서 몰아내어 45인(이중 여자11인)을 건조물 불법침입의 혐의로 검거하였음. 경시청의 말에 의하면 최근 박대통령 3선을 위한 헌법 개정문제에 관하여 재일 한국인 학생 간에 불온한 움직임이 있었기 때문에 경계하고 있었다 함. 난입한 청년들은 "개헌 강행해 결반대"라고 쓰여 있는 푸래카드를 정문앞의 광장에 걸려고 하였으며 엄 대사와의 의견을 구하였으나 휴일이므로 대사는 부재이었음.

아자부서의 조사에 의하면 청년들은 "3선 개헌반대 재일한국 청년학생 협의회"(오충용 대표)의 회원인바, 동 협회는 14일밤 결성되었다고 함. 14일 한국국회에서 통과된 헌법개헌안에 반대하여 대사관에 몰려온 것이라고함.(아북)

4. 외무부보고사항

일시 1969.9.17.
발신 외무부장관
수신 대통령, 국무총리
제목 주일한국대사관 난입 사건

다음과 같이 報告합니다.

1. 주일대사 보고에 의하면 9월 15일 오후 1시 30분경 약 45명의 한국인이 대사관에 난입한 바. 그들 상당수는 대사관 경비실에 침입하여 경비원을 협박하고, 나머지 약10명은 본관 건물로 침입하려고 하던 차, 휴무 중(당일은 일본국의 축제일이었음) 사무실에 있던 대사관 직원들에 의하여 제지되었습니다
2. 소위 3선 개헌반대 재일 한국학생 전국 협의회라는 단체에 속하는 자로 보이는 그들중 일부는 3선개헌 반대 소요를 이르키려다가, 긴급 출동한 일본 경찰에 의하여 진압되었고 약 45명이 체포되어 일본 경찰 당국으로 압송되었읍니다.
3. 동 사건과 관련하여 9월16일 오후2시경 일본 외무성 "호겐" 외교심의관(차관보)은 주일대사를 방문하여 동 사건에 대한 일본정부의 유감을 표하면서 금후 대사관 경비에 최선을 다할 것이라고 하였음. 동 심의관은 경남지방에 발생한 수재에 대하여도 유감의 뜻을 표하였읍니다. 끝.

5. 외무부공문(발신전보)

외무부
번호 WJA-09312
일시 181100
발신 장관
수신 주일대사

대: JAW-09183

대호와 관련하여 일본 경찰에 의하여 압송된 청년들의 성명, 신분, 성분, 배후관계 유무 및 압송된 후의 처리경위를 조속 조사보고바람.
(아북)

6. 외무부공문(착신전보)

외무부
번호 JAW-09239
일시 190955
수신일시 69.9.19. 10:25
발신 주일대사
수신 장관

대: WJA-09312
연: JAW-09224
대호 일본 경찰에 의하여 45명은 9.17일 35명, 18일 10명 전원 석방되었음
(아북)

7. 주일대사관공문

주일대사관
번호 일영(1)725.2-3492
일시 1969.9.17.
발신 주일대사
수신 외무부장관
제목 한청 학생 전국 협의회 대사관 난입 사건

연: JAW-09183
연호로 보고한바 있는 소위 "재일 한국 청년 학생 전국협의회" 라는 명칭의

청년 약 45명의 대사관 난입 사건과 관련된 자료를 별첨 송부합니다.

첨부: 1. 소위 "재일 한국 청년 학생 전국 협의회"의 "본국 청년 학생에게 보내는 호소문" 및 "결의문" 사본 각1부.

2. 난입자들에 대한 경찰조사 및 명단 사본 1부. 끝.

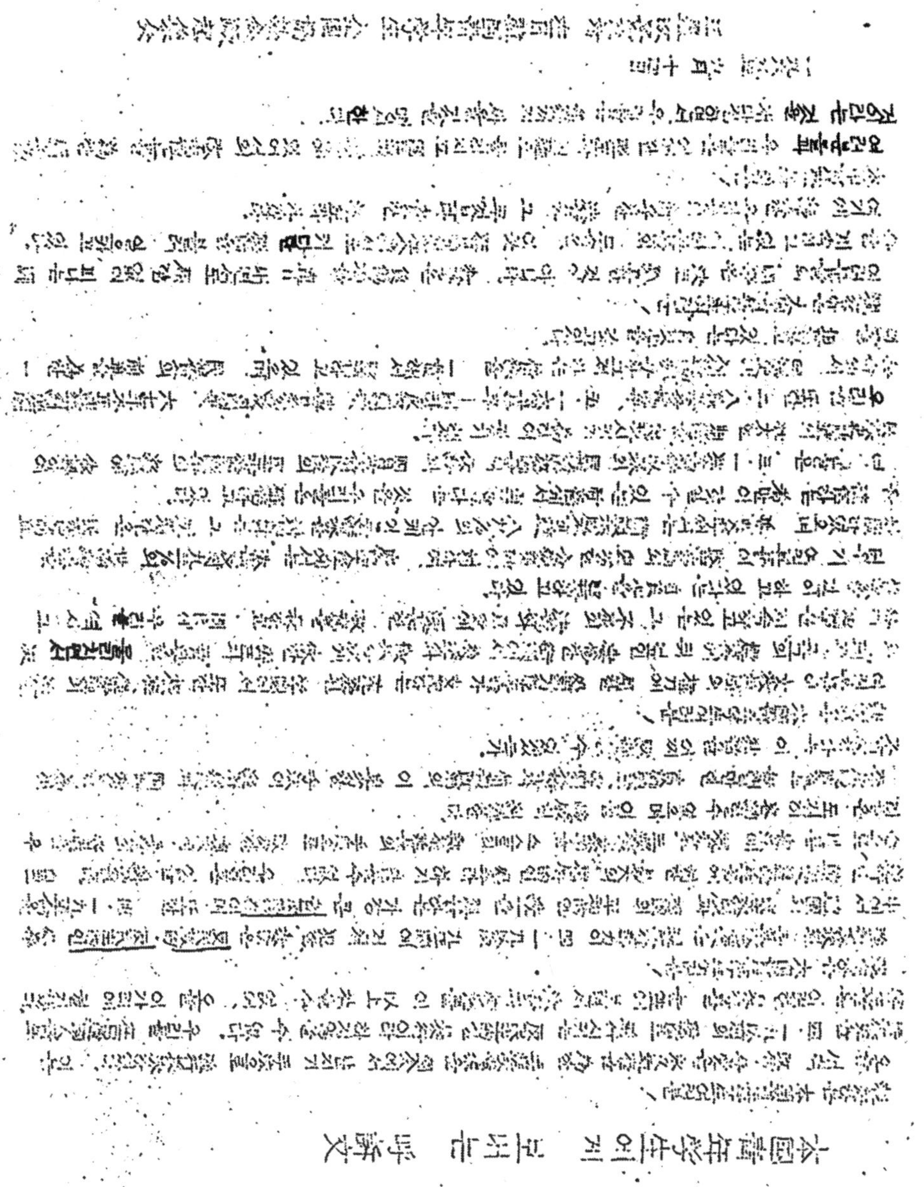
本國靑年學生에게 보내는 呼訴文

決 議 文

이번 本國 우리나라 三·一五不正選擧는 國家民主主義의 [illegible] 하여 [illegible] [illegible] 人民들의 [illegible] 할 수 없는 [illegible] 참혹한 [illegible].

이 [illegible] 우리들에 四·一九 [illegible] 民主主義의 이름으로 [illegible] 國民들의 [illegible] 하여 [illegible] 이를 [illegible]. 이 [illegible] 民主主義 [illegible] 보고 [illegible] [illegible] 을 [illegible] 것이다.

國民의 [illegible] 「[illegible]」 [illegible] 全國을 [illegible] 「[illegible]·[illegible]」이 [illegible] 「[illegible]」 및 [illegible] 國家 [illegible] 이러한 [illegible] 三·一五[illegible] [illegible].

우리들 [illegible] 祖國의 民主化 [illegible] 祖國의 [illegible] 위해서 [illegible] 있다고 [illegible] 祖國의 [illegible] 民主 [illegible] 大衆的 [illegible] 一[illegible] 으로 하여 三·一五[illegible] 國民[illegible] [illegible] 하는 것을 [illegible].

一, 三·一五選擧의 [illegible] 國會議員이 [illegible] 다.

一, 韓國民의 [illegible] [illegible].

一, 모든 [illegible] 民主[illegible] [illegible].

一, 國民의 [illegible] [illegible].

一, 우리들은 [illegible] 民主主義 [illegible] 나간다.

一九六〇年 四月 十四日

在日本[illegible] 全國[illegible]

검거자 명단

註 (　　　　) 는 한국본명임

1. 崔昇商 1946.1.2.生
   住所 兵庫県明石市林174-14
2. 平沼陸道(尹隆道) 1943.4.16.生
   住所 杉並区高円寺南4-26
3. 趙正和 1948.11.6.生
   住所 荒川区西日暮里3-39-13
4. 岩本陸男(李隆男) 1945.8.1.生
   住所 台東区谷中5-9
5. 新井□□(朴容正) 1945.1.2.生
   住所 大田区東六郷3-25-6
6. 岩崎信英(朴信英) 1941.11.19.生
   住所 豊島区 西巣鴨 4-257
7. 洪哲男 1947.7.8.生
   住所 杉並区方南町1-32-13
8. 小林栄作(具栄作) 1944.8.16 生
   住所 墨田区押上3-6-8小川方
9. 松谷□□(丁宗鉄) 1947.11.6 生
   住所 杉並区梅里1-22-8
   横浜市大医学部4年
10. 金鍾治 1942.9.13.生
   住所 墨田区京島1-5-1
11. 朴建市 1948.11.3生
   住所 横浜市南区永田町1,906
   明大卒
12. 田満得 1947.10.4.生
   住所 神戸市長田区 苅藻町 3-11
   靴商
13. 深川□□ (李銀桂) 1947.5.11.生

住所 足立区柳原2-44-5

14. 徳宮玉子(李玉子) 1949.10.1.生

住所 墨田区八広6-8 3

事務員

15. 金沢□(金弘) 1946.3.24.生

住所 中野区南台4-42-1

東京醫科歯科大

16. 新本□□(朴勝彦) 1947.3.25.生

住所 大阪市東成区南浜町4-84

17. 李相善 1947.4.16.生

住所 川崎区桜本町1-6

18. 金城時文(金時文) 1949.10.10.生

住所 荒川区西日暮里1-5-14

19. 秋山富子子(金富子) 1950.3.2生

住所 豊島区雑司が谷1-18-13水谷方

お茶の水女子大2年

20. 文博史 1949.8.25.生

住所 台東区上野3-1-8

慶大医学部2年

21. 林玉子 1945. 3. 23 生

住所 渋谷区恵比寿4-11-14坂本方

無職

22. 金章春 1947.4.8.生

住所 大阪市生野区北生野4-44

大阪外大2年

23. 宋連玉 1927.11.28 生[2)]

住所 東大阪市岸田黨西1-30

---

2) 위안부, 재일여성사 연구자인 재일학자 송연옥이다. 송연옥은 1947년생으로 생년월일 표기 오류로 보인다. 한편, 증언에 의하면 그녀는 삼선개헌 반대를 위한 평화적 시위를 위해 대사관 앞에 서 있었을 뿐인데 주변 사람들에게 밀려 대사관 부지로 들어가게 되었다고 한다. 대다수 참여자들이 물리적 행동을 배제한 평화적 시위를 하고자 하였음에도 이들 전부에게 '침입죄' '대사관 습격' 등 과도한 혐의를 적용하고자 했던 것으로 보인다.

24. 鄭成均　　1944.1.10.生
住所 名古屋市西区塩町2-6
無職
25. 高山□□(高公一) 1944.6.12.生
住所 大阪府 八尾市長池町1-24
26. 安東□□(権幸子) 1944.10.24生
住所 横浜市戸塚区吉田町114
薬剤部
27. 淸川□□(李銀宅) 1949.2.22生
住所 足立区柳原2-44-5
早大法学部 1年
28. 朴秀漢 1949.8.9生
住所 横兵市鶴見区平安町1-77
関東学院大2年
29. 金致潤 1949.8.28生
住所 郡馬県太田市大字勝□□48
中央大2部法1年
30. 丁宗光 1950.4.26生
住所 杉並区梅里1-22-8
31. 金本光弘(金光烈) 昭23.11.17生
住所 大阪市天王寺区松鼻町55
早大商科2年
32. 西山□□(趙春枝) 1947.7.29.生
住所 東大阪市永和1-22
33. 自稱金本(全當子) 昭21.10.30生
住所 中野区本町5-23-11 蟹山方
統一新聞社 事務員
34. 金哲男 20才位
住所 大阪市生野区猪飼野東9-15
35. 新井淸吉(朴淸吉) 1945.1.21.生
住所 大阪市生野区猪飼野中3-6

自動車整備工

36. 大澤春子(權春子)昭21.12.5.生
住所 品川区平塚1-3-26
学校職員(星薬科大)

37. 松田忠雄(吳忠雄) 1943.12.15生
住所 大阪市生野区猪飼野中8-6
洋傘加工業

38. 張有吉 1947.12.8生
住所 荒川区荒川7-26-9
千葉大法学部3年

39. 齊藤均(鄭大均) 1948.4.8.生
住所 北多摩郡久留米町浅間町1-3-5西川荘
立大文学部

40. 河兆建 1945.8.20.生
住所 北区田端町632
武蔵美大4年

41. 李正揆 1949.12.5.生
住所 横兵市南区南大田町3-269
学生

42. 中村光子(金光玉) 1945.4.3生
住所 新潟県高田市北本町 2-87-1
美容所見習

43. 成福子 昭23.11.27.生
住所 千葉県船橋市山手3-7-22
無職

44. 原本□□(元成福) 昭22.3.15.生
住所 大田区蒲田1-8-21

난입자들에 대한 경찰조사

44.9.15

韓民自青系□□□□人による韓国大使館侵入事件の発生について

1.発生日時

昭和44年9月15日午後1時28分ごろ

2.発生場所

東京都港区南麻布1-2-5駐日韓国大使館構内

3.被疑者

「3選改憲反対在日韓国青年学生全国協議会」代表委員呉忠雄25才ほか同会所属の韓国人44人(うち女11人)

4.罪名

建造物侵入罪(刑法130条)

5.事案の概要

被疑者らは駐日韓国大使館を通じて韓国政府に対し、韓国国会における改憲案採決に抗議するために、タクシーに分乗して昭和44年9月15日午後1時28分ごろ韓国大使館正門前に到着、あいていた通用門から構内に侵入し(休日で正門は閉鎖されていた。)

(1)10人ぐらいが守衛の除奎錫を取り囲イで「電話をしてはいけない。本館の鍵を出せ。」と要求し、守衛の拒否にあって押し問答を続け

(2)15~6人の者が構内本館裏口広場まで侵入して、そこへ出てきた大使館総務課長金泳燮1等書記官を取り囲んで「大使に面会させろ。抗議文を受け取れ。」などと要求し、押し問答を続け、

(3)数人が国旗掲揚台のポールなどに、白布に黒文字で「政府与党。3選改憲案○○○強行採決糾弾、3選改憲反対在日韓国青年学生全国協議会代表者会。」(○印は韓国文字のため不詳)と書いた縦90センチメートル、横4メートル60センチメートルぐらいの横幕を揚げ、

(4)午後1時37分ごろ警察部隊が出動してきたことをサイレンの音などで知り、全員が正門前に集合して正門および通用門の扉を内側から押えて、警察部隊の構内立入を阻止し、「退去せよ」という警察部隊の警告を無視して退去しなかった。(午後1時46分、全員収□)

6. 警察措置

警視庁は、午後1時28分「韓国大使館に30~50人位の学生がなだれこんだ」

との110番による一般人からの通報と午後１時31分「学生5~60人が□□□大使館総務課長室になだれ込んだ(□□なし)。すぐきて下さい。」との韓国大使館総務課長ホン氏からの110番通報で事件の発生を知り、また、麻布警察署は、午後１時34分韓国大使館李承坤3等書記官から「韓国大使館守衛室に青年30人ぐらいが入り、守衛を囲んでいる。すぐ来て下さい。」との要請を受けた。

要請を受けた麻布署では、署長以下52人の部隊を現場に出動させるとともに機動隊の応援派遣を要請した。

麻布署部隊は、午後１時37分大使館正門前に到着し、直ちに構内の侵入者に退去するよう警告を発し、同43分構内に立ち入って侵入者を正門左の塀側に包囲し、応援要請により同45分現場に到着した第１機動隊(副隊長以下203人)と協力して、侵入者全員(45人)を建造物侵入の現行犯で逮捕した。

同55分頃部隊は、大使館の構内から退出した。

参考

三選改憲反対在日韓国青年学生全国協議会

１．結成日時　　　　　　　　　44.9.14

２．主要委員(代表委員)　尹隆道(関東)

呉忠雄(関西)

鄭ソンギョン(中部)

３．結成の経緯

韓国民族自主統一青年同盟(別表参照)組織の中にあった「大統領三選改憲反対関東地区協議会」「同関西地区協議会」と中部地方の活動家を合せて約300人が44、914、13：35から東京日生会館国際ホールで結成大会を開催し、全国協議会として発足した。

４.活動方針

(１)基本方針

○10月の国民投票と71年の大統領選挙に向けて３選反対闘争を展開し、朴大統領3選を阻止する。

○組織の拡大をはかる。

(以上、結成大会の決定)

(2)当面の方針

9.14の改憲案可決に関し、民主共和党に対する抗議電報と韓国学生に対する支援電報を代表委員(中央機関)から打つ。

日本政府とは無関係であるから、日本国内でデモ等の抗議行動は行なわない。

(以上、結成大会での決定)

韓民自統および傘下団体

一連番号	団体名	結成人員	責任者	基本方針等
	韓国民族自主東一同盟日本本部 (韓民自統)	1,200 組織内発表数	李栄根	1．結成経緯 昭和33年初頭日本に亡命してきた韓国進歩党員李栄根が中心となり、朝鮮の平和統一運動を推進することを目的として、昭和34年12月に統一朝鮮新聞社を設立し活動中であったが、昭和40年7月18日韓民自統の結成にふみきった。 2．性格 韓国の革新野党の系列につながるもので、朴政権に対して極めて批判的である反面、北朝鮮の統一への呼びかけには深い関心を示している。民団、朝総聯から敵性団体と規定されている。 3．基本方針 (1)強大国の利害や政治理念に左右されない朝鮮問題の解決 (2)民族自決の原則に基づく朝鮮の自主的統一実現 (3)民主主義原則に基づく朝鮮南北統一選挙の速かな実施 (昭41.8.14の第2次中央委員会総会においても再確認) 4．韓民自青 昭和41年8月28日、韓民自統の青年組織として発足したもので、「韓国における平和保全と祖国統一員動の自由をかちとるため先鋒的役割を担うことを最優先な任務とする」指標榜している。
	韓国民族自主統一青年同盟 (韓民自青)	1,000 組織内発表数	全一夫	

9. 외무부 보고사항

일시 1969.9.24

발신 외무부장관

수신 대통령, 국무총리

제목 주일한국 대사관 난입 사건 추가보고

다음과 같이 報告합니다.

지난 9.18. (외16777호)자로 이미 보고드린바 있는 주일 대사관 난입 사건과 관련하여 아래와 같이 추가 보고합니다.

1. 일본 경찰이 취한 조치

일본 경찰에 의하여 "건조물 침입죄"(일본 형법103조)로 검거된 청년45명은 9.17. 35명, 9.18. 10명 전원이 석방되었습니다.

2. 소위 "3선 개헌 반대 재일 한국 청년 학생 전국 협의회"라는 단체의 성분은 아래와 같습니다.

가. 결성 일시: 1969.9.14.

나. 주요 역원: 윤융도 (관동. 尹隆道)

(대표 위원) 오충웅 (관서 吳忠雄)

정성경 (중부)

다. 결성 경위: 한국 민족 자주 통일 청년 동맹의 조직안에 있었던 "대통령3선 개헌 반대 관동 지구 협의회", "동 관서 지구 협의회"와 중부 지방의 활동가를 합쳐 약 300명이 1969.9.14. 1시35분부터 동경 일생 회관 국제 홀에서 결성대회를 개최하고 전국 협의회로서 발족하였음.

라. 활동 방침: (아래는 결성 대회에서 결정되었음)

(1) 기본방침

가) 10월의 국민 투표와 71년의 대통령 선거에 대한 3선 개헌 반대 투쟁을 전개하고 박 대통령 3선을 저지함

나) 조직의 확대를 도모함.

(2) 당면 방침

9.14의 개헌한 가결에 관하여 민주 공화당에 대한 항의 전보와 한국 학생에 대한 지원 전보를 대표 위원(중앙 기관) 이 타전함. 일본 정부

와는 무관계임으로 일본 국내에서 대표 등 항의 행동은 하지 않음.

3. 검거된 자의 명단 및 한국 민족 자주 통일 연맹에 관한 참고 자료를 별첨과 같이 보고드립니다.

첨부: 1. 검거된 자의 명단

2. 한민자통에 관한 참고 자료. 끝.

10. 외무부 공문(착신전보)

외무부

번호 JAW-10275

일시 201300

수신시간 1969.10.20. 13:54

발신 주일대사대리

수신 외무부장관

1. 금(20)일 오전 10:55 국제주의 공산학생동맹 및 동 동맹 중대지부(중앙대학 지부인듯)라는 청년(학생들인듯함) 5명 및 여자 2명이, 대사관 경비원 및 일본 경관의 제지를 뿌리치고 관내를 침입하여, 화염병3병을 투척하여 폭발케 하고 본관건물에 침입하여 통신실 앞에 (화염병을 던지려 기도하였으나 이루어지지 않았음) 및 화일실의 유리창 1매씩을 파괴하는 소요를 일으켰으나 공관직원에게 의하여 제지되어 전원 일경에 인도되었음.

2. 전기 난동 청년들은 전원이 철모를 쓰고 마스크를 하였으며, 그중 3명은 직경 3센티, 기리[3] 1메터 이상의 철봉, 화염병 20개 및 "아세아 반혁명동맹-일미 안보분쇄", "남조선-오끼나와-본토 반제국 동 해방혁명승리", "박 3선 개헌 저지, 박정권 타도" 동의 푸라카드를 소지하고 있었음. (소지물 전부 압수), 동 난동으로 인하여 대사관직원(고용원) 4명이 경상을 입었음.

3. 본건에 관하여는 추후 일본경칠의 조사에 따라 본부에 계속 보고할 예정이며 특히 난동자의 성분과 배경, 동 침입사건 처리 및 체포된 청년들의 처벌에 관하

3) 길이

여는 추후 사건의 조사와 함께 일본관계당국과 협의할 예정임을 우선 보고함.

11. 외무부 공문(착신전보)

외무부
번호 JAW-10281
일시 201426
수신시간 1969.10.20. 15:41
발신 주일대사대리
수신 외무부장관

연: JAW-10275
연호로 보고한 난동청년들의 대사관 침입사건과 관련하여 일본외무성 아이찌 대신은 금(20)일 13:40경 당관으로 민공사 및 강공사를 예방하고 사건의 경위를 간략하게 들은 후 일 정부를 대표하여 심심한 유감의 뜻을 표하여 깊이 사과한다고 이러한 뜻을 아국 정부에도 전달하여 줄 것을 요망한다 하였음을 보고함.

12. 면담기록

면담기록
1. 일시: 1969.10.20. 18:00-18:10
2. 참석자: 아주국장, "가미가와" 주한 일본 대사관 공사

가미가와: 금10.20. 10:55 "반요요기파"(반 일본 공산당계 극열공산분자)에 속하는 학생 7명이 주일 대사관에 난입하여 화염병 3개를 투척(1개만이 폭발하고 2개는 불발)한 후 본관 2층에 이르러 통신실 및 문서실 유리창 2매를 파손시켰으며, 소지하였던 파이프등 대사관원 4명(경비원 및 운전수)를 부상시키는 사건이 발생하였다.
일본정부는 본 사건을 중시하고 있으며 "아이찌" 외상은 사건 발생 2시간 30분 후에 주일대사관을 방문하여 유감의 뜻을 표명함과 아울러, 재발 방지

를 위하여 경비를 강화할 것이라 하였으며 외무성 대변인(정보문화국장)은 14시에 사건발생에 대하여 유감을 표시하는 정식 담화문을 발표하였다.

대사관원의 부상 및 대사관 건물 기물 파손에 관련하는 손해에 관하여 일본 정부는 배상할 용의가 있음을 한국 정부에 알리는 바이며 본건에 관한 일본 정부의 심심한 유감의 뜻을 전달한다.

본건에 관하여 "사또" 수상도 유감으로 생각하고 있음을 첨언한다.

김국장: 본건 불상사의 발생을 유감으로 생각한다. 귀하가 설명한 내용을 곧 상부에 보고하겠다. 끝.

13. 외무부 보고사항

일시 1969.10.21.

발신 외무부장관

수신 대통령, 국무총리

제목 주일대사관 피습 사건

다음과 같이 보고합니다.

1. 주일 대사관은 10.20. 일본 좌익계 학생 7명이 대사관에 침입하여 난동한 사건에 관하여 아래와 같이 보고하여 왔읍니다.
   가. 10.20. 10:55 소위 국제주의 공산 학생 동맹(중앙 대학 지부인듯) 소속이라는 학생으로 보이는 청년 7명(여자 2명)이 대사관에 침입, 화염병 3병을 폭발시킨 다음 본관 건물에 침입하여 통신실 및 및 화일실의 유리창 1매씩을 파괴하는 소요를 일으켰음. 이들 난동 청년 전원은 곧 대사관원에 의하여 진압, 일경에 인도되었음.
   나. 동 난동 청년들은 모두 철모와 마스크를 착용하고 그중 3명은 직경3센티, 기리 1미터가 넘는 철봉을 들고 있었으며, 그밖에 화염병 20개와 "아시아 반혁명 동맹-일미 안보 분쇄" "남조선-오끼나와-본토 반□ 동해방 혁명 승리", "박 삼선 개헌 저지, 박 정권 타도" 등의 플라카아드를 소지하고 있었다 함.
   다. 동 난동으로 인하여 대사관 현지 고용원 4명이 경상을 입었음.

라. 상기 난동 발생후 13:40경 "아이찌" 일본 외무 대신이 대사관으로 민충식 및 강영규 양 공사를 방문하고, 일본 정부를 대표하여 심심한 유감과 깊은 사과의 뜻을 표하는 한편, 이러한 뜻을 본국 정부에도 전달하여 줄 것을 요망하였음.

2. 주한 일본 대사관 "가미가와" 공사는 10.20. 18:00 외무부 아주국장을 방문하고 일본 정부의 심심한 유감의 뜻을 전달함과 아울러 일본 정부로서는 (가) "아이찌" 외무 대신이 주일 대사관을 방문하여 유감의 뜻을 표하였으며, (나) 외무성 대변인이 유감의 뜻을 표하는 담화문을 공식으로 발표하였으며, (다) 대사관 직원 부상 및 기물 파손에 대한 손해 배상을 할 용의가 있으며, (라) "사또" 수상도 본 사건을 유감으로 생각하고 있다고 말하였습니다.
3. 당부는 본 건에 관하여 별첨과 같은 공보관 담화문을 10.21. 오전에 발표하여 정부 입장을 밝혀 두었습니다.
4. 본 사건으로 인하여 주한 일본 대사관에 대한 난동이 있을 경우에 대비하여 내무부에 일본 대사관을 당분간 적절하게 경비하여 줄 것을 요청하였으며, 일본 대사관에 대하여는 직원들로 하여금 필요한 조심을 할 것을 당부하는 조치를 취하였습니다.

첨부: 주일 대사관 피습 사건에 관한 담화문. 끝.

14. 외무부 공문(발신전보)

외무부
번호 WJA-10301
일시 211510
발신 외무부장관
수신 주일대사

대: JAW-10275

본부는 금 10.21. 아침 귀대사관 피습 사건에 관련하여 아래와 같이 공보관 담화문을 발표하였음.

“7명의 일본 학생이 69.10.20. 10:55에 주일한국대사관에 침입하여 난동한 사건이 발생하였음에 대하여 정부는 유감스럽게 생각하는 바이며, 동 난동 학생이 일본 공산당 극력 분자였다는 점에 더욱 분노를 금치 못하는 바이다.

일본 정부에서는 본 사건이 발생하자 동일 12:45 “아이찌” 외무대신이 주일대사관을 방문하고 심심한 유감의 뜻을 표명함과 아울러 재발 방지를 위한 조치를 강구할 것이라고 하였으며, 일본 외무성 대변인은 14:00에 담화문을 발표하여 유감의 뜻을 공식으로 표명하였으며, 주한일본대사관 “가미가와” 공사는 18:00 아주국장을 방문하고 일본 정부의 유감의 뜻을 전함과 아울러 금번 불상사로 인한 한국측 손해에 대하여 배상할 것이라는 뜻을 전하여 왔는바, 정부는 이러한 일측의 사태 수습을 위한 노력을 주목하는 바이다. 난동 학생은 현장에서 즉시 체포되었는바, 이들은 일본 정부에 의하여 엄중의 법처리될 것으로 안다.” (아북)

15. 외무부 공문(발신전보)

외무부
번호 WJA-10300
일시 211510
발신 외무부장관
수신 주일대사

대: JAW-10275

1. 귀 대사관 피습 사건과 관련하여 작10.20. 18:00 “가미가와” 주한일본대사관 공사가 아주국장을 방문하고, 일본 정부의 심심한 유감의 뜻을 전달하는 동시에, 일측으로서는 “아이찌” 외상이 주일대사관을 방문하여 유감을 표하였으며, 외무성 대변인이 유감을 표하는 공식 담화문을 발표한 바 있다 하고 일본 정부는 대사관 직원 부상 및 기물 파손에 대한 손해 배상을 할 용의가 있으며, 또한 “사또” 수상도 본 사건을 유감으로 생각하고 있는 점을 알려왔음.
2. 본 사건의 발생에 대하여 유감을 표시하는 일외무성 대변인의 정식 담화문

내용을 보고 바람. (아북)

16. 외무부 공문(착신전보)

외무부
번호 JAW-10305
일시 211645
수신시간 1969.10.21. 17:43
발신 주일대사
수신 외무부장관

대: WJA-10300
당관 피습사건과 관련하여 일본 외무성 대변인인 후지야마 정보문화 국장이 10. 20일 오후 2시경 발표한 담화의 텍스트는 아래와 같음.
"금일 오전 재경 한국대사관에 학생 수명이 난입하여 건물에 손해를 끼친 외에 대사관원 4명을 부상시키는 등의 행위를 한 것은 극히 유감스럽다. 정부로서는 금후 이와 같은 사건이 일어나지 않도록 일층 경계를 엄중히 함과 동시에 외국 공관에 대한 이와 같은 폭력은 가장 부끄러운 행위로서 엄격히 조심하도록 자계를 촉구하고자 한다. (쓸자, 경계할계)
(아북)

17. 주일대사관 공문

주일대사관
번호 일정700-3948
일시 1969.10.28.
발신 주일대사
수신 외무부장관
참조 아주국장

제목 일본 좌익계학생의 당 대사관 난입사건

연: JAW-10275 대: WJA-10300

표기 사건과 관련하여, 기왕에 여사한 사건이 당지 미국대사관에 대하여도 일어났던 일이 있었음에 비추어 그때 미국대사관이 대처하였던 조치도 참고하여, 10.25. 오전 별첨과 같은 NOTE를 외무성측에 송부하였으므로(김 정무과장이 지참 전달함.) 보고합니다.

첨부: PKE-9096 사본1부. 끝

NOTE(PKE-9096)

The Embassy of the Republic of Korea presents its compliments to the Ministry of the Foreign Affairs and has the honour to state as follows:

1. At or around 1055 hours, October 20, 1969, five(5) young men and two(2) young women, who seemed to be Japanese college students, approached the main gate of the Chancery of this Embassy and tried to pass through the gate by force toward its main building. Two(2) of them were stopped at the gate by the Embassy guards and the Japanese policemen who were on duty on the scene, but, the other five(5) forced their way through the gate in defiande of strong efforts made by the said guards and policemen to check them. The five(5) after hurling three(3) "bottles" charged with inflammables into the courtyard near the gate(one(1) of them exploded), intruded into the main building and committed violence, breaking with iron bars window panes in the rooms on the second floor and trying to inflame the " bottles". Such violence lasted until they were finally subdued by the members of the Embassy staff.

While making efforts to subdue the intruders, four(4) emplyees of the Embassy were hit with iron bars used by the intruders and injured. All the seven(7) intruders were handed over without delay to the Japanese policemen Who came to the Embassy at its request.

2. The intruders were red helmets and masks and were found to be carrying with them still more than twenty(20) of such "bottles"and placards

describing various slogans which were slanderous to the Republic of Korea and detrimental to the amicable relations existing between the Republic of Korea and Japan. Three(3) of them even had iron-bars in their hands.

3. It is to be much regretted that such unlawful acts of violence were perpetrated against a diplomatic mission. It is requested that the Government of Japan take adequate measures so as to prevent the recurrence of such an incident.

October 23, 1969
Tokyo

⑥ 재외국민 지도 자문위원회, 1969

기능명칭: 재외국민 지도 자문위원회, 1969

분류번호: 791.4, 1969

등록번호: 3359

생산과: 재외국민과

생산년도: 1969

필름번호(주제-번호): P-0007

파일번호: 08

프레임번호: 0001-0047

1. 협조전-재외국민지도자문위원회규정안 신속히 법제화 요청

분류기호 725-1
발신일자 69.1.7.
발신 아주국장
수신 기획관리실장
참조 법무관
제목 재외국민지도자문위원회규정 안

재외국민지도자문위원회설치에 관하여 별첨 사본과 같이 장관결재를 얻어 송부하오니 송부하오니 속히 법제화토록 협조하여 주시기 바랍니다.

첨부…2. 재외국민지도자문위원회규정(안)

1. 재외국민지도자문위원회 설치에 관한 건의 사본. 끝.

2. 제1차 재외국민 지도 자문위원회 진행 계획

제1차 재외국민 지도 자문위원회 진행 계획

1.	4월23일	12:00까지	참석 인원 확인
2.	〃	14:00	장관실(회의실)에 집합
3.	〃	14:25	제2회의실(528호실)로 옮김. (기타 관계자는 회의실에서 대기)

4. 의사진행
   가. 장관 인사
   나. 위촉장 전달(장관의 설명이 있으면 곧 각 위원앞에 위촉장을 전달함. 과원 2명)
   다. 위원장, 부위원장 선임(위원 상호간의 발의 형식으로 아래중 하나를 택함.)
      1)위원장: 외무부 차관 부위원장: 이원만 의원
      2)위원장: 김유택 의원 부위원장: 외무부 차관
   라. 위원장 인사
      휴식(기자단 회장, 커피 접대)

마. 교민현황 및 문제점 부리핑(위원장의 사회)
(교민과장 부리핑)

바. 토의

1) 운영 방침

2)기타

사. 폐회

5. 기타

가. 간사장 및 간사(임명을 요함)의 소개(위원장 선임후)

나. 운영 세칙 문제

다. 장관 인사의 요지

1) 위원회 설치의 경위 및 목적

2) 그간의 교포 육성책과 문제점
투입된 예산, 관계부처의 독자적인 집행

3) 위원회의 역할
정부의 교포 정책 및 시책의 조정 기구

라. 회의 요록 작성

1) 요록 작성

2) 위원에게 배포

3. 해외교포문제연구소 이사 명단

海外僑胞問題研究所理事名單

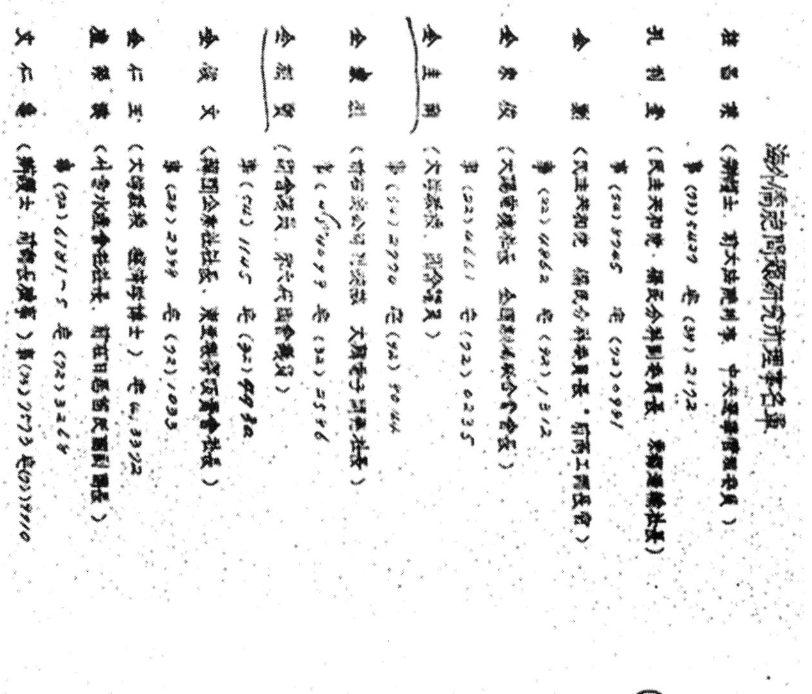

海外僑胞問題研究所理事名單

權 昌 業 (辯護士, 前大法院判事, 中央選擧管理委員)
事(73)5427 宅(34)2172

孔 [illegible] (民主共和党 · 僑民分科副委員長, 東部運輸社長)
事(54)8745 宅(72)0991

金 [illegible] (民主共和党 僑民分科委員長, 前商工部長官)
事(22)4862 宅(72)1312

金 [illegible] (大陽電機社長, 全國[illegible]聯合會會長)
事(22)4661 宅(72)0235

金 圭 南 (大學教授, 國會議員)
事(54)2770 宅(72)5044

金 [illegible] 烈 (前石炭公社總裁, 大韓電子[illegible]社長)
事([illegible])4077 宅(32)2546

金 [illegible] 賢 (國會議員, 第六代國會議員)
事(54)1145 宅(72)4930

金 [illegible] 文 (韓國公報社社長, 東亞[illegible]協會會長)
事(24)2344 宅(72)1033

金 仁 玉 (大學教授, 經濟學博士) 宅([illegible])3372

盧 [illegible] (서울水産會社社長, 前在日居留民團副團長)
事(72)6181~5 宅(72)3268

文 仁 [illegible] (辯護士, 前[illegible]檢事) 事(75)7573 宅(73)9110

李 [illegible] (國會議員, 韓日[illegible]會長)
事(54)3130 宅(72)2292

② 李 [illegible] (理事長) (公證人, 前民主共和党政策委議長, 第六代國會議員, 서울新聞主筆 兼顧問)
事(22)5707 宅(77)3544

李 [illegible] 海 (前國會文公委員長) 宅(93)4736

李 元 [illegible] ([illegible]社長, 東洋[illegible])
事(23)2171 宅(72)0235

崔 [illegible] (大學教授, 前中大總長, 公報部長官, 社會學)
宅(73)4470

鄭 [illegible] (每日經濟新聞社長, 前大學教授)
事(24)2711 宅(72)4650

車 智 [illegible] (國會議員, 6代國會議員) 事(54)113[illegible]

洪 [illegible] (東大行政大學院長, 前聯合大學長)
事(23)3130 宅(72)7864

事務局長 李 求 [illegible] 事(73)1023 宅(72)[illegible]

總務部長 [illegible]

調査部長 金 [illegible]

出版部長 宋 昌 [illegible]

4. 재외국민지도자문위원회 규정

재외 국민 지도 자문위원회 규정
(1969.2.13. 대통령령 제3,765호)

제1조(설치) 재외국민의 지도 보호와 육성에 관한 기본 정책의 수립과 집행에 관하여 외무부장관의 자문에 응하게 하기 위하여, 외무부장관 소속 아래 재외국민 지도 자문위원회를 둔다.

제2조(기능) 재외국민 지도 자문 위원회(이하 "위원회"라 한다)는 재외 국민의 지도 보호와 육성에 관하여 외무부장관의 자문에 응하여 심의하고 이에 대하여 건의한다.

제3조(구성)

1. 위원회는 위원장 1인과 부위원장 1인을 포함한 위원 20인 이내로 구성한다.
2. 위원장과 부위원장은 위원중에서 외무부장관이 임명한다.
3. 위원은 정부 관계부처의 차관 또는 차장과 외교·국제 정세 및 재외 국민의 실태에 관한지식과 경험이 풍부한 자중에서 외무부장관이 위촉한다.

제4조(위원장의 직무)

1. 위원장은 회무를 통리하며 회의를 소집하고 그의 장이 된다.
2. 부위원장은 위원장을 보좌하며, 위원장이 사고가 있을 때에는 그 직무를 대행한다.

제5조(회의) 위원회의 회의는 외무부장관의 요청에 의하여 위원장이 소집한다.

제6조(간사)

1. 위원회의 서무를 처리하게 하기 위하여 간사장과 1인과 간사 약간인을 둔다.
2. 간사장은 외무부 아주국장이 되며, 위원장의 명을 받아 위원회 서무를 담당한다.
3. 간사는 외무부장관이 그 소속 공무원 중에서 임명하며 간사장을 보좌한다.

제7조(운영세칙) 이 영에 정한 사항 이외에 위원회의 운영에 관하여 필요한 사항은 위원회의 의견을 거쳐 위원장이 정한다.

부칙
이 영은 공포한 날로부터 시행한다.

5. 외무부장관, 김상현 국회의원 요담 요지

1969. 2. 15.

외무부장관은 김상현국회의원의 래방을 받고 요지 아래와 같이 요담하였음.

1. 내방인사: 국회의원 김상현
전 공보부장관 임성희
2. 요담 시간: 1969.2.15. 12:00-12:30시
3. 요담 요지
가. 1969.7.27.일부터 일본 지역에 파견하는 재일교포 실태조사단이 귀국한 후, 현지에서 이러나는 재일교포문제 중, 아카데믹하게 연구할 무제[4]가 있으면, 해외교포문제연구소에 위촉 연구케 할 것를 고려한다.
나. 그러나 금번 파견되는 재일교포 실태조사단에는 해외교포 문제연구소원을 참가시키지 아니한다.
다. 2.24.(월) 19:00시, 외무부 장관은 해외교포문제연구소 이사를 위하여 장원에서 만찬을 베푼다.
라. 곧 발족되는 재외국 국민 지도 자문위원회에 김상현의원을 해외교포문제 연구소 소장자격으로 참가 시킨다.
마. 해외교포 문제 연구소는 1963.년 제33호로 정부에 등록 되어 있었으나, 그후 년 2회씩 보고케 되어 있는 활동보고서를 제출치 않어 그 등록이 취소되었음으로, 앞으로 이의 재등록을 위하여 외무부가 협조한다.

4.참고 자료 별첨

6. 기안– 재외국민지도자문위원 위촉

번호 아교725

---

4) 문제의 오기.

기안일시 1969.3.15.
기안자 교민과 이대형
협조 총무과장
경유수신참조 건의
제목 재외국민지도자문위원 위촉

1969.2.13.일자 대통령령 제3765호로 공포된 재외국민지도자문위원회 규정에 의거, 아래와 같은 인사를 동 규정 제3조에 따른 재외국민지도 자문위원으로 임명하고, 별첨 내용과 같이 이의 위임 사실을 각 위원에게 알릴것을 건의합니다.

-위원-

1. 정부 요원: 외무부차관, 법무부차관, 문교부차관, 문화공보부차관, 중앙정보부 차장, 이경호 차관
2. 국회의원: 이원만 의원, 김창욱의원, 김□남의원, 김수한의원, 김상현의원, 양희수의원, 이원우의원, 신용남의원, 김유택의원
3. 언론계: 이원경, 홍종인, 김봉기
4. 학계: 이한기
5. 기타: 김훈 끝

7. 기안–재외국민 지도 자문 위원 위촉

번호 아교725-
기안일시 1969.12.19.
기안자 교민과 김창환
협조 기획관리실장
경유수신참조 건의
제목 재외국민 지도 자문 위원 위촉

그간 정부내의 인사 이동에 따라 다음 인사를 1969.2.13일자 대통령령 제3765호(재외국민 지도 자문 위원회) 규정 제3조에 따른 재외국민 지도 자문 위

원으로 임명하고 별첨 내용과 같이 위임 사실을 각 위원에게 알리며, 동 위원회 제2차 회의를 다음 일시에 소집할 것을 건의 합니다.

1. 위원:
   외무부 차관 윤석헌(尹錫憲)
   법무부 차관 오탁근(吳鐸根)
   문교부 차관 박희범(朴喜範)
   문화공보부 차관 이춘성(李春成)
2. 제2차 소집 일시
   일시: 1969.12.29. 12:15
   장소: 뉴-코레아 호텔15층(브루 라운지)
   끝.

위촉 통보장

1969.12.19.

수신__________

1. 1969.2.13일자 대통령령 제3765호로 공포된 재외국민 지도자문 위원회 규정에 따라 귀하를 재외국민 지도 자문 위원으로 위촉하였음을 알려 드립니다.
2. 위촉장은 추후 전달하겠읍니다.

외무부 장관 최규하

재외국민 지도 자문 위원

1. 정부측:
   외무부 차관, 법무부 차관, 문교부 차관, 문화공보부 차관, 중앙정보부 차장, 이경호 차관(당시 법무부 차관)
2. 국회의원:
   이원만, 김창욱, 김수한, 김상현, 양희수, 이원우, 김유택, 신용남
3. 언론계 :

이원경, 홍종인, 김봉기

4. 학계 :

이한기

5. 기타 :

김훈

8. 보도자료–재외국민지도자문위원회 개최

대한민국 외무부 공보관실 보도자료

69년 4월 24일 시 분 발표

이 기사는 제공처인 외무부를 밝히고 보도할수 있음

외무부는 4월 23일 하오 2시 30분부터 중앙청 제2회의실에서 제1회 재외국민지도자문위원회를 개최하였다.

동 자문위원회는 재외국민의 지도육성을 위한 기본정책과 집행에 관하여 외무부장관의 자문에 응하기 위한 것이며, 외무부장관이 위촉하는 20명 내외의 위원으로 구성되며, 지난 2월 13일 제정된 대통령령 제3765호에 설치 근거를 둔다. 23일의 제1회 자문위원회에서는 그 발족에 즈음하여 외무부장관의 재외국민 지도에 힘써 줄 것을 당부하는 내용의 인사와 위촉장 전달이 있었으며, 그후 재외국민 현황에 대한 브리핑이 있었다. 위원회에서는 특히 재일교포의 생활안정, 교육 문제 등에 관한 일반적인 토의가 있었다. 자문위원회는 앞으로 수시로 회합하여 해외 교포의 지도 보호 육성책을 논의하기로 하였다.

10. 좌석배치도

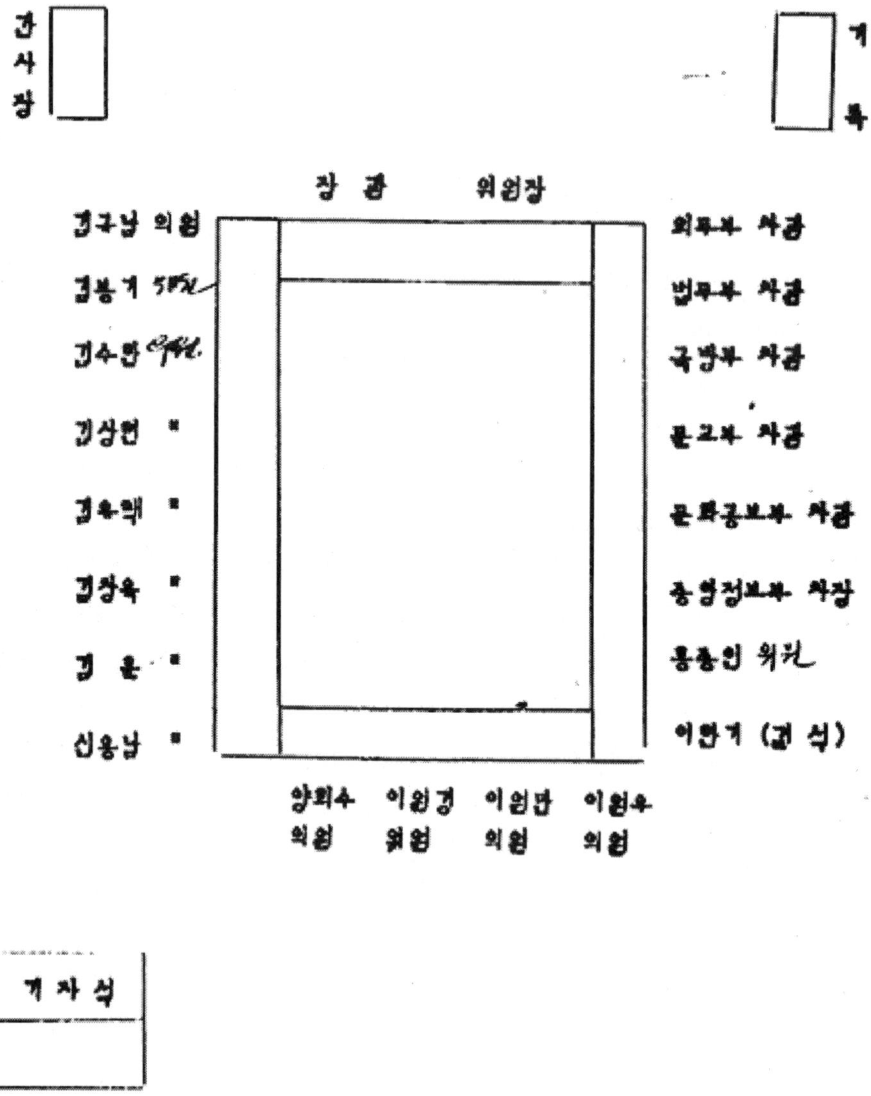
간사장
기록
장관
위원장
김규남 의원
외무부 차관
법무부 차관
국방부 차관
문교부 차관
문화공보부 차관
중앙정보부 차장
신용남
양회수 의원
기자석

⑦ 일본지역 영사관 기부채납, 1969

○○○

기능명칭: 일본지역 영사관 기부채납, 1969

분류번호: 1285.2JA, 1969

등록번호: 3369

생산과: 총무과

생산년도: 1969

필름번호(주제-번호): P-0007

파일번호: 18

프레임번호: 0001-0154

1. 협조전–기부채납 통보

협조전
분류기호 총외1260
발신일자 69.5.29.
제목 기부채납통보
발신명의 외환계장
수신 경리계장

주 고베 영사관 설립위원회에서 기부해온 동관 건물 및 대지 기부 채납을 아래와 같이 통보합니다.

2. 외무부공문–기부채납 승인

외무부
번호 총외1222.332-19503
일시 1968.10.16.
발신 외무부장관
수신 주코오베영사
제목 영사관 건물 및 대지 기부 채납

대: 코영700-940
귀지 후원회 기증의 표제 건물 및 대지의 채납을 승인하니 동 재산의 이전 등기 등 권리 확보를 위한 소정 수속 절차를 취하시기 바랍니다.

3. 기증서

寄贈書
一. 寄贈物의 表示

가. 土地	壹百貳拾七坪五合四□	
나. 建物	延建坪貳百貳拾坪	
다. 建物의 構造	鐵筋콩크리-트造 陸屋根 地下壹階付參階建物 壹棟	
라. 備品	壹式(目錄別添)	
마. 所在地	神戸市生田区中山手通二丁目 七三의 二四 및 五番地	

二. 寄贈의 目的

韓日條約이 締結된 後, 國交가 正常化됨에 따라 日本國內에 領事館이 增設하게 되어 當地 神戸市에도 우리나라 領事館이 새로히 設置하개 되었읍니다.

우리 海外同胞의 指導와 保護를 위하여 執務하게되로 分館은 우리의 손으로 마련하자는 同胞의 自發的인 決意 自進 分館設立 後援會를 組織하여 管內 여러 僑胞의 基金으로 現土地와 建物을 購入하게된 것입니다.

그間 □修工事와 施設의 補完도 맞이고 또 權利確保에 必要한 諸般財産을 本國政府에 寄附하고저 하오니 採納하여 주시기 바랍니다.

三. 添付書類

가. 土地建物賣買契約書		五部
나. 土地登記簿謄本	(三種)	五部
다. 建物登記簿謄本		五部
라. 圖面		五部
마. 寄贈備品目錄		五部
다. 領收證綴		五部

一九六九年五月二十三日

仮神戸市生田区三宮町一ノ十五

電話(33)一七〇七·〇八〇〇

神戸韓國領事館會館設立後援會

會長 黃孔煩

駐神戸大韓民國領事館
領事 李原達 貴下

土地建物買賣契約書

売主株式会社台東ビル(以下売主と云う)と買主神戸韓国領事館会館設立後援会(以下買主と云う)との間に於て土地建物の買賣等に関し左の通り契約した。

第壱条　売主は所有に係る末尾表示の土地、建物(以下、物件と云)を総額金四千五百万円の代価を以て買主に買渡し、買主は之を買受けた。

第弐条　物件の前記価格は、物件の全部に対するものであって、仮令、物件の仮換地物件の実測の結果、物件の坪数に増減を生じた場合と雖もその増減分につき売主買主とも互に売買代金の増減を要求出来ないものとする。又、建物は現状有姿のまゝ売買するものとする。

第参条　物件売買代金の支払は、買主が売主の作成した物件の買主への所有移転登記に必要な一切の書類により所有権移転登記が支障なく行われることを確認の上、右登記書類引換に、現金又は銀行振出若しくは同保証小切手にて買主より売主宛支払われるものとする。

第四条　売主は現在物件に抵当権、地上権、賃貸権等、其の他名称、形式の如何を問わず、買主の所有権の完全なる行使を阻害する様な第三者の権利が存在しないこと及び物件に係る租税公課、その他の賦課金、負担金等の未納のないこと、並に売主が関知するとせざるとに拘らず物件上に侵入者及び侵入物件等がないことを買主に対して保証する。万一、之に反したる事実があった場合は売主はその責任に於て買主の代金支払前に之等の権利、負担若しくは瑕疵を取除き完全なる物件の所有権を買主に移転すべきものとする。所有権移転后に於て万一物件に就て隠れたる瑕疵が発見されたとき、又は第三者から故障の申出があった時は、売主はその責任と負担に於て之を処理し、買主に対し些かも迷惑を及ぼさゞるものとする。但し、所有権移転登記完了后　日以内に本物件に何等の瑕疵が発見されず、又は第三者から故障の申出がない時は売主の瑕疵担保責任はないものとする。

第五章　売主から買主への引渡し、及び所有権移転登記書類の引渡し、並に売買代金の支払等は惣て遅くとも昭和四拾弐年八月拾六日に迄に行うものとする

第六章　売主又は買主が本契約の一部にても違反し、又は契約不履行、不信行為等ありたる場合には、売主、買主とも互いに相手方に対し本契約を□条件にて解除することができるものとする。

猶、本件所有権移転登記申請に際し、買主の都合上売受名□を変更する事あるも、売主に於て異変なく登記手続を為すべきを約諾す。

之れが為、売主は土地分□登記書類及び買主所有権保全の為の仮登記書類一切を交付し手渡すものとする。

第七条　物件の固定資産税、都市計画税は引渡日の翌日以降は買主の負担とし、買主は日割計算にて別途精算の上、売主に支払うものとする。

第八条　本物件は仮換地指定中のものであるから、将来換地処分の公告ある日即ち本登記が行われる時、売主は補償に関する清算には任じない。

第九条　本契約書に貼附する収入印紙は売主負担、所有権移転登記手続費用は買主が負担するものとする。

第拾条　本契約に定めなき事項については民法、其の他の法令の規定、及び取引慣行に従い信義誠実の原則に基き、売主、買主協議の上、取決めるものとする。

本契約成立の証として本書弐通を作成し、売主、買主各壱通宛之を補修するものとする。

昭和四拾弐年八月拾六日

東京都台東区四丁目弐九番壱四号
売主　株式会社　台東ビル
代表取締役　山口鶴

買主　神戸韓国領事館会館設立後援会
会長　黄孔煩

物件の表紙

従前の登記簿面の表紙
神戸市生田区中山手通弐丁目
七参番の四

一、宅地　八〇坪

右同所　七参番の五

一、宅地　参七坪八拾七勺

右同所　七四番の弐

一、宅地　九坪六合七勺

仮換地の表示

神戸市生田中山手通弐丁目

(図面整理番号　北野地区参九町区五号地)

一、宅地　壱壱弐坪参合七勺

神戸市生田中山手通弐丁目

七参番地の四、七参番地の五、七四番地の弐

家屋番地壱壱九番

一、鉄筋コンクリート造　陸屋根　地上壱階付四階建

事務所

壱階　五七坪四合

弐階　五七坪四合

参階　五七坪四合

地下　四七坪八合

神戸市生田区中山手通

宅地

八〇〇

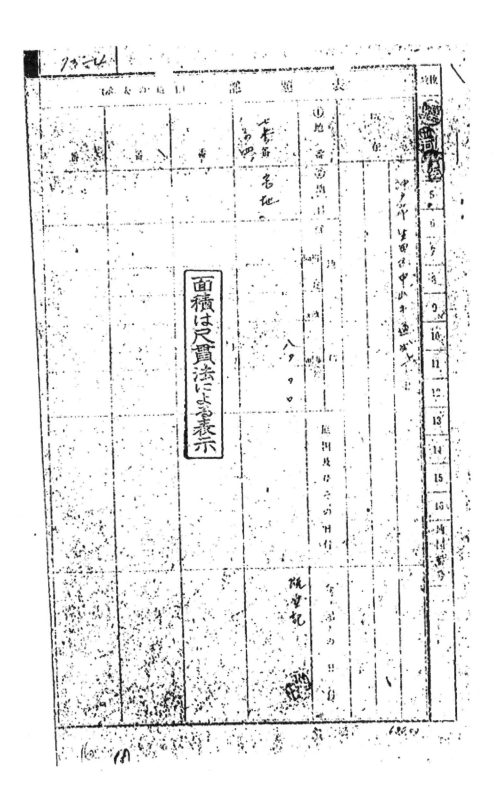

面積は尺貫法による表示

部　題　表

東京都台東区竹町三五 株式会社 台東ビル ... 昭和三五年一月二...

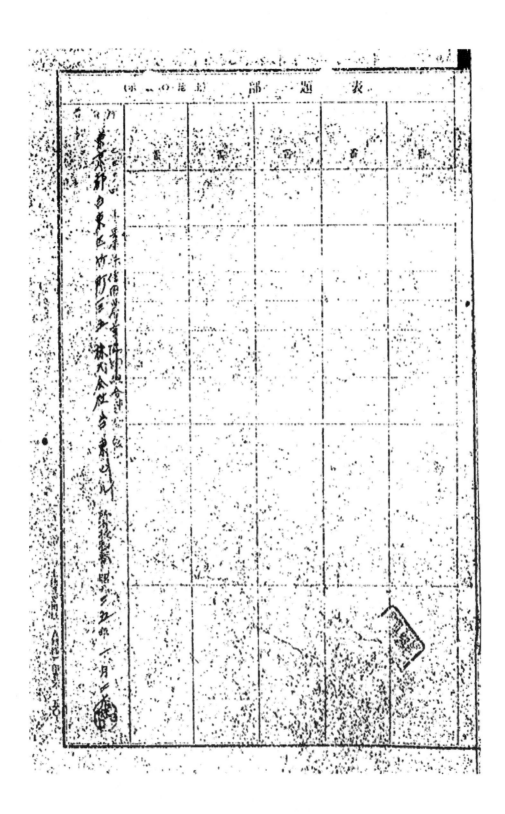

中山手通2丁目

93—4

甲 区 （所有権）

事項欄	順位番号
差押 昭和参八年拾弐月弐四日 受付第[illegible]九六号 原因 昭和参八年拾弐月弐拾日神戸市[illegible]役所の差押 権利者 神戸市 右登記す	七番
七番差押登記抹消 昭和参九年壱月弐拾弐日受付第[illegible]九弐七号 原因 昭和参九年壱月拾八日差押解除 右登記す	八番
[illegible] 昭和四〇年七月[illegible]日受付 [illegible]	五
六番登記抹消 昭和四[illegible]年[illegible]月[illegible]日受付 第弐八壱〇七号 原因 同月壱六日放棄	九
所有権移転 昭和四弐年参月壱五日受付 第五参四五号 原因 同四弐年八月壱五日売買 所有者 神戸市[illegible]区中山手通 [illegible]	拾

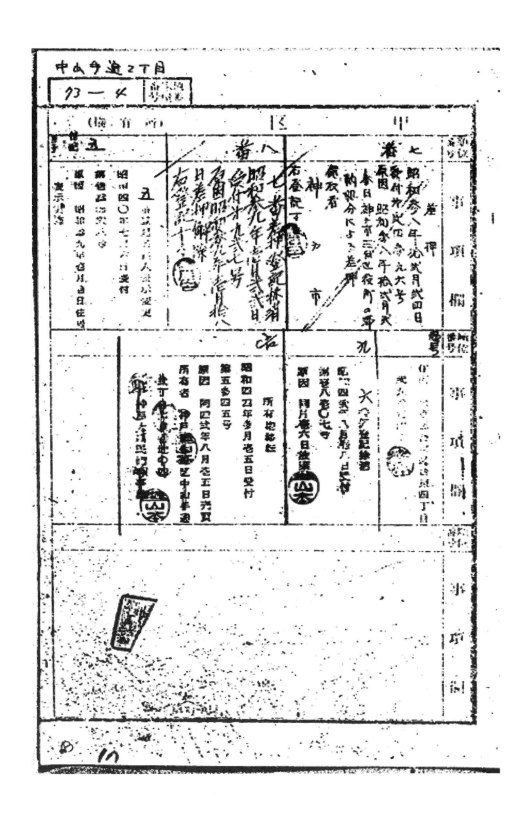

甲　区　（所有権）

順位番号	事項欄
順位番号	事項欄
順位番号	事項欄

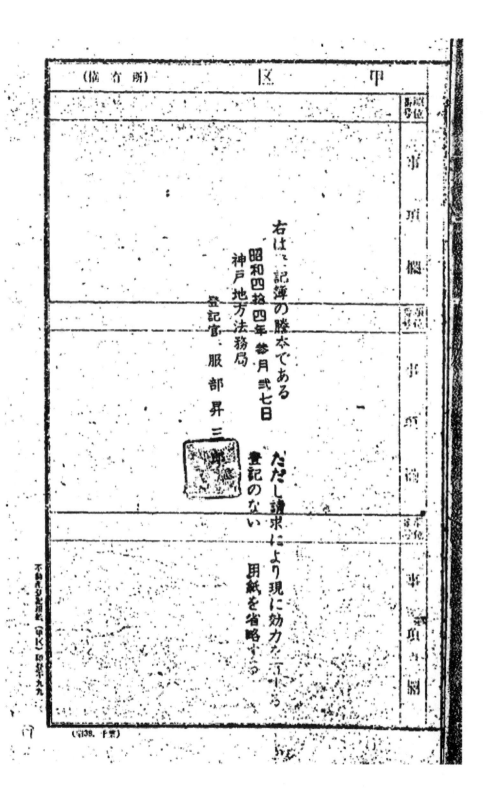

右は登記簿の謄本である
昭和四拾四年参月弐七日
神戸地方法務局
登記官　服部　昇三

ただし請求により現に効力を有する
登記のない用紙を省略する

不動産登記用紙（甲区）

773 5

表題部（土地の表示）

所在	①地番	②地目	③地積	原因及びその日付	登記の日付
神戸市生田区中山手通弐丁目	七番の五	宅地	[illegible]	[illegible]	既登記
				[illegible] 合筆	昭和四拾年八月六日

面積は尺貫法による表示

336.6

20 16

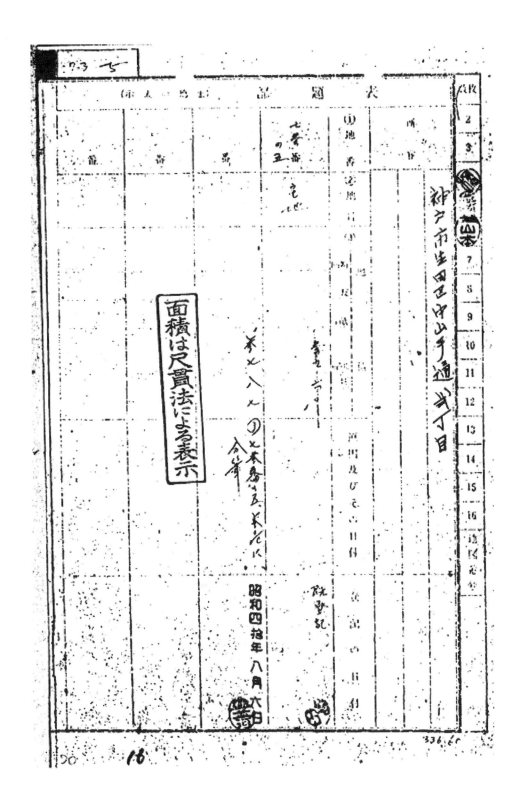

表題部 (土地の表示)

所在 東京都台東区竹町一三五 株式会社台東ビル 代表取締役 昭和□五年一月 [illegible]

兵庫県[illegible]業協同組合連合会

21

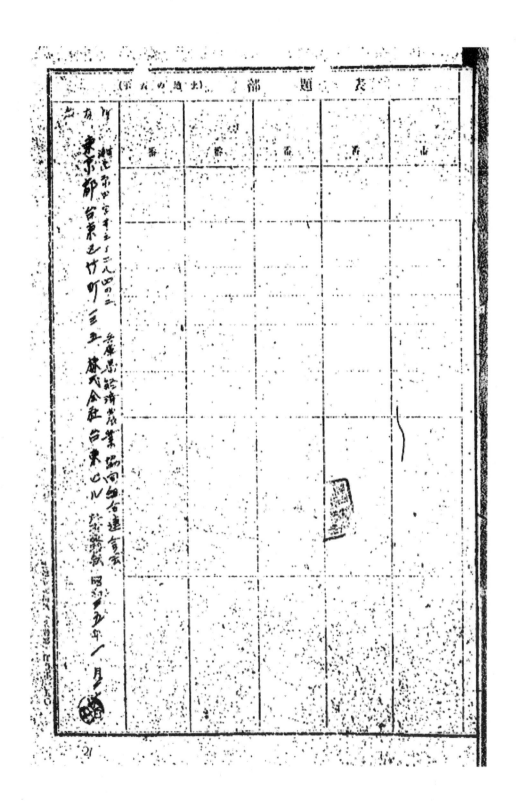

中山手通2丁目
73-5

七番

壱四番仮登記抹消
昭和四弐年八月壱八日受付
第壱八壱〇七号
原因 同月壱六日放棄

八番

所有権移転
昭和四四年参月壱五日受付
第五参四五号
原因 同四弐年八月壱五日売買
所有者 [illegible]
[illegible]

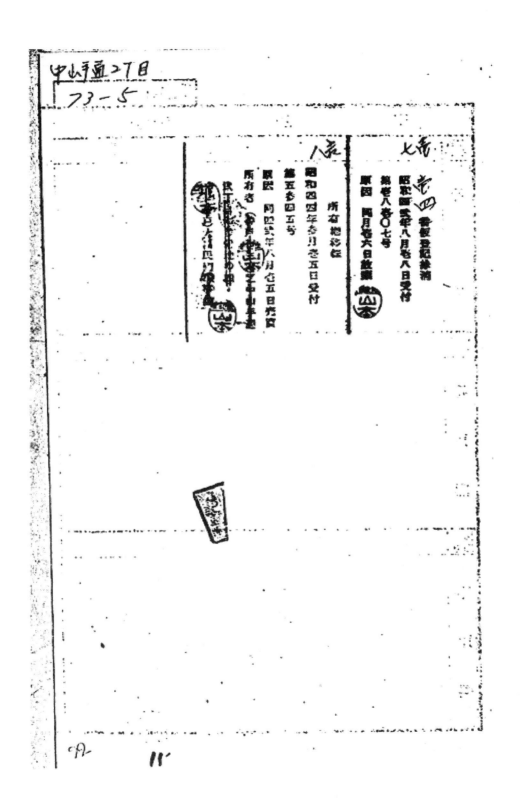

表題部（土地の表示）

所有者 東京都台東区竹町[illegible] 株式会社台東[illegible]

[illegible]

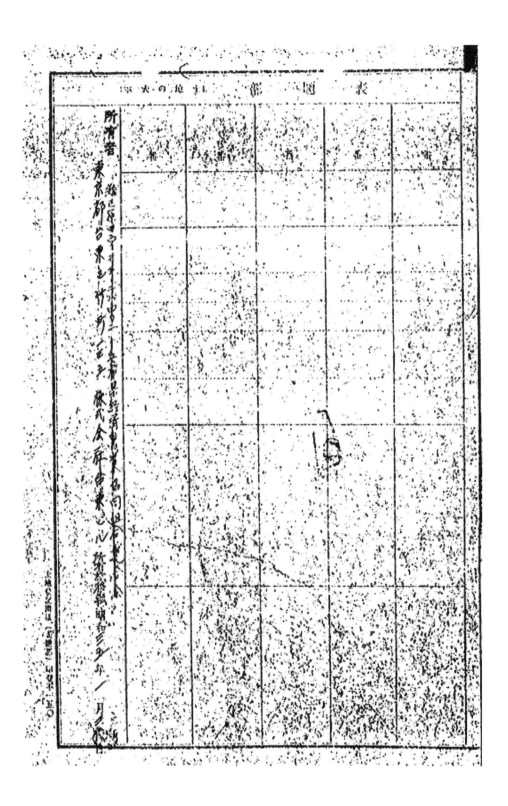

右は登記簿の謄本である

昭和四拾四年参月弐七日

神戸地方法務局

登記官　服部昇三郎

ただし、請求により現に効力を有する登記のない用紙を省略する

74～2

部 表

所在	地番	地目	地積	原因及びその日付	登記の日付
神戸市生田区中山手通七丁目		宅地	九六メ③	七四番の九 から合筆	昭和四拾年八月六日

面積は尺貫法による表示

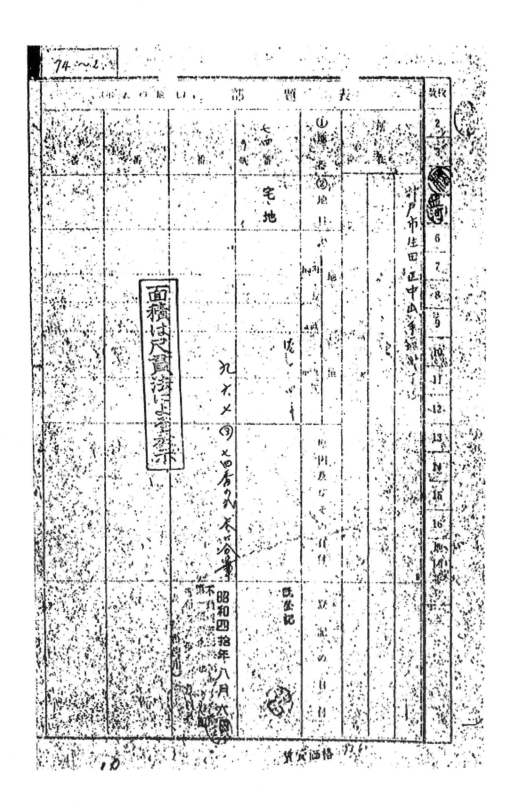

既登記

119

表題部

所在

家屋番号 同町 壱壱九番

種類

構造 鉄筋コンクリート造陸屋根四階建

床面積 壱階 弐階 参階 四階

原因及びその日付

登記の日付

既登記

面積は尺貫法による表示

5 6 7 8 9 10 11 12 13 14 15 16

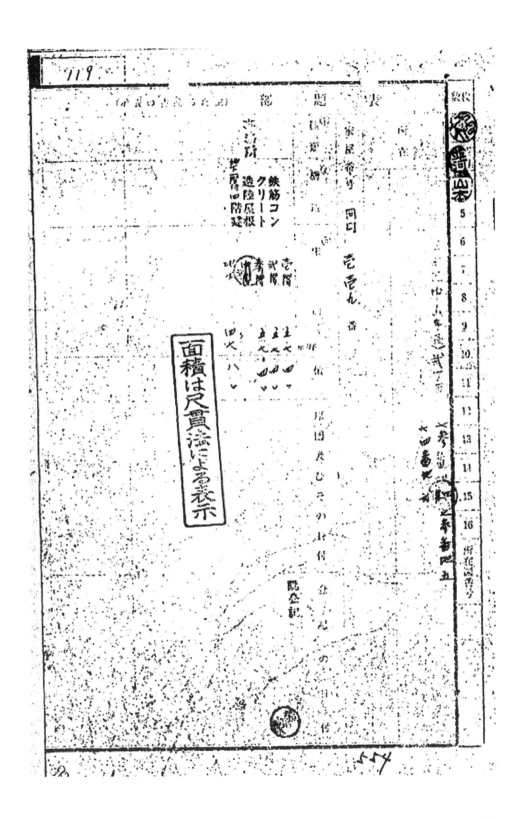

表題部

所有者
兵庫県信用農業協同組合連合会
東京都台東区上竹町一三五 株式会社台東ビル所有登記 昭和三五年一月二六日

39

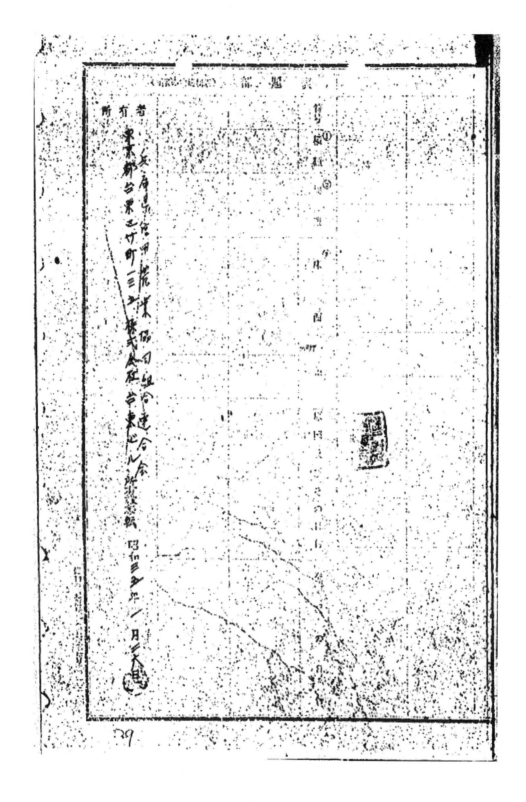

七

[illegible]番仮登記抹消

昭和四拾年八月壱八日受付

第壱八壱〇七号

原因　同月壱六日放棄

八

所有権移転

昭和四四年参月壱五日受付

第五参四五号

原因　同四弐年八月壱五日売買

所有者 [illegible] 山本[illegible]

[illegible]の西

[illegible]

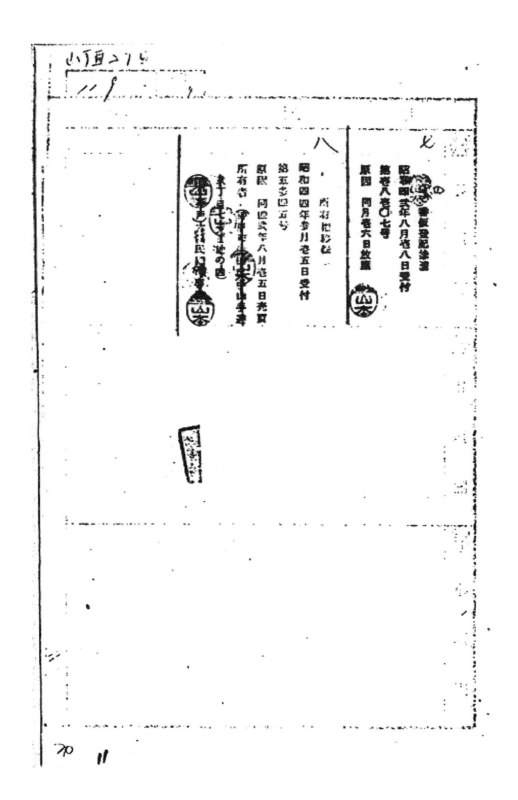

神戸市生田区中山手通二丁目三　略図

宅地112坪37
建延坪 235坪98

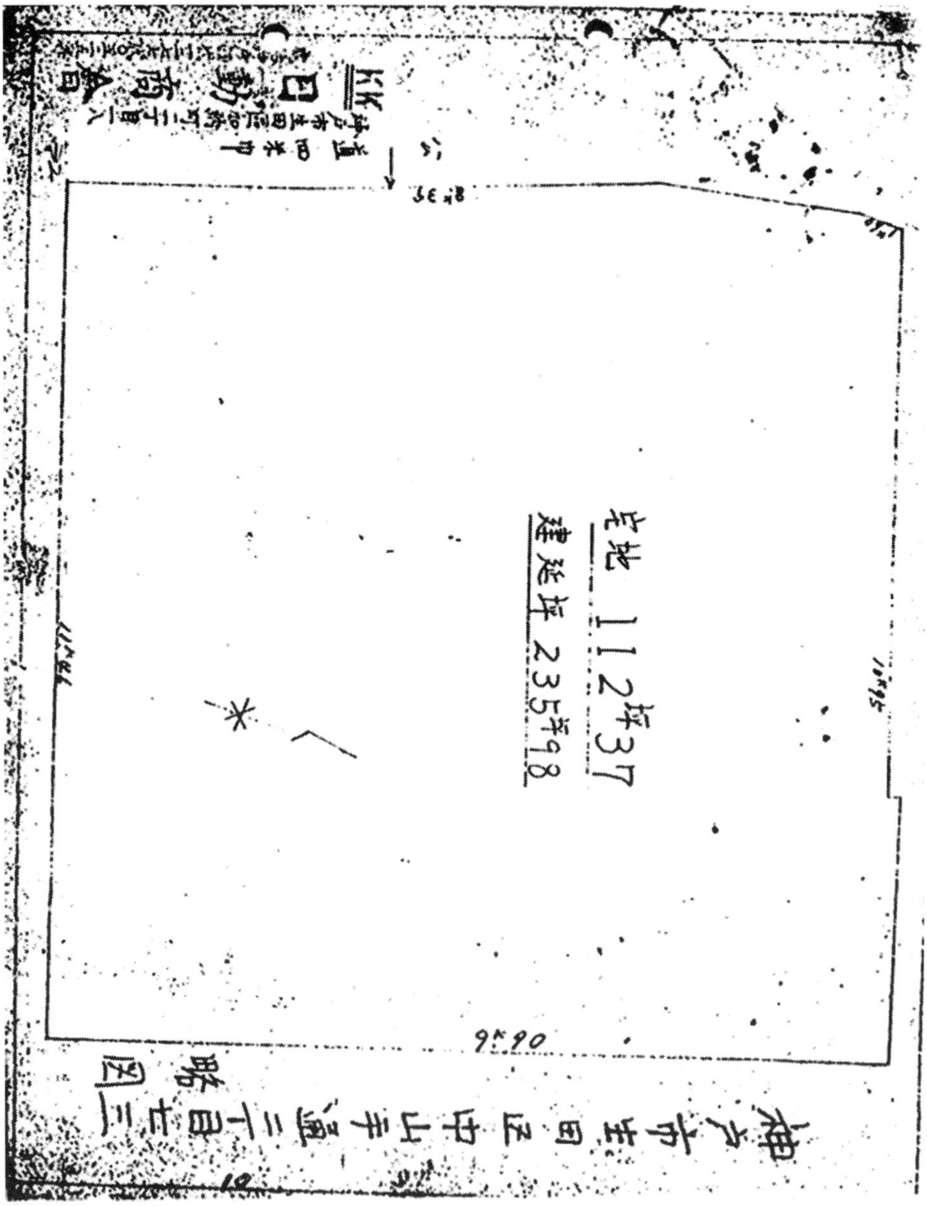

地階平面図(坪数四拾三坪四合八勺)

１．倉庫　２．食堂　３．裏篭室　４．客溜　５．ポンプ室　６．炊事室　７．便所

８．入水槽

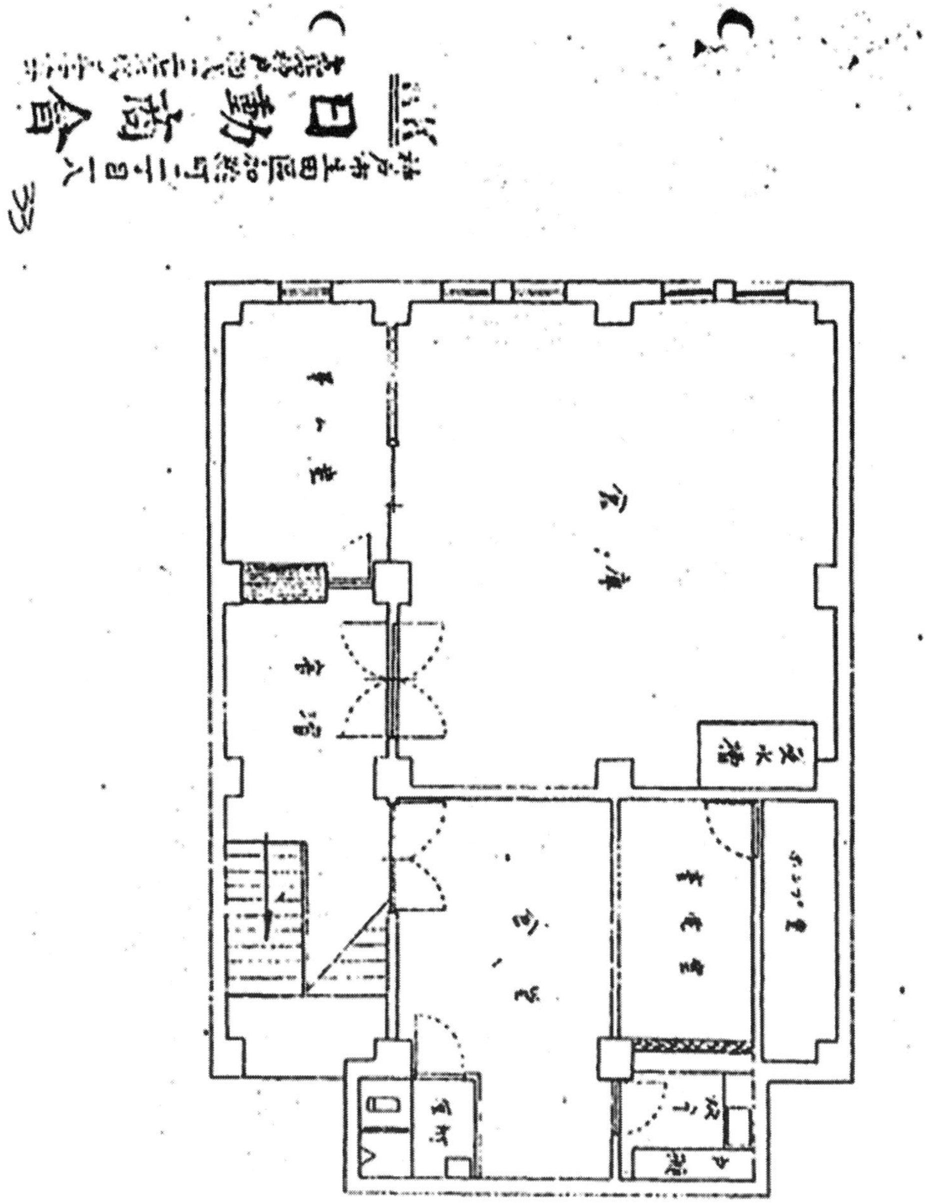

1階平面図(坪数六拾坪六合参勺)

１．営業室　２．金庫室　３．客溜　4．宿直室　5．湯沸室　6．便所　7．正面玄関シャッター付

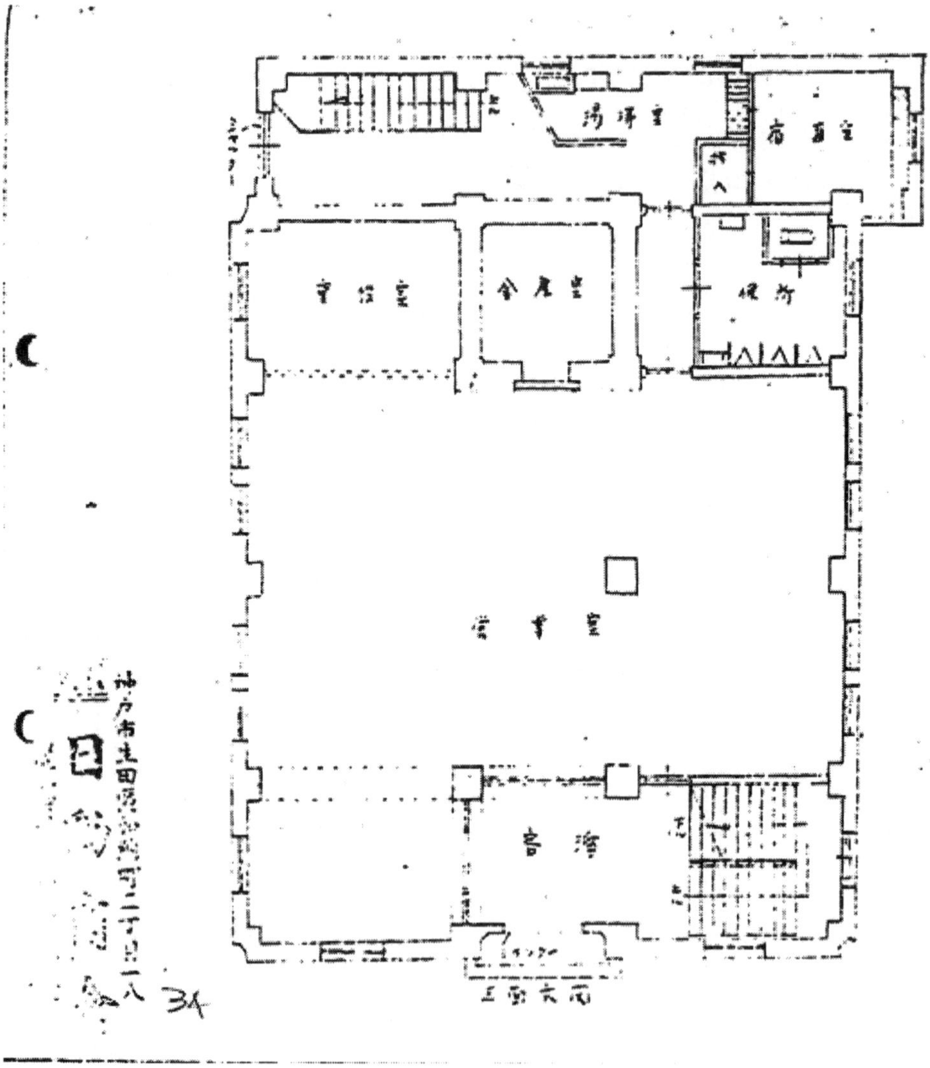

2階平面図(坪数六拾坪六合弐勺)

1．小会議室　2．事務室　3．電話交換室　4．客溜　5．寝室　6．浴室　7．便所

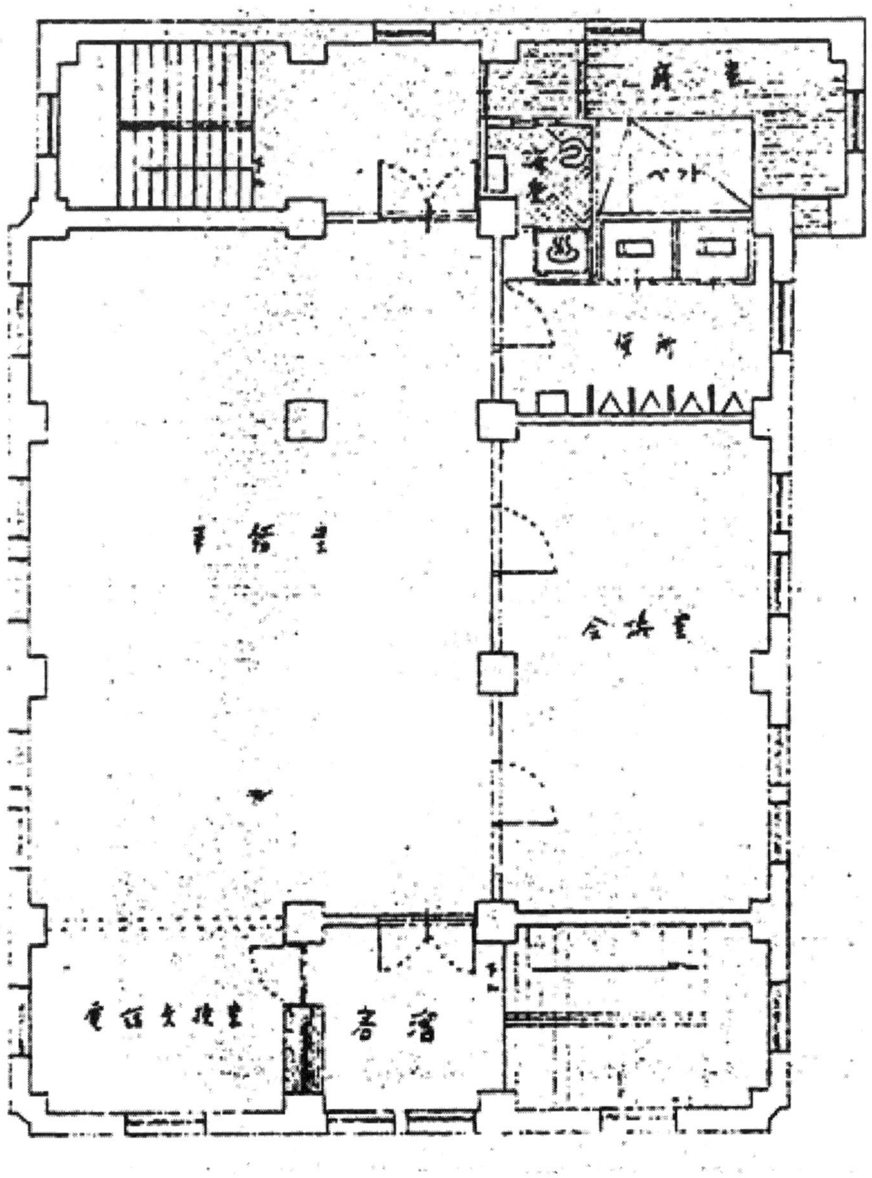

3階平面図(坪数六拾坪六合弐勺)

1．大会議室　2．控室　3．広間　4．便所　5．控室

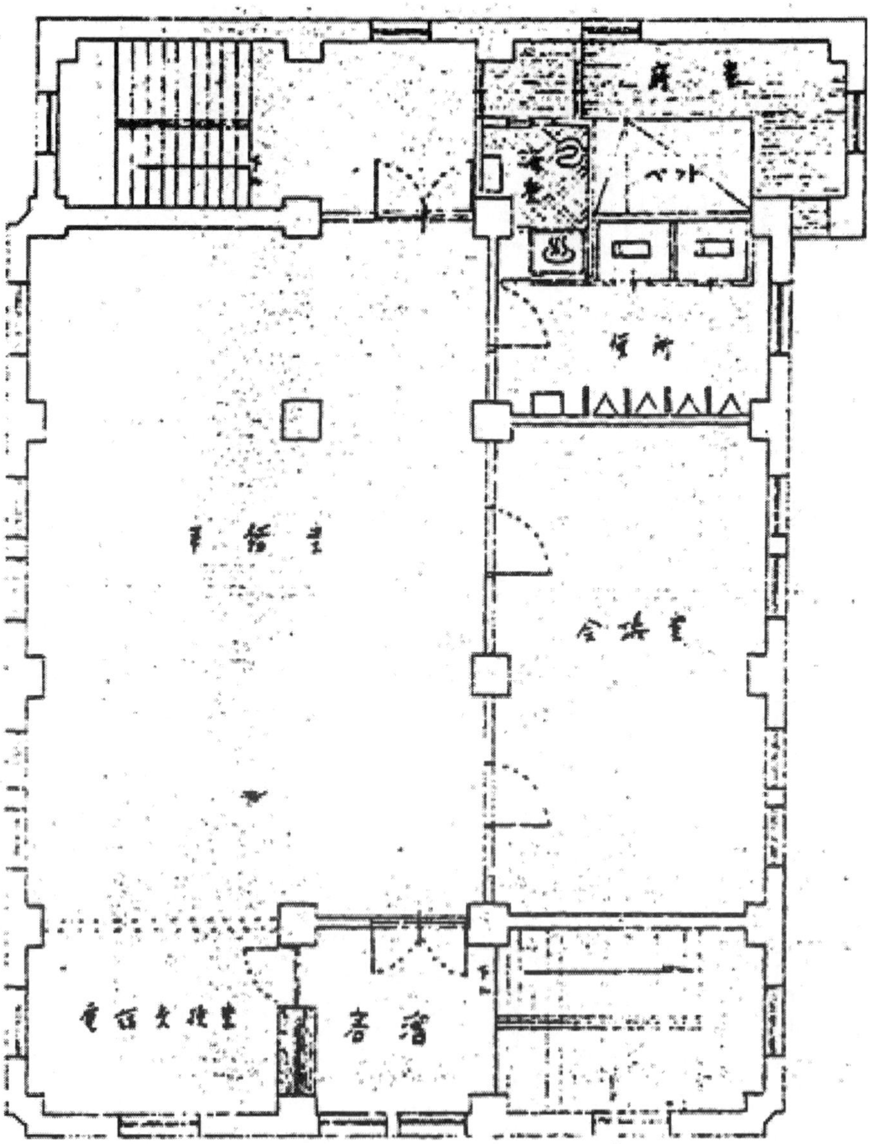

屋階平面図(拾坪六合弐勺)

1．屋上□□　2．屋上□□点□□室　3．物置

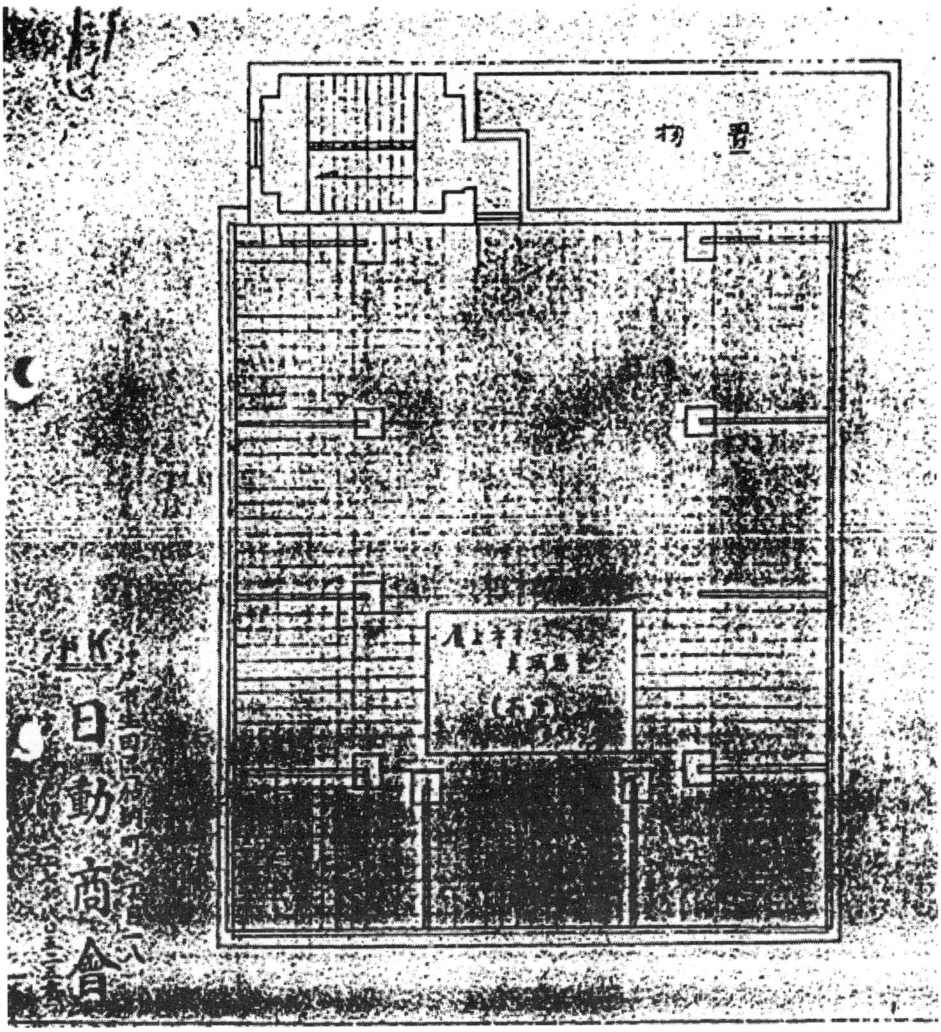

神戸生田区中山手通弐丁目七三番の四外二筆

仮換地実測図　縮尺1／200(間)

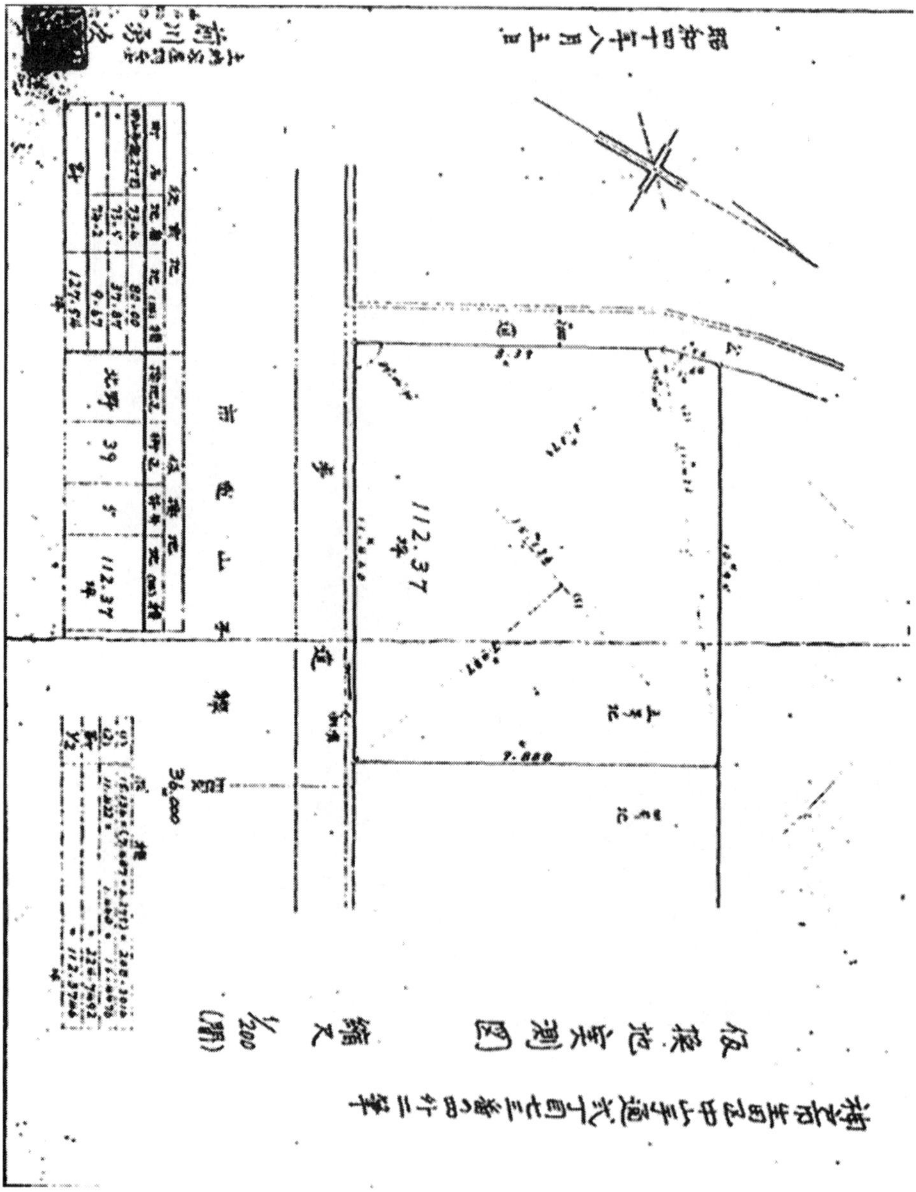

영주증철

1. 土地建物購入	45,000,000.—
2. 仲介手數料	900,000.—
3. 施設工事費	39,200,000.—
4. 改修工事費	5,364,800.—
5. 커-텐등 取付□	220,600.—
6. 備品	1,329,400.—
合計	¥56,834,800.—

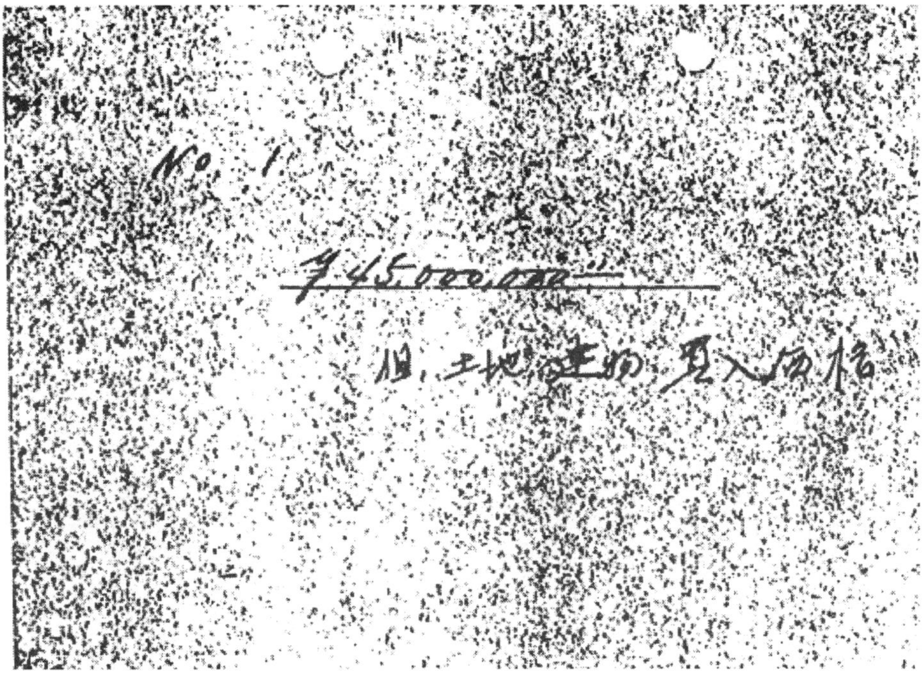
No. 1

¥45,000,000.—

但, 土地建物 買入価格

第　号

証

金四千五百萬円也

但　神戸市生田区中山手通[illegible]丁目
（[illegible]）
一、宅地[illegible]
一、鉄筋コンクリート造陸屋根地下壱階[illegible]建事務所
[illegible]

¥45,000,000.-

右正に領收いたしました

昭和四十二年　月十六日

東京都台東区台東四丁目二十九番十四号
株式会社台東ビル
代表取締役[illegible]

駐神戸大韓民国領事館
領事　李源進　様

No2.

¥900,000.-

但、不動産仲介手数料

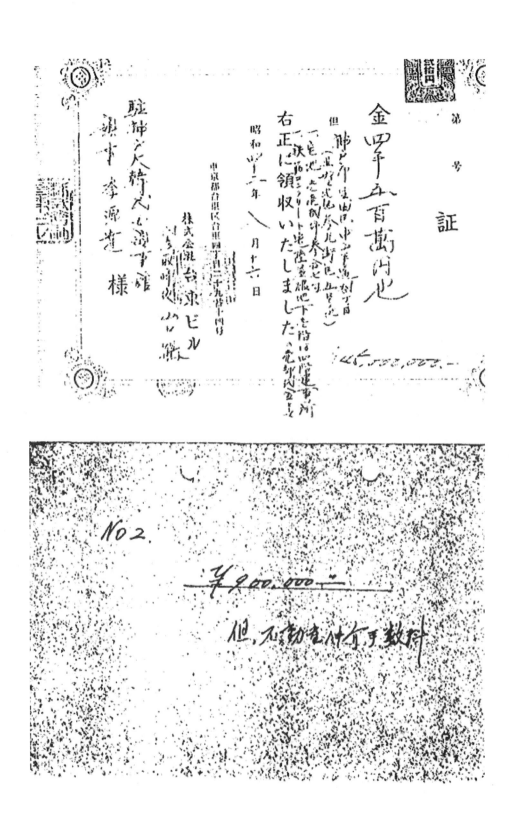

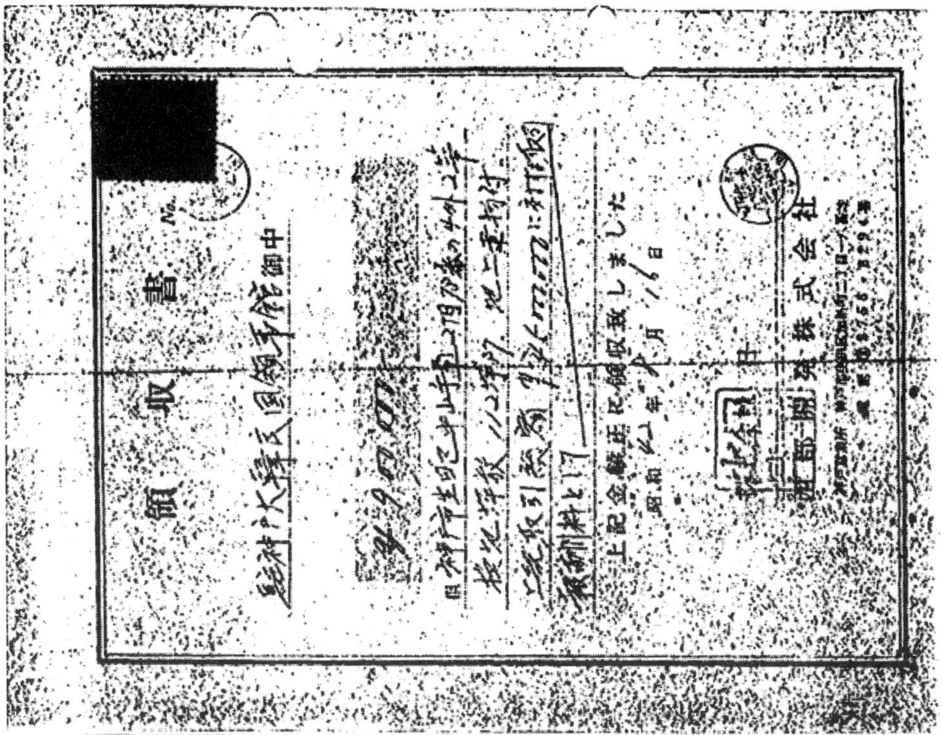

領 収 書

No. [redacted]

駐神戸大韓民国領事館 御中

但 神戸市生田区中山手通

上記金額正に領収致しました

昭和 年 月 日

開発株式会社

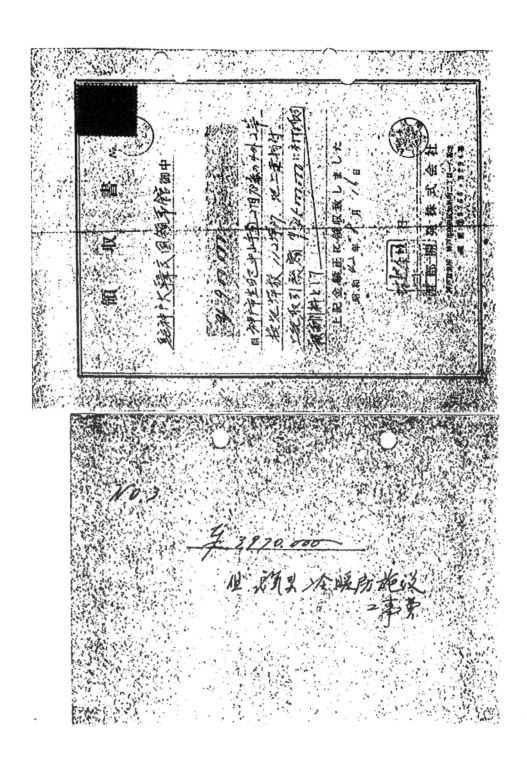

NO.3

¥3,970,000

但 … 暖房施設 工事費

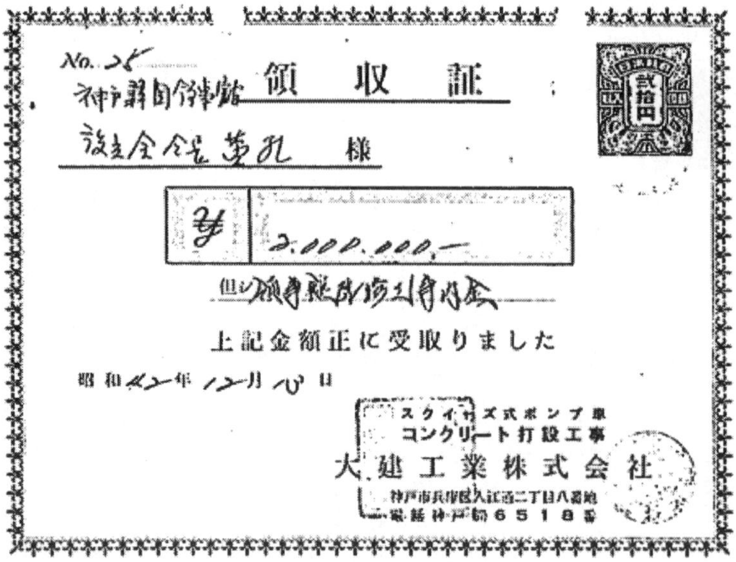

No. 25

神戸韓国領事館 領 収 証

[illegible] 様

¥ 2,000,000.—

但し [illegible]

上記金額正に受取りました

昭和42年12月10日

スクイサズ式ポンプ車
コンクリート打設工事
大建工業株式会社
神戸市兵庫区入江通二丁目八番地
電話 神戸 6518番

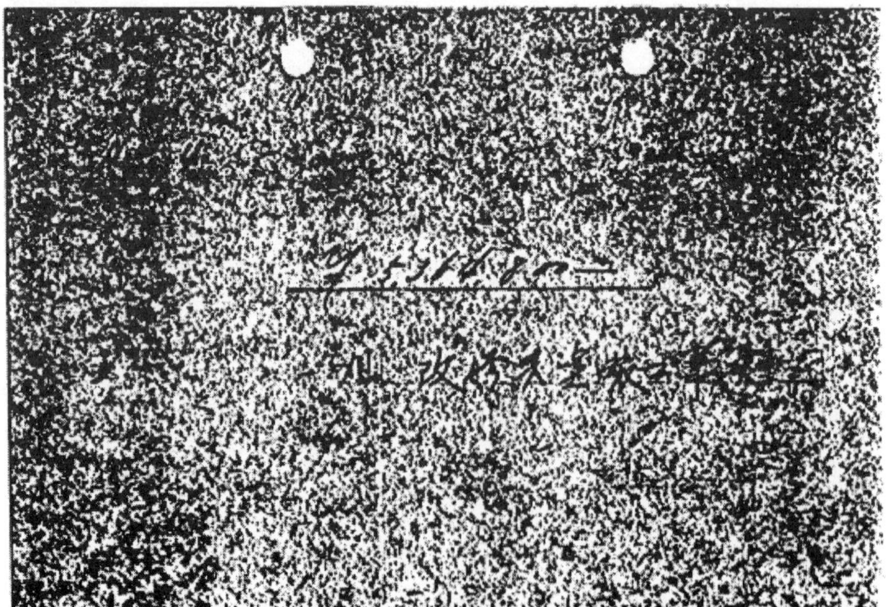

No.

領　収　証

駐神戸韓国
領事館設立後援会 様

¥	2,950,000-

但シ 工事代金

上記金額正に受取りました

昭和43年3月25日

スクイーズ式ポンプ車
コンクリート打設工事
大建工業株式会社
神戸市兵庫区入江通二丁目八番地
電話 神戸 ⑹ 6518番

No.

領　収　証

駐神戸韓国領事館設立後援会 殿

¥	315,000.-

但シ 改修塗装工事追加分

上記金額正に受取りました

昭和43年6月14日

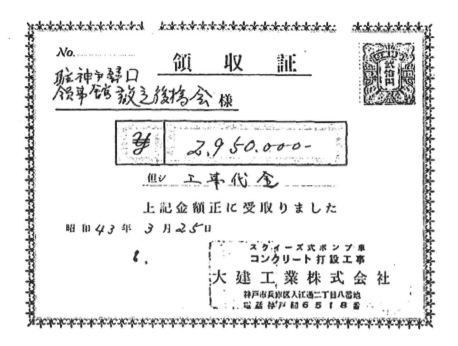

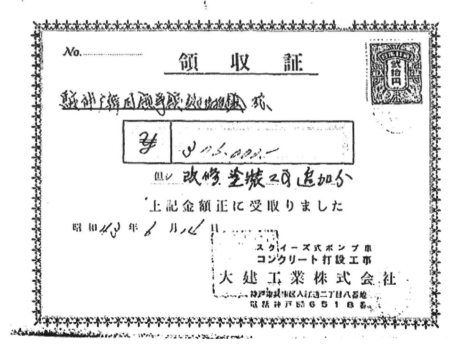

スクイーズ式ポンプ車
コンクリート打設工事
大建工業株式会社
神戸市兵庫区入江通二丁目八番地
電話 神戸 ⑹ 6518番

④

No. ....

領 収 証

弐拾円

駐神戸韓国領事館様

¥ 20,000—

但し 車庫前歩道一部改造工事

上記金額正に受取りました

昭和40年8月31日

スクイーズ式ポンプ車
コンクリート打設工事
大建工業株式会社
神戸市兵庫区入江通二丁目八番地
電話神戸(6)6518番

---

⑦

証

弐拾円

金 弐萬八阡八百円也

¥28,800—

但 韓国領事官事務所

出入口取付工事

右正に領収いたしました

47年12月30日

神戸市葺合区八雲通6丁目2の2
中村工務店
電話(23)0796番

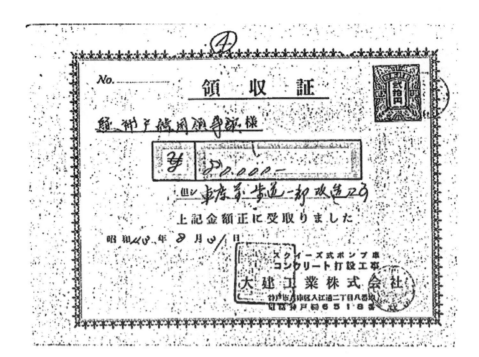

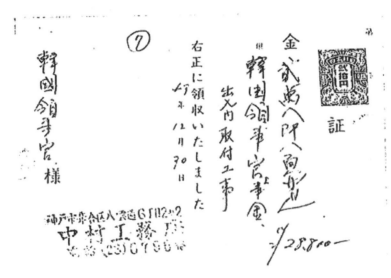

韓国領事官様

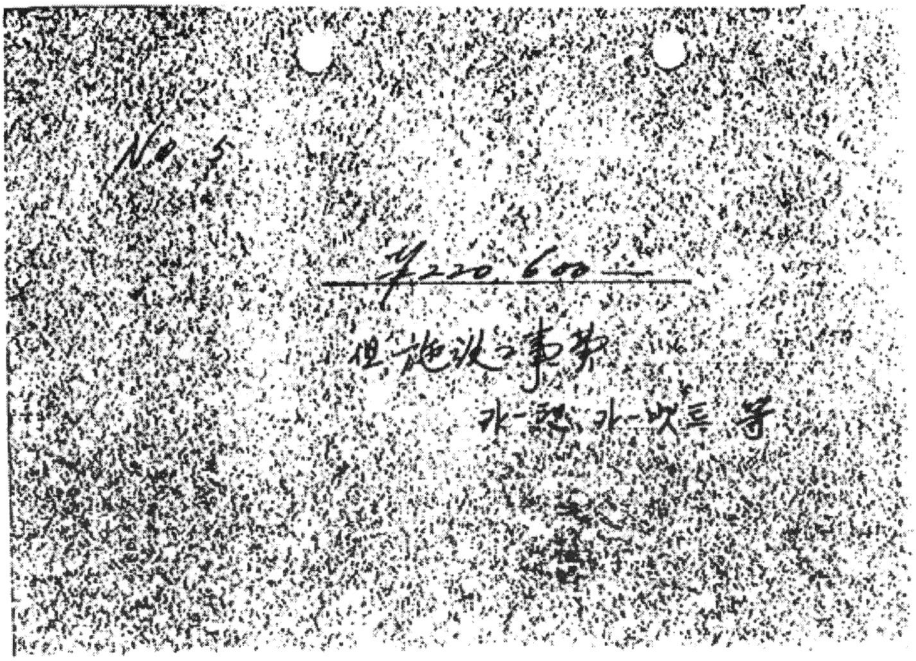
No. 5

¥220,600

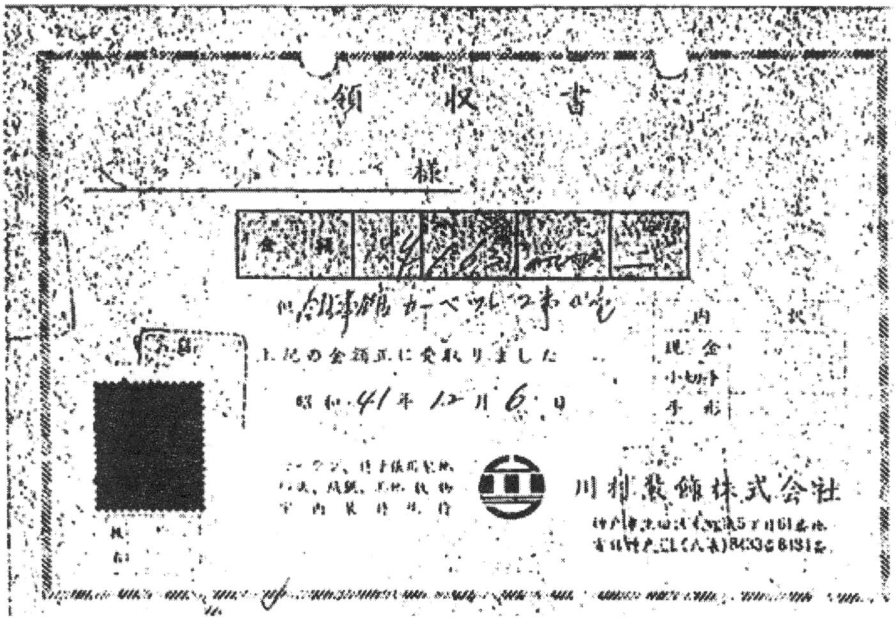
領 収 書

様

金 額

上記の金額正に受取りました

昭和 41年 12月 6日

内 訳

現 金

小切手

手 形

川村装飾株式会社

4. 협조전

분류기호 총외700-133
발신일자 1969.9.12.
발신명의 외환계장
수신 경리계장

주 나고야 영사관 건물 및 대지 확장 기부채납서를 별첨과 같이 통보합니다.

첨부: 1. 기증서 사본 각1통
　　 2. 등기촉탁서 사본 각1통
　　 3. 등기문서 각1통. 끝.

첨부-기증서

대한민국외무부장관 귀하

(대한민국 나고야 영사관 건설위원회)
대표 장영준
〃 정화희
〃 김인구
〃 강구□
〃 정환기

물건의 표시

	구	신
주소	名古屋市東区東大津根1丁目8番地	
택지	*335.00평방 미-타 (101평 4홉 9작: 매매계약서 참조)	335.00평방 미-타 *68.00평방 미-타 403 평방 미-타
건물	본관: 167.60평방 미-타 사용불능 일본가옥:108.88 평방 미-타	(1) 본관: 철근 2층 293.01 평방 미타 1층: 182.33 평방 미-타 2층: 111.48 평방 미-타 (2) 사용불능 일본가옥은 철거하고 정원 일부로 사용하고 있어 현재는 없음

(3) 신설부속건물: 175.86평방
1층: 87.93평방 마-타(차고 및 사무실)
2층: 87.93평방 미-타(사무실)
중 철골 건물

상기 물건인 주나고야 대한민국 영사관 건물 및 대지를 위와 같이 확대한 것을 대한민국 정부에 기증합니다.

1968년9월 1일

* 1966년 12월 20일 당 위원회가 대한민국 정부에 기증한 물건표시 중 택지 210평방 미-타는 숫자착오로서 335.00평방 미-타이옵기 정정합니다.

* 69.00평방 미-타에 대한 □□서: 영사관 건물 중 부속건물을 신축하며 또한 후정일부로 사용하고저 인접된 시 소유토지(동 토지까지 포함되어 구입한 영사관 건물 택지가 1택지으로 되어 있음) 68.00평방 미-타를 나고야시에 의뢰, 나고야 시의회에서 이를 가결하야 별첨서류와 같이 불하를 받었으나 동 장소가 구획정리 지대의 1부로 되어있는 관계상 이를 영사관 소유명의까지는 구획정비가 끝나는 약1년까지는 명의 변경이 될 수가 없고 사실상의 소유 인사용허가서를 시에서 받아 동 대지를 이용하야 영사관 부속건물을 신축한 것이며 따라 동 68.00평방 미-타가 구획정비가 끝날 시에는 직시 이를 완전 소유가 된 등기등본을 제출할 것입니다. 따라 영사관의 실재 소유대지는 403.00평방 미-타임. 또한 영사관 건물을 구입하였을 시 □대지 335.00 평방 미-타라는 소재 지대가 도로면에 접한 토지는 전부 □□시에서 이를 무상 징수(약10% 정도)를 하였으며 이러한 인접일대와 시에 징수된 등기상의 정정이 아직 되어 있지를 못하야 등기상의 숫자는 약 10.00%가 추가된(43.27 평방 미-타) 378.27평방 미-타로 되어 있어 여기에 추가매입한 68.00평방 미-타를 포함하면 446.27평방 미-타로서 등기에 기재되어 있는 숫자와 동일하게 될 것이나 이 43.27평방 미-타는 약1년정도로 인접지대 전체의 기록이 삭제된 것으로 정정될 것임으로 보고 있읍니다. 따라 실제 영사관의 택지는 전기한 바와 같이 403.00평방 미-타입니다.

2. 기부자의 주소, 성명 또는 명칭: 대한민국 나고야 영사관 건설위원회로 되어 있으며 대표자 5명이 이를 대표하야 날인한 것입니다.

3. 기부의 목적: 이미 대만한국 정부에 기부한 나고야 대한민국 영사관건물 및 대지의 확대를 하고 이를 완전된 등기된 것을 재차 정부에 기하고저 하는 것입니다.

4. 가격: 영사관 건물 확장지 택지 확장: 약 1,400만(일본화)원

5. 도면 첨부

이상을 입증하야 대표들이 날인합니다.

대표 장영준 대표 정환화

대표 김인구 대표 강구도

대표 정환기. 끝.

登記囑託書

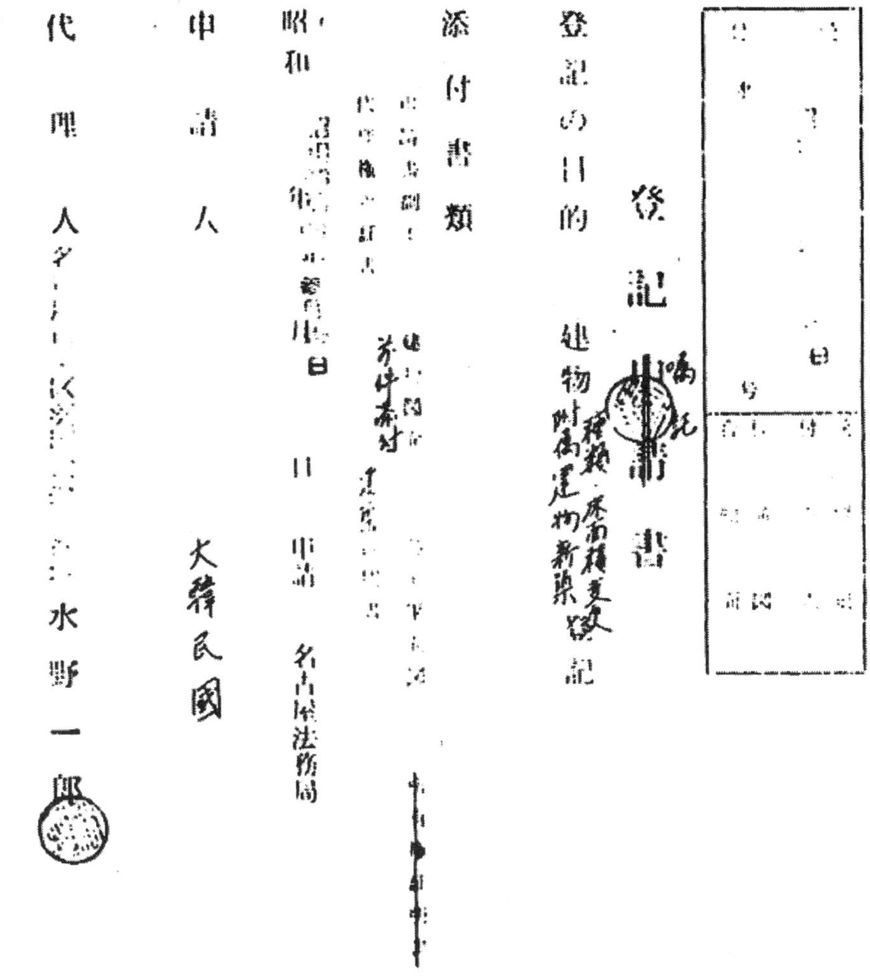

登記囑託書

登記の目的　建物 附属建物新築 種類 床面積 変更 登記

添付書類

昭和　年　月　日　申請　名古屋法務局

申請人　大韓民國

代理人　水野一郎

建 表 示

名古屋市東区東大曽根町南壱丁目八番地の壱

換地 名古屋市東部聖二区、弐参ブロック予定地番壱番

仮換地

八の壱

登記済

主 居宅 鉄筋コンクリート造 陸屋根弐階建 壱階 八四〇〇 弐階 八参六〇

①② 昭和四参年壱月壱日

附(1) 領事館 壱階 壱八弐 参参 ①の種類変更

弐階 壱壱壱四八 昭和四参年九月壱日増築

鉄骨造亜鉛メッキ 壱階 八七 九参 昭和四参年九月壱日

車庫兼事務所 鋼板葺弐階建 弐階 八七 九参 新築

受託者 番

水野

517

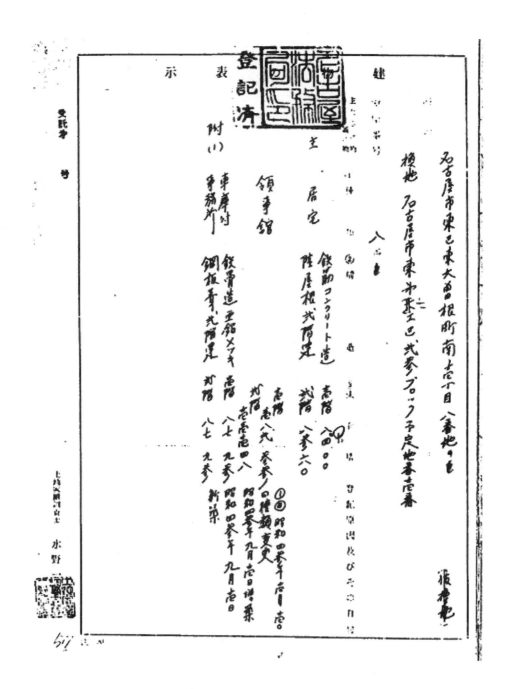

登記申請書

登記の目的　建物表示登記

添付書類

昭和　　年　　月　　日　　名古屋法務局

申請人　大韓民国

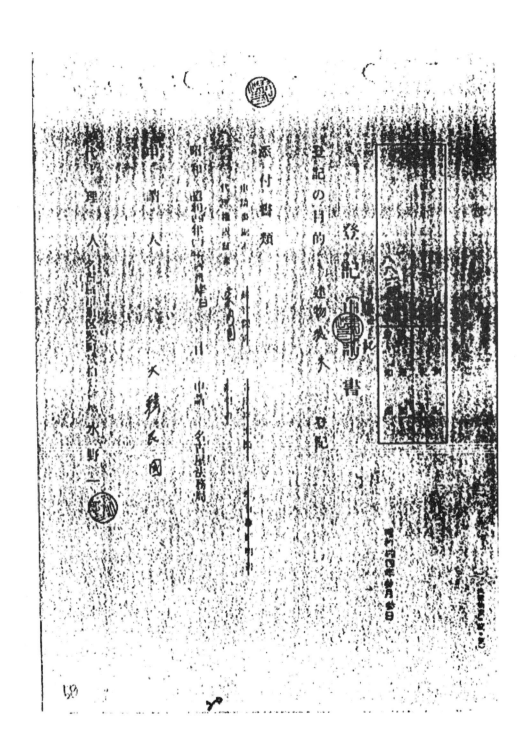

代理人　名古屋市　　区　　町　　水野

建物の表示

名古屋市東区[illegible]

家屋番号 [illegible]番

主たる建物又は附属建物	種類	構造	床面積	登記原因及びその日付
	居宅	木造瓦葺平家建	[illegible]	昭和[illegible]年[illegible]月[illegible]日
附(1)	居宅	木造瓦葺平家建	[illegible]	昭和[illegible]年[illegible]月[illegible]日
附(2)	物置	木造瓦葺平家建	[illegible]	[illegible]

登記済

受託第[illegible]号

土地家屋調査士 水野[illegible]

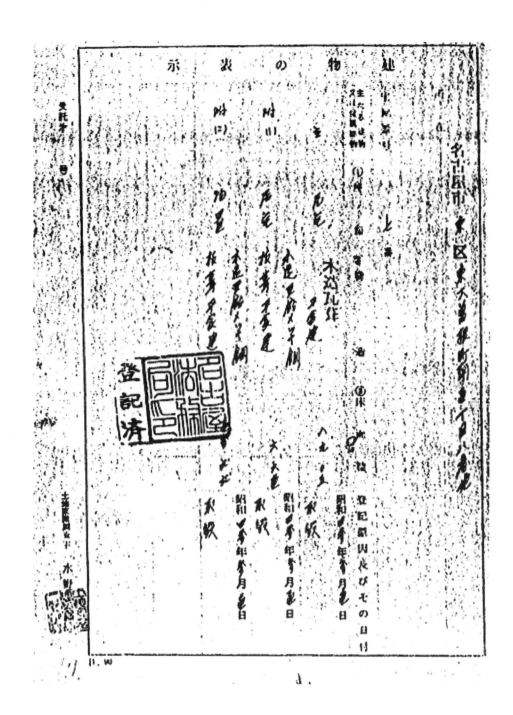

8-1

表題部（主たる建物の表示）

所在	家屋番号	①種類	②構造	③床面積 ㎡	原因及びその日付	登記の日付
名古屋市東区東大曽根町南壱丁目八番地						
名古屋市東区東大曽根町南壱丁目八番地壱	八番ノ壱	居宅	鉄筋コンクリート造陸屋根弐階建	壱階 八四・〇〇 弐階 八〇・六六	昭和弐拾七年八月弐拾七日新築	昭和弐拾九年壱月弐拾四日
換地 名古屋市東七工区九号ブロック仮換地壱番		領事館		壱階 壱八弐・弐四 弐階 壱壱壱・四八	②③昭和四拾四年九月壱日 昭和四拾四年壱月壱日変更増築	昭和四拾四年壱月拾日

1 2 3 4 5 6 7 8 9 10 11 12 13 14 15 所在図番号

表題部 ([illegible])			
所在 [illegible] 増田 [illegible]			番号
		事務所 平庫	①種類
		鉄骨鉄筋コンクリート造 陸屋根 弐階建	②構造
		壱階 八八七 九參	③床面積 m²
		弐階 八八七 九參	
		昭和四參年九月壱日新築	原因及びその日付
		昭和四四年拾月拾日	登記の日付

([illegible])

8-1　順位番号

甲区（所有権）

順位番号	事項欄
壱	所有権保存 昭和拾九年壱月拾弐日 受附第参四〇号 所有者 名古屋市東区東大曽根町南五丁目入番地 成一 右登記する
弐	所有権移転仮登記 昭和拾九年弐月拾五日 受付第参九四号 原因 昭和拾九年弐月拾五日代物弁済予約 停止条件付代物弁済 昭和拾九年弐月拾五日付停止条件付代物弁済契約に因り金弐万五千円の債権を弁済期日に弁済しないときは代物弁済として所有権を移転する 右権利者 名古屋市中区住吉町 株式会社
参	仮登記する 参番仮登記抹消 昭和四拾年四月弐六日 受付第五六六八号 原因 昭和四拾年四月弐日解除
四	所有権移転請求権仮登記 昭和四拾年四月弐六日 受付第五八八号 原因 昭和四拾年四月弐日代物弁済予約 権利者 名古屋市中村区亀島町壱丁目拾七番地 高橋燕之助

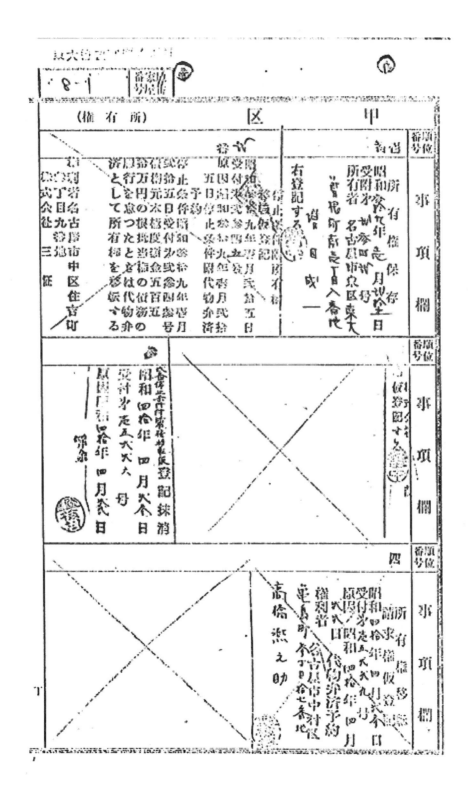

順位番号	事項欄	（所有権） 甲区
五	事項欄	所有権移転請求権仮登記 昭和四弐年六月弐参日受付 第五五六六号 原因 昭和四弐年弐月 日売買予約 権利者 大韓民国 所有権移転 昭和四参年壱月参〇日受付 第参五八〇号 原因 昭和四弐年壱弐月参〇日買収 所有者 大韓民国
六		四番仮登記抹消 昭和四五年弐月弐四日受付 第五五七〇七号 原因 昭和四壱年壱弐月弐〇日解除
	事項欄	
	事項欄	

不動産登記用紙（甲区）

8-1

（所有権以外の権利）　乙　区

順位番号	事項欄
壱	根抵当権設定 昭和拾九年四月弐拾五日 受付第[illegible]号 原因 昭和拾九年四月[illegible]日手形貸付契約[illegible] 極度額 金[illegible] 根抵当権者 名古屋市中区住吉町[illegible] 債務者 [illegible]株式会社 共同担保 [illegible] 右登記す
弐	壱番根抵当権抹消 昭和[illegible]年[illegible]月[illegible]日受付第[illegible]号 原因 [illegible] [illegible]
参	根抵当権設定 [illegible] 債務者 名古屋市[illegible] 共同担保 [illegible]
四	参番抵当権抹消 昭和四拾年四月弐拾日受付 原因 昭和四拾年四月弐拾[illegible]日 解除
五	根抵当権設定 昭和四拾[illegible]年[illegible]月[illegible]日 [illegible] 根抵当権者 名古屋市中村区[illegible] [illegible]
六	五番根抵当権抹消 昭和四拾[illegible]年[illegible]月[illegible]日受付 原因 [illegible] 解除

8-1

表題部（土地の表示）

所在	名古屋市東区東大曽根町南弐丁目		
①地番	八番	八番	
②地目	宅地		
③地積 ha 町 反 a 畝 ㎡ 歩（坪）	弐壱〇九〇	〇〇六六七	
原因及びその日付		①③ 八番、八番に分筆	
登記の日付		昭和□□年参月六日	

数枚
1
2
3
8
9
10
11
12
13
14
15
地図番号

66 16

8-1　家屋番号

（所有権）　区　甲

順位番号	事項欄
壱	増田成一持分 所有権移転請求権仮登記 昭和四弐年壱弐月参日受付 第四六七号 原因 昭和四弐年弐月…日 売買予約 権利者 大韓民国
弐	壱番仮登記抹消 昭和四弐年…月弐日受付 第五五七〇八号 原因 昭和四弐年…月弐〇日 解除
参	松本秋義持分 所有権移転 昭和四弐年…月…日 … 区
四	所有権移転 昭和四参年壱月参〇日受付 第参五七九号 原因 昭和四弐年壱弐月参〇日 売買 所有者 大韓民国
壱五	壱壱番仮登記抹消 昭和四四年参月四日受付 第九壱六六号 原因 昭和四弐年壱弐月参〇日 権利混同

東大阪市…丁目八…　増田成一　持分弐分の…

611　15

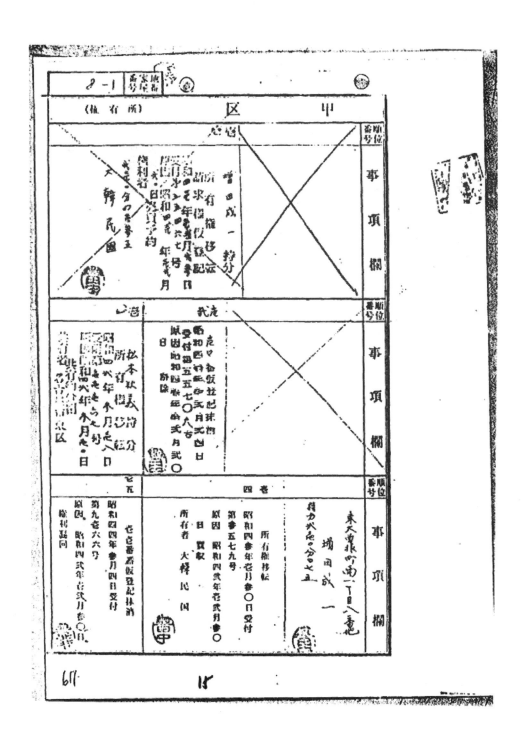

仮換地指定調書

土地所有者 住所氏名: 東区東大曽根町前1×8 大韓民国

借地権者 住所氏名:

	従前の宅地						仮換地				右の内借地権者の使用収益の出来る範囲		摘要
	区	町	字又は丁目	地番	地目	地積	工区	ブロック	番号	地積	符号	地積	
[illegible]	東	東大曽根	前1	8-1	宅地	446.27 m²	東7	23	1	335.10 m²			
[illegible]	東	東大曽根	前1	8-1	宅地	446.27	東7	23	1	403.10			
											[illegible]		

名古屋市

甲

66

10

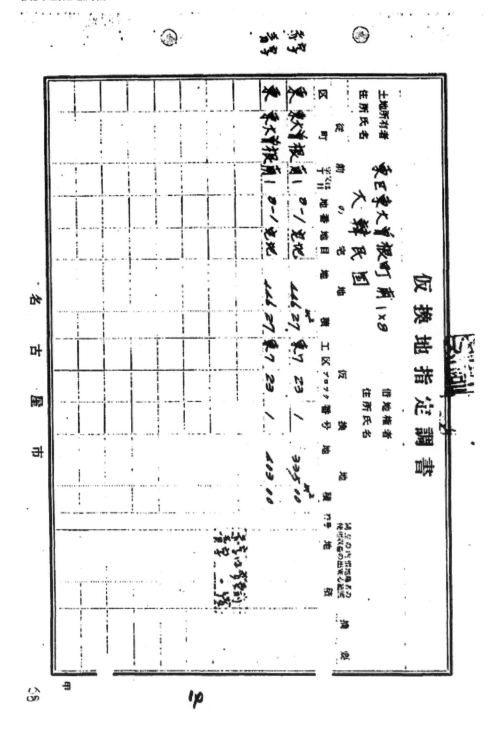

仮換地指定証明書

昭和44年2月22日

名古屋市長　杉戸清殿

証明申請者

住所　名古屋市東区□□□1番地

氏名　水野一郎　印

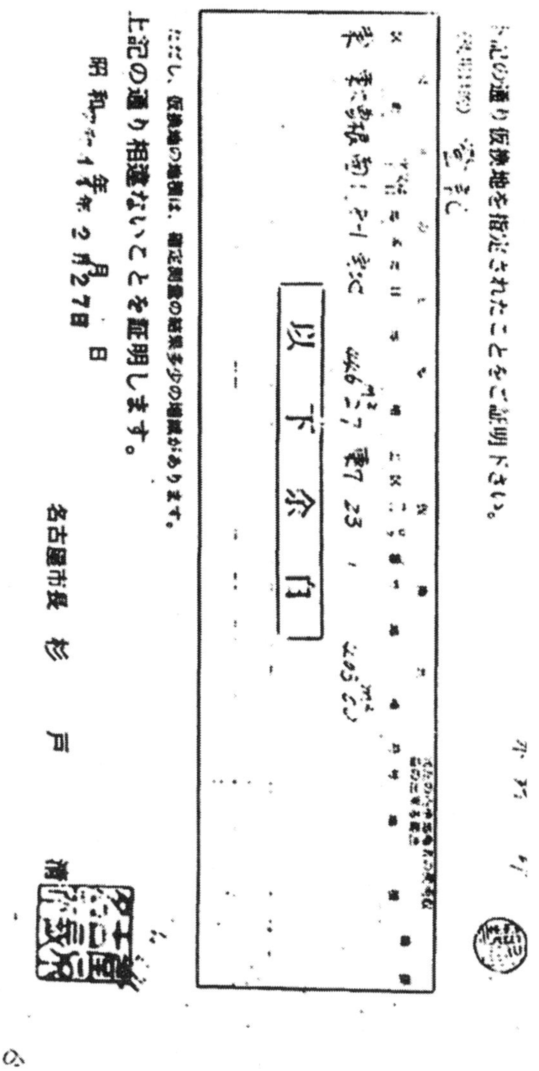
下記の通り仮換地を指定されたことをご証明下さい。

以下余白

ただし、仮換地の地積は、確定測量の結果多少の増減があります。

上記の通り相違ないことを証明します。

昭和44年2月27日

名古屋市長　杉　戸　清

小計 651萬円

金炯贊	500.000	三重縣四日市市泊村
朴洪鉉	1.000.000	三重縣桑名市駅元町
尹泰明	500.000	名古屋市熱田区中田町
李殷植	500.000	愛知縣刈谷市
趙顯卜	500.000	愛知縣春日井市八事町
金基洙	500.000	名古屋市中村区大久手町
孫潤壽	500.000	愛知縣碧南市
金[illegible]	200.000	愛知縣岡崎市伊賀町
崔正龍	200.000	〃 〃 井田町
吳泰	200.000	〃 〃 戸崎町
金容祚	100.000	〃 〃 鴨田町
朴永魯	50.000	〃 〃 伊賀町
金慶基	50.000	〃 〃 大西町
李進根	50.000	〃 〃 百足町
李鍾明	50.000	〃 岡崎市
金述壽	50.000	〃 〃 伊賀町
金花[illegible]	50.000	〃 岡崎市
金宗煥	30.000	〃 〃
車演世	30.000	〃 〃 鴨田町
柳進烈	350.000	〃 〃 明大寺町
李[illegible]	100.000	〃 〃 根屋町
洪在守	50.000	〃 岡崎市
南桂祐	50.000	〃 〃 桂町
李鄒植	300.000	三重縣桑名市明正通
崔判秀	300.000	〃 四日市市浜一色
鄭仁楫	300.000	〃 〃 諏訪榮町
170	✓	小計 651万円

小計 196萬円

姜在達	300,000	三重縣 三重郡 菰野町
李德雨	300,000	〃 伊勢市 曽根町
朴成一	100,000	愛知縣 豊橋市 東郷町
朴元熙	100,000	〃 〃 八通町
朴鳳伊	100,000	〃 〃 南栄町
石度壽[illegible]	100,000	〃 〃 [illegible]田町
張[illegible]出	100,000	〃 〃 前田南町
李鍾[illegible]	50,000	〃 〃 小池町
文鍾[illegible]	20,000	〃 〃 向山町
趙[illegible][illegible]	10,000	〃 〃 池見町
崔鍾[illegible]	100,000	名古屋市 中村区 則武町
崔在[illegible]	100,000	〃 〃 竹橋町
潘在[illegible]	100,000	〃 〃 牧野町
金[illegible]城	50,000	〃 〃 中島町
卞[illegible][illegible]	30,000円	〃 〃 烏森町
李[illegible][illegible]	300,000	名古屋市 北区 上飯田町
金金世	30,000	愛知縣 瀬戸市 品野町
金[illegible]鳳	10,000	〃 〃 南山町
金[illegible]正	10,000	〃 〃 ~~西追分~~
朴[illegible][illegible]	20,000	〃 〃 西追分町
朴[illegible][illegible]	10,000	〃 杉塚町
薛[illegible]看	20,000	〃 〃 道泉町

111 | 11 | 小計 191万円 | 2

小計 90萬円

成敬春	20,000	愛知県瀬戸市西孫田町
沈相奎	30,000	〃 〃 大字幸野
李起星	30,000	〃 〃 追分町
李鍾秀	20,000	〃 〃 北山町
李鍾浩	10,000	〃 〃 平町
李沫光	10,000	〃 〃 共栄町
申松局	30,000	〃 〃 川合町
梁周永	30,000	愛知県東春日井郡旭町
梁會鎮	10,000	〃 瀬戸市宗町
梁在洙	30,000	〃 〃 北脇町
劉鐘淳	20,000	〃 〃 〃
尹泰慶	30,000	〃 〃 東古瀬戸町
張貞敎	10,000	〃 〃 上本町
鄭良根	30,000	〃 〃 萩殿町
趙南吉	30,000	〃 〃 陶原町
趙秉岩	10,000	〃 〃 寺本町
崔永泰	30,000	〃 〃 上水野町
姜永稷	20,000	
河点述	300,000	岐阜県 ~~岐阜市吉津町~~ 多治見市本町
趙洪奎	100,000	〃 岐阜市吉津町
金炳圭	50,000	〃 〃 安良町
姜尚文	50,000	〃 〃 栄町 5

1(2) 1 小計 90万円 3

小計 54萬円

尹鳳鉉	50,000	岐阜市鏡島
李洙學	30,000	〃 早田北道堤外
权昌周	30,000	〃 上川手
宋基福	30,000	〃 六條大橋
岐阜商銀	30,000	岐阜市
金自善	20,000	〃 鷺田町8
崔寶鳳	10,000	〃 加納水野町
黃蘭仙	10,000	〃 長森藏前
李茂淵	10,000	〃 久屋町
安鍾燁	10,000	〃 加納黑木町
尹奇錫	10,000	〃 鷺田町
朱基生	50,000	岐阜縣高山市名田町
徐正大	50,000	〃 〃 森下町
林甲生	20,000	〃 〃 〃
林鍾達	10,000	〃 各務原市那加西野
李茂吉	30,000	〃 吉城郡神岡町
姜仁福	20,000	〃 〃
大垣支部	30,000	〃 大垣市内
崔永五	50,000	〃 大垣市高屋町
崔永煥	20,000	〃 〃
姜順興	10,000	〃 高橋町
牛奉天	10,000	〃 岐阜市神樂町

173 小計 54万円 4

小計 169萬円

曺万衡	5000円	岐阜市早田山穴町
金化述	30.000	岐阜県多治見市笠原町
趙贊奎	10.000	
金奉煥	300.000	愛知県西尾市 法光寺町
李宗甲	200.000	名古屋市 熱田区 城山町
權命春	100.000	
金萬洙	100.000	愛知県西尾市
宋伊德	100.000	名古屋市中村区 椿町
金龍煥	100.000	愛知県 岡崎市 伊賀町
權寧俊	100.000	〃 瀬戸市 東十三塚
姜秀根	100.000	名古屋市中村区本町
張永駿	100.000	名古屋市西区児田町
卞絢燮	100.000	愛知県一宮市 塚越町
鄭仁祐	130.000	三重県 四日市市 諏訪町
林貞秀	130.000	三重県 上野市
孫分先	5000	岐阜市長森町
尹鍾武	10.000	岐阜県 恵那市
崔聖來	20.000	岐阜市岩田坂
吳渭永	10.000	岐阜市日本町
李壽元	10.000	〃 西鶴屋町
金萬生	20.000	岐阜県恵那市
宋基福	10.000	岐阜市六條大樋

114　　8　　小計 169万円　　45

小計 66萬円

金永根	20,000	岐阜県関市
朴炳朱	30,000	〃 美濃市
権昌周	10,000	〃 岐阜市上川手
金千石	20,000	〃 関市
金壽坤	10,000	〃 恵那市
河泰述	10,000	岐阜県中津川市
李庸黙	10,000	岐阜県中津川市
李茂吉	100,000	岐阜県恵那市
孫潤壽	100,000	愛知県碧南市
金允鎬	100,000	名古屋市東区 東外堀町
金学秀	50,000	石川県小松市
裵永石	30,000	石川県石川郡根上町
薛文傑	30,000	石川県金沢市
金大浩	20,000	石川県小松市
金瑛元	20,000	石川県加賀市
李鵬渡	20,000	石川県小松市
韓炳地	20,000	〃 加賀市
安相範	20,000	〃 石川郡根上町
黄鶴洪	10,000	〃 〃
高在湖	10,000	石川県石川郡鶴来町
林守根	10,000	〃 七尾市
成大竜	10,000	〃 金沢市

小計 123萬円

金來焌	10.000	石川県 珠洲市
沈聖燁	10.000	〃 七尾市
孫啓東	10.000	石川県 金沢市
石川県地方本部	20.000	石川県 金沢市
富山県〃	100.000	富山県 富山市
福井商銀	30.000	福井県 福井市
金三益	150.000	〃 福井市
李鍾濱	20.000	〃 〃
朴三熙	200.000	〃 敦賀市
崔南燦	100.000	愛知県 豊橋市 東脇町
林鳳伊	100.000	〃 〃 南栄町
姜来武	50.000	名古屋市中村区 椿町
朴元熙	50.000	愛知県 豊橋市 八通町
金錫昊	50.000	名古屋市 中村区 柳橋町
沈相奎	20.000	愛知県 瀬戸市 大字
尹松局	20.000	〃 〃 川合町
李起星	20.000	〃 〃 追分町
梁周永	20.000	愛知県 東春日井郡 旭町
金興永	100.000	
李相文	50.000	富山県 富山市
姜性七	50.000	名古屋市中村区[illegible]町
金奎錫	50.000	

小計 240萬円

权奎世	50.000	名古屋市中村区大日町
朴中鳳	30.000	〃 中村区鷹羽町
徐熙根	20.000	名古屋市熱田区三本松町
姜信石	100.000	名古屋市中村区椿町
李[illegible]	300.000	名古屋市中区新栄町
金允坤	200.000	〃 北区東大曽根町
鄭煥[illegible]	200.000	〃 瑞穂区堀田通
金[illegible]	100.000	〃 中村区西柳町
金基徹	100.000	〃 千種区大久手町
鄭煥[illegible]	100.000	〃 中村区本町
李福洙	100.000	〃 中川区二女子町
金甲洙	100.000	〃 中村区堀内町
崔鍾玉	100.000	〃 中村区椿町
崔昌燮	100.000	〃 北区東大曽根
劉載生	100.000	〃 中村区椿町
鄭弘植	100.000	〃 港区丸池町
白南斗	100.000	愛知県一宮市神場町
郭錫源	100 000	名古屋市中村区椿町
徐相録	100,000	〃 千種区大久手
金允坤	100.000	〃 北区東大曽根町
高命龍	100.000	〃 中川区尾頭橋町
姜永道	100.000	名古屋市中村区泥江町

小計 93萬円 以外5000円未満合計 49.700円를
總計:1686萬7200円

趙熙[illegible]	100.000	愛知県春日井市八事町
具泰		〃 岡崎市[illegible]町
柳道熙		〃 〃 明大寺町
金[illegible]		〃 〃 鴨田町
金述寿		〃 〃 伊賀町
李泰[illegible]	500.000円	〃 〃 矢町藪下9
李達根	合額 [illegible]	〃 〃 百足町
崔正竜		〃 〃 [illegible]町
南性[illegible]		〃 〃 桂町
李永求		〃 〃 井田町東荒子210
李寅世		〃 〃 鴨田町
李[illegible]		〃 〃 板屋町
朴[illegible]		〃 〃 矢作町字加護畑
金[illegible]		〃 〃 大西町
呉[illegible]	100.000	愛知県蒲郡市三谷町
郭[illegible]	100.000	岐阜県[illegible]郡[illegible]町
黄[illegible]	10.000	〃 〃 多治見市[illegible]田町
朴守寿	20.000	〃 〃 〃 [illegible]町
金永[illegible]	100.000	名古屋市中川区[illegible]町
		小計 93万円 以外5000円未満合計 49.700円を 합치면

118 × 總計: 1686万7200円 89

建物圖面

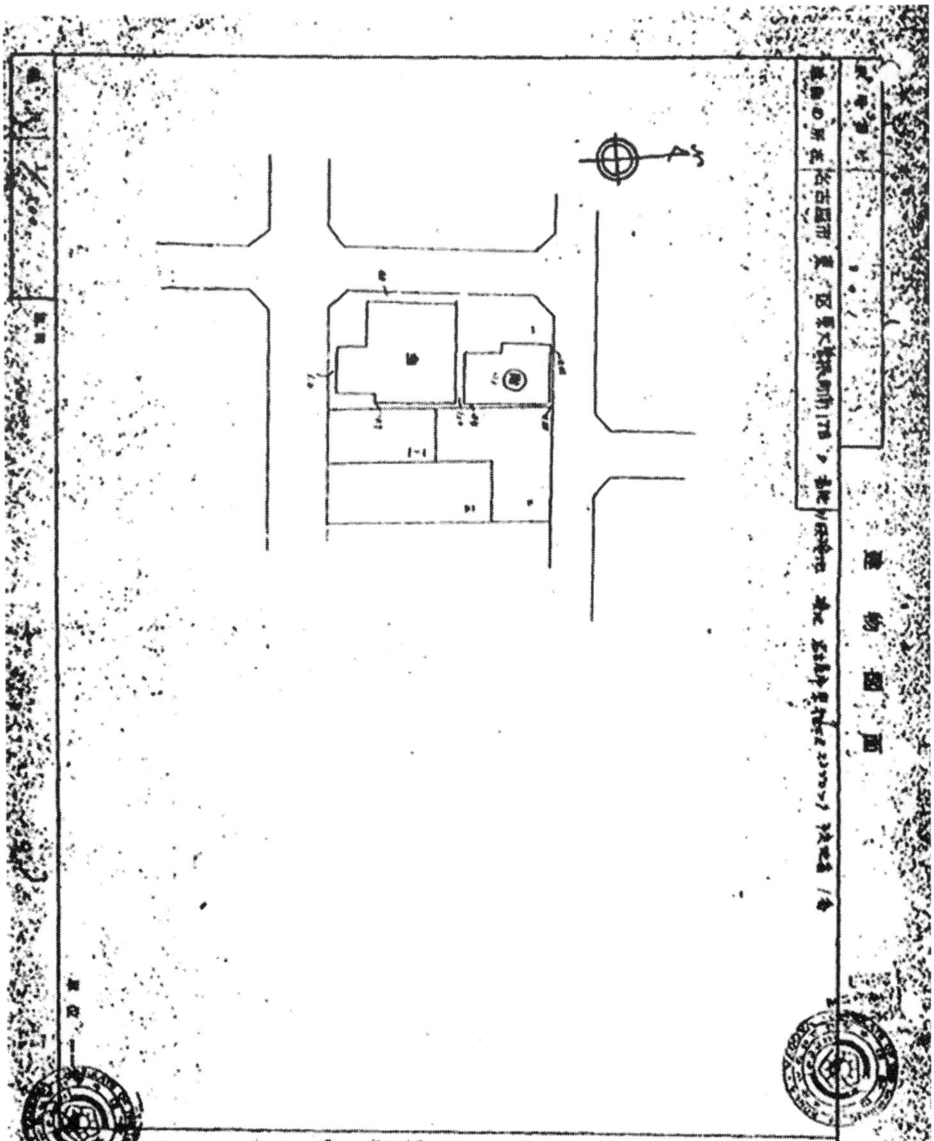

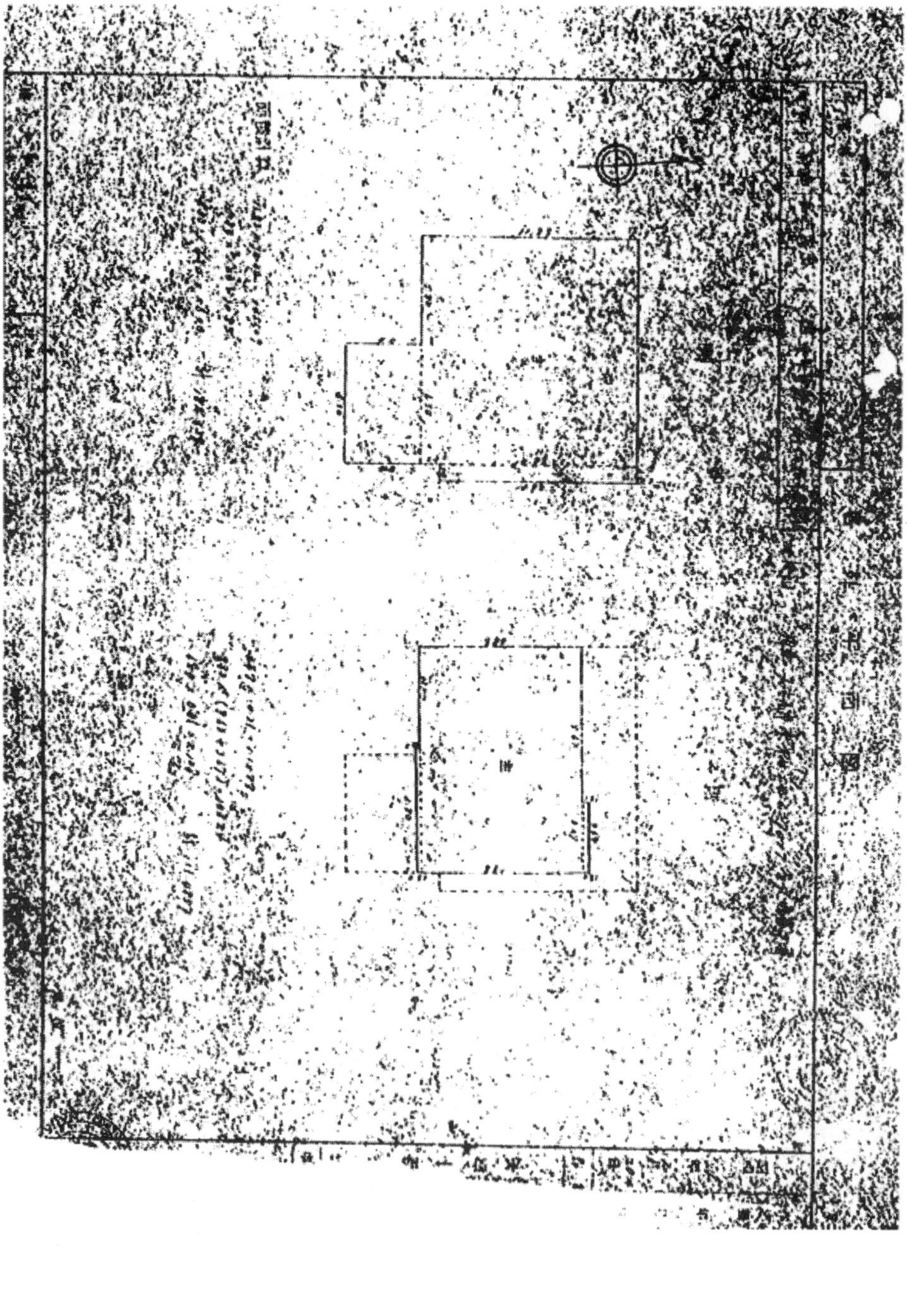

各層平面圖

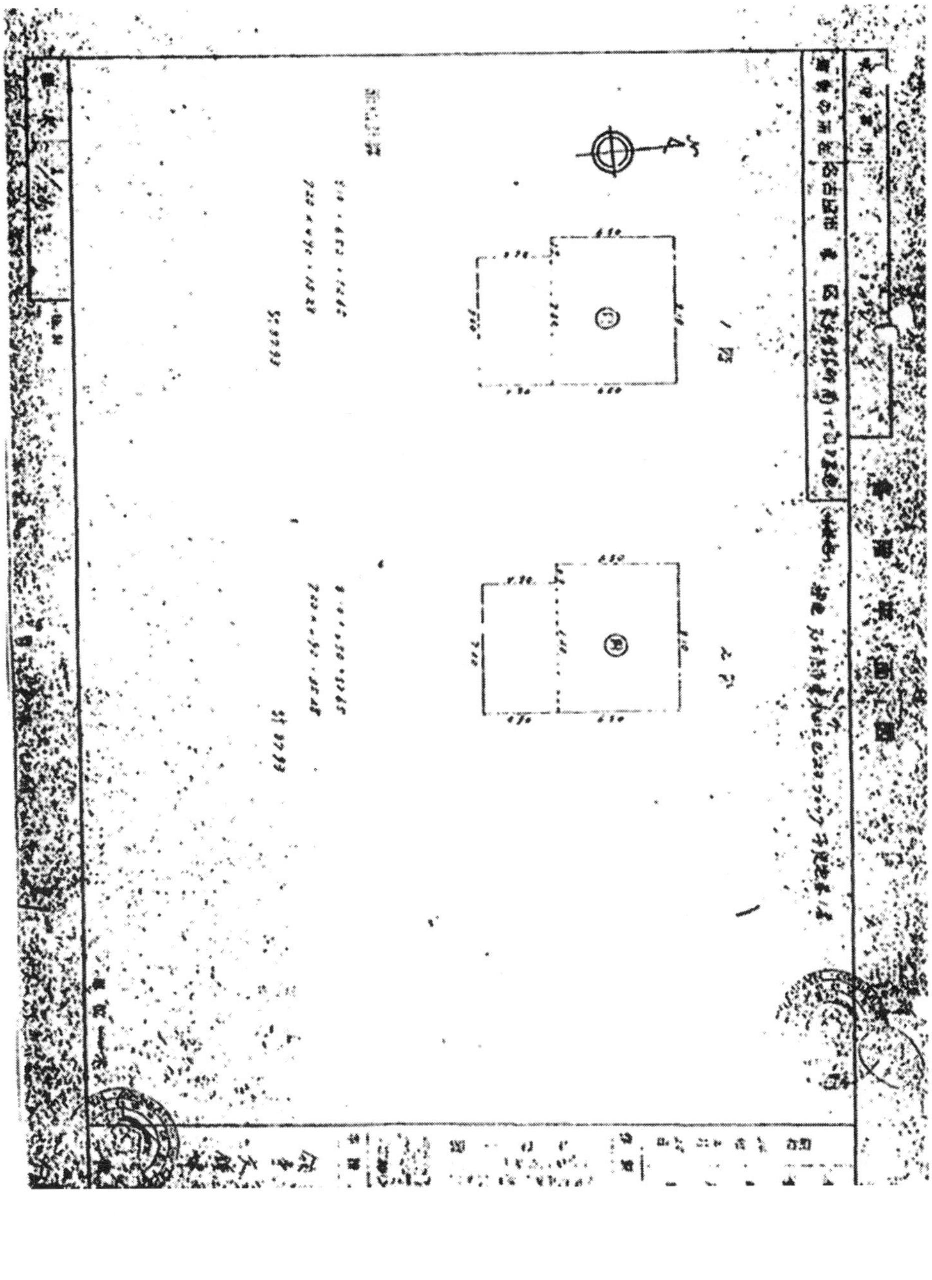

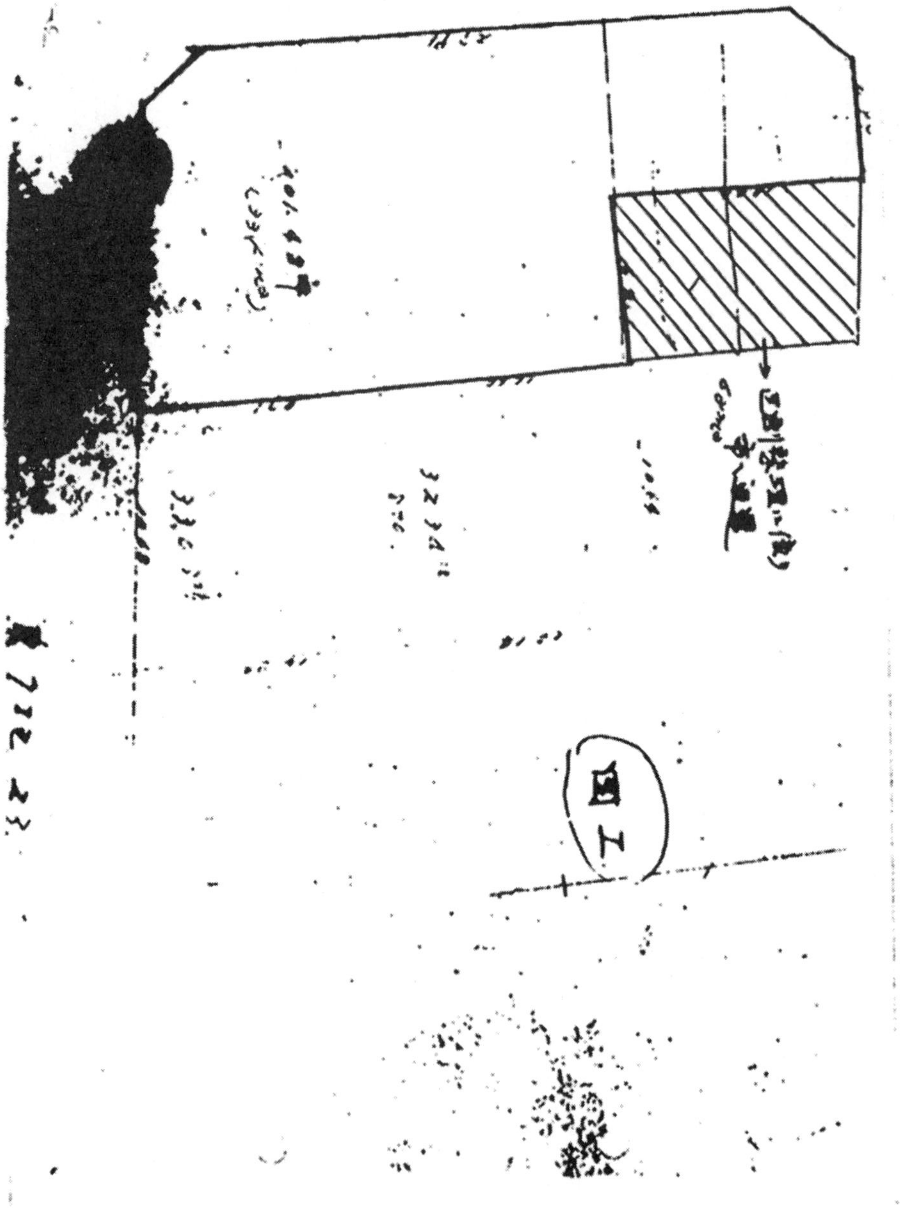

5. 협조전

분류기호 총외-105
발신일자 1969.4.14.
발신명의 외환계장
수신 경리계장
제목 건물 채납 통보

주센다이 영사관 대지 및 건물을 기부채납 되었기 별첨 부동산 등기등본 사본 및 도면을 첨부하여 이첩합니다.

첨부 1. 대지 및 건물 등기 등본 사본 1부
2. 부동산 권리 증서 사본 1부
3. 지적 측량도 1부
4. 건물 평면도 1부
끝.

공관 대지 및 건물 기부 체납

제목: 공관 대지 및 건물 기부 체납

1. 기부자
주센다이 대한민국 영사관 동북 지협 후원회
2. 체납자
주센다이 대한민국 영사관
2. 채납경위
가. 기부제의: 1968.5.1.
나. 체납건의: 1968.6.26.
다. 체납승인: 1968.7.4.
4. 체납 물품표시;
가. 대지
1) 평수: 300.00

2) 등기월일: 1968.2.25.

3) 가격: 일화 19,954,047원

나. 건물

1) 연건평: 44.50

2) 구조: 목조 아연 멕기 2층

3) 건축월일: 1959.12.5.

4) 등기월일: 1968.2.25.

5) 가격: 일화 2,045,953원

9-3

表題部（土地の表示）

所在 仙台市北五番丁

①地番

②地目 宅地

③地積 ㎡

九四〇〇九

原因及びその日付

登記の日付

5
6
7
8
9
10
11
12
13
14
15
16

地図番号

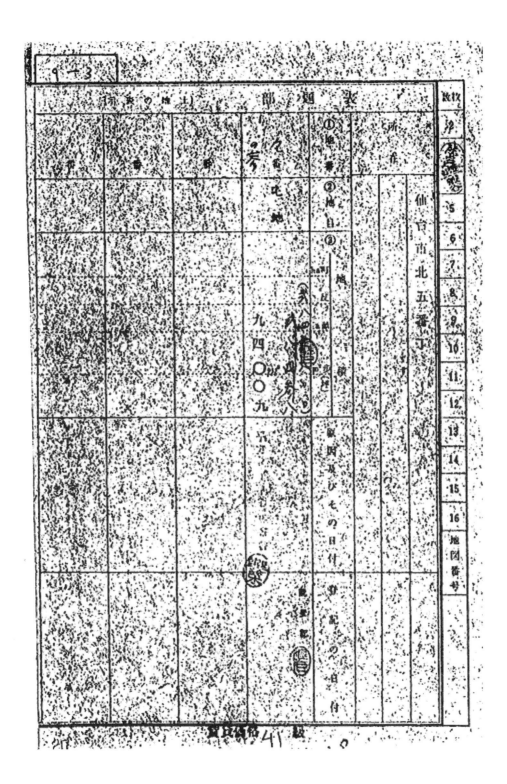

賃貸価格 41 銭

表題部（土地の表示）

所有[illegible]名

[illegible]高橋[illegible]

土地登記用紙（表題部）[illegible]

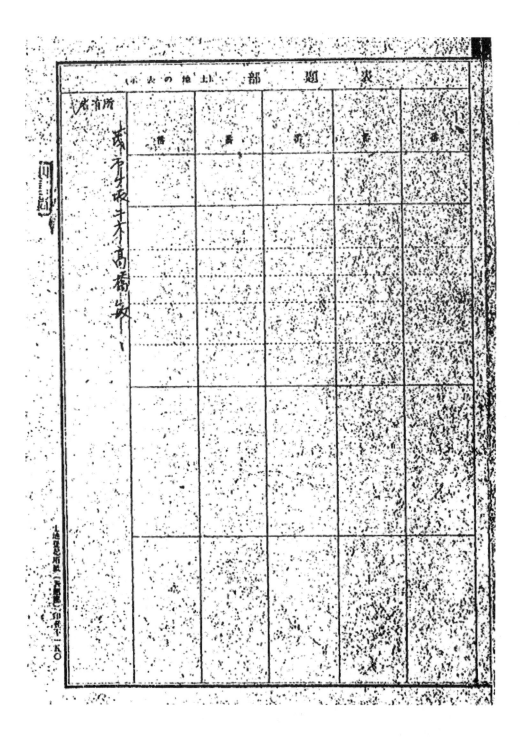

9~3

甲区 (所有権)

順位番号	事項欄
壹	昭和九年 [illegible] 受付 [illegible] 号 原因 同月 [illegible] 日売買 取得者 仙台市 [illegible] 庄司光一 [illegible]
弐	移転 昭和 [illegible] 年七月九日受付 [illegible] 原因 同拾九年五月拾日 [illegible] 庄司光一 [illegible]
参	移転 [illegible]
参 付記	参番登記名義人住所変更 昭和 [illegible] 年八月 [illegible] 日受付 [illegible] 原因 昭和 [illegible] 年 [illegible] 住所移転 住所 仙台市北五番丁 [illegible] 番地 右附記する [illegible]
四	所有権移転請求権仮登記 昭和四拾年六月参日受付 第弐六巻九五号 原因 昭和四拾年六月弐日売買予約 権利者 仙台市川内三十人町壱番地の四 [illegible] 山 [illegible]
四 付記	四番所有権移転請求権の移転 昭和四弐年 [illegible] 月弐七日受付 第五拾〇九七号 原因 昭和四弐年七月壱日譲与 権利者 仙台市北五番丁九番地の [illegible] 高 [illegible]

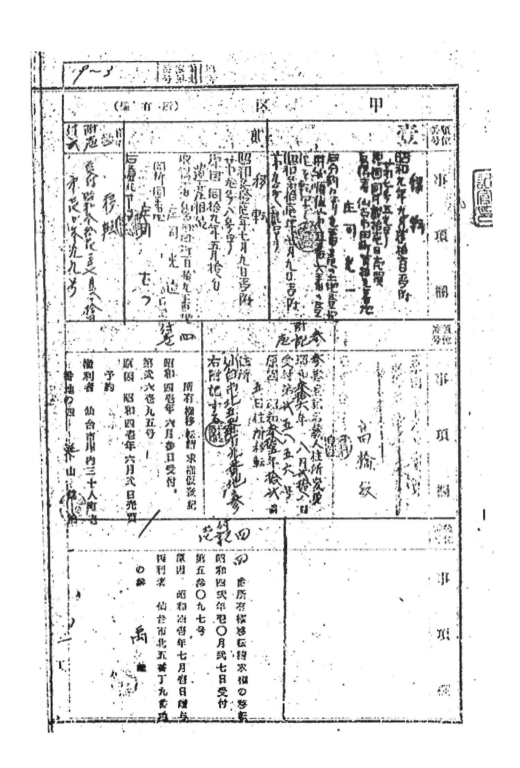

順位番号	事項欄
	甲区（所有権）
参 附記 弐	参 登記名義人表示変更 昭和四四年壱月参七日受付 第五〇弐五号 原因 昭和四参年八月壱日住居表示実施 住所 仙台市長町五丁目七番壱七号
五	所有権移転 昭和四四年弐月弐五日受付 第九八六五号 原因 昭和四壱年五月壱七日売買 所有者 大韓民国

9～3

乙区

壹

受付 昭和参拾参年九月参日
第壹〇五六参号 抵当権設定
原因 同日金銭消費貸借契約
約に基く合意契約
債権額 金壹百五拾万円
元金弁済方法 [illegible]
済とし昭和参拾参年拾月より同
参拾六年参月まで毎月拾日限
り金五万円宛参拾合
拾回月賦で支払う
利息 [illegible] 支払方法
利息は日歩 [illegible] の昭和参拾
参年拾月拾日を初回とし元金支
払期日に支払う
特約 割賦金を其期日に支払わ
ざるときは [illegible] 期限の利益を失い
金壹百円に付日歩金四銭の
遅延損害金を支払う
債務者 仙台市 [illegible] 山根
町 [illegible] 番地
[illegible] 株式会社
抵当権者 東京都台東区東
黒門町拾八番地
国民金融公庫
共同担保 北五番丁九番の参
全所の五の土地
右登記する

弐

受付 昭和参拾五年五月拾壹日
第 [illegible] 号 抵当権変更
原因 同月拾日付金銭消費貸借
債務 [illegible] 同月 [illegible] 変更契約
[illegible] 金 [illegible] 万円
元金支払方法 [illegible] 借入金 [illegible] 割
賦とし昭和参拾五年 [illegible] 月より
昭和参拾七年 [illegible] 月迄毎月拾
五日限り [illegible] 回金 [illegible] 円宛 [illegible] 都
合弐拾五回月賦で支払うこと
利息支払方法 利息は月利 [illegible]
とし [illegible] の償務者 [illegible]
和参拾五年 [illegible] 月拾五日を初
回として其の後は元金支払の都
度之を支払うものとする 但し
月賦金を [illegible] の期日に支払わ
なかった [illegible] 弁済に至るまで
損害賠償として [illegible]
百円に付日歩四銭の延滞
利息を支払うものとする
債務者 仙台市 [illegible] 山根
道南 [illegible] 番地の四
高橋 [illegible] 株式会社
抵当権者 東京都台東区東黒
門町拾八番地
国民金融公庫

参

共同担保 北五番丁九番の参
同所九番の [illegible]
右登記する

昭和参拾 [illegible] 年 [illegible] 月 [illegible] 日
受付 第 [illegible] 号
原因 昭和参拾 [illegible] 年 [illegible] 月
[illegible]
右登記する

四

昭和参拾六年 [illegible] 月 [illegible] 日
受付 第 [illegible] 号 抵当権設定
原因 昭和参拾六年 [illegible] 月 [illegible] 日
[illegible] 契約に基く [illegible]
[illegible]
[illegible]

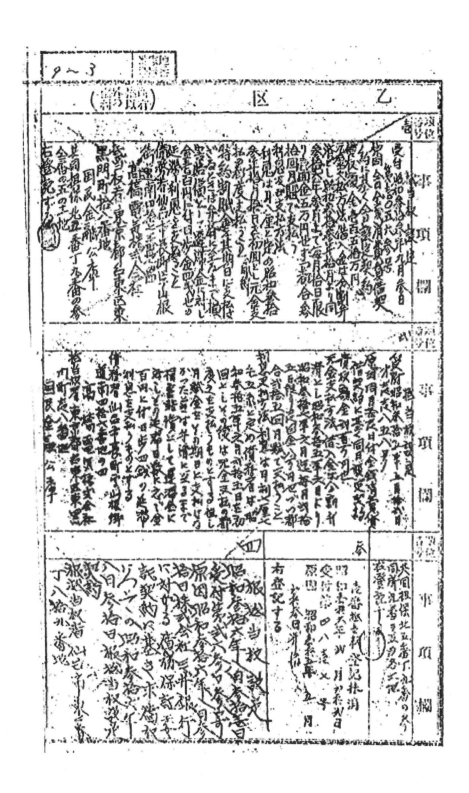

（順位番号 事項欄） 区 乙

五
茨城県信用保証協会
債権元金極度額
金弐百萬円也
遅延損害金 元金百円ニ付壱日金四銭八厘
債務者 仙台市長町字山根街道四拾八番地
高橋鉄器有限会社
共同担保 仙台市北五番丁九番の参 全所全番の五 全所全番の参
家屋番号 第四拾五番の参の建物
右登記

五 番抹消
昭和参九年九月壱日受付
第参六八七八号
原因 同年八月弐九日解除

六
根抵当権設定
昭和参九年九月壱日受付
第参六八七九号
原因 同月壱日継続取引契約の同日設定契約
元本極度額 金弐百萬円
利息 年九分
損害金 日歩四銭
債務者 仙台市長町字山根街道南四七番地の四
高橋コイル有限会社
根抵当権者 東京都千代田区 丁目五番地
国民金融公庫
取扱店 仙台支所

七
根抵当権設定
昭和参九年九月壱日受付
第参六八八〇号
原因 同月壱日継続取引契約の同日設定契約
元本極度額 金弐百万円
利息 年九分

八
四番根抵当権抹消
昭和四〇年七月壱四日受付
第参弐四五号
原因 全参九年九月壱日解約

（昭33.5 591. 100 千部印）

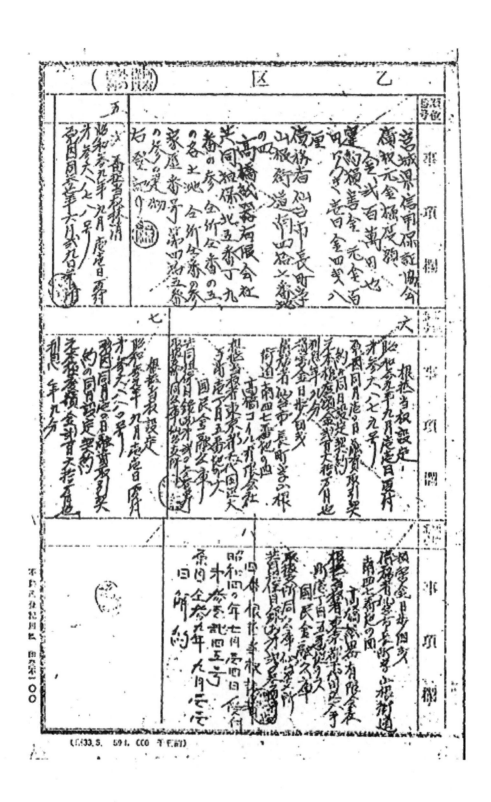

不動産登記用紙 甲第一〇〇

地番 家屋番号	9−3

乙 区 (所有権以外の権利)

順位番号	事項欄
	[illegible]
	根抵当権抹消 昭和四拾年五月弐五日受付 第弐四[illegible]号 原因 昭和四拾年五月弐五日解約

順位番号	事項欄
	乙九番根抵当権抹消 昭和四拾年五月弐五日受付 第弐四五四八号 原因 昭和四拾年五月拾八日解約
	乙八番根抵当権抹消 昭和四拾年五月弐五日受付 第弐四五四九号 原因 昭和四拾年五月拾八日解約
	乙九番根抵当権抹消 昭和四拾年五月弐五日受付 第弐四五五〇号 原因 昭和四拾年五月拾五日解約

順位番号	事項欄

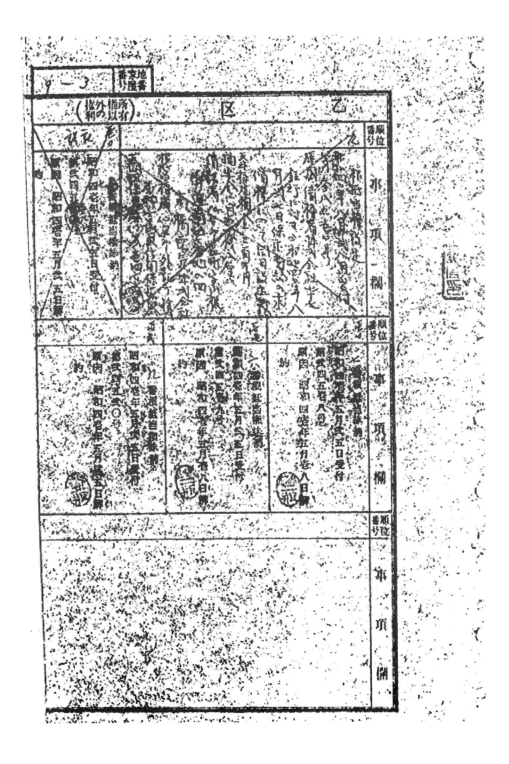

乙区（所有権以外の権利）

順位番号	事項欄

右は登記簿の謄本である。

昭和四拾四年参月弐九日

仙台法務局

登記官 清水忠雄

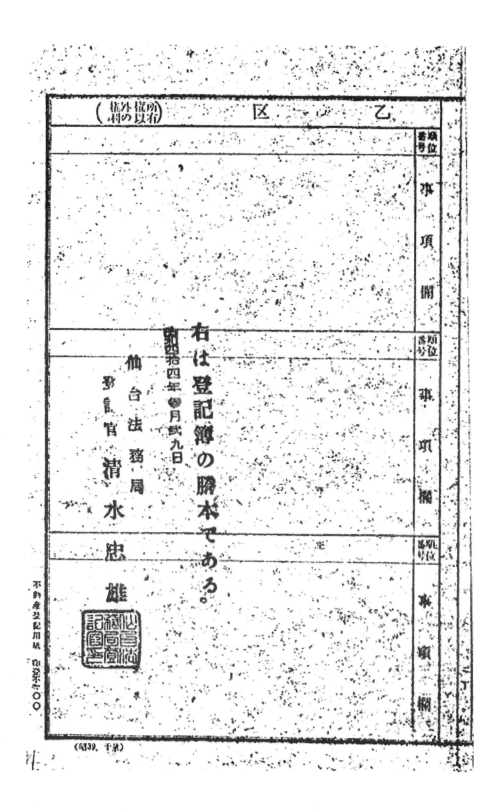

不動産登記用紙

9-5

部 題 表

改枚

2 3 4 5 6 7 8 9 10 11 12 13 14 15 16

①地番 五九番

②地目 宅地

③地積 五百六拾参

所在 仙台市北五番丁

原因及びその日付

表題部（土地の表示）

所有者

大阪府三木高橋敏

右番地により [illegible]
土地の登記用紙 [illegible]
の登記を [illegible]
昭和参拾 [illegible]
受付第 [illegible]

所有権移転請求権仮登記
昭和四拾年六月参日受付
第弐六巻九五号
原因 昭和四拾年六月弐日売買予約
権利者 仙台市 [illegible] 三十人町 [illegible] 番地の四
[illegible] 山 [illegible]

所有権移転 [illegible]
昭和四弐年拾〇月四七日受付
第五参〇九七号
原因 昭和四拾年七月拾日贈与
権利者 仙台市北五番丁九番地の参
[illegible]

（所有権）　甲区

順位番号	事項欄
附記弐	登記名義人表示変更 昭和四四年壱月参壱日受付 第五〇弐五号 原因　昭和四参年八月壱日住居表示実施 住所　仙台市[illegible]町五丁目七番七号
四	所有権移転 昭和四四年弐月弐五日受付 第九八六五号 原因　昭和四参年五月壱七日売買 所有者　大韓民国

9～5

区

順位番号	事項欄
	[illegible]

順位番号	事項欄
	[illegible]

順位番号	事項欄
	[illegible]

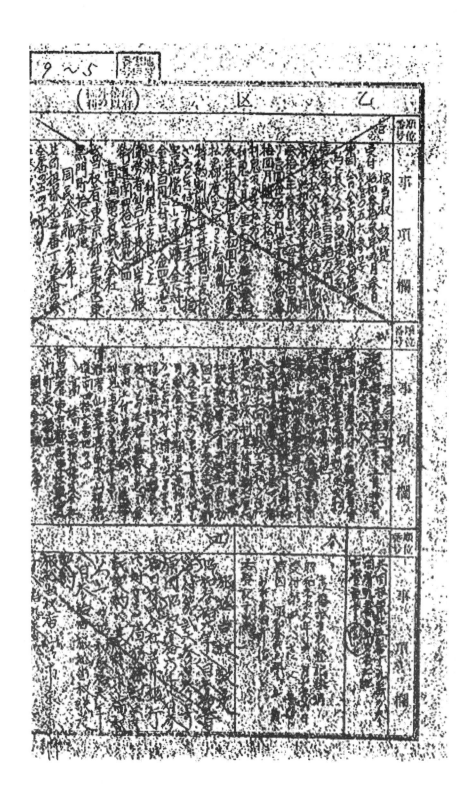

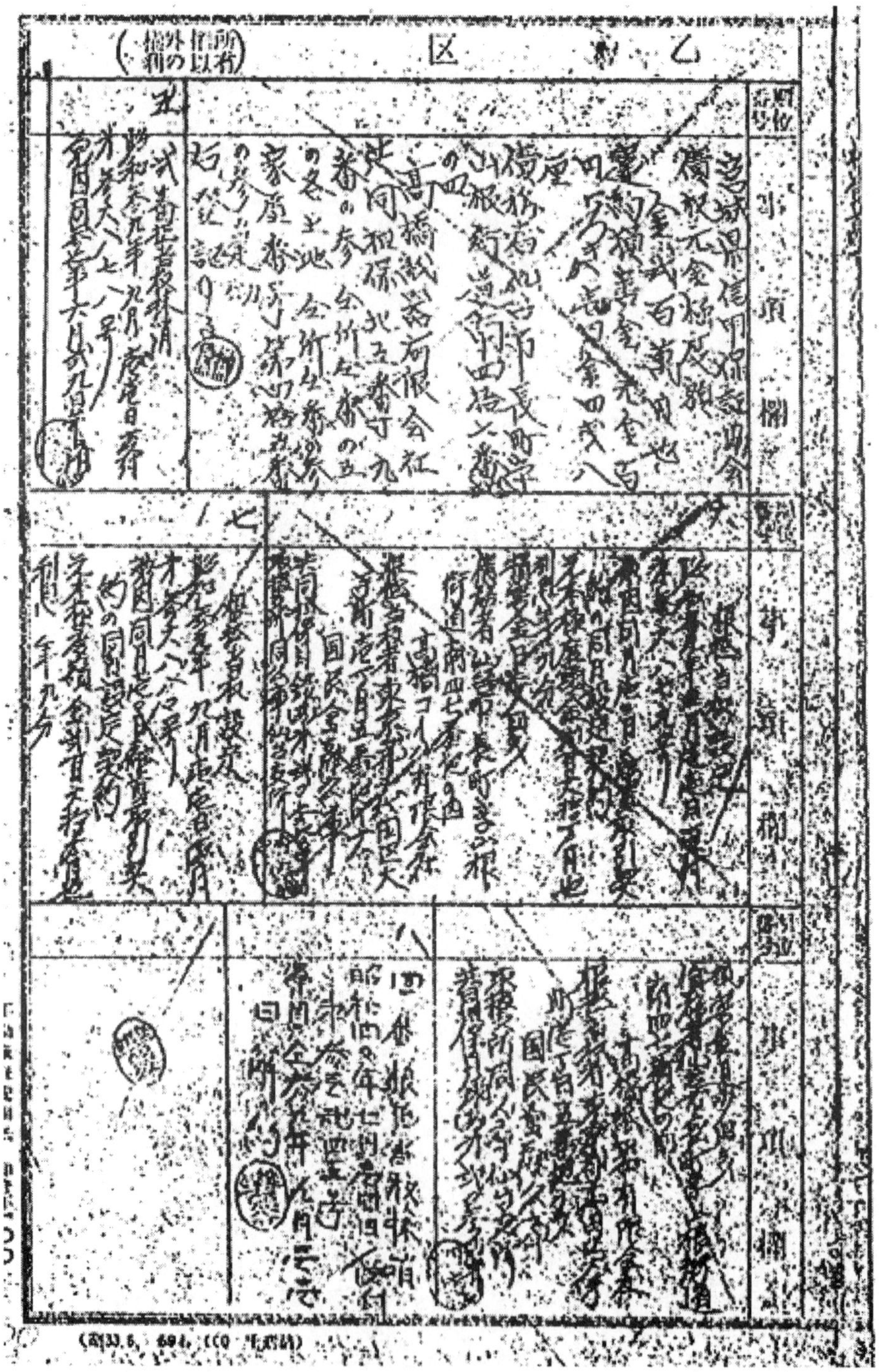
乙区
（所有権以外の権利）
順位番号
事項欄

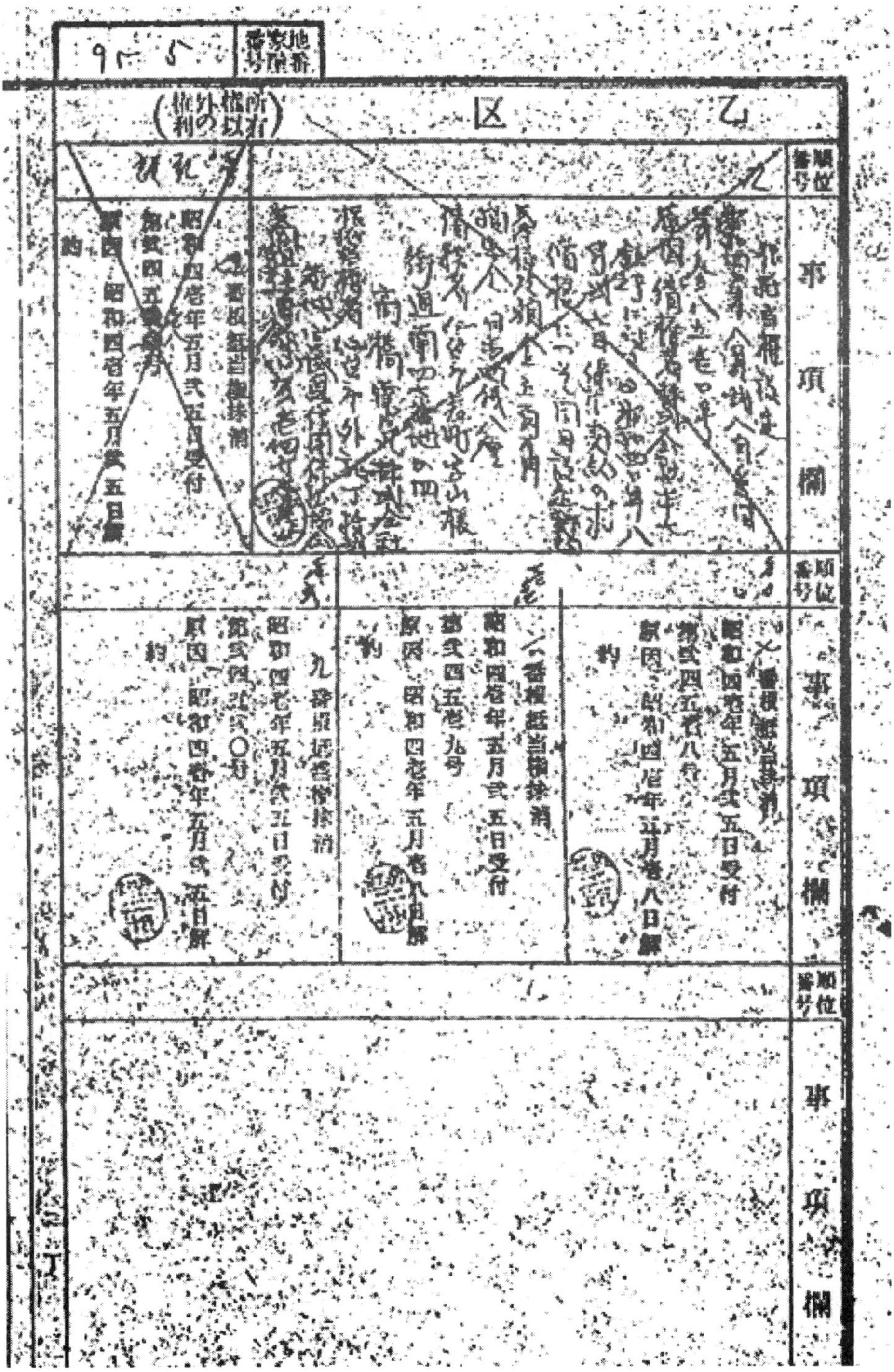

家屋番号 地番 9-5

乙区 （所有権以外の権利）

順位番号 事項欄

番根抵当権抹消
昭和四拾年五月弐五日受付
第弐四五[illegible]号
原因 昭和四拾年五月弐五日解約

順位番号 事項欄

七番根抵当権抹消
昭和四拾年五月弐五日受付
第弐四五四八号
原因 昭和四拾年五月拾八日解約

八番根抵当権抹消
昭和四拾年五月弐五日受付
第弐四五四九号
原因 昭和四拾年五月拾八日解約

九番根抵当権抹消
昭和四拾年五月弐五日受付
第弐四五五〇号
原因 昭和四拾年五月弐五日解約

順位番号 事項欄

乙区（所有権以外の権利）

順位番号	事項欄
	右は登記簿の謄本である。 昭和四十四年[illegible]月二十九日 仙台法務局 登記官 清水 総[illegible]

不動産登記用紙 [illegible]一〇〇

(昭39, 千葉)

102.

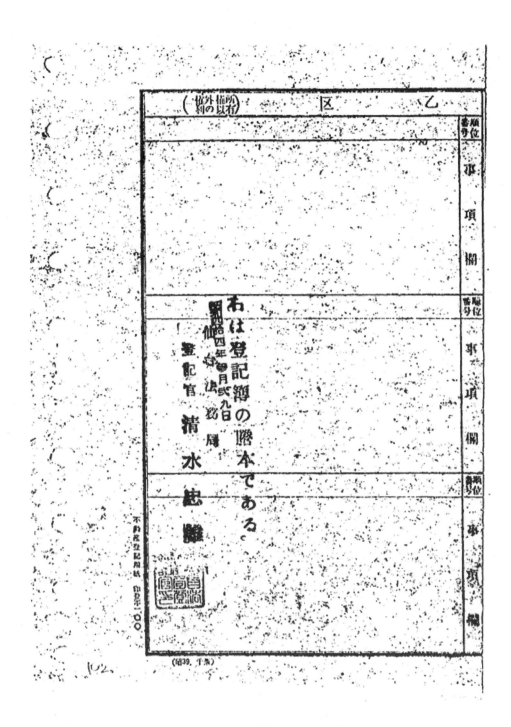

45-3 | 表示番号

甲区（所有権）

順位番号	事項欄
壱	所有権保存 昭和参拾六年六月弐拾八日受付第弐五八五五号 所有者 仙台市北五番丁九番地ノ拾 高橋 敏 右登記する
弐	所有権移転請求権仮登記 昭和四拾年六月参日受付 第弐六卷九五号 原因 昭和四拾年六月弐日売買予約 権利者 仙台市川内三十人町four番地の四 山 健 治
付記壱	弐番所有権移転請求権の移転 昭和四拾弐年壱〇月弐七日受付 第五参〇九七号 原因 昭和四拾弐年七月壱日贈与 権利者 仙台市北五番丁九番地の拾 高橋
壱 付記 壱	壱番登記名義人表示変更 昭和四拾四年壱月壱七日受付 第五〇弐五号 原因 昭和四拾弐年八月壱日住居表示実施 住所 仙台市長町五丁目七番七号
参	所有権移転 昭和四拾四年弐月弐五日受付 第九八六五号 原因 昭和四拾四年五月壱七日売買 所有者 大韓民国

乙区

壱番抵当権抹消
昭和四拾壱年五月弐五日受付
第弐四五五七号
原因 昭和四拾壱年五月弐五日解約

壱 登記紙当排消
昭和四拾壱年五月弐五日受付
第弐四五五八号
原因 昭和四拾壱年五月拾八日解約

弐 登記紙当排除
昭和四拾壱年五月弐五日受付
第弐四五五九号
原因 昭和四拾壱年[illegible]日解約

参 [illegible]
昭和四拾壱年五月弐五日受付
第弐四五六〇号
原因 昭和四拾壱年五月弐五日解約

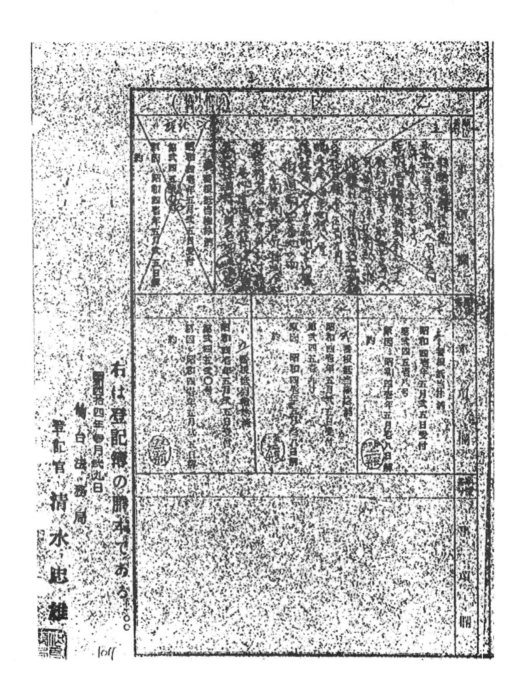

右は登記簿の謄本である。
昭和四拾四年[illegible]月弐拾九日
[illegible]白法務局
登記官 清水忠雄

不動産權利證書

所有者 高橋　敏

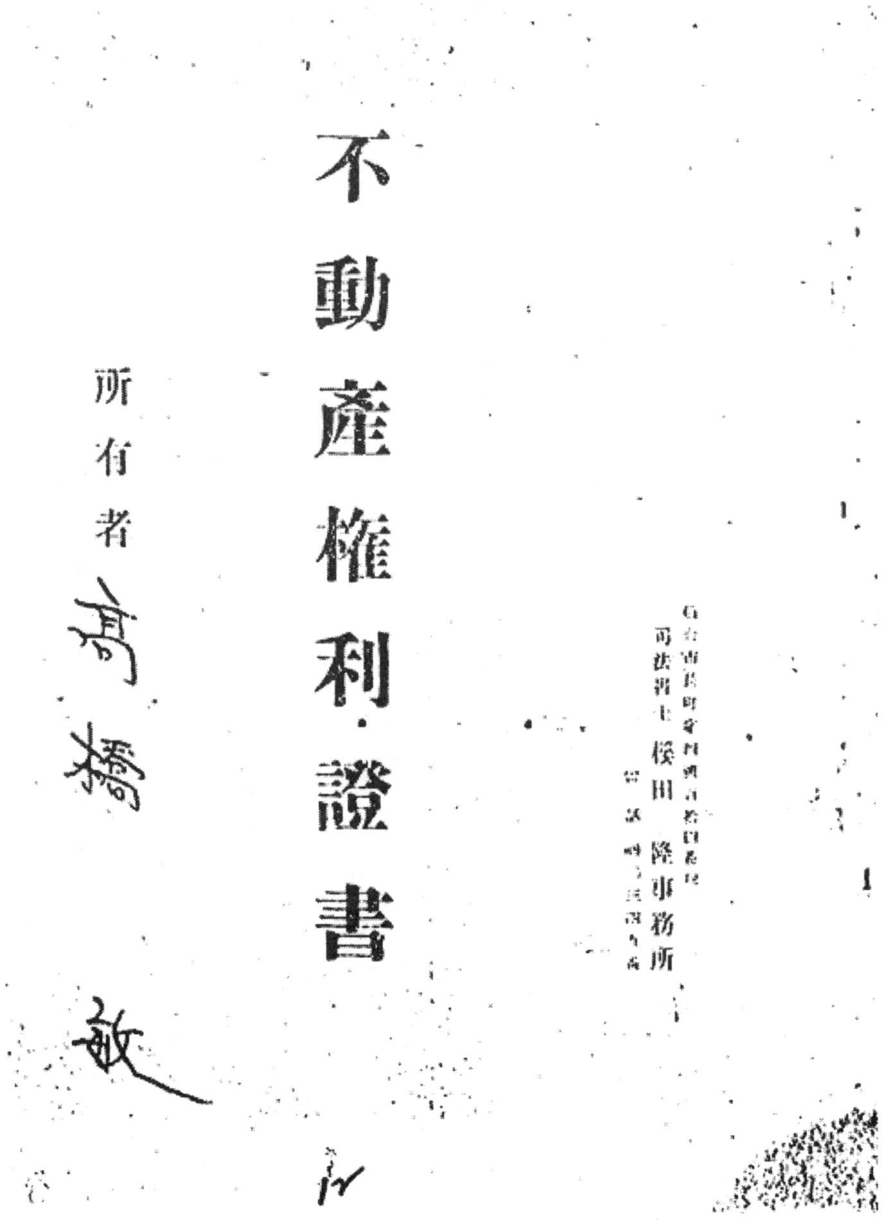

不動産權利證書

所有者 高橋 敏

司法書士 桜田 隆事務所

賣渡証

一金　九拾六万円也

末尾に記載した私所有の不動産を前書の金額で貴下に賣渡し、本日賣渡代金の金額を正に受領しました。依て本書を認め賣渡の証を致します。

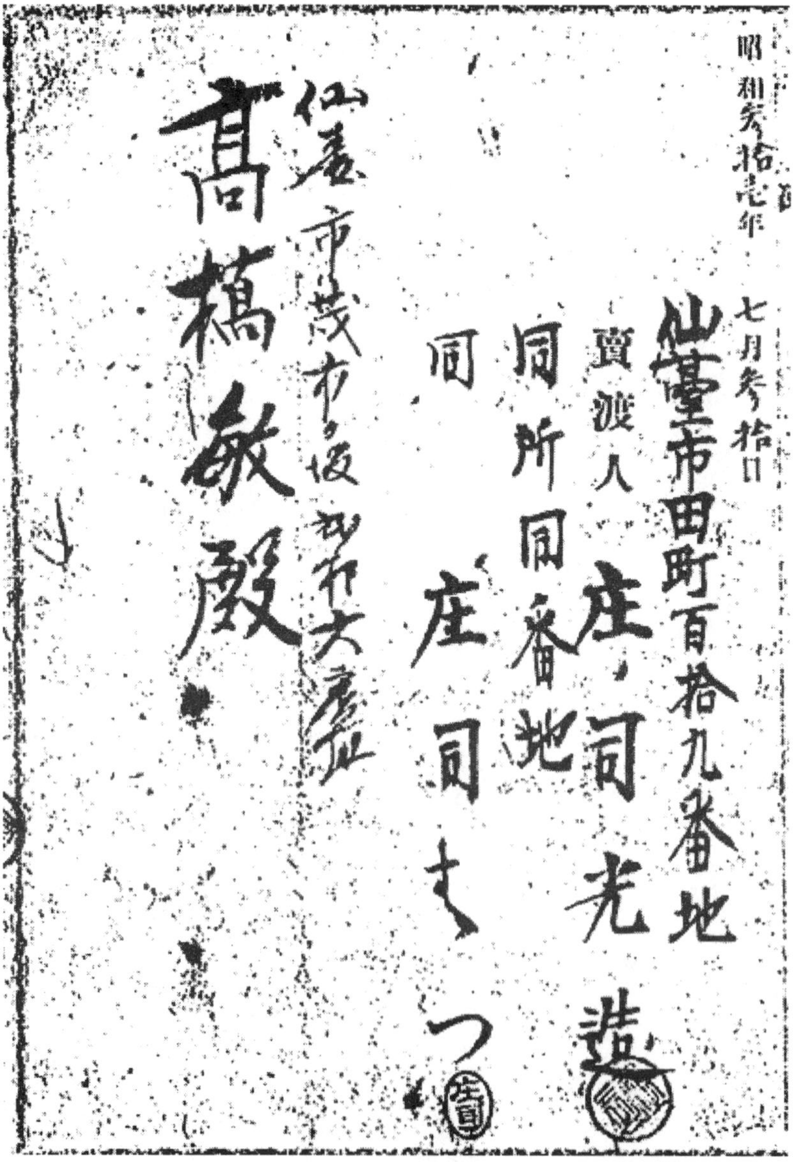
昭和参拾壱年

七月参拾日

仙臺市田町百拾九番地

賣渡人　庄司光造

同所同番地

同　庄司もつ

仙臺市茂市ヶ坂 [illegible]

髙橋敏殿

不動産の表示

仙台市北五番丁

九番ノ参

一 宅地 貳百八拾四坪参合八勺

同所

九番の五

一 宅地 拾五坪六合貳勺

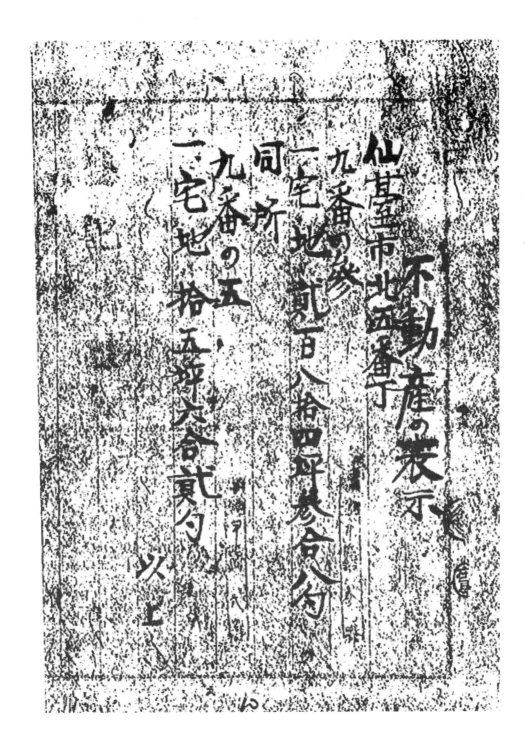

以上

土地所有權登記名義人□變更登記申請書

調査	印紙	印鑑照合	登記	校合	見出記入	通知

土地所有權登記名義人[illegible]變更登記申請書

申請書 昭和　年　月　日

受付第　號

不動産の表示	後記の通り
登記原因及其日附	昭和弐拾五年[illegible]月五日住所移轉
登記の目的	土地所有權登記名義人[illegible]登記
登記すべき事項	[illegible]

課税標準	不動産　箇
登録税	金六拾円
不動産登記法施行細則第四十条、第四十五条の事項	登記原因を証する書面は初めから存在しない
附属書類	委任状、申請書副本

右登記申請する

昭和三六年一月二八日

台市北五番丁九番地の参
高橋敏
右代理人
仙台市北一番丁六拾弐番地
石田忠吉
仙台法務局 御中

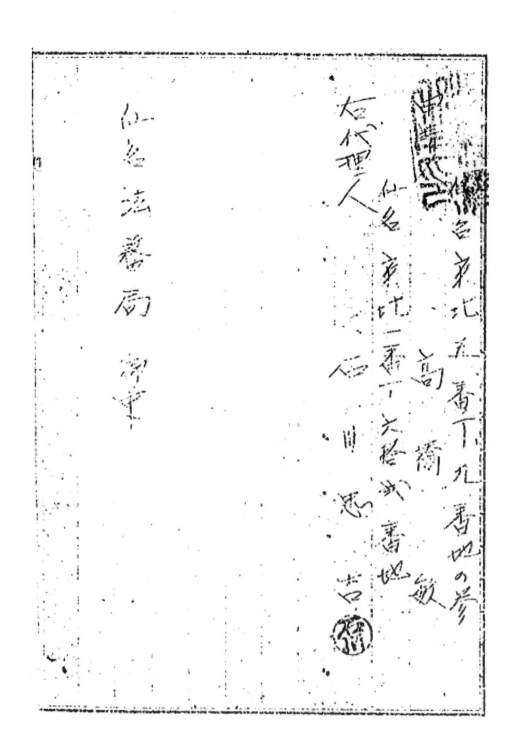

物件の表示

仙台市北五番丁九番の参

一、宅地 弐百八拾四坪参合八勺

仙台市北五番丁九番の五

一、宅地 拾五坪六合四勺

以上

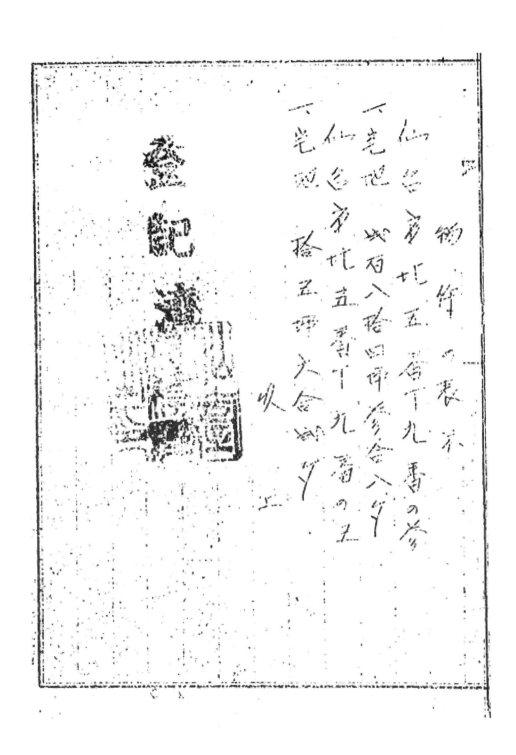

登記済

所有權保存登記申請書

所有權保存登記申請書

申請書受付 昭和 年 月 日 第 号

仙台市北五番丁九番の参

不動産の表示

家屋番号第四五番の参

木造亜鉛メッキ鋼板葺弐階建 居宅 壱棟

床面積 壱階 参拾四坪

弐階 拾坪五合

附属建物

木造亜鉛メッキ鋼板葺平家建 車庫兼物置 壱棟

床面積 拾坪

不動産価格金 [illegible]四千四百円也

登記の目的 所有權保存登記

登記申請の条項 不動産登記法第百六条第壱号

課税標準　不動産価格金　弐百参万四千円也

登録税　金　壱万弐千弐百四円也

不動産登記法施行細則第四十四条第四十五条の事項

附属書類　委任状　申請書副本　住民票抄本

右登記申請する

昭和参拾六年八月参拾日

仙台市北五番丁九番地の弐

申請人　高橋長

仙台市北一番丁六拾弐番地

右代理人　石川忠吉 ㊞

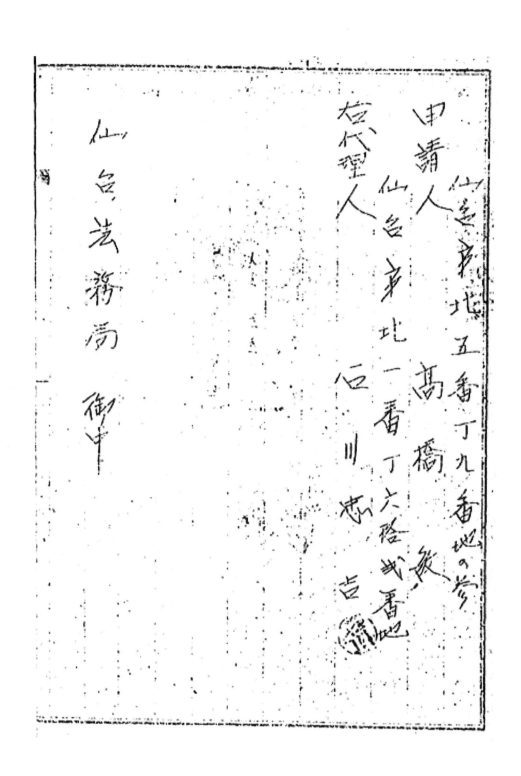

仙台法務局　御中

受付 昭和六年八月廿八日

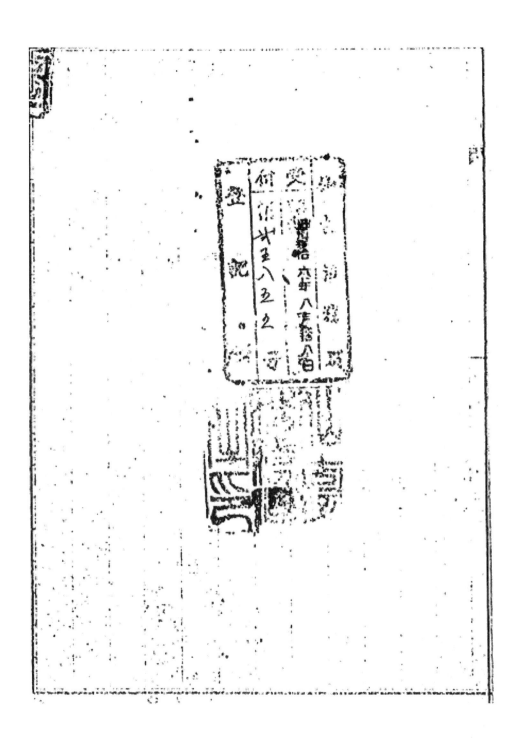

登記

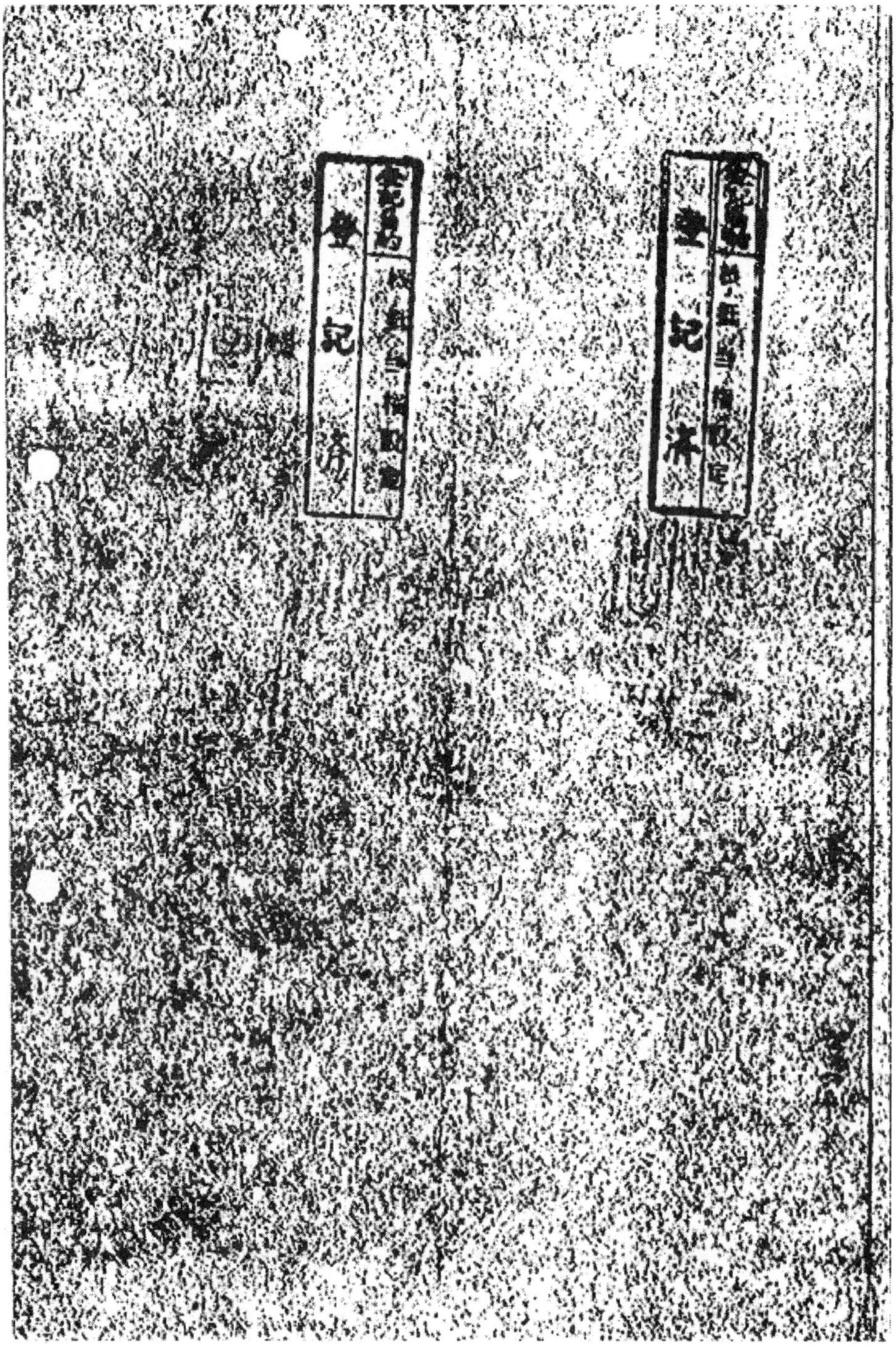
登記済

登記済

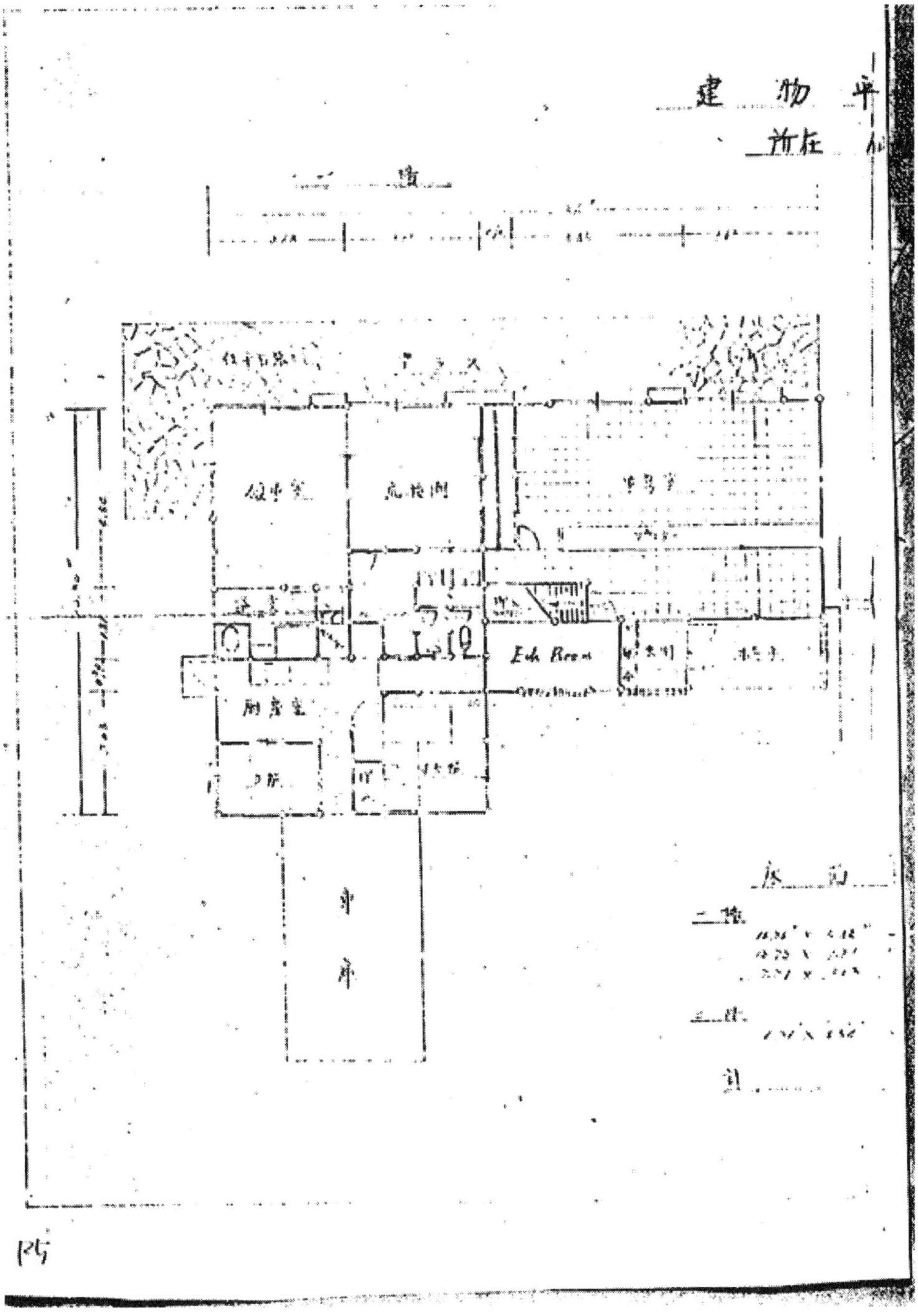

建 物 平
所在

面積 縮尺1/100

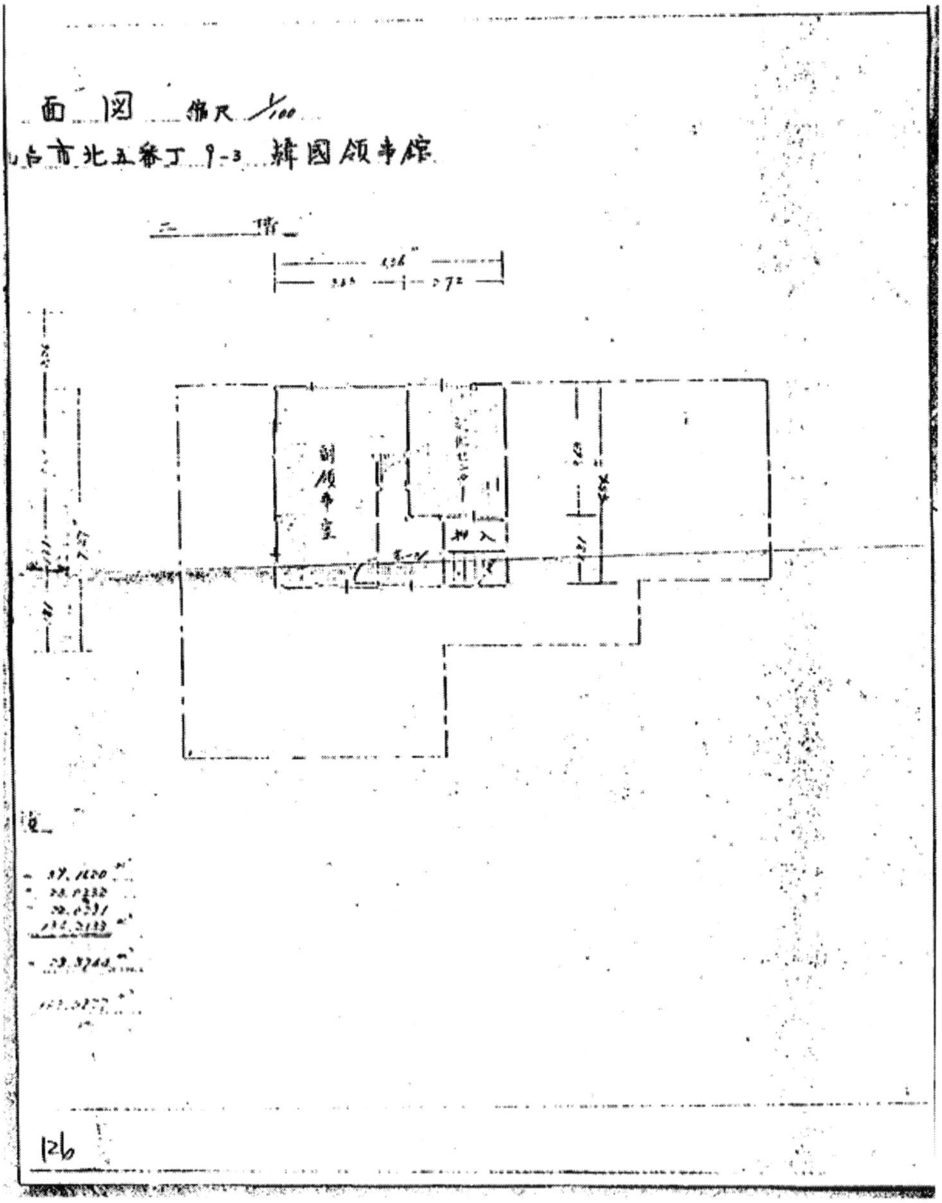

地積測量圖

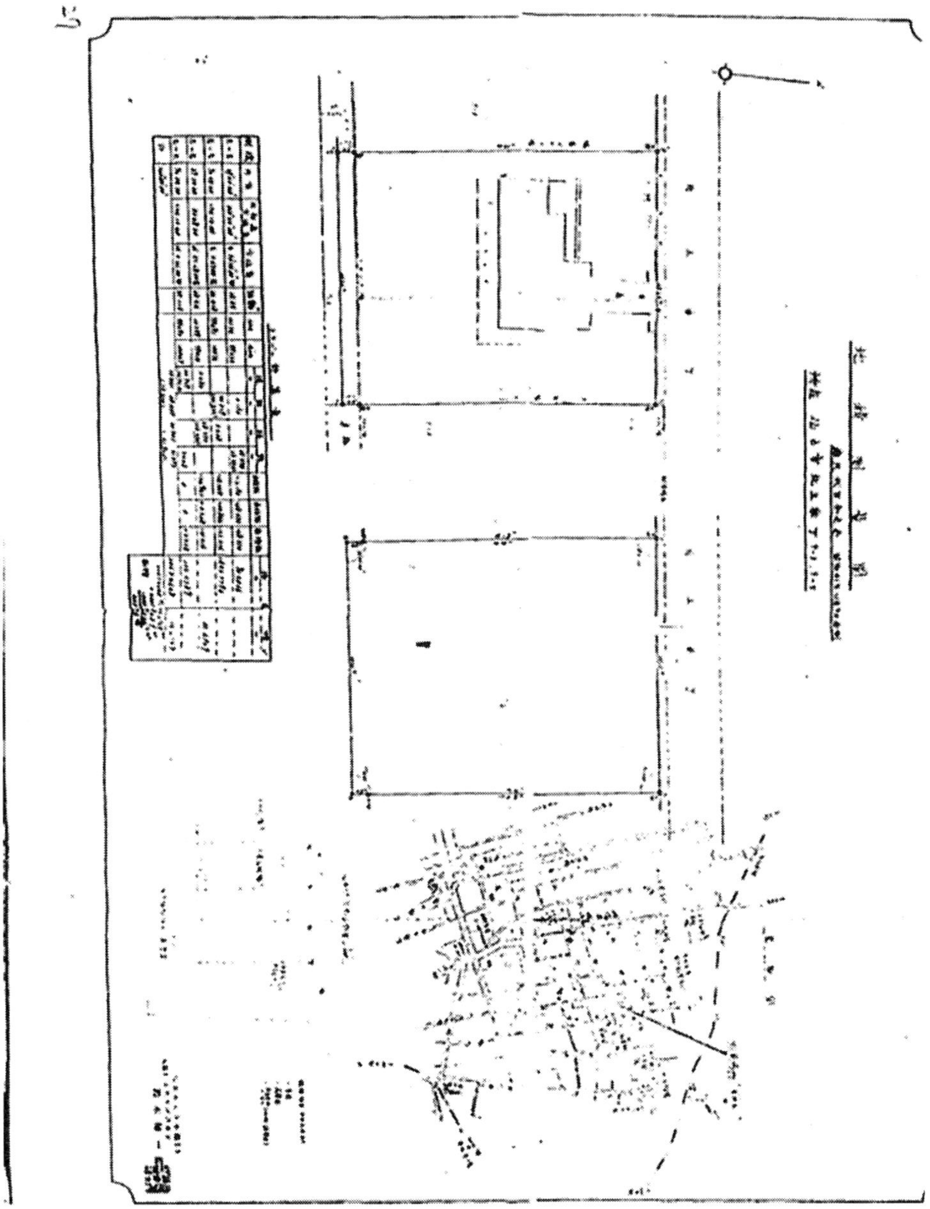

6. 협조전

분류기호 총외1260-140
발신일자 1969.10.29.
발신명의 외환계장
수신 경리계장
재목 공관 건물 및 대지 기부채납 통보

주시모노세기 영사관 건물 대지를 기부채납하였기 별첨과 같이 관계 서류를 송부합니다.

첨부: 1. 기부서 사본 1통
2. 소유권 보존 등기서 사본 1통
3. 건물 평면도 사본 1통
4. 건물 및 대지 평가서 1통. 끝.

附書

가) 敷地 [illegible] 九九三三平方米(約三○○三坪)

나) 建物의 構造 및 坪數

領事館 一層 一二五七九平方米 鉄筋콩크리-트造

二層 一二五七九平方米 陸屋根建物二層一棟

住宅 一層 八八四○平方米 鉄筋콩크리-트造

二層 六三○平方米 陸屋根建物二層一棟

ㄱ. 附屬建物(車庫包含) 鉄筋브록크造

四三.八九平方米 陸屋根平家建物一棟

나. 所在地、日本国山口県下関市大字東大和町二〇의五番地

二. 寄附의 目的

駐下関大韓民国領事館事務室 및 住宅用으로 大韓民国에

寄附採納하고자 하는 것입니다

三. 其他事項

駐下関領事館

121

[illegible]廣島県島根県[illegible]의 自進寄金으로 垈地을

[illegible] 右記建物을 新築한 것이며 寄附明細書는

[illegible]後 提出하겠습니다

[illegible]이 寄附합니다

一九六九年 九月 弐拾壱日

寄附者代表

下関市大和町五[illegible]

駐下関領事館[illegible]

三県連合[illegible]委員会

委員長 朴[illegible]鍾

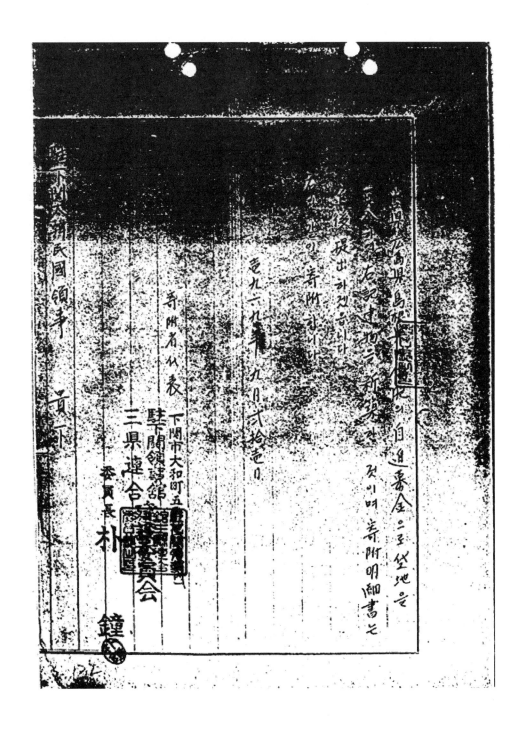

駐下関大韓民國領事 貴下

所有権移転登記嘱託書

一、不動産の表示　末尾に記載す

一、登記原因及其日付　昭和四四年参月弐日[illegible]

一、登記の目的　所有権移転登記

一、登記権利者　大韓民国

一、登記義務者　下関市

一、課税標準価格　[illegible]

一、登録免許税　[illegible]

一、添付書類　嘱託書副本、住所証明書[illegible]

右のとおり登記の嘱託をする

昭和四四年四月弐五日

囑託者　下関市長　井川克己

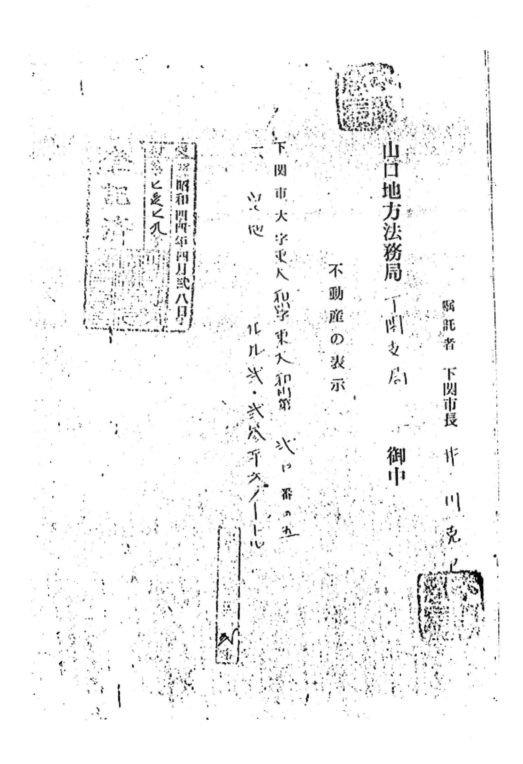

山口地方法務局　下関支局　御中

不動産の表示

下関市大字東大和町字東大和町第弐六番の五

一、宅地　九九弐・弐参平方メートル

受付　昭和四拾年四月弐八日　第七五七九号

登記済

(山口県司法書士会)(第一号様式)

登記申請書

登記の目的 所有権保存

所有者 大韓民国

添付書類 申請書副本 住所証明書

代理権限証書 図面

昭和四四年九月弐〇日 法百条壱号申請 山口地方法務局下関支局

代理人 下関市向洋町一丁目弐番壱七号

柴田靖治

受付 第 号

山口県司法書士会統一用紙

215

6

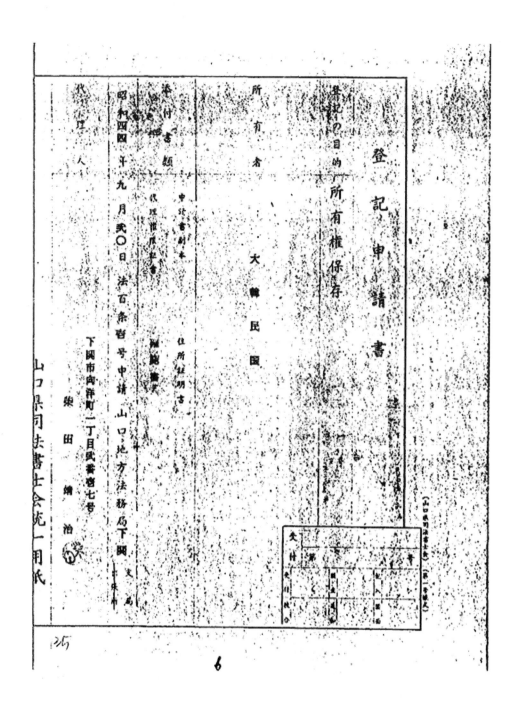

課税価格 金

登録免許税 金 　　一登録免許税法第六条

不動産の表示

下関市大字東大和町字東大和町弐〇番地の五

家屋番号 弐〇番五

「鉄筋コンクリート造陸屋根弐階建事務所

床面積 壱階 壱六五㎡七九

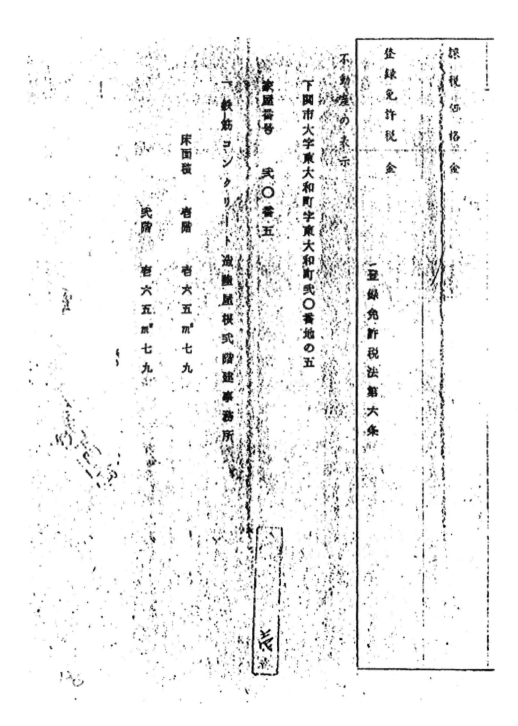

弐階 壱六五㎡七九

附屬建物

符号1

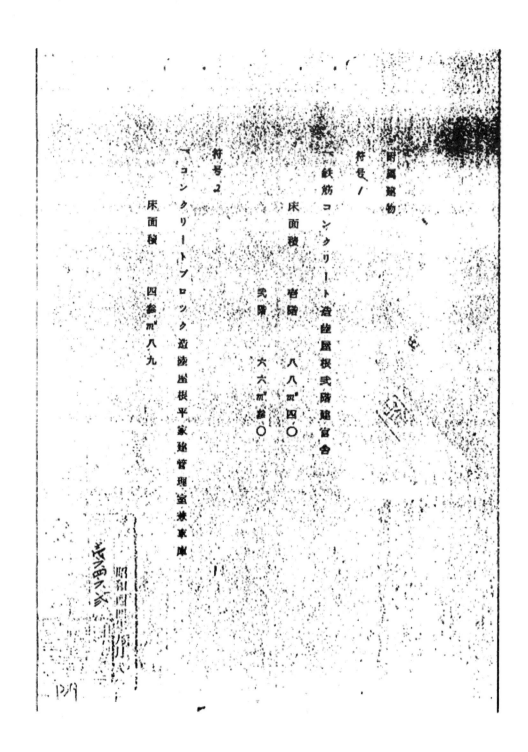

一 鉄筋コンクリート造陸屋根弐階建官舎

床面積　壱階　八八㎡四〇

弐階　六六㎡参〇

符号2

一 コンクリートブロック造陸屋根平家建管理室兼車庫

床面積　四参㎡八九

建物図面(A)

各階平面図(B)

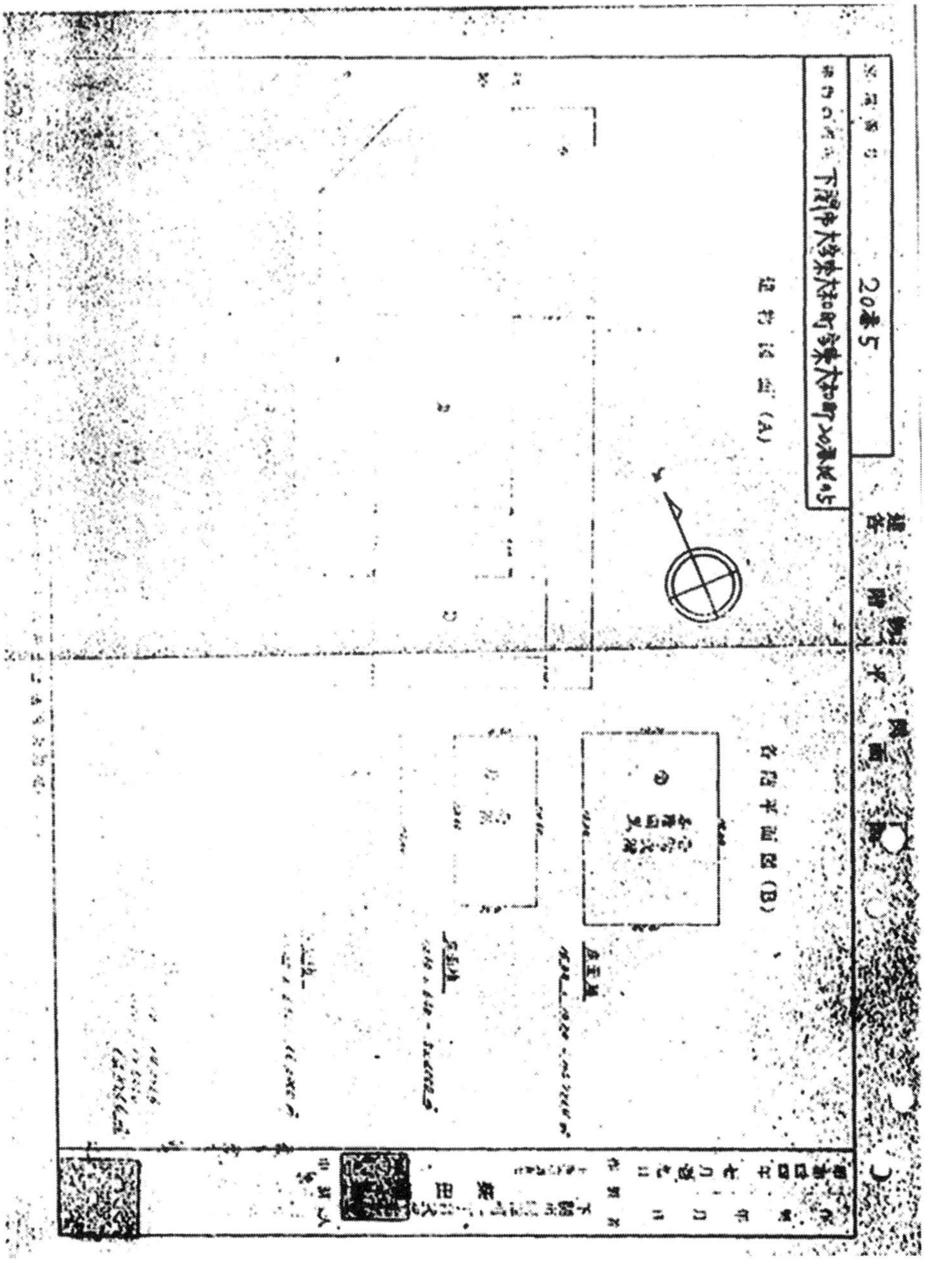

事務室

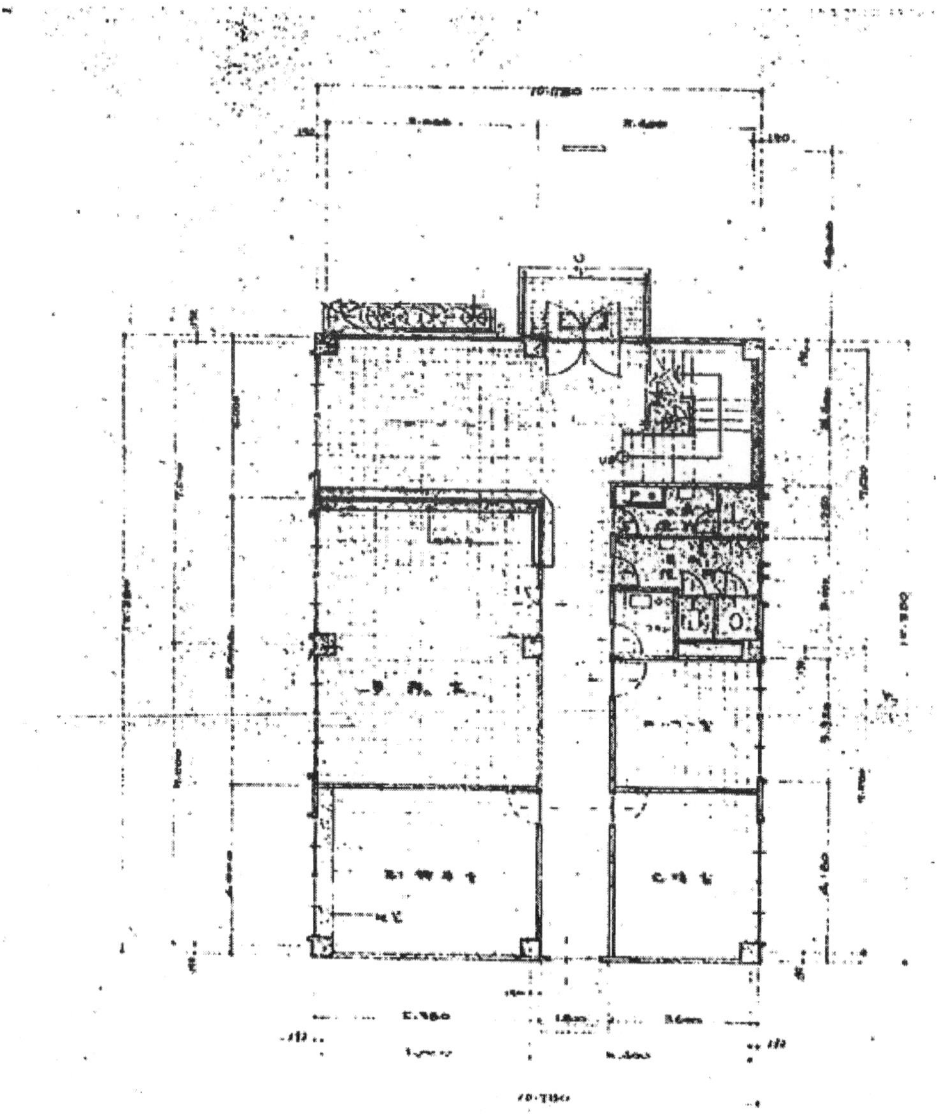

2階平面図

事務室

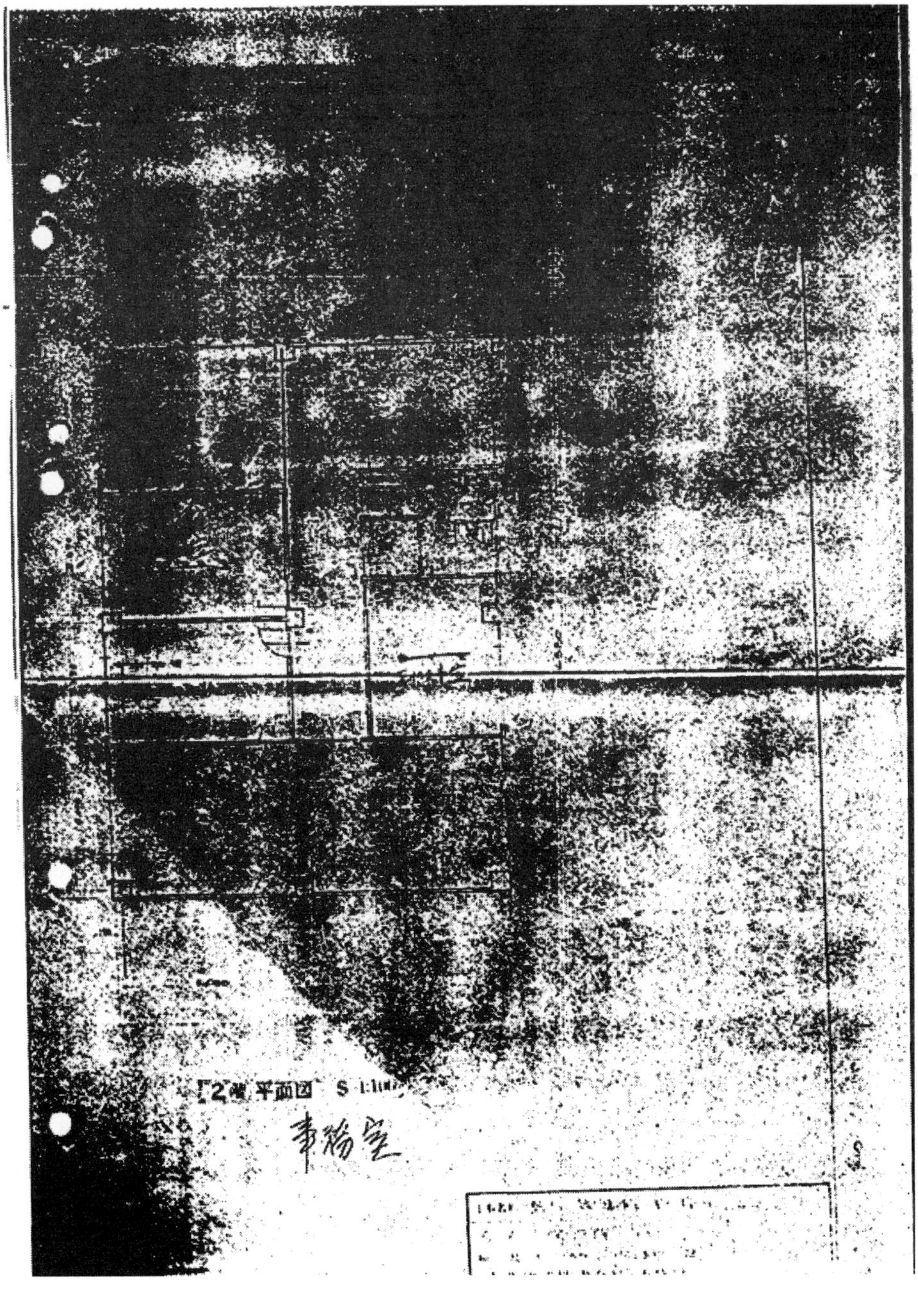

2階平面図

官舎

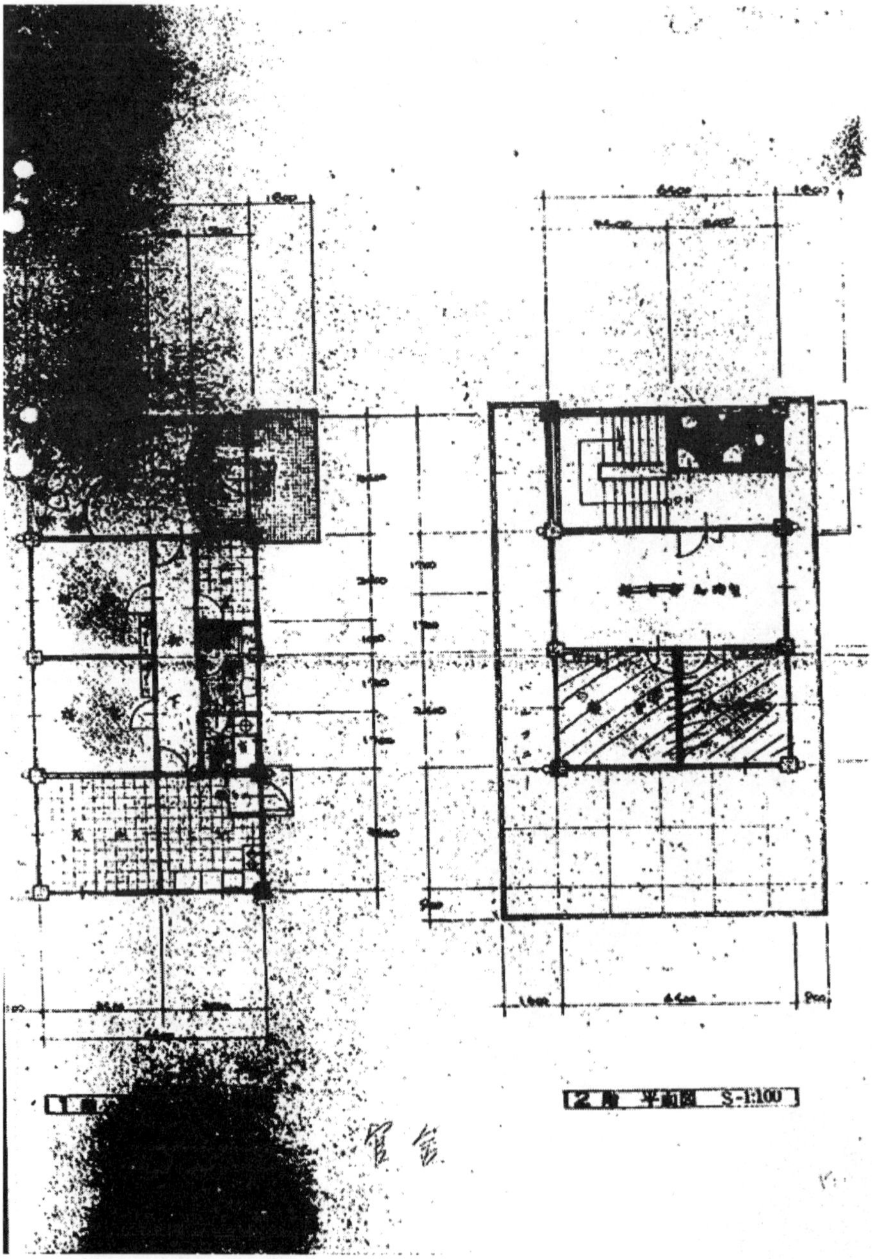

付属建物

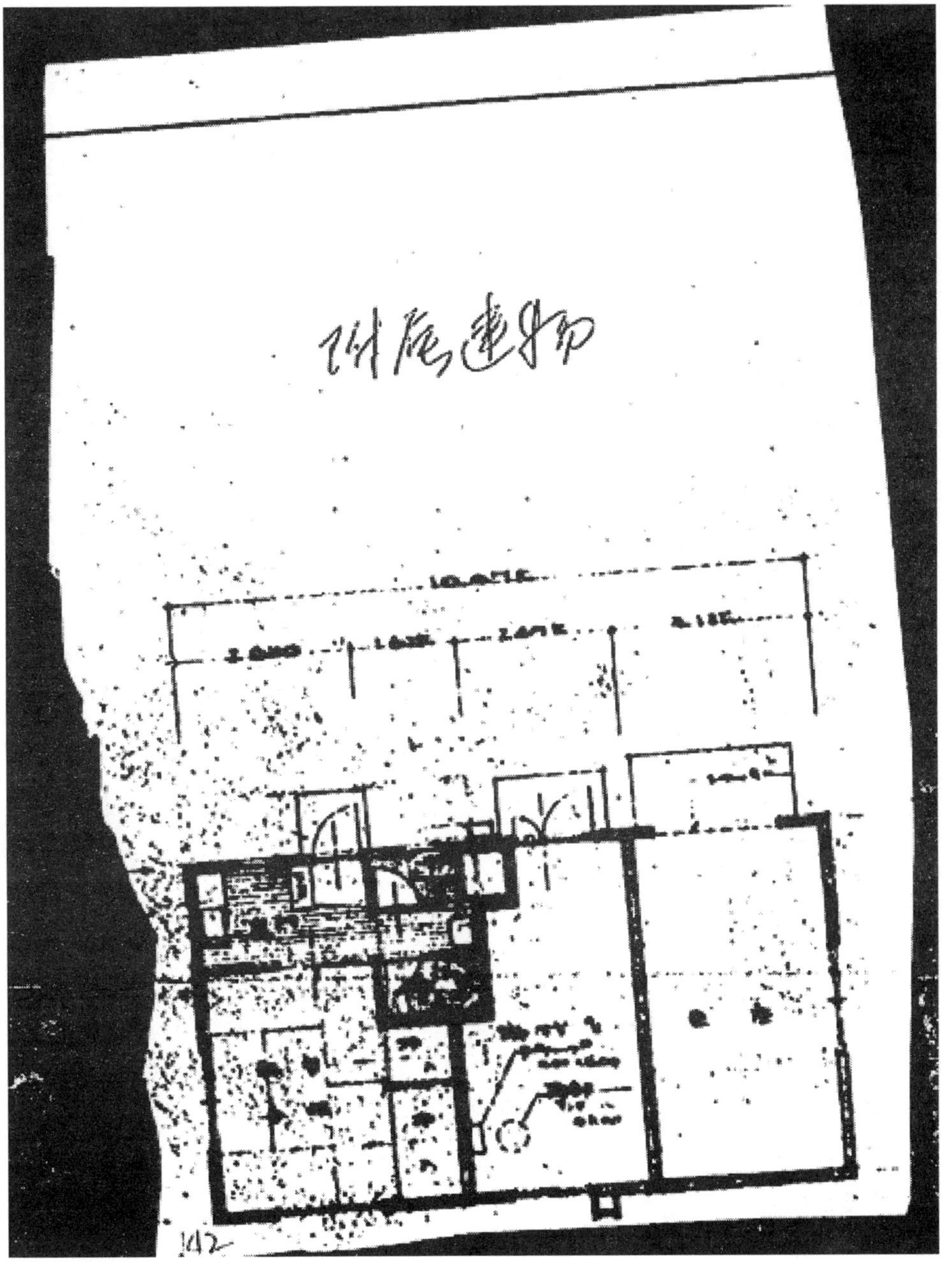

鑑定評価書
岡田憲一不動産鑑定事務所

鑑定評価書
発行日付 １９６９年１０月９日
発行番号 第４１０２号

下関市東大和町20番地５
駐下関大韓民国領事館 御中

下関市新地町１０３番地
岡田憲一不動産鑑定事務所
署名　不動産鑑定事務所　岡田憲一

御下命により受命物件に付き下記の通り鑑定評価致しましたので御報告申上げます。
尚、表記に当つては「不動産の鑑定評価に関する法律」並に宅地制度審議会より日本政府に答申のあつた「不動産鑑定評価基準」に準拠し、且つ誠実に鑑定評価致しました事を申添えます。大韓民国政府のこの仕事に従事し、本鑑定評価書を提出するの光栄を得しことを感謝します。

鑑定評価額決定の理由の要旨

負荷されたる命題は何か。それは当然に正当価格を求めることは要請される。正当価格とは「不動産が一般の自由市場に相当の期間存在しており、売手と買手とが十分に市場の事情に通じ、しかも特別な□□を持たない場合において成立すると見られる適正なる価格」に外ならないものであり、従つて価格時点における当該評価地のありの儘の客観的価格を究明し、その正常価格を把握することが目下の課題である。

Ⅰ．総論

時代は変□する。嘗て、交通の要塞としてその殷盛を誇示した下関市も、国道、国鉄両トンネル開通、大陸への門戸閉鎖に依つて急激な斜陽化の波が訪れ、単なる地方の一通過都市としての地位へと転落し、人口においても254,376人(1965年国勢調査)と日本全国33□目に位□するも、1960年に比して、その増加率は30%にすぎず、停□せる市勢の現況である。

しかし、中国□貫道を始めとする交通体系の再編成、関門架橋による新しき□送動□の形成等の要因により、市勢は□動する時代に即応する始動を開始しようとしている。すなわち、山□水明の都市□と相俟って、観光都市としてクローズアップされ、或いは水産都市としての漁港の□□□充など、道路街の充実は下関市の新しき□□を開拓せんとするに至っている。

当該東大和町地区も商業権として各種関連施設が□比し、□盛の一途を□りつつある。但し、現況では未利用□も存在するので、□成の度合いに於て欠格因子を包□し、今後に於ける社会的、公共的投資動向が、周辺の発展を決定付ける要因として把握される。

所在地	地目又は構造	面積	所有者	1㎡当り単価	鑑定評価額
下関市大字東大和町字東大和町20番地の5	宅地	992㎡23	大韓民国政府	23,000円	22,821,290円
下関市大字東大和町字東大和町20番地の5	鉄筋コンクリート造陸屋根2階建事務所 家屋番号20番5	1階 165㎡79 2階 165㎡79	大韓民国政府	66,500円	22,050,070円
	附属建物 符号1 鉄筋コンクリート造陸屋根2階建官舎	1階 88㎡40 2階 66㎡30	大韓民国政府	54,500円	8,431,150円
	附属建物 符号2 コンクリート造陸屋根平家建 [illegible]車庫	43㎡89	大韓民国政府	33,200円	1,457,148円
			建物価額 合計		31,938,368円
			土地建物価額 総計		54,759,658円

鑑定評価を行なった日付	価格時点	鑑定事項	価格種類	鑑定評価の依頼目的	縁故又は利害関係の有無
1969年10月6日	1969年10月6日	土地・建物価格を鑑定評価すること。	正常価格	参考資料	無

その他評価条件

1. 貴庁御提示の公簿面積を基準として鑑定評価すること。
2. 物件の確認に際しては全て貴庁の御指示に準拠すること。

Ⅱ。各論

1．土地価格の査定

(1)土地の個別的要因

当該地は下関駅南側約1，０００mの至近距離にある臨港地区の西□であり、□付地である。周辺には、日本□□□□、三菱重工業□の工場の外、市営上塩などの食□群が□比し、発展的性向が□的に表現されている一帯である。現況に於ては、当該地が□付□である外は、原木貯□の広□たる□地が展開し、将来性に富める地域である。

街路条件は、下関駅と目□の間にあることに依って表現される如くに極めて良好の範疇に属する。バス停東大和町が５０％□西側大石□築前に存在し、私鉄バスが１日15往復程度の運行頻度を呈示している。道路巾負は１８％に達し、完全舗装の状況にある外、□背地周辺も1970年3月末に舗装の予定であるから、街路条件は極めて卓越した素因した明確に把握される。

面地条件は、北西向きの方位であるが、東南方向にも十分なる余裕を以て□□されている現況を□案するならば、□風、採光、日照共に良好なる面地と称すべきである。□口４６．９□、奥行２１．５□の完全なる整形地であり、道路とも等高であるから、格□に富むすいぐれた面地条件を呈示している。尚、当該地一帯は準放火地帯、準工業地域である。

(２)港湾号に依る制約

当該地区は港湾法35条の規定に基因して工業港区の指定分区に包括される。工場その他工業用施設を設置させることを目的とする区域であり、1964年12月26日付、条例第73号を以て公布せられた下関港の港湾地区内の分区における□築物の□□に関する条例に基づき、下記の如き制約が課せられている。

1 法第２条第5項第２号から第９号まで(第７号を除く)および１２号に掲げる港湾施設
2 原料又は製品の一部の輸送を海上運送又は港湾運送に依存する製造事業又はその関連事業を営む工場及びそのい附帯施設
3 □号の工場及び施設に従事する労務者のための休泊所及び□□所
4 税関、海運局、港湾施設局、海上保安部、免疫所、入国管理事務所、食□事務所、その他市長の指定する官公署の事務所(領事館はこの規定に該当する)

上記以外のものは禁止建築物(市長が公益上やむを得ないと認めて許可したものは□の□りでない)に該当し、商□区に於ては許可の対象となる旅館、ホテル、飲食□等は禁止されている。従って商□地的利用は一切認められず、収益性を随伴する築□が許可の対象とならない事実は土地価格に於ける制約を必然的に将来するものとも称すべきであり、かかる公報上の制約については十分に注□の□ありと判断される。

所在地	時点	1㎡当り単価	面積	摘要
東大和町20 Ⓐ－5	1969年8月	21,800円	1556㎡50	市有地評価先例
東大和町20 Ⓐ－7	1969年8月	17,100円	1581㎡00	市有地評価先例
東大和町19 Ⓑ－3	1969年8月	21,800円	2330㎡	市有地評価先例
東大和町19 Ⓑ－5	1969年8月	17,000円	2340㎡	市有地評価先例
東大和町25 Ⓒ－4	1969年8月	14,500円	330㎡	市有地評価先例
東大和町25 Ⓒ－10	1969年8月	21,000円	330㎡	市有地評価先例
東大和町 ダイハツ東側	1969年8月	45,000円	2,500㎡	売希望地
東大和町 東芝隣接地	1969年8月	60,000円	330㎡	売希望地

(3)事例地価格及び価格の認定

事例地価格の動向としては上記の如きものであるが、下関駅に近接していること等の事由に基因して価格は時勢の一途を辿ると称すべきである。世評価格の動向としては１㎡当り２０，０００円～２５，０００円の価格□勢を端的に表現して居り、事例地価格の動向等を総合的に勘案して比準価格は１㎡当り23,000円と評価する。従って、その総額は22,821,290円である。尚、この場合、□付地であるので、□付減価につてい考量するに、現況は最有効使用の状況にあるものと判断されるので、減価□についての査定は□しないものと認定する。

２．建物価格の査定

風格のある堂々たる建物である。すなわち、主体建物は外装にタイルを□らし、アルミナツシ使用の上、内部仕様も床にpタイル、□□等を使用の上、電気器具もシャンデリアを設置するなど、極めて豪華なる建物である。建物建設に際して、20㎡パイルを50本以上使用したとも称され、基礎にも万全の配慮が為されている。附属建物□号１もほぼ同等に近い内部造作であるが、主体建物と□□して冷暖房設備がない官舎であることが特徴である。

主体建物の内部仕様一例

区分 室	床	壁	天井	摘要
1階 事務室	アタイル	ビニール・クロス	クロス	会議室等には内部シャンデリア（照明器具）あり。[illegible]式（[illegible]を含む）である。
廊下	アタイル	ソフラート	石膏板	
2階 会議室	絨毯	ビニール・クロス	クロス	
[illegible]室	絨毯	高級合板	クロス	
[illegible]室	アタイル	クロス	クロス	

最近の建設□価の動向について判断するに、建設費は労務費の高□乃至は□□価格の上昇と相俟って□年□□の一途を辿るものと称される。例えば、耐火□□□□物に□□□なる□□□□しても1969年4月現在１ｔ当り30,000円前後であったものが、同年10月現在に於ては、１ｔ当り52,000円以上の価格でなければ入手不可能の状況に在る。鉄鋼の如きは季節的変動の顕著な商品であり、全部の資材が半年間に５０％もの異常なまでの騰貴を示すということは考えられないが、少くとも建設物価は年々騰勢を示しているとする一つの照明に外ならず、単なる木造住宅でも１㎡当り３０，０００円前後の建設費が標準的価格である実情よりするならば、かゝる鉄筋コンクリート造の建物が如何に巨額の経費を必要とするものであるかの事実が判然とする。従って比較法の手法に準拠して、まず主体建物は１㎡当り６６，５００円と認定する。一方、附属建物符号１官舎については、外装タイル等の施工が為されていない点などの較差があり、その復成現価は１㎡当り54,500円と査定する。最後に、附属建物符号２管理□業車庫は他棟に比して相当の較差があり、従って１㎡当り33,200円と認定する。

３．土地·建物価格の決定

土地価格の決定に際しては各種の評価先例、世評価格の動向、近傍類地の価格水準等あらゆる資料を総合的に精査の上、価格の査証に努めたのである。上記価格は規範性のある適正なものと認められるので、□書の通り決定する。一方建物価格の決定に際しては、物理的、機能的、経済的減価の割合、最近の建築費価格の騰勢等を綜合的に勘案して標記の通り、価格の決定をする。

以上

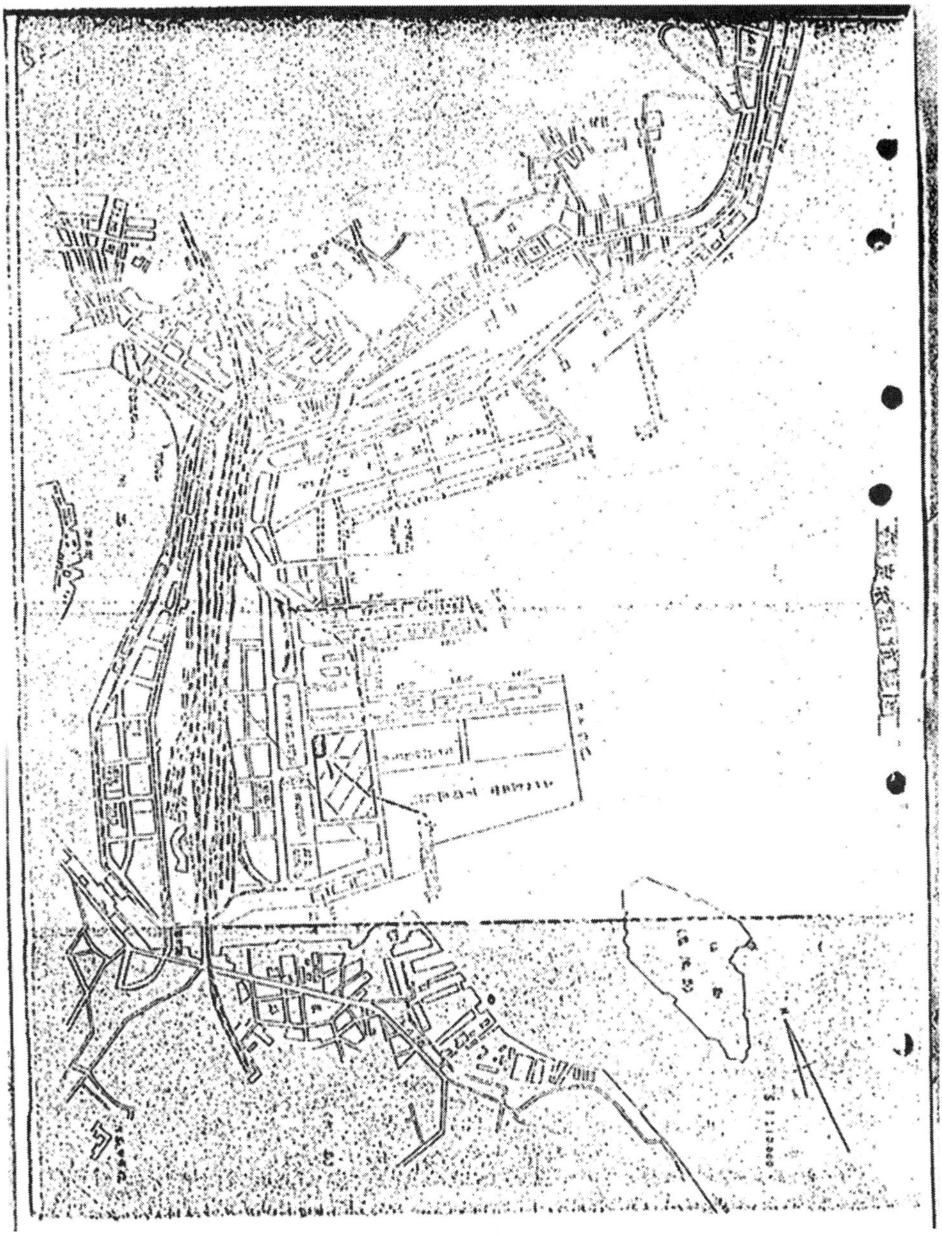

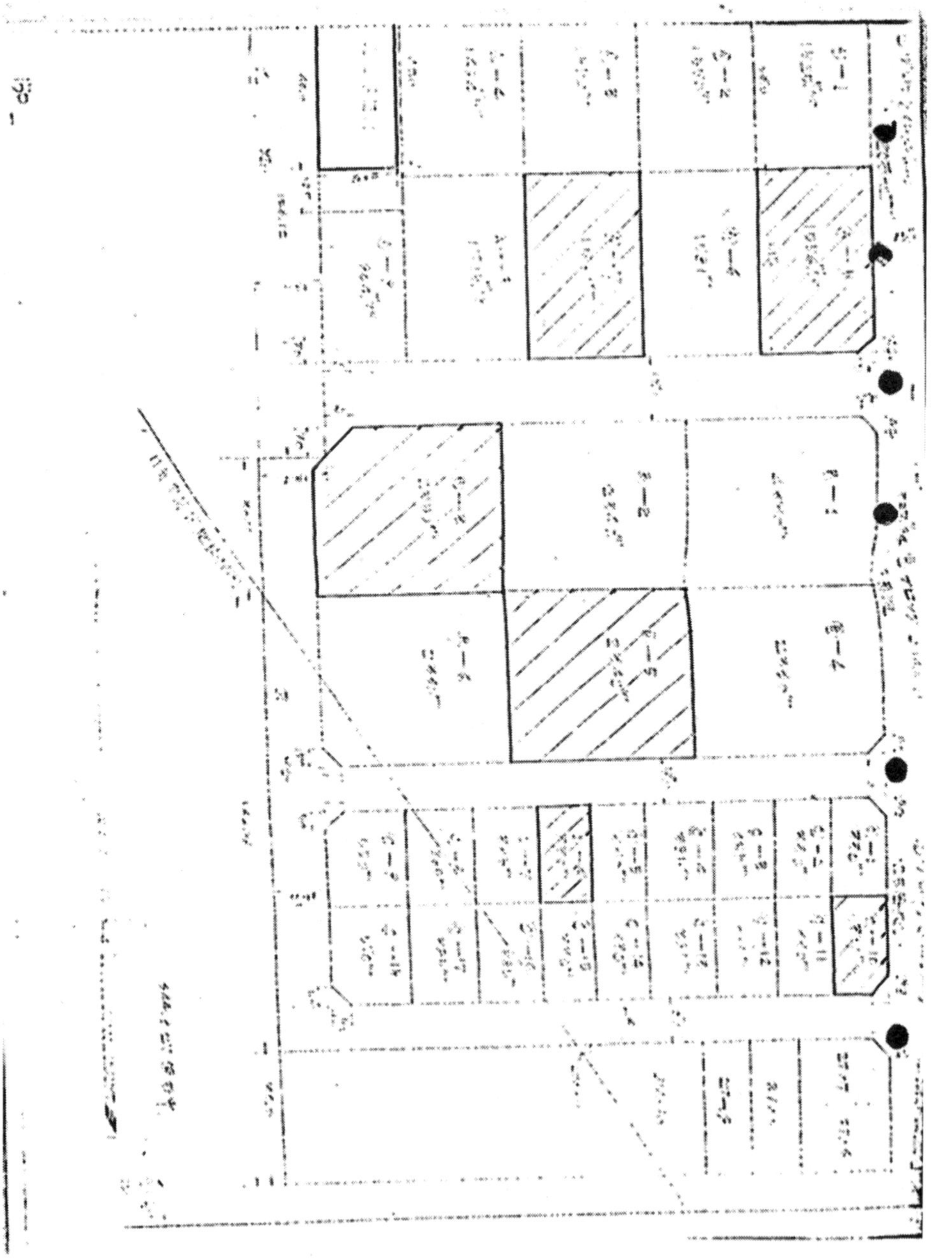

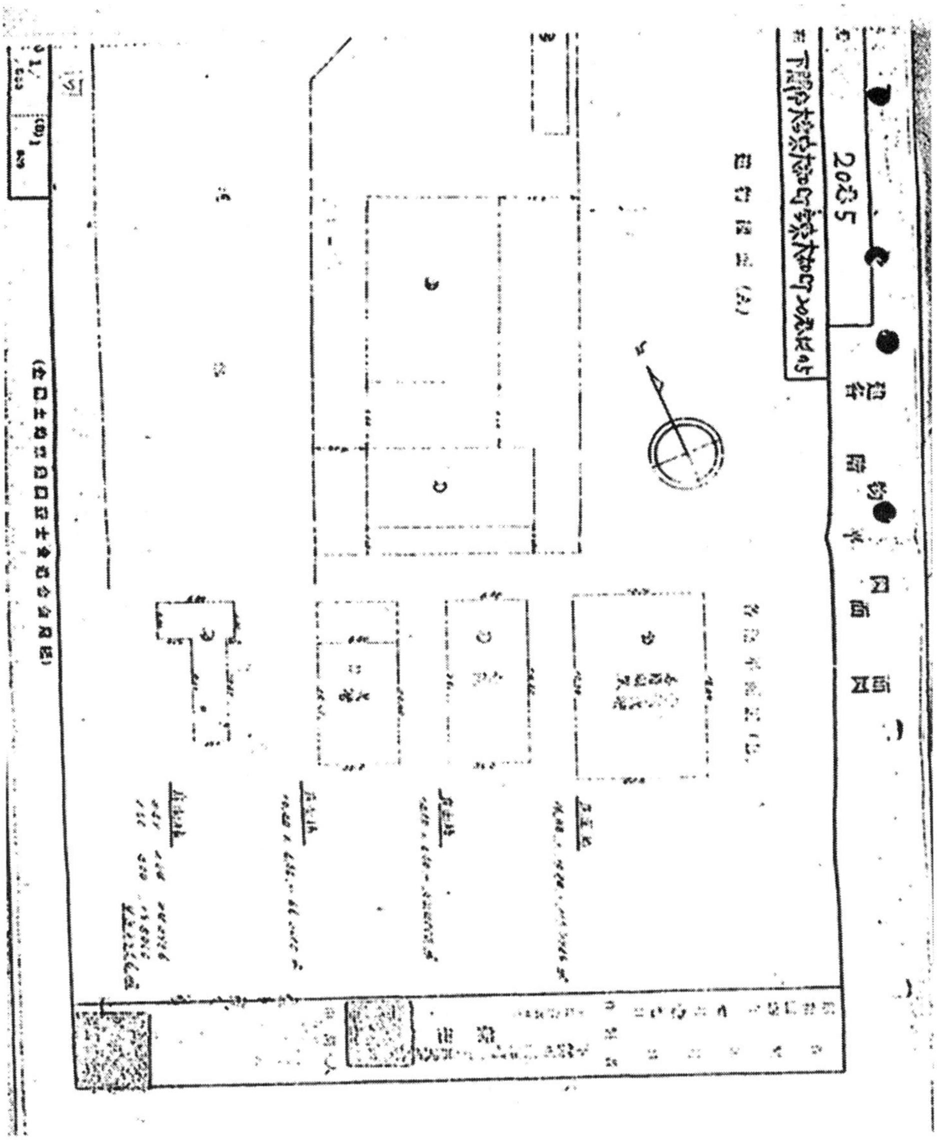

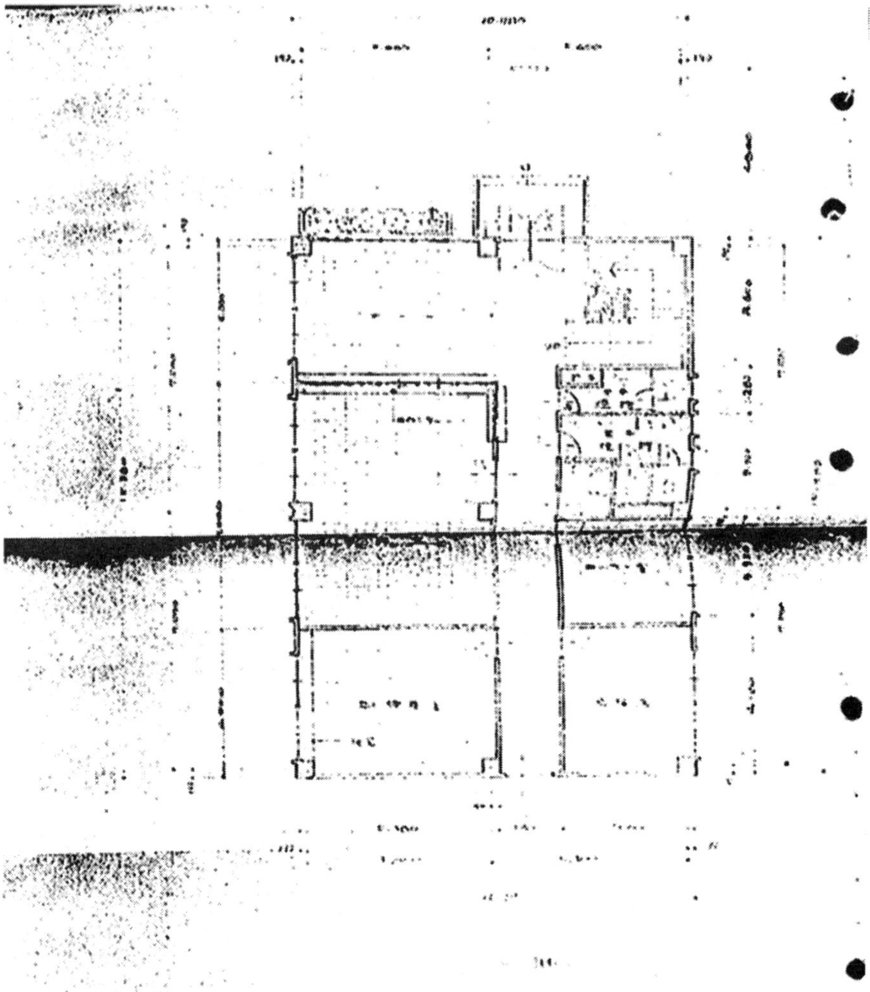

159

⑧ 재일교민현황, 1969-70

기능명칭: 재일교포현황, 1969-70

분류번호: 791.2, 1969-70

등록번호: 3956

생산과: 재외국민과

생산년도: 1970

필름번호(주제-번호): P-0008

파일번호: 03

프레임번호: 0001~0005

1. 재일한국인현별, 성별, 연령별 통계

在日韓国人縣別, 性別, 年令別 統計
(69年度 日法務省集計)

都道府県 七大都市		総数			15~19 才		20~24 才		25~29 才	
		総数	男	女	男	女	男	女	男	女
総数		603,712	322,763	280,944	36,424	34,455	34,747	33,103	28,863	28,150
北海道		8,619	5,290	3,359	471	453	416	393	247	251
青森		2,051	1,169	889	143	103	79	85	49	59
岩手		1,659	983	706	105	96	87	80	65	60
宮城		3,319	1,869	1,451	203	216	169	170	116	97
秋田		1,167	619	520	76	81	56	78	42	45
山形		706	418	288	35	35	34	26	23	29
福島		2,253	1,283	970	110	117	113	113	75	79
茨城		3,387	1,810	1,517	302	343	167	167	140	128
栃木		1,980	1,089	895	129	127	114	106	69	79
群馬		2,779	1,608	1,171	137	135	149	139	122	103
埼玉		6,760	3,808	2,952	361	335	396	325	349	361
千葉		7,675	4,250	3,425	415	402	454	398	366	380
東京	特別区	61,252	33,935	27,314	3,573	3,316	3,959	3,453	3,207	2,840
	その他	10,280	5,899	4,381	745	587	938	695	455	441
神奈川	横浜市	10,787	5,925	4,862	599	583	617	606	522	485
	その他	15,893	8,652	7,241	933	847	951	857	726	720
新潟		2,720	1,553	1,167	152	144	162	140	118	114
富山		1,892	965	927	105	115	108	113	104	86
石川		3,168	1,636	1,532	193	207	192	186	135	136
福井		4,890	2,690	2,270	271	281	263	258	222	194
山梨		1,901	1,688	813	109	88	96	112	96	104
長野		4,959	2,821	2,138	263	254	297	249	258	212
岐阜		10,786	5,853	4,933	620	586	608	577	527	506
静岡		7,893	4,325	3,568	430	396	453	438	382	369
愛知	名古屋市	25,124	13,270	11,854	1,930	1,299	1,476	1,374	1,351	1,304
	その他	23,797	12,413	11,381	1,537	1,486	1,350	1,407	1,275	1,169
三重		7,643	4,047	3,596	457	430	448	459	367	342
滋賀		6,322	3,331	2,991	407	590	343	331	289	279
京都	京都市	34,033	17,663	16,370	2,098	1,928	2,041	1,998	1,759	1,687
	その他	6,926	3,741	3,185	429	396	436	394	327	311
大阪	大阪市	112,358	58,555	53,803	6,849	6,597	6,547	5,985	5,384	5,301
	その他	53,198	28,017	25,181	3,056	2,724	2,912	2,951	2,794	2,968
兵庫	神戸市	24,108	12,652	11,456	1,394	1,335	1,368	1,339	1,187	1,196
	その他	37,676	19,618	18,058	2,299	2,206	2,202	2,100	1,787	1,833
奈良		5,001	2,668	2,337	295	283	295	277	218	217
和歌山		4,917	2,756	2,161	281	266	289	282	226	214
鳥取		1,535	789	746	109	100	60	85	57	56
島根		1,816	955	861	135	107	92	103	63	66
岡山		8,602	4,173	3,829	482	455	424	485	371	359
広島		14,904	7,711	7,193	1,002	1,000	857	871	724	727
山口		15,623	7,981	7,612	1,006	1,091	729	834	602	641
徳島		321	179	142	13	18	15	16	15	4

香川	853	479	374	40	37	45	51	58	42
愛媛	2,028	1,060	968	126	136	110	111	83	92
高知	974	658	366	53	27	51	41	45	43
福岡 北九州市	9,040	4,811	4,229	559	522	472	492	403	399
福岡 その他	16,577	8,996	7,551	1,144	1,067	854	788	671	666
佐賀	1,595	878	717	97	115	81	78	49	52
長崎	3,441	1,887	1,554	231	181	159	139	97	99
熊本	1,869	1,081	785	99	104	84	83	68	45
大分	3,392	1,810	1,982	246	226	141	177	114	117
宮崎	1,117	685	432	60	54	51	61	48	29
鹿児	632	398	234	32	25	16	27	15	14
不詳	45	27	18	5	3	1	-	1	1

2. 영주권 신청현황

〈원본상태불량〉

영주권신청현황

1970. 12말 현재

지방, 공관별	자격자수	목표수	12월중 신청	신청누계	비율
도쿄	60,567	42,34□	1,125	25,580	□
대사관 관내	93,478	□	□	□	□
오사카	149,083	□	□	□	75. □
교도	3,978	□	□	□	51.9
오사카 관내	203,129	□	□	99,791	□
삿포로 관내	8,139	5,697	□	□	55.4
후쿠오카 관내	□	□	□	□	77.5
센다이 관내	10,975	□	□	□	34.7
가나가와 현	□	□	□	□	□
요코하마 관내	33,044	23,131	1,237	13,911	□
나고야 관내	73,329	31,336	□	□	2.1
효고현	□	□	□	22,814	□
고베관내	□	□	1,117	28,133	58.2
시모노세키 관내	31,592	22,113	523	15,148	□
합계	559,147	□	9,949	□	□

제3부

재일민단 관련

해방이후 재일한인 외교문서 해제집

▎제2권▎(1945~1969)

① 재일민단 일반, 1965-67

본 문서철은 구성이 산발적이고 주제적으로 통일되지 못한 문서도 삽입되어 있으나 기본적으로는 크게 민단의 요망 사항이라는 주제로 묶여 있다. 대략적인 구성을 보면 초두에는 1967년 1월에 개최된 제9회 민단 중앙위원회에서 발표된 법대위 활동 보고서를 다루고 있는데, 이 가운데 '일본이 제정한 출입국 관리 특별법안에 대한 민단 측의 요망 사항'이 나온다. 해당 부분은 1965년에 작성된 것으로서 법대위 활동 보고서에 실린 요망 사항과 비교 차원에서 참고하였던 문서가 삽입되지 않았나 생각된다. 이후 대통령 취임식 때에 들어와 장관에게 건의하는 내용을 담은 문서와 이유천 단장이 귀국하기 전에 기자들과 만나 읽은 성명서가 실려 있다. 이하 본문에서는 민단의 요망 사항을 중심으로 이를 시간순대로 서술하고자 한다.

앞서 언급한 바와 같이 문서철 중반부에 권일 단장 명의로 작성된 "일본국의 출입국 관리 특별법에 대한 민단 요망서"가 1965년 10월 28일자로 주일대사에 의해 별첨되어 있다. 이는 65년 한일조약 이후 일본 정부가 제정한 출입국 관리법안 내용을 검토하고 민단에서 요망 사항을 주일대표부에 전달한 것인데, 먼저 민단 측의 요망사항을 확인해 보면 ① 일본 내 수속이 엄격하여 서류에 본인이 기입할 수 없는 자가 많기에 영주권 신청시 민단에서 신원확인을 받도록 할 것, ② 변절하여 반국가적 단체에 가입한 자를 민단이 한국 정부에 통고하면 국적을 박탈케 할 것, ③ 영주권 취득자와 일반거주권자의 재입국 무조건 허용을 요구함을 알 수 있다. 이에 대해 주일대사는 민단의 대리 신원확인에 대해서는 민단에 가입하지 않은 한국인이 신청을 못하는 일이 없도록 검토해야 할 것이며, 반국가 단체에 가입한 사상 변절자의 영주권 박탈은 법적으로 곤란하고, 영주권 취득자의 재입국은 일본과 교섭방안을 연구중에 있다고 대답한다.

이에 비해 2년이 지난 1967년에 민단이 정부에 요망한 사항에는 어떤 것들이 있을까? 같은 해 2월 6일에 주일본대사관에서 외무부 장관 앞으로 "제9회 거류민단 중앙위원회 개최에 관한 보고"라는 이름으로 공문을 보낸다. 공문의 내용은 중앙위원회 개최 전에 권일 단장을 비롯한 중앙본부 간부를 불러들여, '한일회담을 반대하였고 현재도 수정을 요구하며 영주권 신청 보류 운동을 주장하는 법대위(법적지위대우대책위원회)의 일부 인사'들이 중앙위원회가 개최되기 전(67.2.2.)에 모여 '영주권 신청을 보류하는 방향으로 중앙위원회가 결의하게끔 촉구할 것'으로 예상되어 이에 대한 대책을 세우기 위함이었다. 이들이 우려하던 법대위의 활동 보고서를 살펴보면, 우선 이들은 보고서 첫머리에 '1966년에 재일한국인 법적 지위 협정이 발효되었으나 협정의 기본정신, 법상 성명이나 입관국장 담화와는 거리가 큰 차이를 보여 협정영주권 신청에 부진이 발생하고 교민들을 불안하게 만들었기에 지난 8회 중앙위원회에서 기존 법대위를 보강 개편하여 각 지방의 실정을 파악하고 활동을 보고하여 문제점을 밝히겠다.'고 말하며 법대위의 역할을 규정짓고 있다. 보고서에 실린 제2회 상임위원회의 결과를 보면 "a. 외국인 등록증 소지자에게 무조건 협정영주권 부여 요구 b. 협정 기본정신에 걸맞은 특별 조치를 요구, c. 52년 4월 이전 입국한 자는 법상 성명에 따를 것을 촉구하는 운동 전개 d. 지방 공청회를 통해 지방 실태 파악, d. 진정단 본국 파견"을 결정한 것을 확인할 수 있는데, 이들의 의견을 최종적으로 정리한 것이 제2회 총회에서 작성되어 진정단이 본국에 전달한 "본국 정부에 대한 요망사항-재일한국인의 법적 지위 및 대우 문제에 관하여"로 볼 수 있다.[5)]

요망 사항은 협정영주권 문제, 1952년 4월 28일까지의 입국자 문제(일반영주), 1952년 4월 28일 이후의 입국자 문제, 대우 문제, 특별요망문제의 다섯 항목으로 이루어져 있는데 '협정영주권 문제'에 있어서는 ① 거주력에 공백이 있더라도 재심사 없이 일괄계속거주를 인정할 것 ② 협정영주권자에 걸맞는 규제 신설 요구(재입국 허가의 심사 및 기간 문제, 수형자의 재류자격 문제, 전후 인양선으로 입국한 교포 문제)를 들고 있다. '1952년 4월 28일(센프란시스코 강화조약일)까지의 입국자 문제'에 관하여는 해당자 전원을 거주기간의 공백에 관계 없이 일반영주로 취급하고 절차를 대폭 간소화할 것을 요구하고, '1952년 4월 28일 이후의 입국자 문제'에 있어서는 특별재류허가를 취득한 자는 계속하여 안주할 수 있도록 해야 하고 허가를 얻지 못한 자는 거주실적에 상응하는 거주권을 부여할 것을 요망하였다. '대우문제'에 있어서는 ① 각종 복지 연금, 중소기업금융금고법, 국민금융금고법 등의 적용과 같이 사회보장을 일본인과 동일하게 적용받을 것과, ② 일본 내 사업자들의 외환 수속 없는 재산반출을 허용할 것, ③ 일본의 부당한 조세 정책에 대해 한국 정부가 대응할 것, ④ 효과적인 재산의 운용을 위하여 현금 송금 제도를 개편케 할 것, ⑤ 한국에 사업

5) 보고서에 수록되어 있는 법대위의 활동 내역을 시간순으로 간략하게 정리하면(원 안의 숫자는 보고서 안에 수록된 순번) "① 제1회 상임위원회(66.9.28.)를 열고 기존 위원에다가 지협사무국장, 산하단체대표 중앙대의원 10명 내외의 지방본부 단장으로 법대위원을 보강하기로 결정함에 따라 ② 제1회 총회(66.10.5.)에서 이유천을 위원장으로 하는 위원 49명을 결정한다. ③ 제2회 상임위원회(66.10.19.)을 개최하곤 ⑤ 일본측과 연합회의(66.10.21.)를 열어 일본 정부가 협정의 기본정신에 반하고 있다고 항의한 후에 ④ 제2회 총회(66.11.16.)에서는 본국 정부에 대한 요망사항을 결정한다. 이후 ⑥ 주고쿠 지구(66.11.12.), 긴키 지구(66.12.13.)에서 열린 두 차례의 지방공관회를 열고 ⑦ 제2회 총회의 내용에 따라 본국에 진정단 파견, ⑧ 법적지위 발표 1주년 맞이 성명서를 발표(67.1.17.)."의 순으로 이루어져 있다

을 운위할 경우 외환조치 없이 송금할 수 있도록 제도화할 것을 요구하였다. 마지막으로 '특별요망사항'으로는 복잡한 재일한국인 문제를 해결해 나갈 수 있도록 일본정부와 협의하여 민단대표를 포함한 공동위원회를 설치할 것을 요망하였다.

이후에 수록된 내용은 67년 7월 4일에 발행되었고 "해외 교포의 건의"로 되어 있는 3페이지 분량의 문서이다. 박정희 대통령 취임식 참석차 4개국에서 온 해외교포 중 15명이 장관을 예방하고 석상에서 건의한 내용을 대화문 형식으로 요약하여 실었는데,[6] 건의사항만 뽑아보자면 이유천 단장은 민단 20주년 기념행사에 재일교포 가족방문 계획에 대한 협력과, 민단의 권위와 자주성을 인정해주길, 김광남 의장은 민단의 후진을 육성해주길 요청하였고, 오사카 단장은 법적 지위 문제와 일본 정부의 세금 공세에 대한 애로 사항을 토로하였다. 이후 일본으로 귀국하기 하루 전인 11일에 기자들과 만난 자리에서 본인이 단장이 되기 전까지 파쟁을 겪던 민단의 현실에 대해 말하고 민단의 육성을 지원해 줄 것을 호소하며 향후의 계획을 밝히는데 이 계획에는 ① 남한의 발전상을 널리 알려 입단을 촉진 ② 조직을 재정비 ③ 한일협정에 따른 법적지위향상과 대우개선에 적극 노력 ④ 2세 교육을 강화 ⑤ 재일교포의 복지와 중소기업의 육성을 위한 시중 은행의 설립, ⑥ 세금대책 위원회 설립 ⑦ 교포재산의 반입과 국내 투자 대책 확립 ⑧ 일본에 대한 민단 재인식에 노력 ⑨ 국회에 옵저버 제도 수립 ⑩ 유니버시아드에 대한 민단의 지원과 국위 선양 ⑪ 모국 방문 강력 추진 ⑫ 교포청 실치 요청이 있다. 실질적으로 절반 정도는 지난 법대위 활동 보고서 속에 들어있던 요망 사항이 그대로 들어있음을 알 수 있다.

2년 후에 열리는 민단강화회의(1969)에서도 민단측은 한국 정부에 유사한 내용을 요구한다. 다만 정부가 그 요망사항에 대해 얼마만큼 귀를 기울여주었는지는 미지수다. 그러나 그렇다고 하더라도 시기에 따라 민단이 어떤 부분을 요망했는지를 잘 알 수 있는 자료로서 본 문서철에 대한 가치를 매길 수 있다.

② 재일본민단강화대책회의. 서울, 1969.8.6.-9.

본 문서들은 1969년 8월 6일부터 9일까지 서울에서 개최된 재일본민단강화대책회의에 관한 내용이 기록된 것이다. 날짜 식별이 가능한 부분만 따진다면 1969년 2월 26일 발행된 협조전으로 시작하여 문서철의 제일 마지막은 1969년 8월 9일 회의록 요록으로 끝난다. 본 해제문에서는 본 문서철의 가장 중추를 이루는 '민단효율화방안'을 중심으로 시간 순서에 맞춰 기술해 보고자 한다.

---

6) (1967.06.29.) 『조선일보』 "在日僑胞 2百名도 大統領就任式 参席"

국내에서 민단에 대한 관심이 높아지기 시작한 것은 1968년 김상현 의원이 발표한 재일교포문제조사보고서에 기인하는데, 김상현 의원은 당시 일본에서 영주권 신청이 저조한 근본적인 이유가 '민단의 강력한 조직력 결여'와 '민단과 주일 공관과의 계속적인 불협화음'에 기인한다고 지적하였다.[7] 바로 전년도인 1967년에 주일대사관이 협정영주권 신청 부진의 원인을 ①영주허가 신청기한이 5년인 것 ② 계몽지도 불충분(법무성 활동의 영향) ③계속 거주력의 하자 ④ 영주허가의 실질적 이득 감소로 들었던 것과는 전혀 다른 이유가 거론된 것이다.[8] 이를 계기로 재일한국인과 민단에 대한 관심이 높아지며, 69년 2월 13일에는 재외국민지도 자문위원회가 설치된다. 그리고 당시 중앙정보부의 김형욱 부장은 민단 간부를 서울에 불러 토의하고 개편을 할 수 있도록 외무부에 지시를 내린다.[9]

초두의 협조전을 보면 중앙정보부(정보 770-53, 1969.2.26.)에서 교포간부 인사를 본국에 초치하여 민단을 개편하기 위한 합동회의 개최 기본 계획을 통보하여 왔다고 되어 있는데, 이 회의의 정확한 취지는 외무부에서 중앙정보부장을 수신인으로 발신한 문서(아교725, 1969.3.19.)를 통해 확인할 수 있다. 69년 3월의 민단중앙대회와 지방대회로 새로운 집행부가 설립되기에, 이에 맞춰 교포운동의 새로운 방향 설정을 도모하고자 한 것으로 그 토의항목에는 '1) 민단 신집행부의 운동방침 목표 2) 민단 활동의 효율화 방안(민단 조직 운영에 관한 사항을 말함) 3) 본국과의 유대 강화 방안 4) 교포의 보호 및 지도에 관한 문제 5) 기타 사항'이라는 다섯 가지 안건이 들어 있다.

이 중 민단 활동의 효율화 방안에 관해서는 '표면에 노출시킴이 없이 민단의 개편을 포함시키고, 주일대사관 단독 혹은 민단과의 비공식 협조하에 방안을 작성하면, 중정의 파견관과 민단의 안을 토대로 하고 외무부와 중정이 심의하여 정부 기본안을 작성하겠다.'고 말하고 있다. 당연히 외교의 장에서 중앙정보부(이하, 중정)의 개입이 있을 터이지만, 비슷한 시기 재일동포에 관련된 외교문서 가운데에 중정이 이처럼 전면에 나서는 문서는 좀처럼 보기 쉽지 않다. 실상 '민단의 효율화 방안'이라는 문제가 이 문서철에 있어 가장 중추가 되는 사안이었고, 또 정부가 얼마나 관심을

7) 김태기(2000) 「한국 정부와 민단의 협력과 갈등 관계」『아시아태평양지역연구』3-1, pp.84-85
8) [P-0005-02/2441/791.22] 재일본한국인의 법적지위협정 시행에 관한 양해사항 확인(주일영(1)725-1945)
9) 김태기(2000) pp.84-85, 앞서 언급한 바와 같이 외교사료관의 사료는 본문이 본격적으로 시작되는 4페이지는 누락되고, 다음 5페이지는 반절 이상이 찢겨 확인이 불가능한데, 이것이 중대대400-721(69.2.19)일 가능성이 있다. 김태기는 해당 본문을 확인한 것으로 보인다.

가졌는지를 미루어 짐작케 한다.

5월 7일이 되어 위 지시에 따라, 제7차(임시) 주일각급공관장회의가 열리고 본 민단효율화 방안에 대한 보고(일영(1)725.1-1610, 본국 및 교포 간부 합동회의)가 들어오는데, 외무부에서 이를 바탕으로 작성한 것이 7월 10일 아주국에서 생산되어 중앙정보부장을 수신인으로 하는 24페이지짜리 문서(아교725-, 본국 및 교민간부 합동회의)이다.

본 문서에서는 민단을 '교포들의 친목 단체'이면서 '권익을 보호하는 자위 단체'이자 '공산 세력과의 대결 투쟁을 위한 정치적 단체'로 정의 내리고, 민단이 국교 정상화 이전에 정부 시책을 크게 시행하여 정부 기관 혹은 대행 기관이라는 착각을 하였고, 영사관이 생긴 이후에는 본인들의 역할이 감소함에 따라 권위와 이권을 빼앗겼다는 피해의식으로 인해 영사관에 대한 대항 의식을 갖고 있다고 보았다. 이에 민단을 지도부의 교체에 맞춰 '교포의 편의를 도모하는 서비스'를 제공하고 '조총련과 대결할 수 있는 조직으로서 대한민국의 시책을 지지하는 조직체'로 만들고자 했다.

주일각급공관장회의	① 민단에 대한 재정 보조 ② 민단 단장 임기 장기화 ③ 실무기구 확립(실무진 임기 보장) ④ 감찰 기구의 중앙집권화 ⑤ 회계관리의 합리화 ⑥ 산하단체 육성 ⑦ 대사관과 민단의 업무의 명확화
외무부	① 재무의 효율화 ② 민단 중앙본부가 정부 시책에 협조하도록 ③ 중앙조직의 간소화 ④ 하부조직(민단지부) 육성 ⑤ 실무기구 확립 ⑥ 역원(민단 단장) 임기 장기화 ⑦ 기타

위의 표는 최초 주일각급공관장회의에서 나온 민단효율화방안과, 외무부에서 이를 받아 작성한 것을 간략하게 적어 넣은 것인데, 일부 유사한 부분도 있지만 주일각급공관장회의 제시 의견은 현 민단을 정비하는 데에 방점을 찍은 반면, 외무부 제안 문서에는 민단 중앙세력을 간소화(지방 분권화)하는 데에 무게를 두었다는 차이가 있다. 아무래도 현지에서 실질적으로 도움을 주고받던 주일각급공관장들과 바다 건너 정부와는 그 입장에 분명히 차이가 있었을 것이다.

이 외무부의 제안 내용은 7월 7일에 내무부가 회의 안건으로 제시한 내용(외사2068-273) 가운데 단장 임기 장기화와 실무기구 확립은 동일하나, 찬조금 징수를 금지하는 부분이 상이하다. 외무부가 제안한 의견은 중앙의 방대한 기구를 정리하고 각급 해당 공관을 중심으로 민단을 육성화하여 지방 분권적인 방향으로 개편을 꾀하고, 역원들의 임기를 연장하고 사무원의 신분과 생활을 보장하여 업무의 연속성을 갖게

함과 동시에 빈번한 파벌 조성을 방지하고자 한 것이었다. 이들은 업무의 전문성을 띠게 하는 한편으로 어떤 파벌이 권력을 쥐게 되더라도 쉽게 민단의 성격이 바뀌지 않도록 하는 데에 그 목적이 있다고 생각되는데, 이는 권력을 간소화시킨 상태에서 지방본부에서 중추적인 역할을 맡게 될 사무국장의 임명을 '민단 내의 좌경 세력을 고려'하여 관할 공관장이 인준할 것을 전제로 삼고 있기 때문이다.

그런데 6월 17일에 열린 제1회 민단전국단장회의의 보고내용 중 '정부와의 합동회의' 부분에 민단효율화 방안에 대한 언급이 전혀 없는 것을 보면, 이는 최초 문건의 내용과 같이 민단의 의사와는 별개로 정부 독자적, 혹은 비공개적으로 진행되었던 것 같다.

7월 15일에 외무부 아주국에서 작성한 '정부, 민단 간부 연석회의 계획(안)'를 보면 전원위원회의 의제 중에 '민단 활동의 효율화 방안'이 정식으로 들어가 있음을 알 수 있는데, 16일에 작성된 '정부·민단 연석회의와 관련되는 제문제'라는 이름으로 작성된 문서의 6할 가량이 민단효율화방안에 관련된 내용임을 본다면, 회의 의제로 교포들이 당면한 문제를 표면에 두었지만 실제로 그 이면의 목적은 민단효율화방안이었던 것이 아니었을까 하는 의심마저 들게 한다. 그러나 외무부가 계획했던 민단효율화방안은 애당초 관헌이 개입한다는 비난의 가능성이 있어(아교 725, '민단 조직 효율화 방안 추진의 문제점') 표면에 이를 내세우지 못한다는 한계를 지니고 있었다. 때문에 정작 회의 시에 작성된 조직위원회 결과 보고서에는 사전에 민단이 제출하였던 민단의 요망 사항만을 다루고 있어서 보고서 이외의 수단으로만 외무부가 계획했던 것들의 반영여부를 일부 확인할 수 있다.

논제로 거론되었던 것 중 실무기구 확립에 있어서는 조선일보 8월 12일자 기사에 '민단의 사무요원을 훈련, 양성할 것과 그들의 신분 및 생활을 보장할 것에 정부와 의견을 같이 했다.'고 되어 있어 진전을 보였음을 알 수 있고, 민단장의 임기연장 논의 또한 2년 후인 1971년 2월 13일자 조선일보 신문 기사에 '민단장의 임기연장 새달 연차대회 상정'과 같이 시도되었음을 보면 정부의 제안을 그대로 받아들였음을 알 수 있다.[10] 안타깝게도 이외에는 민단효율화방안이 어떻게 처리되었는지는 정확한 성과를 확인하기는 쉽지 않다.

다만 강화회의 자체에 대한 세간의 평가는 썩 좋지 않았던 것 같다. 가령 동아일보 1969년 8월 11일자 사설 '민단강화대책회의에 붙임'에서는 "그러나 줄곧 僑胞문제에

10) 다만 1974년 경향일보 3월 12일자 민단장 선출 기사에 임기가 2년이라고 되어 있는 것을 보면 1971년 민단장의 임기 연장은 부결된 것 같다.

계속 관심을 가져온 사람의 눈에는 또 油印된 「報告」이상의 것을 보지 못하고 있는 눈에는, 모든 것이 너무 막면하고 모호하게만 보인다. 가령 그 「報告」 안에 앞으로 "駐日大使館과 民團中央本部 간에 定期的인 懇談會를 개최한다는 데 의견을 같이했다" 운운하는 대목이 들어있는 데는, 정녕 이때까지 懇談會라는 것마저 없었던가, 또는 그것마저 없이 어떻게 한꺼번에 本國에 와서 맘모스會議를 열게 되는가, 스스로 놀라운 느낌이다."와 같이 평가하고 있는데, 그 평가와 회의 시에 오고 갔던 논의들이 실제로 실현되었는지 여부는 별개로 치더라도 적어도 보고서 상으로는 민단의 의견이 순조롭게 전달되었고 정부도 나름 성실하게 답변한 모양새이다.

다만 아쉽게도 박정희 대통령도 매년 같은 회의를 열라고 지시했음에도 불구하고 이듬해에는 회의가 개최되지 않았다. 결국 육영수 여사 피살사건으로 실패로 돌아가긴 했지만, 2차 회의 계획이 세워진 것도 시간이 한참 흐른 1974년이었다.[11)]

재일민단강화회의는 민단의 자치성을 인정하지 못한 채, 명칭 자체부터 민단의 문제점을 논의하고 강화대책을 강구한다[12)]는 지도적인 입장에서 시작을 한 데에다가, 애초에 정부의 구미에 맞는 단체로 그 체질을 변화시키려던 목적을 이면에 숨기고 있었다. 그러나 그렇다곤 하더라도 이제껏 줄곧 주일대사관을 통해서만 전달되었던 민단의 의견이 민단의 간부들의 입을 통해 실무진과 직접 만나 전달할 수 있었다는 그 사실 자체에 다소나마 평가를 내려볼 수 있다. 당시 정부의 생각과 민단이 요망했던 사항들이 일목요연하게 정리되어 있는 이 문서철은 그 때문에 나름의 가치를 가진다고 말할 수 있을 것이다.

▌관련 문서▌

① 재일민단 일반, 1965-67

② 재일본민단 강화 대책회의. 서울, 1969.8.6.-9

11) (P-0013-06) 재일본 민단 확대 간부회의 개최계획에서는 '1969년 제1차 민단강화대책회의에서 거류민단의 강화대책을 정부와 매년 개최키로 결정하였는 바, 그 후 민단의 혼란으로 중단되었음'과 같이 적혀있다. 다만 이 시도도 육영수 여사의 피살 사건으로 중지되었다. (P.45)

12) (P-0013-06) 재일본 민단 확대 간부회의 개최계획(P.65)

① 재일 민단 일반, 1965-67

기능명칭: 재일 민단 일반 1965-67

분류번호: 791.26, 1965-67

등록번호: 2445

생산과: 동북아1과 교민과/재외국민과

생산년도: 1967

필름번호: P-0005

프레임번호: 0001~0056

1. 주일본대한민국대사관 공문

주일본대한민국 대사관
번호 주일영(1)725-44
일시 1967.2.6.
발신 주일대사
수신 외무부장관
제목 제9회 거류민단 중앙위원회 개최에 관한 보고

연: JAW-01505

1. 거류민단 제9회 중앙위원회 개최 예정에 관하여는 연호로서 이미 보고드린 바 있거니와 이에 관련하여 다음 사항을 보고합니다.
2. 한일회담을 반대한 바 있으며 현재도 소위 재일교포 법적지위 대책 위원회 내에서 협정 내용의 수정을 요구하고 영주권 신청 보류 운동을 주장하는 인사(별첨 명단 참조)들은 2.2. 14:00~17:30 "아다미"에 집합하여 "유지간담회"라는 명목하에 오는 제9회 중앙위원회에서 이들이 전개할 운동 방침에 관해 다음과 같은 문제를 토의한 바 있음.
3. 토의사항 중 주요한 것은 1) 법적 지위에 관한 사항인 바 이들 참석자의 구성 멤버로 보아 제9회 중앙위원회에서는 영주권 신청을 보류하는 방향으로 중앙위원회의 결의를 채택토록 촉구할 것이 예상되는 것임. 2) 이 밖에 재외교포 국정참여 문제가(공화당의 해외교포에 대한 비례대표제 문제) 논의되었다고 함. 3) 이어서 이들은 유지간담회의 대표의원으로 배동호, 김재술, 방호환, 유석준, 김용원 등 5명을 선정함.
4. 당관은 이들의 이러한 움직임과 관련하여 2.3. 15:00시 권일 단장을 비롯한 민단중앙본부 간부를 대사관에 초청하고 제9회 중앙위원회에 대한 대책을 토의하였으며 민단은 대사관과 긴밀히 협력할 것을 요망하였음. (주일영(1)725-45호 참조)
5. 한편, 과반 방일한 바 있는(체일기간 1.5-1.13) 유진산 의원의 귀국시간(1.13.-10:30 서북 항공편)에는 하네다 비행장에 김재화, 배동호, 양삼영 등이 전송한 바 있음을 참고로 첨언합니다.

첨부: 유지 간담회 참석자 명단 1부 끝

유지간담회 참석자 명단

유지간담회 참석자 68명 중 주요 인사 명단

1. 배동호(裵東湖) 혁신계이며 한일회담을 극력반대한 자
2. 박성진(朴性鎭) 혁신계이며 한일회담을 극력반대한 자
3. 김재화(金載華) 현민단 중앙본부 고문
4. 유석준(兪錫濬) 경도 민단 고문
5. 김인수(金仁洙) 혁신계 인사
6. 진동철(陳東徹) 도찌기 민단 의장, 혁신계이며 영주권 신청을 반대하는 자
7. 김재술(金在述) 경도 민단 고문
8. 박상배(朴尙培) 히로시마 민단 단장
9. 김용원(金容元) 경도 민단 고문
10. 방호환(方鎬煥) 대판 법적지위대책위원회 부위원장, 한일회담 극력반대자
11. 곽동의(郭東儀) 전 한청위원장, 한일회담 반대자
12. 한창규(韓昌奎) 전 한청위원장, 한일회담 반대자

2. 민단 활동보고서

第9回 中央委員會
活動報告書

在日本大韓民國居留民團
法的地位待遇對策委員會

머리말

第二次世界大戰을 終末지우고 七年째를 맞는 西紀 1951年 가을 美國 쎈프란시스코에서 開催된 對日平和會議에 韓國代表가 定式으로 參席할 機會를 갖이지 못하였으나 이 會議에서 調印된 (8月9日) 對日平和條約 第21條에 規定된 諸利益을 받게 되었다.

따라서 이 會議에 韓日 兩國間의 國交를 새롭게 하여 親善關係를 樹立하기 爲하여 對日平和條約이 發效하기 以前에 韓日會談을 열어 兩國間의 懸安問題를 解決할 意圖밑에서 第1次로 豫備會談을 1951年 10月 20日부터 日本 東京에서 열였다.

第一次會談에서 第六次會議까지의 其間中에는 停滯, 決裂, 再開等의 起伏常態를 겪었으나 드디어 第七次會談이 東京에서 開催되여 14年間이란 긴 歲月을 두고 다루워 오든 그 內容에 있어서 複雜하고 難關이 많은 韓日會談을 終結을 지어 1965年 6月 22日 本調印을 締結하고 우리나라 國會가 이를 批准한 日字는 8月 14日이다.

在日僑胞의 特別한 關心을 集中시켰든 法的地位 및 待遇問題 亦是 이날을 공개로 새로운 段階에 드러가고야 말았다. 調印된 內容에 對해서는 우리 民團 第四回 臨時中央委員會 聲明에 發表된 바와 같다.

[聲明內容의 一部]

"仮調印된 今次會談의 內容을 볼 때 全般的인 問題에 있어서 우리는 不滿을 表明하지 않을 수 없다. 特히 우리들과 直接關係가 깊은 在日僑胞法的地位와 待遇問題에 關하여 우리가 主張하여온 要求와는 많은 距離가 있으므로 적지 않은 失望을 감출 수 없는 바이며 日本政府가 우리의 切實한 實情을 理解 못하는 것을 甚히 遺憾으로 生覺하는 바이다.

이렇게 指摘하여 聲明했다. 이와 같은 內容을 갖인체 在日韓國人法的地位協定은 1966年 1月 17日에 發效되여 우리 民團은 永住權 申請을 擧團的인 運動으로써 積極推進하는 位置에서 이를 맞이했든 것이다.

然이나 實際 當面하고 보니 日本當局의 事務面의 未備와 複雜한 것도 있으나 그런 事務的인 問題는 問題가 아니고 協定의 基本精神이나 法相聲明, 入管局長談話에 示顯된 內容과는 距離가 먼 것과 엄청난 差異, 即 繼續居住의 範疇、日本自體의 矛盾等 우리가 豫想치 못한 問題点等이 露出되여 協定永住權 申請作業의 不振等을 招來했으며 不安이 生겨서 法的地位 및 待遇問題는 在日僑胞社會에 새로운 角度에서 問題를 提起했다. 이러한 情勢 속에서 지난 第八回 中央委員會에서 새로 補强改編되는 本 法對委는 現在까지 未解決된 問題點을 하나하나 調査整理하는 한편 地方公聽會를 開催하고 各地方各種會合에 出張하여 全國各地方의 實情을 正確하게 把握하여 綜合된 要望事項을 새우고 우리나라 政府와 日本政府에 對하여 在日僑胞의 歷史的인 位置가 正當하게 保障되며 僑胞全體가 安心하고 살 수 있는 法的地位 및 待遇의 實踐을 希望하면서 活動報告와

現況問題點을 밝히고 報告를 하는 바이다.

活動報告

重要會議 및 決定活動事項

1) 第1回 常任委員會 1966年 9月 28日

決定事項

第8回 中央委員會 決定에 따라 法對委員을 廣範圍하게 補强하기로 決定하였으며 選出範圍는 從前 委員과 地協事務局長 및 傘下團體代表 中央代議員 10名 以上의 地方 本部 團長으로 한다.

2) 第1回 總會 1966年 10月 5日

決定事項

委員長 및 副委員長 其他 常任選出

委員長	李裕天
副委員長	張聰明
〃 〃	丁贊鎭
〃 〃	朴性鎭
事務局長	申灝
常任委員	金己哲
〃 〃	李根馥
〃 〃	朴太煥
〃 〃	鄭順相
〃 〃	金宗允
〃 〃	陳東徹
〃 〃	金宰淑
〃 〃	吳基文
〃 〃	金皓一
〃 〃	裵東湖

委員 49名으로 決定

3) 第2回 常任委員會 1966年 10月 19日

決定事項

[基本態度]

繼續居住의 起点은 協定에서 1945年 8月 15日 以前부터 되여있어 日本政府가 繼續居住者라고 認定하여 外國人登錄證을 交付하였으니 現在 갖이고 있는 登錄證을 根據로 再調査함이 없이 協定永住權을 無條件賦與하여야 한다.

[出入國管理令 適用에 對하여]

協定 基本精神에 알맞은 特別措置, 卽 協定 第5條를 緩和시켜 現行出入國管理令과는 다른 特別措置를 要求한다.

[一般永住 許可問題]

1952年 4月 28日까지 入國한 者에 對하여는 法相聲名 內容 그대로 好意的措置로서 實施하라는 强力한 要望運動을 展開한다.

[地方公聽開催 問題]

大都市를 重点으로 地方公聽會를 開催하며 現況을 說明 熟知시켜 各地方의 實態를 正確하게 把握함으로써 全體 運動에 反映시킨다.

[陳情團 本國 派遣 問題]

日本國內 運動과 竝行하여 政治的인 運動으로써 僑胞各層代表로 構成된 陳情團을 本國에 派遣하여 本國要路에 우리들의 切實한 要求를 反映시킴으로써 本國政府의 理解있는, 또 强力한 支援을 받고져 한다.

4) 第二回 總會 1966年 11月 16日

決定事項

◎ 本國政府에 對한 要望事項 承認 決定

◎ 陳情團 本國에 派遣 決定

(常任委員會에 一任한다.)

◎ 스로-강 決定

① 在日僑胞는 韓日修交를 契機로 祖國近代化에 더욱 이반지하자.

② 現在 法律126號의 登錄所持者에는 無條件 協定永住權을 賦與하라.

③ 桑港條約日까지 入國한 者에 一般永住權을 빠짐없이 卽時賦與하라.

④ 桑港條約日 以後의 入國者中 5年의 居住實積을 갖인 者에 安住할 수 있는 措置를 取하라.

⑤ 社會保障中 年金, 金融, 住宅 等을 日本人과 同等하게 待遇하라.

5) 日本側과의 連合會議

日時: 1966年 10月 21日

場所: 法曹會館

會議參席者

李相翊 公使, 李文洙 參事官, 朴雙龍 第1領事課長, 金奉奎 書記官

民團側

權逸 團長, 李裕天 委員長, 張聰明 副團長, 朴性鎭 副委員長

日本側

八木 入管局長, 笛吹次長, 辰巳 參事官, 土木 總務課長, 栗山 資格審査課長, 丹愛 協定永住審査室長, 川上 事務官, 飯塚 事務官

討議內容

永住權 申請이 不振狀態에 있는 今日에 있어서 大使館, 民團, 日本 法務省과의 連合會議를 通하여 問題點 全般에 亘한 兩側의 見解를 披瀝하여 討議했다. 우리 側에서는 法的地位協定 發效 以後 日本政府 關係當局은 條約의 基本精神에 背反하고 있는 点을 指摘하면서 그 是正을 强力히 要請하는 同時에 法相聲名과 入管局長談話의 內容과 같은 好意的인 取扱이 具體的으로 施行되고 있지 않다는 것을 力說하였으며 또한 日本地方行政當局의 韓國人에 對한 非友好的이고 不親切한 点을 改選하도록 適切한 行政指導를 要望했는데 對하여 辰己 參事官은 改選하는 方法으로 行政指導를 하겠다고 말했음을 報告드리며 이와 같은 連合會議를 必要에 따라 隨時로 開催하기로 合意를 보았다.

6) 地方公聽會 開催

① 中國地區 地方公聽會

日時: 1966年 11月 12日

場所: 下關市 市民會館

參加人員 135名

② 近畿地区 地方公聽會

日時: 1966年 12月 13日

場所: 大阪地方本部 講堂

參加人員 125名

7) 本國에 陳情 問題

法對委總會 決議에 따라 全國 各界 各層에서 選出된 10名~20名으로 構成되는 陳情團을 本國에 派遣하기로 되였으나 總選擧를 앞둔 本國情勢를 參酌하여 極小人數로 本國政府要路에 實態를 理解시켜 直接呼訴하고져 李裕天 委

員長, 丁贊鎭 副委員長, 申灝 事務局長을 派遣하기로 決定하였다.

그러나 李裕天 委員長이 여러가지 事情으로 出發치 못하고 結局 副委員長(丁贊鎭)와 事務局長(申灝)만 入國하여 法對委가 作成했든 要望書와 實例를 들어 各々 政府要路를 訪問하여 直接 만날 수 있었든 關係當局에는 相當한 時間에 걸쳐 우리들의 現況을 누누히 說明하고 實情을 呼訴할 수 있었다. 그러나 本國情勢가 平素時와 달아 여러가지 隘路가 많아서 그 一例를 들어 본다면 國務總理 面接도 再三 總理秘書官을 通하여 스케-줄에 對한 打合을 했으메도 不拘하고 그 時가 되면 不可避한 事情으로 面接을 하지 못하고 말었다.

要望事項을 提出한 곳은 朴大統領閣下를 비롯하여 國會議長, 共和黨議長, 國務總理 外務, 公報, 內務, 法務, 中央情報部, 各長官이였으며 特히 우리 僑胞 問題를 直接 다르고 있는 外務部亞洲局長, 外務次官, 法務次官에게는 직접 實例를 들어 呼訴하고 우리들의 要求가 正當하고 時急을 要한다는 것을 再三 理解시키며 早速히 外交々涉을 强力히 推進해 줄 것을 다짐받았다.

8) 지난 1月 17日에는 法的地位發效一周年을 맞이해서 民團中央本部에서 內外記者團과 會見하여 聲明書를 發表했다.

법적 지위 대우대책위원회-본국 정부에 대한 요망사항

本國政府에 對한 要望事項
"在日韓國人의 法的地位 및 待遇問題에 關하여"

在日本大韓民國居留民團
法的地位 待遇 對策委員會

在日韓國人의 法的地位 및 待遇問題에 關한 要望事項

1966年 1月 17日의 在日韓國人法的地位協定發效에 따라 協定永住權과 一般永住를 各々申請토록되어 現在推進中에 있는 바 이 申請推進運動과 아울러

協定永住權의 資格의 問題인 繼續居住에 對한 定義와 解釋

또한 一般永住에 對한 問題點等을 解決하고 그리고 1952年 4月 28日以後의 入國者를 安住시킬 수 있는 運動을 强力히 展開하기 爲하여

지난 第8回 中央委員會 決定에 따라 至今까지의 法的地位待遇 對策委員會를 廣範圍하게 補强하고 우리의 切實한 要求事項을 具體的으로 策定하여 駐日大使館과 緊密한 協議下에 現在日本當局에 强力히 交涉中에 있다.

Ⅰ. 協定永住權問題

이 協定永住權問題는 上記한 바와 같이 繼續努力하고 있는데도 不拘하고 現在까지 申請者數는 如前히 不振狀態에 있다.

그 原因의 問題點을 살펴보면

(1) 申請期間이 5年間으로 되어 있다는 点

(2) 個人의 事情에 따라 外國人登錄이 一回부터 繼續하여 登錄되어 있지 않기 때문에 이로 因한 不安感을 가진 者

(3) 家族 가운데 戰後入國者等 問題를 가진 者가 있기 때문에 이러한 問題가 完全히 解決될 동안까지 自己의 申請을 保留하고 있는 者

(4) 本人의 性名, 本籍地, 生年月日 等이 外國人登錄證과 틀리는 關係로 이로 因한 不安感을 가진 者

(5) 協定永住權을 取得함으로써 實生活上에 有利케 되는 点이 顯著하게 나타나고 있지 않다는 点

等々으로 본다.

또한 現在在日韓國人統計를 보면 登錄者總數 584,500名(1966年11月 現在) 中 申請資格者가 559,147名으로 되어 있으나 이 中에는 上記와 같은 여러가지 問題點을 가진 者의 數가 相當히 많기 때문에 이 問題點을 解決치 않는 限 永住權申請은 現在의 不振狀態를 벗어나기 어렵다고 생각된다.

- 要望 -

(1) 繼續居住範주에 關하여

現在 日本法律 126號 2條 6項의 資格者로서 外國人登錄이 最初부터 繼續되어 있는 者는 問題가 없으나 登錄上 空間이 있는 者들은 最初의 外國人登錄證을 交付받을 때 所定의 手續에 따라 모든 調査나 行政處分이 끝마쳐져 있으므로 過去의 居住歷이 一回부터 지금까지 繼續해서 更新登錄이 되어 있지 않다고 하더라도 現在所持하고 있는 外國人登錄證에 依據하여 自動的으로 個別調査나 再調査함이 없이 一括繼續居住를 認定할 것

(2) 協定永住權者가 現行出入國管理令에 依하여 不當한 取扱을 當하고 있는 問題에 關하여

法的地位協定의 發效와 同時에 協定永住權者에 對하여는 "出入國管理法" 및 同法施行令에 依據하여 모든 問題를 取扱하기로 되어 있어 이 特別法에는 永住權의 申請, 調査, 强制退去 罰則에 關해서만이 規定되어 있고 實際的인 出入國이나 在留 및 待遇問題는 새로히 發生된 協定永住權者에게 알맞는 待遇가 全혀 言及되어 있지 않을 뿐더러 一切一般外國人과 같이 現行出入國管理令에 依하여 不當한 取扱을 當하고 있다.

卽 協定永住權者에 있어서 全般的인 問題가 現行出入國管理令에 依하여 嚴格하게 規制 받게 되는 故로 出入國 및 在留에 關連되는 諸般問題 等이 一般外國人과 같이 取扱 當한다는 것은 韓日協定의 基本精神에 根本的으로 違反되는 것이니만큼 細目에 걸쳐서 具體的으로 協定永住權者에 對해서는 現行法의 規制와는 別途의 行政措置가 取하여질 것을 要求한다.

앞으로 이 問題가 具體的인 行政措置로서 解決되지 않으면 將來에 많은 憂慮될 問題가 生길 것이라 思料된다.

具體的인 例를 提示하면

Ⓐ 再入國許可의 審査及期間問題

① 申請時를 起点으로 해서 遡及하여 3年乃至5年間 사이에 出入國管理令 第24條 各項에 該當하는 者는 申請時마다 審査對象이 되어 再入國理由 納稅狀況等을 審査하여 諸般條件이 具備되고 再入國理由가 人道上不可避한 者에 限해서만 許可를 하고 있다.

② 協定永住權者가 再入國 許可를 받고 日本國을 出國하여 再入國期間을 超過하여 入國하려면 出管令第12條 該當으로서 上陸의 拒否는 當하지 않으나 그 時点에서 超過의 理由如何를 莫論하고 永住權資格이 喪失되고 在留資格이 特在가 된다.

③ 生活保護受給者는 原則的으로 許可 않는다.

④ 永住權者인 婦人이 再入國許可를 얻어서 日本國을 出國해서 外國에서 出生한 子에 對해서는 永住權資格이 없고 現地日本大使館을 通하여 入國許可를 얻어야 入國하게 되며 在留資格은 特在가 된다.

⑤ 再入國申請은 代理申請을 一切禁하고 있으나 山間僻地에 居住하는 者들은 申請하는데만 하더라도 2, 3日間을 消費하고 時間的 經濟的 犧牲이 莫大하

므로 從來와 같이 外國人登錄濟證明書를 提出함으로써 代理申請을 認定시켜야 하겠고 申請時마다 納稅證明(市民稅와 所得稅) 戶籍謄本提出을 强要하고 있다.

Ⓑ 受刑者의 刑期滿了에 따르는 在留資格의 問題

一年以上의 實刑을 받은 者가 刑을 滿了하고 出所했을 境遇 卽席에서 入管이 身柄을 拘束하여 入管令에 依하여 强制退去處分으로 假放免으로부터 特別在留許可에 이르는 諸般手續을 밟은 後에 비로소 特在의 資格을 申請시켜서 釋放하고 있다.

이 者가 戰前부터 繼續居住者이면 協定永住權의 對象이기 때문에 申請하면 當然히 永住權을 取得할 수 있는데도 不拘하고 새로히 永住權을 取得할 때까지 特在資格을 주는 手續을 밟게 한다는 것은 어디까지나 不自然한 行政措置라 아니할 수 없다.

Ⓒ 協定永住權을 申請한 者가 居住經歷未備로서 一般永住의 對象이 되었을 때 現行法에 비추어 協定永住를 不許可로 하고 入管에서 새로운 事件으로 立件시켜 處罰을 加할 뿐만 아니라 假放免으로부터 始作하여 特在를 申請케 하여 特在許可를 받은 後 5年間이 經過된 後 비로소 一般 永住의 申請을 할 수 있도록 하고 있으나 이 措置는 現行法 그대로 適用한다면 不可避한 措置라 하지만 너무나 過酷하고 不當한 措置라 아니할 수 없다.

Ⓓ 戰前에 外地에 居住하다가 戰後引揚船으로 日本에 入國한 僑胞問題

戰前에 外地에 居住하다가 日本國籍인 故로 戰爭이 勃發되자 捕虜로서 抑留 當하여 戰後引揚船으로 日本國에 送還을 當한 者가 1946年부터 現在까지 繼續居住하고 있다가 最近에 本國母親의 危篤의 通知를 받고 再入國申請을 했는바 不許可가 되어 現行出管令으로서 不法入國取扱을 當하여 現在의 126-2-6의 資格이 喪失되고 假放免으로부터 特在許可申請에 이르는 措置를 取하고 있다.

Ⅱ 1952年 4月 28日(桑港条約)까지의 入國者問題(一般永住)

이 範疇에 屬하는 者에 對하여는 協定에 附隨되는 日本法相聲明에 依據하여 全員이 一般永住가 取得되어야 하며 本永住申請은 協定永住權의 申請에 準하기로 하고 添付書類를 大幅簡素化할 것

그 理由는 法的地位에 있어서의 協定永住權賦與의 範疇는 終戰의 날 以前부

터 日本國에 繼續居住하고 있는 大韓民國國民으로 되어있으며 一般永住의 對象範疇는 終戰以前부터 日本國에 居住하다가 戰後一時歸國하여 1952年 4月 28日까지 再入國한 者와 이날까지 日本國에 入國하여 繼續居住하는 者인바 이들의 一時歸國한 理由 등을 살펴보면 擧皆가 人道的으로 不可避한 事情이라 할 수 있다.

終戰 當時에는 約 250萬을 헤아리는 韓國人이 終戰을 맞이하자 混亂과 不安속에 있든 우리에게 對하여 日本政府는 이에 對備하는 何等의 對策이 없었으므로 相當한 期間이 經過되자 人間社會에는 不得已한 人道的問題가 생기는 것은 必然的인 事實이라 아니할 수 없다.

그러므로 日本政府의 適切한 措置를 기다릴 수 없이 一時歸國했다는 것은 法的으로보나 道義的으로도 그 本人에게만 責任을 지울 수 없다고 生覺된다.

그러나 如何튼 本人들이 一時歸國하지 않으면 안될 不得已한 그 事情은 不問에 부치고 단지 一時歸國하였다는 法的理由만으로서 協定永住權에 비추어 越等하게 不利케 區分한다는 것은 問題의 本質에서 生覺해 볼 때 不當한 措置라 아니할 수 없다.

日本政府가 1952年 4月 28日에 公布했든 法律 126號에도 在日韓國人에 對하여 1952年 4月 27日까지는 日本國籍을 가지고 있었다고 規定하고 있다.

그러므로 이러한 사람들의 一般永住의 取扱에 있어서는 一般外國人을 對象으로 하는 現行法의 取扱規正을 適用하지 않고 個別調査 또는 審査를 할 것 없이 協定永住權의 取扱에 準하여 行하도록 簡素化하여야 한다.

具體的으로 說明하자면

(1) 現在 126-2-6의 資格으로 登錄을 가진 者가 一般永住에 該當될 時는 現行出管令을 適用하여 不法入國으로 立件시켜 假放免으로부터 特在許可申請에 이르는 處分을 加하고 또 特在許可가 된 後 5年間이 經過치 않으면 一般永住의 申請을 못하게 되어 있으나 이러한 境遇에는 本人의 申請만으로서 直時 一般永住의 許可가 되는 措置가 取하여져야 된다.

(2) 審査에 있어서도

가, 貧困者(生活能力)

나, 前科關係(出管令第24條에 該當하는 罪로서 實刑을 받은 者 및 該當者)

다, 思想關係

라, 失業者

마, 在留期間(特別在留許可를 받아서 적어도 5年間이 經過치 않는 者)

等이 不許可對象으로 되고 있으나 在日韓國人에 對해서는 원칙적으로 이러한 審査를 하지 말것

(3) 繼續居住調査에 있어서

各地方入管에서는 現在個人의 居住經歷을 調査할 때 出入國管理特別法 第3條에 依據하여 本人이나 參考人에게 質問調査하여 解決이 안될 때 直接 本國의 面, 郡, 市 事務所에 照會하거나 現地日本大使館을 通하여 巧妙하게 調査를 하고 있다.

이로 因하여 被害者가 生起는 例가 적지 않으므로 앞으로는 이러한 調査照會는 반드시 日本國에 있는 우리 公館을 通하여야만 할 수 있게 措置가 取하여져야 한다.

Ⅲ 1952年 4月 28日 以後의 入國者 問題

1952年 4月 28日 以後의 入國者 中 現在 特別在留許可를 取得하고 있는 者에 對해서는 將來 繼續하여 安住할 수 있도록 하여야 하며 또한 在留許可를 取得치 못한 者에 對해서도 그의 居住實積에 相符하는 居住權을 賦與하여야 한다

그 理由는

現在 在留資格을 取得하고 있는 者는 勿論이려니와 아직 在留資格을 가지지 않은 潛在居住者에 對해서는 이들 中에는 이미 相當한 年數의 日本에서의 居住實積이 있고 또한 生活基盤과 家族이 있으므로 이 機會에 日本政府가 大局的인 見地에서 相當한 數로 推算되는 潛在居住者를 救濟하는 具體的인 方法을 講究하지 않으면 안 될 것이다.

이러한 사람들을 人道的인 立場에서라도 早速한 時日內에 救濟하는 方途가 講求되어져야 할 것이다.

Ⅳ 待遇問題

待遇에 關해서는 協定文書, 討議의 記錄, 合意議事錄, 大臣聲明, 局長談話等에 依해 明示되어 있는 事項을 日本政府는 協定精神에 立脚하여 忠實히 履行할 것을 要求한다.

(1) 社會保障問題

協定永住權者에 對하여 生活保護 및 國民健康保險만이 適用되도록 되어있으나

가, 各種福祉年金適用
　中小企業金融公庫法
　國民金融公庫法
　農漁業金融公庫法
　公營住宅의 入住
　住宅金融公庫法
等々을 全面適用시킬 것

나, 職業權
　財産權
等 모든 社會保障을 日本人과 同等하게 適用 받도록 要望함.

(2) 財産搬出問題

永住歸國者의 財産搬出에 있어

協定文에는 "法令の範囲内でその携帯品引越荷物及び職業用具の携行を認める"로 되어 있으나 日本에서 生産事業을 하고 있는 者는 基事業施設에 全部 또는 歸國을 契機로 他種生産事業을 하려는 者에게는 外換手續없이 日貨로서 同事業施設을 購入搬出할 수 있도록 要望함.

(3) 稅金攻勢에 對한 問題

韓日協定發效 以後 韓國人商工業者에 對하여 日本政府의 稅金攻勢가 全國的으로 熾烈하게 進行되고 있는데 至今까지의 韓國人에게 對한 金融措置等 保護策이 全無했든 實情에 비추어 外觀上에는 財産이 蓄積되어 있는 것 같으나 實質的內容은 負債等 貧弱한 狀態에 놓여있는 것이 現實情이다.

그럼에도 不拘하고 現在 日本稅務當局이 不當 또는 苛酷한 課稅를 賦課하고 있는데 對하여 本國政府로서는 이에 對하여 是正 또는 緩和策이 樹立되도록 外交的인 措置를 要望한다.

現況 이대로 간다면 不遠한 將來는 韓國人商工業者의 經濟活動은 破滅狀態에 빠질 것이 明確하다.

(4) 現金送金問題

永住歸國者의 現金送金에 있어서 一萬弗을 넘는 分에 對하여 每年 其殘金의 5分의 1을 送金할 수 있도록 되어 있으나 이것을 5等分으로 5年間에 送金할

수 있도록 是正할 것을 要望함.

그 理由는

每年 其殘金의 5分의 1이라면 規定대로 一例를 들어보면 5千萬円(日貨)을 送金할려면 18年間이나 걸여 財産의 效果的인 運用을 할 수 없음.

(5) 對母國 投資方法問題

日本居住의 韓國人商工業者로서 母國에서 事業을 營爲할 境遇 資金, 事業實施等을 外換措置없이 合法的으로 韓國에 드려갈 길이 없으니 韓日兩政府間의 協議로서 合法的인 길을 打開하여 주도록 要望함.

V 特別要望事項

在日僑胞에 關한 法的地位協定이 發效하여 1年이 經過된 今日에 있어서 協定永住權의 申請者數가 겨우 2萬을 헤아리는 程度로 不振狀態에 있다는 것은 要望事項에서 指摘한 바와 같이 많은 問題點이 未解決로서 남아있다는데 그 原因이었다는 것은 말할 것도 없다.

外國人登錄上에는 在日僑胞 58萬4500名 中 約56萬名이 協定永住權의 申請資格者로 되어 있으나 그 實際內容을 보면 個個人의 在留形態가 大端히 複雜한 關係上 問題點이 發生되고 이에 對한 不安感 때문에 永住申請에 크다란 支障을 招來하고 있으며 協定永住權의 根本精神과는 距離가 먼 結果를 가져온 要素가 있는데 이러한 狀態를 그대로 放置해 둔다는 것은 現在 朝總聯이 必死的으로 策動하고 있는 反對運動에 휩쓸려 들어가는 結果를 招來할 뿐만 아니라 將來在日僑胞全體의 安住에 있어서도 크다란 支障이 된다는 것은 再言할 必要가 없다.

以上과 같이 現在 나타난 問題點과 앞으로 豫想 못했든 事態를 友好的이요 正當한 解決을 期하기 爲하여 兩國政府間에 法的地位에 關한 共同委員會를 構成하여 複雜한 諸般問題를 하나하나 整理解決하여 가는 것이 效果的이라 思料되므로 日本政府에 交涉하여 民團代表를 包含한 共同委員會를 設置하도록 强力히 要望하는 바이다.

3. 주일대표부 공문(착신전보)

주일대표부

번호 주일정772-386
일시 1965.10.28.
발신 주일대사 김동조
수신 외무부 장관
제목 일본국의 출입국 관리 특별법에 대한 민단 요망서 송부

한일협정의 실시에 따르는 일본 정부가 제정한 출입국 관리 특별법안에 대한 민단측의 요망 사항을 별첨과 같이 송부합니다.

별첨: 일본국의 출입국 관리 특별법에 대한 민단 요청서(사본) 1부. 끝

별첨-민단 요청서

번호 韓居中民發 第1080號
일시 1965.10.25.
발신 재일대한민국 거류민단 중앙본부 단장 권일
수신 대한민국 주일대표부 공사
제목 韓日協定의 實施에 따르는 "出入國管理特別法" 制定에 있어서의 要望事項 仰請의 件

首題之件

今般 法的地位 및 處遇에 關한 協定의 實施에 따르는 日本政府가 制定한 出入國 管理法案內容을 檢討한 結果, 下記 事項에 對하여 本國에서의 要望点을 要約하여 仰請하오니, 諒察하시와 在日僑胞가 安心하고 差別없이 居住하도록 日本政府 當局에 對하여 强力한 措置를 取하여 주시옵기 바라나이다.

記

(1) 永住權申請에 關한 內容

改正案에 있어서는

① 申請은 本人이 居住地 市町村事務所에 出頭하여 i) 申請書 ii) 寫眞 iii) 在日經歷書를 具備하여 申請한다.

② 市町村의 長은 申請者가 申請書에 記載된 居住地에 居住하고 있음을 確

認하고 書類의 成立이 眞正한 것인가를 審査한 後, 都道府縣知事를 經由하여 法務大臣에 送付한다.

③ 法務大臣은 協定 第1條에 規定한 者에 該當하는지 않은지를 審査하기 爲하여 必要에 따라서는 入國審査官 및 入國警備官에게 事實의 調査를 시킨다. 入國審査官 및 入國警備官에게 事實의 調査를 시킨다. 入國審査官 및 入國警備官은 그 調査에 對하여 公務所 및 公私의 團體에 照會하여 必要한 事項의 報告를 要求할 수 있다"고 되어 있음.

[우리의 注意点]

申請 手續節次가 審査調査에 있어서 嚴格함으로 各縣本部는 各支部分團組織을 通하여 市町村事務所와 嚴密한 連絡下에 上記 具備書類에 있어 本人이 記入할 수 없는 者가 많음으로 이 点에 있어서는 積極協力하여 諸般準備態勢를 갖출 計劃임.

◎ 要望点

國籍確認에 있어서는 반드시 本國에서 身元을 確認하는 手續節次를 取하도록 本國政府에 要請하는 바임.

(2) 永住 許可의 失效

法案 第5條에 있어서는「永住權을 取得한 者가 大韓民國의 國籍을 喪失했을 때는 그 許可는 效力을 喪失한다」고 되어 있는데, 이 條文의 解釋如何에 따라서는 組織에 混亂이 일어날 憂慮가 없지 않음.

말하자면 他國民에 歸化하여 國籍을 喪失하였을 때와 같은 自然的인 境遇에 있어서는 別問題가 없지만은 永住權을 取得했을 때는 大韓民國々民이었던 者가 그 後 思想의 背景이 變하여 敵對陣營에 加擔한다던가 利敵行爲를 한다던가 하드래도 本人이 國籍의 變更을 申請치 않는 限 언제던지 永住權取得者로서 있게 되도록 되어 있음.

◎ 要望点

上記와 같은 事實을 防止하기 爲하여 民團에서는「이러한 者」가 發生하였을 때 우리 政府에 通告함으로서 政府가 日本當局에 對하여「國籍을 喪失한 者」로서 措置할 수 있도록 法的으로 條文化하도록 本國政府에 要請하는 바임.

(3) 再入國問題

日本當局은 永住權者에 對한 再入國許可에 있어서 好意的인 配慮를 하도록

되어 있으나 具體的인 面에 있어서는 書面的으로 何等의 措置가 表示되어 있지 않고, 現在 在日韓國人에 對하여서는 許可審査基準을 ⅰ) 在留資格 ⅱ) 納稅(所得稅) ⅲ) 前科關係 ⅳ) 思想關係 ⅴ) 理由의 妥當性等 以上의 5点制로 되어 있고 4点 以上의 基準點에 達하지 않을 때는 再入國許可를 하지 않은 體制로 되어 있음.

◎ 要望点

現在의 이러한 審査制를 廢止하고 申請이 有할 時는 無條件 許可하도록 强力한 措置를 政府를 通해 日本政府에 要請해 주기 바라며, 또한 現在는 永住權者에게만 이 措置의 對象이 되어 있으나, 一般居住權者에게도 이와 같은 措置가 取해지도록 要請하는 바임.

以上

4. 외무부 공문(착신전보)–민단 요망 사항에 대한 대사관 의견

대한민국 외무부
번호 JAW-12473
일시 161351
수신시간 1965.12.16.
발신 주일대사
수신 외무부장관

대: WJA-11058
대호에 관하여 다음과 같은 당부 의견을 보고함.
1. 영주권 신청에 대한 민단의 신원 확인 문제:

금후 법적지위협정에 의거한 영주권 신청자 중에는 민단에 가입되어 있지 않는 한국인도 있을 거인바, 여사한 한국인의 신원을 확인하기 위하여 민단조직을 적절히 활용하는 것은 무방하다고 사료됨. 단 여하한 경우에 있어서도 여사한 민단조직의 활용은 영주권 신청을 최대한으로 장려하고저 한 한국정부의 법적지위협정 교섭 목표 및 그 성과를 저해하는 결과가 되는 일이 없도록 철저한 검토의 끝에 필요절차를 취함이 마땅하다고 사료됨.

2. 영주권의 실효문제

영주권자의 이적행위를 이유로 하는 소위 "국적상실" 조치는 아국의 특별입법조치를 요하는 문제인 바, 민단의 건의 내용을 실시하는 때는 법적으로 난점이 있는 것으로 사료됨.

3. 재입국문제

일본정부의 호의적 고려를 받도록 아국 정부로서 최선을 다할 것이며 당부로서도 기회있을 때마다 일본 측의 협조를 요망하고 있는 바, 이 문제에 관하여는 당부가 민단 측의 협조를 얻어 구체적 실정에 입각한 교섭방안을 연구중임.

4. 상기 제점에 관한 정부의 기본적 방침 기타 필요사항이 있으면 이를 조속 회시 바람.

(주일정-외아북)

5. 해외교포의 건의

1967.7.4.

첨부: 해외 교포의 건의

제6차 대통령 취임식에 참석하기 위하여 귀국중인 해외교포 대표 15명(재미교포 1명, 재중교포 1명, 재인니 대표 1명, 재일교포 12명)은 금일 장관을 예방하고 환담하였는 바 동 석상에서 일부 교포는 아래와 같은 건의를 하였음.

장관인사: 금번 해외에서 대통령 각하 취임식에 참석하기 위하여 귀국중이신 여러분에 대하여 대접이 불충분하여 미안하게 생각하니 성의만이라도 잘 아라주시기 바라며 금번 참석치 못한 교포 여러분에 대하여는 정부의 의도를 잘 전하여 주시고 앞으로 더욱 이국에서 성공하시기 바랍니다.

이유천 재일 거류민단 단장: 1) 장관님의 취임을 충심으로 환영함. 2) 현재 민단 중총이 행하고 있는 영사사무는 대사관에 반환하여도 좋음. 3) 민단 20주년 기념행사의 1부인 재일교포 가족 방문 계획에 대하여 협력하여 주기 바람. 4) 재일 거류 민단의 권위 및 자주성을 인정하여주시기 바람. 5) 민단은 중총이 중심으로 되어 있는 조직체이어야함.

김광남 의장: 1) 이 단장이 어급한[13] 영사사무를 대사관에 반환하여도 좋다

13) 언급한

고 한 것은 중요한 발언임. 2) 일본에는 반공법 국가보안법 등이 없어 재일교포는 자유롭게 활동하고는 있으나 항상 저류에는 그리고 주류는 반공인사로 되어 있음. 3) 조총련계는 항상 청년을 계몽 지도하고 있는데 민단은 후진이 없으므로 후진 양성에 힘써주시기 바람.

강개중 대판 단장: 1) 민단은 그간 체제를 가추고 발전하여왔으며 이는 본국 정부의 지도육성에 의한 것임 2) 한일 국교정상화 이후 아직 재일교포의 법적 지위 문제에는 애로점이 허다하며 또한 일본 정부의 세금공세로 인한 애로점도 있음. 3) 재일 각급 영사관과 거류민단 간부간에는 아직 약간의 의견 차이를 보이고 있으니 앞으로 검토될 일임.

김만수 인니 대표단장: 인도네시아에는 아국이 필요한 자원도 있고 아국이 생산하는 물품 중 인니에 수용할 수 있는 것도 있으므로 앞으로는 상호 교역할 것이 요망된다. 이러한 물품 중에는 견직물 등이 있는데 과거에는 싱가폴 등지를 경유하였으나 앞으로는 직접 교역함이 좋을 것이다. 2) 앞으로는 아국의 청년을 미주 남방에 진출시에 개발에 참여시킴이 좋을 것이다. 그리하여 인니에 있는 자원을 다수 얻어 아국 경제개발 5개년 계획에 이바지하여야 할 것이다.

박수정 니이가타 단장: 아직 북송교포가 니이가타를 경유하고 있기 때문에 민단, 조련계 양측에서 □□를 버리고 있는 형편임.

김윤주 재미교포 대표: 자기가 모국을 출발시와 현재 귀국하여본 서울에는 그 발전상이 현저하게 달리 보이며, 해외교포 등에게 자주 모국을 방문할 수 있는 기회를 주기 바람. 2) 자기는 앞으로 재미교포 2세 등을 위하여 한국어학교를 설립하고져 하는바, 설립은 자기등이이 할 것이나 모국이 이들에게 한국어를 가르킴에 필요한 교재등을 보내주면 이들에게 애국심을 부여하는데 도움이 될 것임.

장관지시: 정보국에 이야기하여 교재를 보낼 수 있도록 할 것.

6. 이유천 단장 성명서

本人은 지난 六月十三日 在日僑胞의 積極的인 支持와 聲援 그리고 本國 國民 여러분들의 熱烈한 激勵와 協助 속에 在日 居留民團中央本部團長으로 被選

된 榮光을 얻어 祖國 同胞들과의 民族的인 連帶關係 强化 및 六十萬 在日僑胞의 福利增進을 위한 重責을 맡게 되었읍니다.

아울러 오늘 이 자리에서 民團々長으로 就任한 後 처음으로 本國을 訪問하여 여러분들과 이처럼 뜻있는 자리를 같이 하게 된 것을 無限한 榮光으로 생각하는 바입니다.

돌이켜 보건데 우리 民團은 一九四六年 十月 在日僑胞의 福利增進과 民族敎育의 振興等 宣言, 綱領의 强力한 實踐을 위해 創立의 巨步를 내어 디딘 後 오늘날까지 낯설은 外國의 社會的 風土 속에서 많은 苦難과 試鍊을 겪어왔읍니다.

그동안 우리는 本國과의 地理的 距離感과 精神的 疎遠 속에서 自由의 守護와 刻迫한 生存鬪爭을 겪는 過程을 通하여 祖國의 名譽를 지키고 在日僑胞의 團結을 위한 民族自尊의 矜持를 높이는데 渾身의 努力을 기우려 왔습니다.

이와 같은 價値 있는 우리의 努力과 丹誠 어린 民族愛의 發揚으로 오늘날 民團은 在日僑胞全體의 精神的支柱로서 그리고 또한 本國과의 愛國的團合을 促進하는 굳건한 架橋로서 着實한 發展을 거듭해 왔읍니다.

그러나 모든 組織社會가 그러하듯 社會的變遷과 더불어 우리 民團도 그동안 여러가지 缺陷과 動搖및 甚한 波瀾을 겪어왔던 것도 率直히 是認하지 않을 수 없는 것입니다.

그것은 現實社會의 政治的敏感性과 關聯하여 民團의 基本的目標인 宣言綱領을 離脫한 一部指導層의 지나친 本國政界에의 接近으로 派生된 物議를 造成한 우리 民團의 過去의 病幣로서 充分히 說明될 수가 있을 것입니다.

其實 우리 民團은 民團의 基本姿勢에 立脚하여 政治活動의 排除를 그 原則으로 하여 왔으며 또한 前述한 民團의 性格은 오랫동안 僑胞社會의 常識이며 民團의 基本態度였던 것입니다.

이와 같이 우리가 民團의 活動에 있어 僑胞의 權益擁護와 福利增進이라는 基本原則을 벗어난 政治性의 介入을 排斥하는 主要理由는 一部 民團의 指導層이 本國의 各 政黨에 參與함으로서 그로 말미아마 惹起되는 僑胞社會의 걷잡을 수 없는 混亂을 防止하자는 데 있는 것입니다.

더구나 本國의 特定政黨을 支持하는 各 勢力이 民團內에 浸透한다는 것은 民團內의 派閥을 造成하므로서 派爭의 惡循環을 招來함은 勿論 僑胞의 愛國的團結을 沮害하는 危險스러운 要因이 된다는 것을 指摘하지 않을 수 없습니다.

이와 같은 不美스러운 諸要因을 一掃하고 過去 民團이 지녀왔던 痼疾的 病

幣를 그 根本부터 拔本塞源하기 위하여 무엇보다도 우리 民團이 먼저 着手해야 할 첫 課業은 民團組織의 近代化를 通한 革新氣風의 振作인 것입니다.

따라서 本人은 어떠한 事態下에서도 非政治的 및 民權擁護를 위한 民團의 基本姿勢를 굳게 堅持할 것을 다짐하면서 우리의 國是를 尊守하고 政府의 施策에 對한 愛國的인 協力과 支援에 依한 祖國復興의 길에 積極 寄與할 것을 闡明하고자 하는 바입니다.

이와같은 民團의 새로운 發展을 圖謀하고자 하는 本人의 努力에도 僑胞의 積極的인 協力은 勿論 本國政府와 各界各層의 激勵支援 및 全國民의 熱烈한 聲援이 없는 限 그 實을 거두기는 어려운 것입니다.

무엇보다도 本人은 오늘 이 자리를 빌어 우리 民團이 近代的 組織運動의 새로운 作業을 着手한 이 時点에서 國民 여러분들에게 各自가 國家意識과 愛國的인 良心에 따라 [組織의 尖兵]으로서 民團의 活動에 積極 參與하므로서 보다 보람찬 民團의 育成을 힘껏 支援해 줄 것을 強力히 呼訴하는 바입니다.

여러분들도 아시다시피 在日朝總聯傀儡集團은 北傀의 指令을 받아 在日僑胞의 包攝에 狂奔하여 莫大한 資金을 投入하여 가진 謀略과 煽動과 甘言利說을 弄하고 있읍니다.

이와 같은 그들의 陰謀와 □策을 粉碎하고 우리의 國是인 反共鬪爭의 一翼을 分擔하고 있는 우리 民團의 活動에 對하여 本國政府의 새로운 認識과 支援을 要求하면서 民團에 對한 權威와 自主性을 保障하는 보다 積極的인 對策을 期待하고자 하는 바입니다.

朴大統領 閣下의 偉大한 領導 밑에 날로 前進과 成長을 거듭하여 對內的인 安定繁榮과 對外的인 國威宣揚의 새로운 물결 속에 그 面目을 달리하고 있는 韓國의 現實과 關聯하여 本人은 오늘의 이 時点이야말로 우리 政府나 國民이 在日僑胞에 對한 決定的이고 斷乎하며 強力하고도 勇氣있는 行動을 보여줄 때라고 믿고 있읍니다.

以上 本人은 우리 民團의 새로운 進路를 말씀드리고 具體的인 政策을 다음 몇가지를 指摘하면서 여러분들의 懇曲한 理解를 求하고자 하는 바입니다.

一. 在日僑胞中 九七%가 南韓出身이라는 事實을 堪案할 때 一部 朝總聯의 虛僞宣傳에 속아 그 影響下에 있는 僑胞들을 自由大韓의 품안으로 안기게 하기 위하여 本國의 親知家族은 書信으로서 또는 訪問으로서 祖國의 눈부신 發展相을 紹介하고 그들로 하여금 民團에 入團토록 積極包攝하는 一大 國民運動

을 展開하여 民團組織을 지금까지의 消極的守勢로부터 積極的인 攻勢로 擴大 强化한다.

二. 淸廉潔白하고도 自主的 信念에 透徹한 朴大統領閣下의 强力한 在日僑胞政策에 呼應하고 또 그 뜻을 이어 民團地方本部 全體에 亘하여 良心的인 일꾼으로 그 組織을 再整備强化한다.

三. 韓日協定에 따른 僑胞의 法的地位向上과 處遇改善에 積極努力한다.

四. 民族敎育 特히 二世敎育의 强化에 힘쓴다. 이를 實現하기 위하여 大都市重點的인 學校設立을 推進한다.

五. 在日僑胞의 福祉와 中小企業의 育成을 위한 市中銀行의 設置.

六. 僑胞의 稅金對策委員會 設立.

七. 僑胞財産의 搬入과 本國投資對策의 確立

八. 日本의 政界와 社會에 對한 民團의 再認識에 힘쓴다.

九. 本國國會에 對한 權威있는 僑胞 오브저버 派遣制度의 具體的 方案 樹立

十. 유니버시아드 大會에 對한 民團의 積極支援과 國威宣揚

十一. 在日僑胞의 母國訪問 强力推進

十二. 海外僑胞團體連合會를 構成하고 이에 對한 强力한 支援策의 一環으로 僑胞廳設置를 要請한다.

西紀一九六七年七月十一日

在日大韓民國居留民團 中央本部

團長 李裕天

② 재일민단 강화 대책회의, 서울, 1969.8.6.-9

기능명칭: 재일민단 강화 대책회의, 서울, 1969.8.6-9

분류번호: 791.26, 1969

등록번호: 3358

생산과: 교민과/동북아1과

생산년도: 1969

필름번호: P-0007

프레임번호: 0001-0472

1. 협조전-본국 및 교포 간부 합동회의 개최계획

협조전
분류기호 정보770-53
발신일자 1969.2.26.
발신명의 정보문화국장
수신 아주국장

중앙정보부로부터 본국과 교포 간에 야기되고 있는 교포의 당면 근본문제 해결을 위하여 교포간부 인사를 본국에 조치하여 광범위하고 솔직한 토의를 하고 또 민단을 개편하기 위한 합동회의 개최 기본 계획을 별지와 같이 통보하여 왔사옵기 조치하시기 바랍니다.
유첨: 중대대 400-721(69.2.19.자)
공한 사본 1부. 끝.

2. 외무부공문-본국 및 교포 간부 협동회의 개최 계획

외무부
번호 아교725-
일시 1969.3.19.
발신 외무부 장관
수신 중앙정보부장
제목 본국 및 교포 간부 합동회의 개최 계획

1. 중대대400(69.2.19)와의 관련입니다.

2. 교포 간부를 본국에 초치하여 당면 교포 문제를 토의하기 위한 합동회의에 관하여 당부가 다음과 같이 계획하고 있음을 참고로 알립니다.

가. 금년 3월의 민단 중앙대회와 그 후 계속되는 지방대회로 각급 민단 집행부가 새로운 출발을 하게 되므로, 이를 기회 삼아 교포운동의 방향 설정을 위하여 합동회의를 서울에서 개최한다.

나. 합동회의에서는 교포측 참석자가 능동적으로 교포운동의 방향 및 당면 문제에 관한 방안을 제시케 하고 토의항목에는 아래 사항을 포함시킨단.

1) 민단 신집행부의 운동방침 및 목표

2) 민단 활동의 효율화 방안(민단 조직 운영에 관한 사항을 말함)

3) 본국과의 유대 강화 방안

4) 교포의 보호 및 지도에 관한 문제

가) 영주권 신청

나) 국민등록

다) 경제활동

라) 교육

5) 기타 필요 사항

다. 민단 개편에 관하여는 표면에 노출시킴이 없이 위 나. 2) "민단 활동의 효율화 방안"에 포함시켜 토의 되도록 하는 바, 점진적인 개편을 목표로 한다. 이를 위하여 주일 대사관은 단독으로 또는 민단과의 비공식 협조 하에 방안을 작성하여 외무부에 보고하여, 귀부 파견관의 안, 민단 자체 안 및 본 안을 토대로 외무부 및 중정이 심의하여 정부 기본안을 작성한다.

라. 합동회의 개최 시기, 참석자 범위, 회의 개최의 주관 및 지원, 교포 참석자의 교육에 관하여는 중정 안에 따른다.

3. 이상에 대한 귀부의 견해를 회시 바라며, 동 견해를 받는 대로 현지 대사관에 훈령할 예정임을 알립니다. 끝.

3. 외무부공문(발신전보)–민단효율화방안 제출 요청

외무부

번호 WJA-04257

일시 251150

발신 장관

수신 주일대사

연: 725-13193

연호 3항과 관련, 본부 사정에 의하여 민단 효율화 방안이 시급히 요청되오니, 5.5까지 제출 바람. (아교)

4. 주일본국 대한민국 대사관 공문-민단 효율화 방안 송부

주일본국 대한민국 대사관
번호 일영(1)725.1-1610
일시 1969.5.7.
발신 주일대사
수신 장관
참조 아주국장
제목 본국 및 교포 간부 합동회의

대: 아교725-13193

대호로 지시하신 당관의 "민단 효율화 방안"은 금5.7. 제7차(임시) 주일 각급 공관장 회의에 일단 상정 논의하였으며, 동안을 별첨과 같이 작성 보고하오니 집무에 참조하여 주시기 바랍니다.

첨부: 민단 효율화 방안 1부. 끝.

민단 효율화 방안

1. 민단에 대한 재정적 보조
   가. 잠정적 보조
      교민의 민단에 대한 신뢰의 회복과 민단 재정의 자율화가 확립될 때까지 잠정적으로 민단에 대한 재정 보조를 함.
   나. 민단 중앙본부에 우선 치중
      민단의 지도 체계를 확립하기 위하여는 우선 민단 중앙본부에 치중하여 재정 보조를 실시하며, 가능하면 "교포 중앙회관" 들을 건설하여 그곳에서 나오는 수입으로 민단 자체 경비를 지변토록 함.

다. 민단 지방본부

사무부장급이라도 수당을 지급할 수 있도록 재정 보조함이 가하다고 생각되며 이는 금후 추세를 보아 실시함.

2. 민단의 단장 임기 2년의 재검토

가. 단기(2년) - 장점…빈번한 개선으로 인하여 조직의 민주화에 공헌함

단점…(1) 사업의 지속성이 없음

(2) 실무 기구의 동요가 심함

(3) 빈번한 선거를 위한 파벌조성이 심함.

(4) 선거 자금의 낭비로 인한 손해가 많음

나. 장기(4년 내지 6년) -

장점…사업의 지속성과 파벌의 해소 등 단기의 경우의 결점을 시정함

단점…조직의 독재화가 우려됨

다. 단장 임기의 장기화 조치 필요

1) 지금까지 민단의 단장 임기가 2년으로 되어 있어서 상기 단기의 경우의 단점을 샅샅이 경험하였고

2) 세계 거의 모든 국가 기구의 수반을 보아도 4년 내지 6년의 임기를 가지고 있으며 60만 인구를 다룰 민단 기구에도 이를 도입함이 타당함.

3. 민단의 실무기구 확립

가. 소위 "엽관 제도"(Spoil System)의 방지

민단 단장의 빈번한 교체와 아울러, 교체된 단장이 새로 임명하는 실무진은 항상 동요를 면할 수 없으며 재임중에 무사안일과 이욕에 치중하는 소위 "엽관 제도"의 결정적인 폐단이 보임. 따라서 단장선거에 관계없이 존속하는 실무진의 확보가 시급함.

나. 생활보장

민단의 점진적인 재정 확보와 아울러 민단의 실무진에 대하여는 충분한 인간으로서의 생활이 보장되는 수당지급제도가 필요함. (개인의 은혜나 부정한 방법에 의해서 생활유지가 되어서는 않될 것임)

다. 신분 보장

민단 실무자로서 근무하는 경우에는 단장의 개선의 상관없이 신분이 보

장되어야 하며, 민단에 장기 근속한 자는 퇴직하는 경우에 본국의 일정 한 공공 단체에(원에 따라서) 직위가 주어지는 방법도 생각할 수 있음.

라. 실무 훈련의 철저한 실시

현재의 민단 실무진은 사무처리 능력이 대단히 부족하며 종적으로나 횡적으로나 협의, 협조, 문서 규격, 양식 등 전혀 통일이 되어 있지 아니하여 일개의 조직으로서 다루기는 힘들며 따라서 반공 훈련과 아울러 실무처리 능력 향상 훈련이 시급함.

4. 민단 감찰기구의 중앙집권화

가. 감찰 위원회의 지방 분산으로 인한 폐해

지방 유지들은 항상 일상생활에서 접촉하는 사람이며, 상호 단장, 의장, 감찰 위원장 등 요직을 교대로 담당하는 것이 상례이므로 제대로 감찰 기능을 발휘할 수 없음.

나. 중앙 통합의 필요

감찰 기능의 성격과 국가, 기타 단체의 감찰 기구를 참고로 하면 민단의 경우에도 감찰위원회를 중앙본부로 통합하여(현재 감찰위원장 1명과 감찰위원 2명뿐임) 강력한 감사를 실시토록 함.

5. 민단 회계 관리의 합리화

가. 현재의 기구

현재는 총무국장, 사무총장, 단장 선으로 회계지출이 되어 관계 국장급들의 통제가 없음.

나. 회계 관리의 합리화

지출 원인 행위와 실제 지출과의 분리를 분명히 하고 관계 국장들의 서명을 경유하는 등 회계 통제를 강화함.

6. 민단 산하 단체의 육성

가. 한국 청년 동맹(한국 학생 동맹 포함)

현재의 민단은 노구화 되어 있으며 민단 조직을 인계할 다음 세대의 양성이 시급함. 민단 산하 단체 중 우선 한국 청년 동맹을 재정 지원, 훈련 강화, 조직 확대를 통하여 충분히 육성할 필요가 있음.

나. 대한 부인회

2세 교육에 직접 관련이 있고 여성의 지위 향상에 수반하여 부인의 교육을 철저히 함이 시급하며 따라서 민단 산하 단체인 대한 부인회를 충분히 육성시킴.

다. 신용 조합

신용 조합을 육성할 할 필요는 설명을 요하지 않으며, 조합원 확대, 예금고 증가, 기존 조합의 질적 향상, 신규 조합의 인가 획득 등을 목표함.

7. 대사관 및 영사관과 민단의 일체화

가. 민단의 (정부 위임) 사무 한계의 확정

민단의 기능을 충분히 발휘하고, 대사관의 기능 보충을 기하기 위하여 현재 민단이 일부 수행하고 있는(위임 또는 준위임) 사무의 한계를 분명히 하여 민단의 사기를 앙양함.

나. 교민 시책의 민단 일원화

모든 종류의 교민에 대한 시책은 간접적이거나 사적이거나 비합리적인 방법으로 하지 말고, 반드시 민단을 경유하여 일원적으로 실시함.

다. 대사관과 민단의 정기 회의

대사관과 민단의 유기적인 확동 유지를 위하여 월별, 분기별, 년도별 등 정기 혹은 수시로 회합을 갖도록 함.

5. 기안–본국 및 재일 교민 간부 협동회의 개최 계획

번호 아교725
기안일시 1969.6.2.
기안자 교민과 박민규
경유수신참조 수신처참조
제목 본국 및 재일 교민 간부 협동회의 개최 계획

1. 당부는 재일 교민 간부를 본국에 초치하여 당면 교민 문제를 토의하기 위한 합동 회의를 다음과 같이 계획하고 있읍니다

가. 금번 개선된 바 있는 민단 중앙본부 3기관과 계속되는 지방 대회에서 각급 민단 집행부가 새로운 출발을 하게 되므로, 이를 기회 삼어 교민 운동의 방향 설정을 위하여 합동회의를 서울에서 개최한다.

나. 합동회의에서는 교민 측 참석자가 능동적으로 교민 운동의 방향 및

당면 문제에 관한 방안을 제시케 하고 토의 항목에는 아래 사항을 포함시킨다.

1) 민단 신집행부의 운동 방침 및 목표

2) 민단 활동의 효율화 방한 (민단 조직 운영에 관한 사항을 말함)

3) 본국과의 유대 강화 방안

4) 교민의 지도 및 보호에 관한 문제

가) 영주권 신청

나) 국민등록

다) 경제활동

라) 교육

5) 기타 필요사항

다. 합동 회의 개최 시기 및 참석 범위(확정되는 대로 재통보 위계임)

1) 개최시기: 1969년 8. 15를 전후함.

2) 참석범위:

가) 민단 중앙, 지방 본부 및 신하단체 간부

나) 재일 교민 언론 관계 대표

다) 현지 각급 공관 관계관

라) 정부 관계 부처 담당관

2. 이상의 계획과 관련 본 합동 회의시 제출할 귀부의 안건이 있으면 6. 20. 까지 회시하여 주시기 바랍니다. 끝.

수신처: 내무부 장관, 재무부 장관, 법무부 장관, 문교부 장관, 상공부 장관, 교통부 장관, 문화공보부 장관

6. 외무부 공문-민단효율화 방안 관련 의견 및 기타 송부

외무부

번호 아교 725-

일시 1969.7.10.

발신 외무부 장관

수신 중앙정보부장

참조 제1국장

제목 본국 및 교민간부 합동회의

대: 중대대 400-1143(69.3.31.)

1. 대호와 관련하여, 당부는 주일 대사 보고에 따라, 오는 8.6-9의 3일간 민단과의 합동 회의를 워커-힐에서 개최하고저 합니다.

2. 동 회의 개최와 관련하여, 당부는 주일 대사의 건의(69.5.7의 7차 주일 공관장 회의 토의 사항)를 토대로 별첨1의 민단 효율화 방안을 구상중입니다.

3. 연이나, 동 방안의 시행에 있어서는, 최근 일본 내의 교포 사회의 동태와 민단 내부의 움직임 등 제반 사항(별첨 2참조)을 고려하여 제1단계로 별첨3과 같이 상기 회의를 운영하는 것이 가할 것으로 사료되오니, 귀견을 회보하여 주시기 바랍니다.

별첨: 1. 민단조직 효율화 방안
2. 민단조직 효율화 방안 추진의 문제점
3. 제1단계 민단 효율화 방안
4. 합동회의 계획(안) 끝.

별첨 1
민단효율화를 위한 방안

1969.6.26.
외무부 아주국

민단 효율화를 위한 방안

재일거류 민단은 창단후 21년이 경과한 오늘날에 있어, 여러 가지 문제점을 내포하고 있으므로, 이의 시정이 요청되고 있는 바, 그 방안을 고찰하면 다음과 같음.

1. 민단의 기본 성격의 명시

가. 민단의 생장 과정에서 본 성격

현 민단은,

1) 교포의 친목 단체인 동시에, 그 권익을 보호하기 위한 자위 단체이며

2) 조총련 등 공산 세력과의 대결 투쟁을 위한 정치적 단체임.

나. 국교 정상화 이전의 민단의 정부 대행 역할

국교 정상화 전의 주일 대표부 시대, 정부는 그 시책의 시행에 있어서, 민단에 크게 의존하지 않을 수 없었고, 이러한 사실은 민단 조직인으로 하여금, 민단이 정부 기관 내지는 대행 기관이라는 착각을 갖게 하였음.

다. 주일 각급 영사 공관 설치 후의 민단 역활

국교 정상화 후 8개의 영사관이 새로히 설치되었을 뿐만 아니라, 기존 공관(3개)도 인원 증원을 얻어 활발히 활동을 개시함에 따라, 민단이 종래 해 오던 정부 기관적인 역활이 대체되고, 점차 감소되었음.

이러한 추이에 대하여 민단 내부에서는 민단의 새로운 역활과 방향을 모색하여야 한다는 움직임이 생기는 한편, 영사관이 민단의 기존 권위와 이권을 박탈해 간다는 피해의식이 생기게 되어 대항 의식을 갖게 된 것임.

마. 민단의 새로운 방향

국교 정상화 후에 크게 변화하여 가고 있는 교포 사회의 현실에 부합하도록 민단이 계속해서 재일교포의 핵심적 조직으로서의 존재 의의를 갖기 위하여서는 무엇보다 교포의 단합을 기하여야 할 것인 바, 이를 위하여서는

1) 교포의 일상생활과 밀착하여, 그들의 편의를 도모하는 서비스 기관으로서의 기능을 발휘할 수 있어야 하며,

2) 조총련과 대결할 수 있는 조직으로, 대한민국의 시책을 지지하는 조직체가 되어야 할 것임

2. 재일 영사관과 민단과의 관계

가. 정부 입장과 민단 지도층의 입장의 차이에서 오는 부조화

1) 정부는 재일교포 사무를 주일 대사관과 각 영사관을 통하여 집행함에 이르렀고, 따라서 각급 영사관은 해당 공관 관할 지역 내의 민단 지방 본부 및 지부와 직접 업무를 처리하게 되었음.

이렇게 됨에 따라, 왕왕 민단 중앙본부는 그 산하에 있는 지방 본부와 영사관과의 관계가 민단 조직 체계에 혼란을 초래한다고 항의하여 왔으며, 특히 이를 받어들이는 민단 중앙본부 조직인들의 견해와 입

장이 정부 시책과 상이할 때, 문제는 더욱 심각해지는 것임. (실례로 서 법적지위 문체에 관한 이유천 전 집행부와의 관계는 좋은 예가 됨)

나. 민단의 조직 체계와 영사관과의 관계 규정 필요

민단 중앙본부는 규약 제35조의 규정(지방 본부는 중앙 본부의 지시를 이행할 의무를 갖는다)과 중앙위원회의 관계 결의 사항을 들어, 정부의 모든 대 민단 지시는 중앙본부를 통하도록 하고, 영사관이 직접 관하 민단에 지시하는 일이 없도록 요구하는 한편, 그들 산하 조직에 대해서는 중앙에서 승인한 사항 외에는 관할 영사관의 직접적인 지시에 응하지 말라는 훈령을 내리는 사례가 빈번하여, 기왕에 영사관과 협조하여 오던 지방본부마저 난처한 입장에 서게 되어 충실한 정부 시책의 수행에 지장을 초래하고 있음.

이러한 점에 비추어, 정부에 협조하는 기본자세와 관계를 민단은 중앙위원회의 결의, 또는 동 규약에 천명하여야 할 것임.

3. 민단 중앙조직의 문제

가. 중앙조직의 방대, 병패화

현 민단 중앙본부는 너무 방대한 기구를 갖고 있음과 동시에 권한의 불리독립(집행, 의결, 감찰)으로 인한 모순을 내포하고 있음. 한편, 년간 7천 내지 8천만원(미화 약 20 - 22만불 상당)의 예산을 사용하고 있으나, 효율적인 사업의 추진을 못할 뿐만 아니라, 오늘날까지 민단 단원의 정확한 명단과 수조차 파악 못하고 있는 실정임.

나. 중앙조직의 의결 기관화

중앙의 불필요한 기구와 인원을 간소화하여, 최소한의 사무국을 두도록 하는 한편, 현재의 중앙 집권적인 성격을 지양하여 지방 민단의 활동을 확대할 수 있도록 지방 분권적인 방향으로 개편되어야 함.

다. 민단 육성은, 현 본부 이하의 하부 기구부터

따라서, 민단 육성은 현 본부 이하의 지방 및 지부 단위를 중심으로 육성한다는 원칙하에 각급 해당 공관을 중심으로 하부 기구부터 충실화하도록 함.

4. 민단 사무국원의 신분 보장

가. 민단 사무진의 계속성 유지, 직업적 사무직원의 양성

현재까지의 민단조직은 매 2년마다의 선거에 따라 역원이 갈릴 뿐만 아

니라, 유능한 사무직원도 본의 아니게 역원의 개선에 따라 갱질되는 소위 "스포일. 시스탬" 하에 있었으므로, 아무리 유능하고 훈련된 직원이라도, 그 신분과 생활을 보장하도록 현 민단 규약에 규정함.

이를 위하여 정부는 민단에 대한 재정 보조(사무국 직원 봉급을 위한 보조)를 강화함.

나. 지방본부 사무국장급의 관할 공관장 인준

민단 내에 좌경 세력이 도약하는 현실에 비추어, 이를 견제하기 위하여, 민단의 핵심이 될 현 지방본부 사무국장의 임명은 관할 공관장이 인준하도록 함.

5. 민단 역원(3기관장)의 임기연장

가. 현행 제도의 결함

현 민단 규약(54조)은 그 임기를 2년으로 규정하고 있는 만큼 매 2년마다 중앙을 위시하여 48개 지방본부 지부의 각 단장을 위시한 3기관장의 개선이 있는 바, 동 2년의 임기는 장·단점을 들어, 논난의 대상이 되고 있음. 특히, 민단 중앙의 선거를 위한 재정적 소비와 당락을 위한 선거전은 민단 내의 파벌 조성을 야기하고 있는 실정임. 또한, 일단 당선되드라도, 그 임기가 2년에 불과한 관계로 소신의 사업을 추진할 시간적 여유없이 곧 다음 선거를 맞이하여야 하며, 따라서 계속성이 있는 사업의 추진이 곤난하였음.

나. 임기의 연장

따라서, 현 임기를 4년으로 연장하도록 하는 것이 합리적임.

6. 기타의 개선 사항, 회계 관리의 합리화

재일교포를 위하여 매년 다액의 정부 보조금이 지출되고 있으며, 교포 사회에서 염출하는 막대한 자금을 사용하고 있으므로, 효과적인 자금의 사용을 위하여, 중앙본부 및 각 현 본부의 회계 관리 제도를 확립하여야 함. (지출원인 행위와 지출행위를 분리)

7. 민단 사업으로서 지도하여야 할 사업

다음 사업을 민단은 지속성있게 추진할 것이 요망되므로, 이를 중점적으로 지도함.

가. 조직의 확대 및 강화(국민 등록)

1) 반조직

중간층에 있는 교포를 민단 단원으로 포섭함과 동시에 기존 단원의 조직을 강화한다. (반조직)

2) 민단 단원에 대한 조직적인 훈련

민단 각 지방본부 및 지부의 사무국 직원에 대한 반공 교육과 사무 능률 향상을 위한 행정 교육을 위하여, 항구적인 교육 시설을 가추도록 함.

나. 중앙회관 운영

실현성 있는 계획을 수립케 하여 가능한 정부 지원을 기함.

라. 생활 안정을 위한 사업

1) 신용조합의 증설 강화

2) 세무지도

민단 사무국 직원에게 우선 세무 교육을 실시하여, 일반 민단원의 세무 사고를 방지하도록 지도함.

마. 본국과의 유대 강화

1) 본국 가족 송금 및 방문 장려

2) 본국 투자 유치

바. 교포 협정 영주권 신청 촉진

1) 신청 촉진

2) 호적 정리

별첨2

민단조직 효율화 방안 추진의 문제점

1969.7.4.
외무부 아주국

민단 조직 효율화 방안 추진에 있어서의 문제점

1. 시정을 위한 필요 조치와 여건

가. 민단 규약의 개정과 중앙 위원회의 소집 문제

별첨1의 시정을 위하여서는 민단의 규약 개정을 필요로 하며, 이를 위하여서는 민단의 최고 의결 기관인 중앙 위원회의 소집이 불가피함. 현 이희원 집행부의 상금 지도력이 연약한 점으로 미루어, 이러한 목적으로 중앙 위원회 소집할 때에는 상당한 혼란을 초래할 것이 예상됨.

나. 출입국 관리 법안 반대 운동과 민단의 동향

특히, 일본의 출입국관리 법안이 일본 국회에서 심의됨에 따라, 이를 계기로 현 집행부의 반대 세력과 민단 내의 좌경 세력은 한국 학생동맹(한학동) 및 한국 청년동맹(한청)과 합세하여, 신 집행부가 5.21-28간 본국 방문 기간 중에 관동지방 협의회에서 입관 법안 반대 데모를 결정하고, 이를 중앙 집행부에 강요하였으며, 동 협의회의 결정이 도화선이 되어 전국 민단이 입관법 반대 데모로 전개한 것임.

다. 관권 개입의 구실 부여 우려

상기한 실정을 감안할 때, 현 단계에서 서상한 민단조직 효율화 방안을 정부가 민단 측에 제기한다면, 민단의 자치적인 성격을 파괴할 관권의 개입이라는 반대 구실을 주어, 현 집행부에 대한 불신임 제기로 발전할 가능성이 있음.

2. 정부의 당면 관제와 건의

가. 협정 영주권 신청 촉진

재일교포가 특수한 외국인으로서의 권익을 보장받기 위하여서는 협정상의 영주권을 취득하여야 하는 바, 영주권 신청 현황은 결코 만족한 상태가 되지 못함.

이러한 부진 원인은, 조총련계의 집요한 반대 공작과 선동 등 여러가지 외적 원인을 들 수 있으나, 한편 내적원인이 있는 것임. 그 중의 하나는, 민단 중앙의 비 협조적 태도와 계몽 활동의 불충분을 들 수 있음. 따라서, 금번의 협정영주권 촉진 종합 계획은 여기에 착안하여 민단의 촉진 태도 천명과 아울러 계몽 활동과 대서 지도원의 배치에 주력한 것임. 이런 점에서, 민단을 과도히 자극하여 혼란 상태가 야기된다며는 정부가 추진하는 협정 영주권 신청 촉진 사업에 좋지 않은 영향을 미칠 우려가 있음.

나. 민단 측이 요망하는 합동회의

정부는, 합동회의를 가짐으로서 누적된 민단의 패단을 일소하고 조직을 강화하여, 승공 태세를 공고히 하려는 데 있으나, 한편 민단 측은 현재까지 현지 대사관을 통하여 요구해 오던 여러 가지 사항을 직접 본국 정부 당국에 요구할 수 있다는 데에 대하여 의의와 매력을 갖는 것임. 이러한 점에서 정부로서 특히, 유의할 사항은 현지 공관을 경시하려는 교포 사회 지도자들의 좋지 않은 경향을 조장시키지 않도록 하여야 할 것임.

다. 합동회의 운영 방향

상기의 제점을 고려하여, 민단 효율화에 따른 모든 문제를 일시에 시정하기에는 제반 여권과 정세가 상금 성숙되지 못하였다고 판단되므로, 본 합동회의의 운영방향과 방법으로서 우선 제1단계로 별첨3의 구상하에 운영하고, 관련되는 정세와 조건이 성숙해 감에 따라 점진적으로 제2단계로 타의 현안 문제를 타결해 나가도록 하는 것이 가할 것임.

별첨3

제1단계 민단 효율화 방안

1969.7.4
외무부 아주국

민단 조직 효율화 방안(1단계)

1. 사무국 직원의 신분 보장

민단의 선거로 인한 역원 개선에 따라, 사무국 직원마저 개편되는 현 제도를 지양하여 유능한 사무직원을 확보함으로서, 민단 업무의 계속성을 유지한다. 그러기 위하여 아래와 같이 조치한다.

가. 신분보장

사무국 직원으로 임명된 후, 본인에게 과실이 없는 한 그 의사에 반하여 면직되지 않도록 신분을 보장한다.

나. 생활 보장

신분 보장과 병행하여, 우수한 직원을 확보하기 위하여 충분한 보수를 줌으로서 생활이 보장되도록 한다. 이를 위하여, 정부는 별도로 예산조치하도록 한다.

다. 영사관과의 협조

우수한 직원을 임명하기 위하여, 그 인사 전형에 있어서, 각급 민단은 해당 공관의 의향이 반영되도록 협조하도록 한다.

2. 공관과의 협조

민단의 강령의 정신에 비추어, 민단은 해당 지역 내의 공관과 밀접한 관계를 갖도록 노력한다.

3. 민단 역원 임기에 관한 문제 제기

민단 역원의 현 임기에서 파생되는 제 문제점을 제기함으로서 관계 인사의 관심을 환기시켜 다수 의견의 형성을 촉구한다.

4. 중앙 본부의 기구 간소화 문제

1차적으로는 지방 민단을 중심으로 실질적인 사업 및 활동을 이끌어 감으로서, 점차 중앙본부와의 새로운 관계를 만들어 가도록 지도하는 한편, 문제의 진전을 관망한다.

5. 민단 조직 형성

조직 강화를 위하여, 지부 단위 이하에서의 반(班) 조직을 권장한다.

6. 다음의 사업을 적극 추진하도록 각급 민단을 지도한다.

가. 영주권 신청 촉진

나. 국민 등록과 호적 정리

다. 생활 안정을 위한 사업(세무지도, 신용조합 육성)

라. 회계 관리의 합리화

마. 민족 교육

바. 모국과의 유대 강화

7. 내무부 공문

내무부
번호 외사2068-273
일시 1969.7.7.
발신 내무부 장관
수신 외무부 장관
참조 아주국장
제목 본국 및 재일교민 간부합동회의 개최 계획에 관한 안건통보

아교 725-558(69.6.3)과 관련된 안건을 별첨과 같이 통보합니다.

첨부: 토의안건 1부 "끝"

첨부-토의안건

본국 및 재일교민 간부합동 회의 안건

1. 민단 조직 및 운영 개선

가. 민단 단장 임기 장기화

각급 단장 임기가 2년이란 단기이므로 인하여 조직의 민주화를 기할 수 있다는 장점도 있으나 반면

(1) 사업의 지속성이 없고

(2) 빈번한 선거로 파벌이 조성되며

(3) 단장이 개선되면 실무역직원의 교체도 수반되는 것이 상례이므로 이 실무진 역시 항상 불안, 무사안일주의로 업무를 수행하고 있는 등의 단점이 허다하므로 이 임기를 최소 4년으로 장기화하는 민단 강령 개정이 요망된다는 것이 뜻있는 교포들의 여론인만큼 이 문제를 이번 회의에서 토론하여 민단 강령 개정 무드를 조성할 것이 요망됨.

나. 민단 사무총, 국, 부장 신분 보장

각급 민단에 있어 가장 중추적 역할을 사무국장(중앙), 국장(현본부), 부장(지부)이 단장 자의에 의하여 임면되므로 연구성 또는 개선 의욕 없이 그날 그날 소극적인 업무를 수행하고 있어 민단 조직 운영상 지장이 많으므로 어느

정도의 신분 보장과 직업화가 요망된다는 교포들의 여론인 바 그 보장 방안으로서는 중앙 총장은 주일대사관 혹은 민단 중앙 위원회의 승인, 지방 본부, 지부의 사무국, 부장은 상급 단부 승인에 의하여 임·면하는 등을 고려할 수 있으므로 이러한 신분 보장 문제를 토의할 수 있는 무드 조성 방향으로 지도할 것이 요구됨.

2. 민단에 대한 교포들의 신뢰감 조성 방안

가. 전향자로부터의 찬조금 징수 금지

조총련으로부터 민단으로 전향 가입하는 자들로부터 찬조금이란 명목으로 금품을 요구하는 관계로 전향의사를 포기하는 사례도 있고 이로 인하여 조총련 또는 중립계 교포들은 "민단은 조직 강화보다 돈만 아는 부패 단체"라고 혹평하고 있다는 교포들의 여론인 바, 이것이 사실이라면 이의 폐지를 전국 단장에게 요구할 필요가 있음.

나. 여권 수속을 위요한 찬조금 징수 문제

본국 여권 수속을 위한 민단 신원 확인에 있어 당해 민단이 찬조금을 징수하고 있다는 교포들의 비난이 많은 바 이것이 사실이라면 이의 금지가 요망되는 바 민단운영자금상 부득이한 것이라면 일정한 기준과 통일을 기하는 등 규제 방법이 이번 단장회의에서 토의 결정될 것이 요구됨.

8. 주일본국 대한민국 대사관 공문

주일본국 대한민국대사관
번호 일영(1)725.1-2798
일시 1969.7.28.
발신 주일대사
수신 장관
참조 아주국장
제목 정부와의 합동회의에 대비한 민단의 요망사항

대: WJA-07136 및 07191 및 07282
안: 일영(1) 725.2-2737

1. 대호 정부와의 합동회의에 제출할 민단의 요망사항 및 이에 관한 당관의 의견을 별첨과 같이, 송부, 보고합니다.

2. 대호 참석자에 관한 의견은 조사되는 대로 송부위계이오니 양지하여 주시기 바랍니다.

첨부: 민단의 요망 사항 등 3부 및 당관 의견서 1부. 끝.

첨부-민단의 요망 사항 등 3부 및 당관 의견서 1부

<u>민단의 요망 사항에 대한 의견</u>

1. 전반적인 의견
   가. 요망사항의 대부분이 종전부터 민단에서 상규적으로 되풀이하여 온 내용에 불과하여 별로 참신한 인상을 주지 못하며,
   나. 연구 검토의 심도가 그다지 깊지 못하여 논거가 희박한 면이 있으며 정부의 보충적인 검토의 여지가 많은 것으로 생각됨.
   다. 민단 자체의 효율화 내지 정비에 관하여는 단지 외부적 피상적 요인만을 몇 가지 열거함에 끝이며 어떠한 부분에 있어서는 감정적인 어구마저 들어 있음이 보임.
   라. 문제점을 전부 총망라한 요망사항이 아니고 어떠한 부면이 있어서는 전혀 도외시하고 있는 점이 엿보임.
2. 개별적인 의견
   가. "제1부: 민단의 지향"의 내용에 관하여
      1) 본 "제1부: 민단의 지향"의 내용은 대체로 재일교포 내지 민단의 지도이념의 검토, 확립에 유익한 면이 많이 있음.
      2) 민단의 기본 성격을 이번에 분명히 재확인하여 민단의 활동방향과 그 한계(활동규범)를 조정함이 가함.
      3) 정부와 민단과의 관계를 <u>형식적</u>이 아니고, <u>실질적</u>, <u>유기적</u>으로 유지케 하는 계기가 있어야 할 것으로 생각함.
      4) 조총련계의 민단 내부 침투 공작의 일환책으로서 민단원을 가장하거나, 민단원이 이용당하여, 민단 내부를 교란시킨 자의 벌칙 내지 대비책을 강구할 필요가 있음.

5) 조직 개선의 몇 가지 필요점은 열거하였으나, 구체적인 방법론이 보이지 않으므로, 앞으로 그 실천책을 강구할 필요가 있다고 생각함.

6) 산하단체 육성강화는 새삼 논의할 필요 없이 중요한 문제임.

7) 본국 연락 사무소의 설치, 강화는 시급한 과제로 생각하며 장기간 외지에서 거주하다 본국에 들린 교포들의 지도, 안내의 역할은 물론 본국 내의 가족이나 친지의 문의, 연락처로서의 기능을 강화시키는 면에서 절실하다고 봄.

나. "제2부: 요망사항"에 관하여

1) 조직면

ㄱ) 교민청의 신설

민단에서 종전에 항상 요청한 사항이나, 그 요지는 정부의 교민정책을 일원적으로 다루워야할 필요를 강조한 것으로 생각됨.

ㄴ) 국회 옵써버(교민 대표) 제도의 부활

이 제도는 종전에 실행하여본 경험이 있는 것이나, 결론적으로 말하여 본 제도는 필요없는 것으로 생각됨. 그 이유로 첫째, 정부의 교민 시책은 행정부의 현지기관인 대사관을 통하여 실현되어야 함에도 불구하고 입법부 옵써버를 통하여 정치적인 측면에서 다루는 경우에 도저히 교민들을 옳바르게 지도할 수 없는 혼란에 빠지고, 둘째, 교민 대표라고 하나 투표권도 없이 국회에 대표라고 나가 있어봐도 "교포의 국회" 이용이 아니라, 반대로 "국회의 교포" 이용의도가 강하여 제반 불순한 폐단이 생길 가능성이 많다고 생각됨.

ㄷ) 주일각급 공관과 민단 조직과의 질서 체계화

주일 각급 공관이 정부 조직법에 의거한 관할권을 가지고 있으므로 동 관할 내의 여하한 단체나 개인에 대하여도 영사기능을 발휘할 수 있는 것이나, 민단이 일부국가 사무를 처리하고 있으며, 민단도 조직을 유지하여야 하는 관계를 감안하여 주일 각급 공관과 민단 조직과의 사무한계(영사기능의 한계)를 구체적으로 명시할 필요가 있다고 생각함.

2) 경제면

ㄱ) 민단 육성 정책과도 관련시켜 교포 기관에 대한 일본 정부의 면세

조치를 하도록 조세협정에서의 반영 요망
이는 이미 종전부터 대일교섭을 하여 오던 것이고 새로운 것은 없으며 앞으로 교섭의 성과를 기대할 수밖에 없다고 생각함.

ㄴ) 상공회 육성책

상공인의 불규진출시에 상공회 연합회의 추천을 부가하여 달라는 바, 민단에서는 이의 장점만을 열거하였으나 그에 수반되는 단점은 언급하지 아니 하였음. 이는 좀더 검토를 요하는 문제라고 생각됨. 본국 재산 반입시의 특혜조치는 필요하다고 봄.

ㄷ) 신용조합 육성책

민단에서 열거한 대리업무 확장, 교포 중소기업 육성자금 예치 이율 인하, 지역 개발을 위한 국채소하 안등은 대체로 좋을 것으로 생각되나, 앞으로 그 장단점을 검토하여(특히 후 2자) 정책적으로 구현시키면 되리라고 봄.

3) 문교면

ㄱ) 요망사항의 하나로서 장학관실 독립, 확장안을 거시하였으나 기관과 행정의 일원화를 기하고 상호 협조를 더욱 이룩하기 위하여는 반드시는 이 안이 최상의 것이라고 할 수 없다고 생각됨.

ㄴ) 건의 사항에는 한국 고등학교 신설, 정부교육 보조금 증액, 한국대학 분교 설치 등 세 가지를 거시하였으나 이 세 가지 모두가 그에 소요되는 막대한 예산의 확보 여부에 의존되리라고 생각됨.

ㄷ) 대일 교섭 사항 세 가지는 현재도 적극적으로 추진하고 있는 종래부터의 현안이 되어 있는 것으로서 새로운 것은 없음.

4) 법적지위면

민단의 요망사항에 관하여는 이미 보고한 일영(1)725-2410을 참고하여 주시기 바람.

3. 추가할 사항

가. 민단 조직의 효율화, 개편

상기 민단의 요망 사항 등에도 일부 보이기는 하나, 종합적인 면에서 민단 조직 내부의 불합리성을 제거할 필요가 있으며 이에 관하여는 이미 일영(1)725.1-1610호로 보고한 바 있으나, 그 내용을 기초로 하여 더욱 상세한 검토가 필요할 것으로 생각됨.

나. 거류민단에 관한 입법조치(대통령령) 여부

민단의 자율적인 조직 강화에 병행하여, 타율적인 입법조치를 취하여 각급 공관의 관하 민단에 대한 지도 체계를 확립함이 가하다고 봄. 이에 관하여는 이미 1968.2.24. 대사 귀국시에 직접 휴행한 보고사항 4항에 법령 제정 형식, 입법례 등을 거시한 바 있으므로 참고하여 주시기 바람.

다. 중앙회관 건립

민단에서 항구적인 기본재정 확보책의 하나로 중앙회관 건립을 위한 정부특별 보조금 지급 신청을 한 일이 있으며 이에 관하여는 이미 일영(1)725.4-2954(68.8.12.) 및 -06409(69.6.28.)로 보고한 바 있음.

라. 민단 건물의 명의 문제

일본 전국적으로 민단 현본부, 지부에 소속된 민단 건물 기타 부동산의 명의를 항구적인 존속을 보장케 하도록 적절한 대책을 수립할 필요가 있으며 이를 위한 진지한 토의가 요망됨.

마. 민단의 보안 대책

민단의 조총련 대책의 일환으로서 민단 조직 내부에서의 보안을 철저히 할 필요가 있으며 주일 각급 공관과의 유기적이고 적극적인 협조 체제를 이룩하기 위한 절대적인 전체조건이 되므로 이 문제를 구체적으로 논의할 필요가 있다고 생각됨.

바. 한국 신문의 육성

민단은 조총련에 비하여 일반적으로 선전 공세가 약하며 언론의 정비가 부족하므로 최소한도 민단의 기관지인 한국 신문의 육성만이라도 우선 제1차적으로 달성시킬 필요가 있음. 이에 관하여는 종전부터 누차 정부 지시와 보고가 왕래한 바 있음.

사. 법적 지위 문제의 보충

민단은 지금까지 교포 법적지위 협정 자체의 불비점 시정이 선행되면 협정영주권 신청은 촉구하지 않아도 자동적으로 해결될 것이라는 견해를 가지고 있으며 따라서 언제나, 법적지위에 관한 시정요구만 우선하였지 협정영주권 신청 촉진에는 제2차적인 관심 밖에 두지 아니 하였음. 정부 입장은 우선 협정 영주권 신청 기간이 있으니 신청을 최대한으로 촉구하며 그와 병행하여 그동안 생긴 문제점은 차례로 해결하여 나아가려는 입장이고 더구나 현재 적극적으로 영주권 신청에 역점을 두고 있는 시기이므로 동 신청에 민단에 제1차적으로 적극적인 관심을 가지고 운동을 전개하여 주도록 촉구토록 함.

아. 기타 문제

국민등록, 호적 정비, 여권 등 일반영사행정사무는 물론, 교포 나병환자나 이동양호시설에 대한 원호 문제, 원폭 피혜 관계, 재일 한국인 전후 유골처리 문제 등 기타 현안 문제에 관하여도 논의토록 함.

9. 민단의 지향

第一部 民團의 指向

1. 創團의 動機와 周邊

周知하는 바로 解放直後에 200萬을 超過하는 日本地域의 殘留同胞들은 朝鮮人聯盟(朝聯)이란 單一團體에 일단은 糾合되었던 것이 朝聯幹部의 職位를 점령한 과격분자들이 日共과 提携하여 在日韓國人의 基本方向을 共産路線에 合致

되도록 强行하려는 動態에 反撥하여 眞正한 民族進路를 指向하는 有志指導者들이 이에 呼應하는 同胞들과 더불어 旣成團體에서 分裂하여 뒤늦게 組織된 것이 우리 民族陣營이다.

最初에 分野別 運動의 母體인 朝鮮建國促進同盟(建靑)이나 그 後 發足한 質的運動의 團體인 新朝鮮 建設同盟(建同)이 卽 그것이다.

그러므로 우리 民族陣營의 組織形成으로 보아 發足當時부터 "反共理念"을 그 基本精神으로 하여 왔다는 것은 分明히 말할 수 있다.

그 後 祖國의 政治情勢가 反託贊託을 에워싸고 當分間은 政府樹立이 難望하리라는 判斷 앞에 그 時期까지라도 在日同胞는 自律的인 自治體制를 確立시켜야 한다는 要請에 따라 前記 建靑과 建同이 兩大支柱가 되어 建同組織을 發展的으로 解放시키고 새로이 在日朝鮮人居留民團(民團)으로 再編하게 된 것이다. 그러니 이 民團 역시 創團當初부터 將次 祖國에 樹立될 正統政府에 協助할 것을 前提로 한 在外民間團體라는 것이 分明한 事實이다.

그러나 民族陣營의 統合發足이 時期的으로 이미 敵對陣營團體인 朝聯이 全國的으로 地方組職과 分野別의 傘下團體를 거의 結成完了한 段階이었으므로 여기에 今日까지 우리 陣營의 組織劣勢를 免할 수 없었던 決定的 原因이 存在한다는 점을 잊어서는 안 될 것이다.

2. 民團20年의 足跡

以上과 같은 經緯에서 民團은 創團以來로 劣勢挽回를 위한 組織鬪爭과 民主扶植이란 思想鬪爭에 寧日이 없으리만큼 敵對團體와의 血鬪는 每日같이 繼續되어 왔다. 다른 하나의 障碍物은 日政當局의 在日同胞에 對한 非友好的인 態度를 指摘 않을 수 없다. 거기는 合目的的인 少數民族 抑壓策으로부터 狡猾한 民族分裂策, 感情的인 民族侮蔑感, 심지어는 合法的일 弱者彈壓策까지 擡頭되어온 것을 우리는 過去의 實績에서 妄却할 수 없다.

이러한 苦境과 難關에서 오랫동안 孤立된 狀態에서 彷徨하면서도 그래도 故國의 天空만 바라보면서 不足은 하였지만 反共鬪爭을 敢行하여 國威를 堅持하였으며 政府施策에 呼應하여 協助의 役割을 하였으며 그래도 本國同胞와의 紐帶造成에 寄與하였다고 할 수 있을 것이다.

組織本來의 任務에 있어서도 未備는 하였지만 組織體係의 大綱만이라도 全國的으로 實現하였고 民族敎育의 바탕만이라도 마련하였고 그 外에도 在留同胞

의 地位向上·民生解決·國際親善에 多少라도 이바지하였다고 平價되리라 自認하고 있다.

3. 組織의 現勢

가. 民團의 近況

在日大韓民國居留民團은 解放後, 日本同胞社會에서 發生한 各種의 團體가 參加하여 1946.10.3. 東京에서 結成되고 日本에 있어서의 韓國人의 代表的 自治團體로서 中央本部를 東京에 두고 있는데 現在 全國에 48 地方本部와 381의 支部 261의 分團이 組織되고 있다. 그리고 傘下團體로서 在日大韓婦人會, 在日韓國青年同盟, 在日韓國學生同盟, 在日韓國人商工會, 在日韓國人體育會를 擁하고 있다.

民團은 大韓民國의 海外國民登錄法에 의한 登錄을 完了한 者로서 構成되어 있으며 大韓民國의 國是遵守, 在日同胞의 民權擁護, 民生安定, 文化向上을 비롯하여 國際親善을 期한다는 5大綱領의 具現을 使命으로 하고 議決機關, 執行機關, 監察機關의 三機關으로서 運營되고 있다.

決議機關으로서는 全體大會(390名의 代議員)와 中央委員會(130名)가 있고 그 主宰者로서 議長 1名, 副議長 2名이 있다.

執行機關에는 團을 代表하는 團長 1名, 副團長 2名, 事務總長 1名, 밑에 總務, 組織, 民生, 文敎, 經濟宣傳의 6局으로 分掌되고 있으며 各局에 局長 次長이 있음.

監察機關은 委員長 1名과 委員 2名으로 構成하고 他機關에 對하여 不覊獨立의 位置에 있다.

民團은 創團以來 綱領의 明示하는 바와 같이 그 使命遂行에 傾注하고 있으나, 過去 北送反對運動과 더불어 韓日會談의 促進 在日韓國人의 法的地位의 確立을 위한 要求貫徹運動 등은 在日民族運動의 先烽的인 役割을 擔當했을 뿐 아니라 최근에는 出入國管理法安의 反對運動을 繼續中에 있다.

나. 傘下團體의 現況

現在 우리民團의 傘下團體는 民團이 創團된 後 그 活動의 必要性에 依해 속속 結成되었다.

그 推移를 보면 다음과 같다.

民團中央本部

- 在日韓國人信用組合協會
- 在日大韓體育會
- 在日韓僑軍人會 一九五一·八·十五
- 在日韓國人商工聯合會
- 在日韓國學生同盟 一九四九·五·三十一
- 在日大韓婦人會總本部 一九五一·六·十六
- 在日韓國青年同盟 一九五〇·八·二九

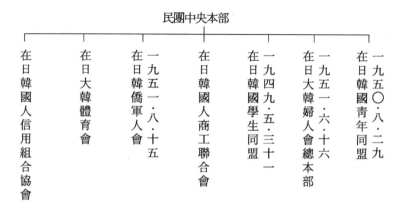

朝學同 1945.10.~1948.5.8.

建青 1945.11.16.~1950.8.29.

特히 韓青은 建青이 前身이며 韓學同은 朝學同이 前身으로 되어 있다.

傘下團體는 맡은 바 各分野에서 活潑히 運動을 展開하고 있으나 特히 韓青, 婦人會, 韓學同은 民團組織의 前衛로서 青年, 學生, 婦人들 속에 民團의 活動方針을 浸透시켜 對共鬪爭에 活潑한 運動을 하고 있으며 商工會 信用組合協會 亦是 그 맡은 바 擔當分野에서 在日韓國人의 經濟活動에 寄與하고 있다.

軍人會는 特記할 傘下團體이며 6.25 動亂時 在日義勇軍으로 出戰한 團員으로서 組織되고 있다.

傘下團體 刊行物

韓青新聞	月刊	10,000
若人(韓青)	季刊	2,000
韓國學生新聞	月刊	2,000

다. 敵對陣營의 近況

朝總聯은 1955.5.25. 所謂 〈在日本朝鮮民主主義統一戰線〉(民戰)을 解體하고 結成한 것이다.

朝總聯은 두말할것 없이 北傀의 앞잡이 團體로서 日本에서 在日同胞들 속에 共産思想을 浸透시키고 日本을 通한 北傀의 南侵工作을 支援暗躍하고 있다.

朝總聯은 日本에 48個의 本部와 360餘個의 支部, 그리고 2,100餘個의 分會와 朝總, 女同學同 商工會, 教育會, 教同, 文藝同 등의 傘下團體를 가지고 있다. 朝總聯은 北傀로부터 莫大한 工作金을 隨時로 받아 日本에 居留하는 僑胞들을 欺瞞하여 北送을 해왔다. 1959.12.부터 오늘에 이르기까지 155次에 걸쳐 8萬餘名

의 僑胞를 甘言異說로 꾀어 北녁의 生地獄으로 실어 날랐다. 最近에는 이러한 北傀와 「朝總聯」의 奸計를 알고 居留民團에 大量入團하는 結果를 나타내고 있다.

北傀는 數十億원의 工作金을 朝聯係에 보내는데, 教育援助費라는 名目으로 보내고 있다.

1945年9月10日 在日本朝鮮人聯盟
中央準備委員會結成

1945年10月15日 朝聯結成大會

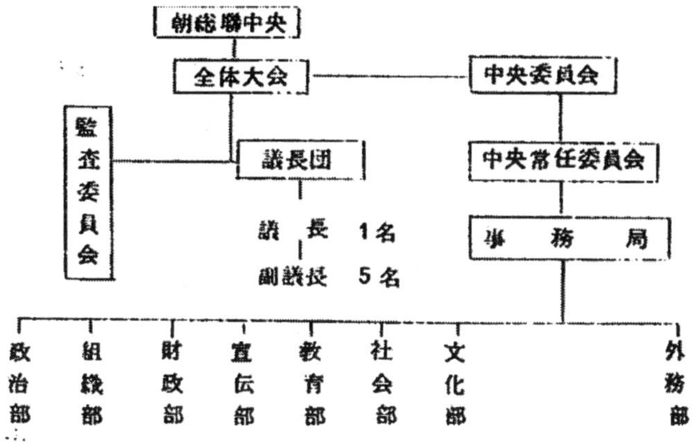

傘下團體一覽

在日朝鮮青年同盟	1955.8.2.
在日本朝鮮女性同盟	1947.10.13.
中央教育會	1955.7.3.
在日朝鮮人教育者同盟	1955.7.3.
在日本朝鮮留學生同盟	1955.6.19.
文藝同	1959.6.7.
科學者協會	1959.6.28.
體育聯合會	1959.4.26.
商工聯合會	1952.4.5.
言論出版人協會	1955.
信用組合協會	1953.11.
佛教徒聯盟	1950.3.
統一同志會	1948.10.8

外廓團體

朝鮮新報社	1848.3.10
九月書房	1951.6.
學友書房	1952.8.
中央藝術團	1955.6.
朝鮮問題硏究所	1952.11.
朝鮮畵報社[	1962.5.
朝鮮文化社	1960.
朝鮮通信社	1948.10.1

出版刊行物 現況

朝鮮新報	日刊	38,000	國語
朝鮮時報	週刊	60,000	日語
朝鮮通信	日刊	500	日語
英文通信	月刊	500	英文
Peoplis korea	週刊	3,000	英文
人民朝鮮寫眞畵報	旬間	35,000	國語
祖國	月刊		國語
朝鮮青年	週刊	10,000	國語
朝鮮女性	月刊	5,000	國語
朝銀	月刊		國語
朝鮮商工時報	週刊	500	國語
朝鮮貿易日報	月刊		日語
祖國貿易	旬刊		國語
朝鮮大學新聞	不定期		國語
朝鮮留學生新聞	〃	5,000	國語
朝鮮少年	〃	2,000	國語
朝鮮體育	〃		國語
科協通報	月刊	1,000	國語
朝鮮通信資料	隔月刊	1,000	國語
새로운 세대	月刊	2,000	〃
民族敎育	月刊	2,000	〃
敎育會 會報			〃
文學藝術	月刊		〃
群家文藝	季刊		〃
文藝通信			〃

朝總聯係學校 現況

學校別	學校數	學生數	備考
初級學校	90	15,448	各種學校
中級學校	45	9,906	120
高級學校	9	7,608	幼稚園
大學校	1	964	34
合計	145	33,926	民族學校290

教育補助金支給現況

1957,4月에 一次, 1967.12月26次까지

總計63億1,640萬1,793원

朝總聯과 日本左翼團體와의 關係

朝總聯과 日本 左翼勢力關係는 朝聯時부터 單一目的(日本內 共産主義革命) 實現을 위한 關係 속에서 나왔다. 特히 北送을 契機로 日本左翼勢力의 朝總聯에 대한 支援活動은 活潑히 展開되어 1958年 11月의 在日朝鮮人歸國協力會 結成을 筆頭로 所謂 北傀自由往來運動이 展開된 1963年부터는 日本共産黨을 비롯하여 日本社會黨 其他 社會團體들이 이에 呼應하여 오늘에 이르고 있다.

日朝協會(日共을 中心) 1951.6.10.

日朝往來 自由實現 聯合會 1963.8.28.

在日韓國人의 人權을 지키는 會 1963.10.23.

日朝學術交流促進會 1964.7.24.

日朝科學技術協力委員會 1965.8.24.

在日朝鮮民族教育問題懇談會 1965.12.18.

4. 民團의 基本態度

가. 基本性格의 要約

民團의 基本性格에 대하여 새삼스러히 論議한다는 그 自體가 疑訝스러울 程度로 이는 創團以來 數次의 宣言과 民團의 規約綱領 等에 暗示되어 있는 바이다.

그를 要約한다면 民團本來의 使命이

(1) 在外住民으로서 祖國의 國是를 遵守한다.

(2) 在留同胞의 民族矜持와 生活權益을 擁護한다.
(3) 組織, 文敎, 經濟, 民生 等에 關한 行政事務를 執行한다

는 데에 끝마치는 것이다. 그러나 隨伴되는 事項으로서

(1) 親睦活動 또는 民族運動 그 自體를 目的으로 하는 母體는 아닐 것이나 그를 忌避해서는 안 될 것이며
(2) 다만 組織內部에서 思想運動이나 政治活動을 展開하는 것은 嚴重히 回避해야 할 것이다.

여기에 한 가지 問題點이 介在된다.

民團活動家들에 따라서는 이 明白한 基本性格을 知悉하면서도 이를 蹂躪하거나 또는 意識的으로 違背하는 境遇가 없다고 할 수 없는 實情인 까닭이다.

그러므로 此際에 民團의 組織內部는 말할 것도 없거니와 本國의 關係當局도 이에 대한 再確認으로부터 始作하여 民團路線에서 離脫되는 行動 또는 民團組織에 過重한 註文을 合理的으로 防渴하는 方策이 必要하다.

나. 對 本國政府

民團體制가 本國政府의 協調的機能을 內包하고 있다는 것은 위에서 言及하였지만 그러나 實務의 遂行途上에 있어서는 아직도 相互가 釋然치 못한 事態가 간혹 發生하게 된다. 이러한 問題에 對해서는 앞으로 전기한 檢討가 필요할 것이다.

政府施策과 僑胞權益이 對立되었을 때 어느 便이 優先的일까?

政府에 대한 是々非々的 態度는 窮局的으로 許容되지 않는 것인가?

思想과 民族이란 巨大한 테두리가 兩立하였을 때 어느 것이 基本的일까?

등등은 아직도 解決未達에 놓인 重要한 課題의 하나이다.

다. 對 日本政府

民團은 恒時 本國政府가 對日交涉을 開始할 때 그 前衛的 役割을 遂行하는 行動態勢에 있어야 할 것이다. 日本國은 두말할 必要도 없이 우리에게 友邦國家임을 否定할 수 없다. 그러나 간혹 在日同胞의 權益擁護에 있어서 施策이 穩當치 못할 때가 있으며 더욱이 母國에 經濟進出하는 樣相에 있어서도 警戒를 要할 때가 없지 않다.

民團이 行動을 取할 때는 駐日公館當局과는 언제나 緊密한 事前協議가 遂行되어 效果있는 政治成果를 따도록 해야 하겠다.

라. 對 朝總聯

所謂 朝總聯의 民團에 대한 戰術은 最近에 이르러 急速히 轉換되었다. 過去에 있어서는 粉碎와 破壞를 元目的으로 하여왔든 것이 表面化되고 있다.

그들은 民團看板 앞에서 團員을 假裝하여 內部에서 工作하는 것이 훨씬 效果的이라는 것을 깨닫게 된 모양이다. 대단히 寒心한 事態로서 自嘆하고 있으나 금후 이들 內部攪亂者들에 대한 嚴重한 處斷은 果敢해야 하겠다.

게다가 總聯에 대한 北傀의 密接한 뒷받침으로 우리 民團組織의 破壞는 勿論 日本을 基地 삼아 그들의 間諜 또는 「게리라」等을 우리 大韓民國本土에까지 浸透시키려는 그 手法이 날로 積極化되어가고 있으니 우리는 이러한 一連의 事態를 冷酷히 認識하여 確固한 對備策과 末端組織의 幹部訓練을 遂行해야 하겠다.

5. 民團의 組織整備

가. 組織人의 自省

組織의 體質을 改善하여 體制를 强化한다는 것은 歷代執行部의 不變한 口號는 되어 왔으나 매번 所期의 目的達成이 實現되지 못하였다는 것은 具體的인 原因究明을 探索하기 前에 우선 組織人들의 自省이 要求된다.

現在도 各界人士와 組織元老들로써 構成된 顧問陳들, 그리고 아직도 勢力均衡의 殘滓를 一掃하지 못한 執行機關 또는 中央과 地方에서 다소의 步調散亂이 있는 것은 否定못할 現實이다.

誰某가 執行部를 擔當하드라도 이와 같은 內部混亂을 先着으로 解決해야 安定된 執行이 可能할 것이다.

나. 組織의 强化와 防衛

參考로 最近 1969年3月25~26日 開催된 第14回 定期中央委員會에 提出된 이에 관한 執行部 活動方針을 여기 添付한다.

머릿말

民團은 反共旗幟 아래서 在日同胞의 權益擁護와 祖國 大韓民國의 繁榮에 이바지하기 爲한 諸般事業을 推進하고 있다.

그러나 오늘날 우리가 놓여있는 立場은 그러한 歷史的 傳統과 努力에 비추어 아직도 우리가 達成하려는 目的과는 억울한 距離를 갖인 現實下에 있다는 것이 實情이다.

그러기 때문에 目的達成을 爲한 基本的 作業인 組織强化가 항상 要求되어 왔으며 特히 現時機에 있어서 일층 强調되고 있다.

卽 最近의 中·쏘 兩國關係가 共産主義의 宗家 다툼에서 武力衝突에까지 發展하고 있다는 것과 日本에 있어서의 70年 日·美安保問題 또는 本國에 있어서도 70年代를 目標로 한 北傀의 武力統一云云의 冒險的態度와 거기에 따라 頻發하고 있는 共匪의 武力侵入 및 工作隊의 南派等 一連의 破壞活動이 熾烈化되고 있다는 것을 中心으로 하여 우리 周圍의 客觀情勢는 決코 밝지 않으며 組織自體가 當面하고 있는 여러가지 難關을 勘案할 때 무엇보다도 우리 組織의 强化된 態勢確立이 時急히 要求되고 있다.

따라서 여기에 必要한 것은 오직 組織自體의 徹底한 脫皮 卽 體質改善이며 이것을 實現하는 것은 組織의 大膽하고 果斷性 있는 實踐力일 것이다.

同時에 組織의 歷史的 傳統 아래에 있는 理論과 過去 實踐해 온 記錄을 基礎로 한 民團의 歷史觀을 確立함으로써 組織의 精神武裝을 强化할 것도 새삼 强調되고 있다.

이러한 意味下에 組織局은 앞으로 組織의 自主性과 體系確立 및 組織防衛를 中心으로 組織의 再整備와 强化를 果斷히 할 것이며, 中央組織學院을 軌道에 올려 旣成幹部를 敎育하는 同時에 젊은 中堅幹部와 韓靑을 訓練 育成하여 그들에 依한 世代交替로 말미암아 組織의 體質改善을 推進하고 內外에 關한 資料整備로서 合理的인 定策樹立의 基礎를 닦는 한편 北傀 및 朝總聯에 對하여 效果的인 對備와 先手攻擊을 取하는 等 確固不動한 姿勢로서 다음과 같은 活動을 積極展開하겠다.

1. 組織强化와 防衛에 關하여

(가) 精神武裝의 徹底化

組織强化 및 防衛는 現情勢下에서 不可分의 表裏一體性을 가지고 있으며 여기에는 첫째로 全體的인 精神武裝이 强調된다.

우리의 精神武裝이란 말할 것 없이 大韓民國의 國是에 忠實한 徹底한 反共이며 民團의 宣言綱領 및 規約의 基本精神을 具現한 "理論 및 見解의 統一"에 立脚하여 항상 투철한 精神이 全體組織에 살아있고 그것에 依據하여 組織事業에 對한 目的意識이 確固不動하게 됨으로 아낌없는 前進과 組織防衛에 努力해야 된다는 것이다.

따라서 이 精神武裝을 爲하여 現實的事業과 各種 講習會等 具體的 活動을 展開하겠다.

(나) 組織의 整備

먼저 組織委員會를 軌道에 올리고 그 積極的인 活用으로 各地區의 班組織을 推進하겠다. 同時에 組織의 自主性에 依據한 組織의 體系를 確立하고 이것에 따르는 事務體系도 일층의 整備를 할 수 있는 準備가 되어 있음으로 組織의 全體的整備事業을 積極 推進하겠다.

特히 地方組職의 積極的이고 名分만으로 되어 있는 內部機構整備에 關해서는 實質的이고 機動性 있게 改編시키는데 注力하고 아울러 實務向上을 爲한 指導를 强化하겠다.

(다) 組織의 防衛

全體組織의 精神武裝과 組織의 整備를 하는 過程을 通하여 組織內의 機密事項保管을 徹底히 하며 特히 組織內部에 對한 不純分子의 侵入을 防止하기 爲한 點檢을 嚴重히 하겠다.

머릿말에 올린 바와 같이 日本에 있어서의 70년의 日·美 保安問題 및 同70年代에 있으리라고 보는 北傀의 挑發과 情勢變動 및 朝總聯의 熾烈한 民團破壞工作을 勘案할 때 이 組織防衛問題는 決코 輕視할 問題가 아니라고 보며 일층 警戒心을 높이는 同時에 情勢變動에 對處하는 卽應態勢 時急히 確立하는 한편 特히 朝總聯에 對한 攻勢를 取하는 活動을 展開해야 되겠다.

따라서 앞으로 全組織幹部의 成分도 새삼 檢討되어야 할 것이며 組織幹部들의 事業 및 組織防衛에 對한 微溫的姿勢도 있을 수 없다고 본다.

2. 幹部養成과 訓練

(가) 中央組織學院

第13回 定期中央委員會에서 中央組織學院에 關한 內容 및 豫算案의 通過를 보고 있음으로 이것을 本格的으로 運營하는데 全力을 다하여 旣成幹部의 訓練과 젊은 世代의 中堅幹部化에 積極努力하며 앞으로의 2年間에 全組織幹部에 對한 講習을 2回以上 거듭하여 完全한 精神武裝과 實務面의 向上을 期하고자 한다.

(나) 地方本部 및 各組織의 講習會 推進

한편 地方本部 및 各級組織의 幹部講習을 獎勵 推進시켜 그때 그때의 情

勢와 時事 其他의 問題를 中心으로 幹部들의 體質改善에 努力하여 特히 各地方本部에 對해서는 現在 愛知 靜岡 新潟 大阪 및 韓靑들에서 實施하고 있는 바와 같이 定期的으로 幹部講習會를 開催케 하고 이에 積極 參加하므로 幹部訓練의 成果를 높이고자 한다.

同時에 이 幹部訓練에 竝行해서 組織人에 對한 保障制度確立의 作業을 推進하겠다.

3. 調査와 資料整備

(가) 對內關係

各地方本部 및 傘下團體의 月間報告書 提出이 不振狀態에 있음을 徹底히 是定시키고 이것을 基本으로 하여 全組織 및 敵對陣營의 動態를 常時로 正確히 把握 分析하여 그 結果가 每月 團長 앞에 提示될 수 있도록 하겠다.

또 民團歷史觀의 確立을 爲하여 과거의 功勞者들의 記憶 記錄 및 其他의 資料를 整備하여 이것을 活用하며 組織事業에 利益을 주는 統計面에는 새로운 企劃을 갖어 忠實化를 期하는 바이다.

特히 組織强化에 關한 全國各級組織任職員의 成分調査表가 아직 未備狀態에 있음을 時急히 完成하고자 한다.

(나) 對外關係

本國의 情勢를 恒常 正確히 判斷하므로 組織事業에 利益을 주는 同時에 本國에 이바지할 수 있도록 하는 目的 아래서 本國의 各方面에 關한 資料를 硏究하고 우리의 權益擁護와 繁榮을 爲하여 日本에 關한 各種 關係資料를 整備하여 組織의 政策立案에 寄與하겠다.

特히 北傀 및 朝總聯에 關해서는 特殊한 調査와 分析에 依하여 組織防衛 및 우리의 攻勢에 關한 戰略戰術에 寄與하고자 한다.

4. 傘下團體强化

(가) 韓靑

韓靑은 現在 組織擴大가 軌道에 올라있음에 따라 中央本部의 機構와 企劃力이 培加됨에 비추어 지난 第13回 定期中央委員會에 있어서의 韓靑組織强化에 關한 確認에 따라서 그 强化에 努力하겠다.

卽 組織面에서는 우선 全國的으로 韓靑組織이 없는 未組織地區를 早速

히 없애는 同時에 그 育成强化에 對한 具體的措置를 取해야 되겠음으로 앞으로는 該當地方本部에 對하여 具體的方案을 示達하며 活動補助金에 對한 勘案을 包含한 指導育成을 積極 推進하겠다.

(나) 婦人會

婦人會는 最近에 있어서 組織事業에 對한 意欲的인 活動을 全國的規模에서 展開하고 있으며 過去의 觀念的이고 散發的이였던 活動이 是正되며 그 組織이 體系化되어가고 있다는 것은 앞으로의 婦人會組織의 意識水準을 높이는데 커다란 도움이 될 것이라는 展望 아래서 婦人社會의 現實的인 日常生活을 中心으로 새로운 組織의 氣風을 세우는데 積極協力하고자 한다.

(다) 韓學同

韓學同에 對해서는 直接 指導하고 있는 文敎局에 協力하여 그들이 올바른 韓國人 學生으로 成長하며 그 組織이 正常的으로 整備되도록 努力하고자 한다.

(라) 商工會

商工會에 對해서는 아직도 組織體 沈滯狀態에 있음을 注目하고 있으며 官聯性이 깊은 經濟局과 協力하여 먼저 그 組織을 早速히 整備하도록 하고 事業을 通한 民團과의 紐帶를 깊게하여 그 活動을 正常化시키고자 한다.

(마) 軍人會

軍人會는 一定한 活動範圍內에서 그 存在의 特色을 充分히 發揮하고 있음에 비추어 앞으로도 必要에 따라 그 活動이 일층의 成果를 올리도록 協力하겠다.

(바) 體育會

年中行事의 體育大會開催와 本國國體參加를 成果있게 할 수 있도록 일층 具體的인 協助를 하여 그 發展에 寄與하겠다.

5. 本國連絡事務所의 强化

本國連絡事務所는 過去의 東京올림픽 또는 本國家族招請關係로 設置되었다.

따라서 그 機構나 運營面에 있어서는 基本的으로 正常치 않은 点이 많다는 現狀에 있음으로 이를 正常化시킬 必要가 있다고 본다.

卽 現在의 本國連絡事務所는 그 位置가 在日同胞의 本國全家族에 對한

唯一의 門戶이며 在日同胞의 本國訪問 및 거기에 따르는 여러가지 面에서 民團組織으로서의 奉仕를 할 수 있는 唯一의 機關으로 되어 있어 組織的으로는 勿論이며 本國의 家族들 또는 本國政府機關으로서도 그 存在의 必要性과 强化를 强調하고 있다.

그러나 오늘날까지 이러한 存在價値에 비추어 그 機構는 貧弱하며 特히 運營面에서는 放置狀態에 있었다고 해도 過言이 아닐 것이다.

앞으로 이러한 實情에 따라 이것을 拔本的으로 整備强化할 것은 勿論일 것이며 이에 對한 中央本部으로서의 運營에 關한 規定을 明確히 하여 그 機構의 改編 및 거기에 따르는 諸般의 措置를 取해야 되겠다.

6. 朝總聯에 對備하는 問題

北傀의 經濟開發失敗와 內部權力鬪爭의 反映으로 現在 朝總聯 內部에서도 一連의 權力鬪爭이 激化되고 若干의 內部混亂이 있어서 今後의 動態가 注目되고 있으나 그들의 對外的 姿勢에는 일층의 □極性이 表面化되고 있다.

卽 最近의 動態는 極히 流動的이며 70年의 日·美 安保에 對하여 이미 日本左翼陣營과의 共同鬪爭의 色彩가 確實히 나타나고 있으며 特히 北傀에 對한 忠誠度를 徹底히 높임으로서 언제던지 北傀의 行動에 卽應하는 態勢를 보이고 있다.

한편 昨年 1.21事件 및 蔚珍 三陟의 武裝共匪侵入을 南韓에서의 人民蜂起라고 逆宣傳하였으며 統一革命黨事件等에 對해서도 統革黨의 붉은 分子들을 愛國者라 하여 全國的으로 處刑反對의 救命示威를 展開했다.

同時에 日本政府의 北送再開의 態度 및 北傀往來者 8名에 對한 再入國許可等을 最大限으로 利用하여 韓國에 對한 破壞的 虛僞宣傳 民團破壞工作 및 民團傘下 同胞들의 包攝工作에 狂奔하고 있다.

이러한 情勢下에 있는 民團組織의 對備態勢는 如前히 弱하고 特히 本國의 李穗根事件과 過去 民團組織에 侵入한 赤色分子들에 關한 日本新聞報道等의 例가 있는 바와 같이 朝總聯係分子의 組織侵入이 憂慮되는 實情에 있다.

따라서 이에 對한 對策을 時急히 새로운 角度에서 세울 必要가 있으며 우선 組織防衛面에 진지한 努力을 해야 되겠다.

對備策에 對한 具體的인 內容은 硏究되어 있으나 이것을 實踐할 때에는 全國組織의 徹底한 警戒心과 機密確保가 强調될 것이다.

各組織은 앞으로 組織局의 指示에 따라 中央本部와의 連絡을 緊密히 하여주기 바란다.

7. 結語

組織事業에는 目的에 對한 투철한 理念과 그것을 具現하는 □意 創意 및 財政이 不可缺의 要素이다.

本局은 이러한 見地에 立脚하여 本活動方針을 完全히 實踐하는데 最善의 努力을 다할 것이다.

10. 보도자료(민단측)

新聞社貴中
(報道資料)1969.8.6.

祖國同胞에게 드림.

政府當局의 格別한 好意와 配慮 밑에 今般 日本地域에 居住하고 있는 우리 60萬 同胞를 代身한 民團組織의 全國代表者들이 大擧 祖國 땅을 밟게 되었읍니다.

그리던 祖國땅을 밟는 이 순간 우리들 눈앞에 보이는 것은 官民이 하나가 되여 民族繁榮을 爲한 눈부신 國土再建의 努力과 한편으로 北韓共匪들의 挑發行爲를 막기 爲한 빈틈없는 國土防衛態勢가 完全하게 갖추어 지고 있다는 点입니다.

故國의 同胞 여러분!

여러분의 勞苦에 對하여 우리 在日同胞들은 無限한 敬意를 보내는 바입니다. 아직도 開發途上國이란 惡條件을 말없이 克服하여 가면서 民主國家建設에 苦心焦思하고 계시는 政府當局의 努力에 對하여도 깊은 感銘을 받았으며 아울러 송구스러운 마음 禁할 길이 없읍니다.

우리 一行은 60萬在日同胞를 代身하여 또 한번 祖國同胞와 政府當局에 衷心으로 感謝드리는 바입니다.

祖上이 물려주신 榮光스런 우리 韓半島가 名實共히 錦繡江山으로 살기 좋은 날이 오는 그날까지 우리는 國內外를 莫論하고 全同胞가 合心團結하여야 할 것이며 一面建設, 一面防衛라는 至大한 課題 밑에 우리는 더욱더 官民一體의 態勢를 强化해야 할 것으로 確信하는 바입니다.

끝으로 本人을 비롯한 우리들 一行은 本國에 滯在하는 동안 本國同胞들의 期待에 어긋남이 없도록 自重自愛할 것이며 이번에 開催되는 政府當局과의 合同會議가 보다 좋은 成果를 남길 수 있도록 진력할 것을 다짐하면서 아낌없는 聲援과 指導鞭撻 있어 주시기를 本國同胞 여러분과 政府當局에 바라는 바입니다.

감사합니다.

1969年8月6日
在日本大韓民國居留民團中央本部
團長 李禧元

11. 거류민단강화대책회의 보고–전체회의

재일거류민단 강화 대책회의 보고
-전체회의-

1969.8.7-8
워커힐

1. 재일거류민단 중앙본부 및 지방단장과 민단간부 및 재일한국인 사회지도자 73명은 정부초청에 의하여 모국을 방문하고 재일한국인의 권익보호와 거류민단의 강화를 위하여 정부가 주최한 회의에 참석하였다.
   정부관계부처의 당국자들과 연석으로 열린 이 회의는 8.7. 및 8. 양일간에 걸쳐 서울에서 개최되었다.
2. 최규하 외무부 장관은 동회의 개회식에서 정부를 대표하여 치사를 하였으며, 이를 통하여 특별히 정부와 국민이 민족중흥의 위업을 성공적으로 추진시키고 있는 오늘, 무엇보다도 중요한 것은 국내, 해외를 막론하고 국민이 일치

단결하여야 한다는 점을 강조하였으며, 민단본부 이희원 단장은 인사를 통하여 민단의 조직정비와 사업활동을 더욱 민활하게 하여 민단 자체가 하루속히 스스로의 힘으로 민단의 업무를 수행할 수 있도록 지향하고 있는 이 시기에 있어서 이와 같은 회의를 가짐으로서 정부 당국자와 민단간부가 자리를 같이하여 민단이 당면하고 있는 문제를 놓고 격의없는 협의를 가지게 된 것은 지대한 의의가 있다는 점을 강조하였다.

3. 진필식 차관 주재하에 개최된 이 회의는 2차에 걸친 전체회의와 4개 분과위원회의 3차에 걸친 토의를 갖었으며, 회의는 시종일관 화기에 찬 분위기 속에서 각 문제에 관하여 진지한 검토를 하였다.
4. 회의는 재일 한국인 사회의 지도적 자치단체인 민간의 활동을 강화할 필요성을 인정하고 이를 위한 정부측의 민단에 대한 협조를 더욱 효율적으로 하기 위하여 주일 대사관과 민단 중앙본부 간에 정기적인 간담회를 개최함과 아울러 금번의 재일거류민단 강화대책회의를 가능한 한 정기적으로 개최함이 유익하다는데 의견을 같이하였다.
5. 회의는 재일 한국인의 법적지위 및 처우 개선의 중요성을 재확인하고 정부는 민단이 건의한 사항에 관하여 앞으로 있을 한일법상회담, 한일 정기각료회의 및 통상외교 경로를 통하여 우리의 입장이 실현되도록 교섭을 계속할 방침을 밝혔다. 민단은 한일법적지위 협정에 입각한 영주권 신청을 최대한 촉진시키는데 총력을 기우릴 것을 다짐하였다.
6. 회의는 재일한국인의 경제활동에 있어서 상공회 및 신용조합이 크게 공헌하고 있음을 인정하고, 동 상공회와 신용조합을 육성강화하기로 의견을 같이 하였다. 회의는 또한 재일한국인의 모국 경제건설에 대한 참여를 적극적으로 장려함이 희망된다는 데에 의견을 같이 하였으며, 정부는 이를 위한 문호가 개방되어 있으며, 운영면에 있어서 더욱 원활을 기할 방침임을 밝혔다.
7. 회의는 재일 한국인 자제에 대한 민족교육의 중요성을 재확인하고 효과적인 노력을 계속하여야 함에 의견을 같이 하였으며, 정부는 현재 21개에 달하는 재일교육문화「센터」를 금년중에 9개를 더 증설할 방침이며, 앞으로 더욱 확대시킬 예정이라는 점과 모국 유학의 길을 점차적으로 넓혀 나갈 방침임을 밝혔다. 민단은 교육활동의 확장을 위한 자체의 노력을 강화할 것을 다짐하였다.
8. 민단이 건의한 교민청의 신설문제에 관하여 본 회의는 이를 검토하였다.

9. 민단측 회의 참석자는 박대통령 각하의 탁월하신 영도하에 정부와 국민이 일면 국방, 일면 건설의 국가목표를 성공적으로 달성하고 있으며, 특히 경제면에서 괄목할 성과를 올리고 있음을 실제로 목격하고 조국발전에 깊은 감명을 받았으며, 본국정부 시책하에 굳게 단결하여 모든 재일 한국인이 대한민국 국민으로서의 긍지를 갖고 반공투쟁과 본국 경제건설에 적극 참가할 것을 다짐하였다.

10. 민단측 회의 참석자는 정부가 금번회의를 개최하여 진지한 토의를 갖일 수 있는 기회를 마련한 데 대하여 경의를 표하였으며, 대통령 각하와 정부 지도자 및 국민의 따뜻한 환대에 심심한 사의를 표명하였다.

12. 거류민단강화대책회의 보고-분과별보고

재일거류민단 강화대책회의 보고

조직위원회
경제위원회
교육위원회
법적지위위원회

1969.8.7 - 8.
워커힐

목차

조직위원회 보고서
1969.8.7-8.
워커힐

조직위원회는 1969.8.7. - 8 양일간에 걸쳐 김정태 외무부 아주국장 주재하에 3차의 의회를 개최하였다. 제기된 문제점에 관한 토의내용은 다음과 같다.

1. 민단측은, 거류민단은 기본성격과 업적으로 보아 재일 한국인 사회에서는 필요불가결한 존재로서 금후에도 민단활동이 항구적으로 계속되어야 한다는 전제하에서 모든 시책과 방침을 정하여야 하며, 민단 자체도 조직과 운영면에서 진지한 반성이 필요함은 물론이나, 정부 또는 정부기관에서도 민단조직을 권위존재로서 인식하여 우선 접촉할 필요가 있다고 말하였다. 정부측은 민단조직의 필요성을 재확인 민단조직이 반공을 기본성격으로 하는 대공투쟁을 위한 조직으로서 재일한국인 사회의 단결의 중심이 될 단체임에 비추어 재일한국인 사회를 망라한 조직으로 육성되어야 할 것이라고 말하였다.
2. 민단측은 재외국민에 대한 일관성 있는 교민정책을 수립하여 이를 강력히 시행할 수 있는 교민청의 신설을 요망한 데 대하여, 정부측은 설치 필요성을 인정하더라도 이를 위해서는 정부조직법의 개정 등 국회의 입법절차를 거쳐야 하며, 또한 정부의 현재 방침이 원칙적으로 기구 불확장에 두고 있으므로 현 시점에서는 현존기구를 효율적으로 운영하여야 하는 입장임을 설명하고 앞으로 점진적으로 재외동포에 관한 사무를 전담하는 기구 확장 강화를 위하여 노력을 계속할 것이라고 말하였다. 이에 대하여 민단측은 교민청 신설 문제를 금후 연구과제로 하여 단계적 조치로써 현재 추진 중에 있는 외무부내 영사국 신설의 조속 실현을 위하여 계속 노력할 것을 건의하고 이러한 실정에 감하여 민단도 재일한국인에 관한 모든 사항을 주일대사관을 통하여 외무부에 집중시키는 방향으로 교민 전반의 행정계통을 일원화할 것을 다짐하였다.
3. 민단측은 재일국민의 권익을 옹호하기 위하여 재일한국인 대표를 「옵써버」로서 국회에 참석시켜 국정에 간접 참가할 것을 희망하였다. 정부측은 동 문제는 국회의 결정사항임으로 민단의 희망을 국회에 전달할 것을 약속하

였다.

4. 민단측은 현재 지방공관이 민단의 지방조직과 직접 접촉함으로써 조직의 명령계통에 혼란을 초래하고 있음을 지적하고 주일대사관과 민단 중앙본부 간의 협조하에 시달 체계를 확립하여 줄 것을 요망하였다. 이에 대하여 정부측은 대사관과 민단중앙간의 정기 간담회를 개최하므로써 재외공관과 민단 각 기관과의 협조관계를 가일층 효율화하도록 노력할 것이라고 말하였다.
5. 민단측은 민단사무국 실무자의 확보와 정신무장을 위하여 본국에 민단간부 양성을 위한 훈련을 마련해 줄 것을 요망한 데 대하여 정부측은 민단 간부 및 사무국 직원의 조직훈련을 위하여 필요한 조치를 취하도록 노력할 것이라고 말하였다.
6. 민단측은 이번과 같은 민단강화 대책회의를 개최해 줄 것을 건의한 데 대하여, 정부측은 여사한 회의의 유익성을 인정하고 차후 가능한 한 민단측의 동 건의를 실현시키도록 노력하겠다고 말하였다.

경제위원회 보고서

경제위원회 보고서

1969.8.7-8

워커힐

경제위원회는 1969.8.7 - 8 양일간에 걸쳐 지연태 외무이사관 주재하에 3차의 회의를 개최하였다. 제기된 문제점에 관한 토의내용은 다음과 같다.

1. 정부측은 재일한국인의 경제적 번영과 안정은 정부의 비상한 관심의 대상이었으며 앞으로도 정부는 적극적인 지원에 노력할 것을 다짐하였다.
2. 재일한국인의 공공기관이 그의 발전과 육성을 위하여 받는 기부금에 관련하여 면세혜택을 받을 수 있는 단체로 인정을 받는 문제, 한국인 신용조합의 금고대리업무 및 융자 취급점의 자격인정 문제와 신용조합의 은행 승격문제 또는 교포은행의 설립문제 등은 앞으로 있을 한·일 각료회담 및 외교교섭을 통하여 적극 이를 실현토록 정부에서 최선을 다하기로 하였다.
3. 재일한국인 상공회가 명실공히 재일한국인 전체 상공인의 총괄조직체로서 발전할 수 있도록 적극 지원할 것이며, 재일 한국인 기업인의 본국진출을

효과적으로 지원하기 위해 재일한국인 및 본국 상공인의 합동기구 설치문제를 신속하게 검토하기로 하였다.

4. 재일한국인의 재산 반입에 관하여는, 용도불명 또는 사치성이 강한 물품을 제외한 본국 경제발전에 기여할 수 있는 시설재, 기계류 등은 현행법을 최대한으로 운영하여 재일한국인의 이익을 적극 보장하기로 하였다.
5. 신용조합의 육성발전을 위해 본국은행의 일본 진출문제를 신중히 다룰 것이며 육성기금 100만불의 송금이 가능하도록 노력하기로 하였으며, 육성기금 금리 인하는 정부의 현 외환사정에 비추어 난점이 있으나 앞으로 계속 검토하기로 하였다.
6. 재일한국인의 모국 투자를 원활히 하기 위하여는 과거의 경험을 활용하여 앞으로 더욱 원활한 방안을 강구할 것이며, 구로동 공업단지가 현 운영방법으로는 앞으로 재일한국인 실업인의 투자가 매우 어려울 것이므로 동 단지의 운영실태를 조사할 필요성이 시급하다는 민단측의 건의에 대하여 정부측은 동 문제를 조사하기로 하였다.
7. 본국 기술자 훈련 및 양성을 위하여 재일상공인 기업체에 취업하려는 본국인의 일본 입국을 용이하게 하기 위하여 정부가 협조할 것을 민단측이 건의한데 대하여 정부측은 기술습득 기회의 개방 방안을 검토, 지원하도록 하였다.

교육위원회 보고서

교육위원회 보고서
1969.8.7-8
워커힐

교육위원회는 1969년 8월 7-8 양일간에 걸쳐 이철희 문교부 사회교육국장 주재하에 3차의 회의를 개최하였다. 제기된 문제점에 관한 토의내용은 다음과 같다.

1. 정부측은 장학관실을 연차적으로 확충할 것을 검토하고 조속한 시일 내에 각 공관에 장학사를 배치하도록 노력하겠다고 하였다.
2. 재일한국인 자녀교육의 종합정책을 수립하기 위하여 중앙교육위원회를 강화하고, 문교 정책의 일원화를 도모하도록 교육재단의 설치를 적극 추진할 것

을 민단측이 요망한데 대하여, 정부측은 이의 필요성을 인정하고 가능한 최선의 노력을 하겠다고 말하였다.

3. 민단측은 재일한국인을 위한 민족 교육, 정신 교육, 부녀 교양의 강화가 시급히 요청된다는 점을 강조하면서 유능한 본국 교사 및 강사를 수시 파견하여 줄 것을 건의한 데 대하여 정부측은 적극적 지원을 약속하였으며 현재 21개에 달하는 재일 교육문화「센터」를 금년중에 9개를 더 증설할 방침이며 앞으로 더욱 확대시킬 예정임을 밝혔다.
4. 상기 문제를 해결하기 위한 일환책으로 본국 대학의 일본 내 분교 설치를 민단측이 요망하였는 바, 정부측은 분교 설치 문제의 필요성을 인정하나, 예산상의 애로를 설명하면서 금후 동 문제에 관하여 계속 검토하기로 하고 재일 한국인 자녀들의 모국 유학을 대폭 강화할 것을 약속하였다.
5. 정부측은 재일한국인이 많이 거주하고 있는 관동, 관서지방의 고등학교 설립의 필요성을 인정하고 이를 위하여 협력을 도모할 것을 다짐하였다.
6. 민단측은 재일 한국인 교육기금 문제가 어려운 실정에 있으므로 본국정부의 보조금 증액을 요청한 데 대하여, 정부측은 현재 목표액 100만불을 연차적으로 투입하여 최단 시일 내에 기금을 확보하도록 노력하고 있으나 방대한 예산 투입은 곤란한 실정임을 설명하고, 재일한국인이 모금을 위하여 적극 노력하여 줄 것을 요망하였다.
7. 재일 한국인이 교육기금을 헌납할 시 면제 조치되도록 민단측이 요망한데 대하여 정부측은 이를 검토하여 일본정부와 교섭하겠다고 하였다.
8. 민단측이 재일 한국인 자녀들의 상급학교 진학을 가능케 하는 학교 자격 취득문제, 동경 한국학원 대지 확보 및 조선장학회 문제 해결을 위하여 일본정부와 교섭하여 줄 것을 요망한 데 대하여, 정부측은 앞으로 개최될 한·일 정기 각료회의 등을 통하여 가까운 시일 내에 동 문제가 조속히 해결되도록 노력할 것이라고 말하였다.
9. 민단측과 정부측은 "재일교포"라는 용어를 피하고 "재일 한국인"이라는 용어로 통칭하도록 하는데 합의하였다.

법적지위문제 위원회 보고서

법적지위문제 위원회 보고서

1969.8.7-8

워커힐

법적지위 문제 위원회에서는 1969년 8월 7 - 8 양일에 걸쳐 이선중 법무부 법무실장 주재하에 3차의 회의를 개최하였다. 제기된 문제점에 관한 토의내용은 다음과 같다.

1. 협정영주권 신청자격 범주 문제:

   민단측은 일본측의 협정 영주 신청 유자격자에 대한 엄격한 조사는 동 허가 신청을 저해하고 있음을 지적하면서 구체적인 사례를 들어 현지의 협정 운영 실태를 정부측에 설명하고, 법률 126호 해당자가 협정 영주권 신청을 하면 무조건 허가되도록 조치하여 줄 것을 요망하였다. 이에 대하여 정부측은 일본측이 협정 영주 신청 유자격자로 인정하고 있는 126-2-6의 등록 소지자에 대하여서는 거주력에 관한 조사없이 허가되어야 한다는 것이 정부의 오랜 입장임을 설명하고, 이 문제는 오는 8월 19일 및 20일의 법상회담에서도 계속 토의될 것이라고 하였다.

   특히, 이와 관련하여, 정부측은 협정 영주 허가 신청 촉진을 위하여 민단은 적극적으로 동 촉진사업을 추진하여야 한다고 당부하고 정부의 동 신청 촉진 방안을 설명하였다.

2. 일반 영주권 신청자격 범주문제:

   민단측은 일본 법상 성명의 정신에 비추어 1952.4.28. 이전 상륙자인 전후 입국자에 대하여서는 마땅히 일반 영주권이 허가되어야 하며, 한걸음 나아가서 1965년 6월 22일(한·일간의 제협정 조인일) 이전 상륙자에 대하여서도 일반 영주권 자격을 부여하도록 조치하여 줄 것을 요망하였다. 이에 대하여 정부는 전후 입국자에 대하여서는 일반 영주권이 부여되어야 한다는 것이 정부의 오랜 입장이며, 이를 위하여서는 일반 영주권의 신청 절차의 간소화와 심사기준의 완화가 선결되어야 하므로 이의 해결에 계속 노력하겠다고 하였다.

3. 기타 거주권 인정문제:

   1965년 6월 22일 이전에 일본에 입국하였으나, 현재 재류 자격을 갖고 있지 않는 자에 대하여 거주 실적에 상부한 거주권을 인정하도록 조치하여 달라는 민단 측의 요망에 대하여 정부측은 이들의 구제문제도 중요하지만 우선

협정 영주권자의 이산가족에 대하여서는 상륙시기에 구애됨이 없이 거주권을 인정할 것과 이미 일본에 상륙하여 상당 기간 거주한 자에 대하여서는 인도적 견지에서 거주권을 허가하도록 하는 것이 정부의 입장임을 밝혔다.

거류민단강화대책회의 보고

재일 거류민단 강화 대책회의 보고

1969.8.9.

1. 재일 거류민단 중앙본부 및 지방단장과 민단 간부 및 재일 한국인 사회 지도자 73명은 정부 초청에 의하여 모국을 방문하고, 재일 동포의 권익 보호와 거류민단의 강화를 위하여 정부가 주최한 회의에 참석하였다.
   정부 관계 부처의 당국자들과 연석으로 열린 이 회의는 8.7 및 8 양일간에 걸쳐 서울에서 개최되었다.
2. 최규하 외무부 장관은, 동 회의 개회식에서 정부를 대표하여 치사를 하였으며, 이를 통하여 특별히 정부와 국민이 민족중흥의 위업을 성공적으로 추진시키고 있는 오늘, 무엇보다도 중요한 것은 국내, 해외를 막론하고 국민이 일치단결하여야 한다는 점을 강조하였으며, 민단 본부 이희원 단장은 인사를 통하여 민단 조직 정비와 사업활동을 더욱 민활하게 하여 민단 자체가 하루 속히 스스로의 힘으로 민단의 업무를 수행할 수 있도록 지향하고 있는 이 시기에 있어서 이와 같은 회의를 가짐으로서 정부 당국자와 민단 간부가 자리를 같이하여 민단이 당면하고 있는 문제를 놓고 격의 없는 협의를 가지게 된 것은 지대한 의의가 있다는 점을 강조하였다.
3. 진필식 차관 주재하에 개최된 이 회의는 2차에 걸린 전체 회의와 4개 분과위원회의 3차에 걸린 토의를 갖었으며, 회의는 시종일관 화기에 찬 분위기 속에서 각 문제에 관하여 진지한 검토를 하였다.
4. 회의는 재일 한국인 사회의 지도적 자치 단체인 민단의 활동을 강화할 필요성을 인정하고 이를 위한 정부측의 민단에 대한 협조를 더욱 효율적으로 하기 위하여 주일 대사관과 민단 중앙본부 간에 정기적인 간담회를 개최함과 아울러 금번의 재일 거류민단 강화 대책회의를 가능한 한 정기적으로 개최함이 유익하다는데 의견을 같이 하였다.

5. 회의는 재일 한국인의 법적지위 및 처우 개선의 중요성을 재확인하고 정부는 민단이 건의한 사항에 관하여 앞으로 있을 한·일 법상회담, 한·일 정기각료 회의 및 통상 외교 경로를 통하여 우리의 입장이 실현되도록 교섭을 계속할 방침을 밝혔다. 민단은 한·일 법적지위 협정에 입각한 영주권 신청을 최대한 촉진시키는데 총력을 기우릴 것을 다짐하였다.
6. 회의는 재일 한국인의 경제 활동에 있어서 상공회 및 신용 조합이 크게 공헌하고 있음을 인정하고, 동 상공회와 신용 조합을 육성 강화하기로 의견을 같이 하였다. 회의는 또는 재일 한국인의 모국 경제 건설에 대한 참여를 적극적으로 장려함이 희망된다는 데에 의견을 같이 하였으며, 정부는 이를 위한 문호가 개방되어 있으며, 운영면에 있어서 더욱 원활을 기할 방침임을 밝혔다.
7. 회의는 재일 한국인 자제에 대한 민족교육의 중요성을 재확인하고 효과적인 노력을 계속하여야 함에 의견을 같이 하였으며, 정부는 현재 21개에 달하는 재일 교육 문화쎈터를 금년중에 9개를 더 증설할 방침이며, 앞으로 더욱 확대시킬 예정이라는 점과 모국 유학의 길을 점차적으로 넓혀 나갈 방침임을 밝혔다. 민단은 교육활동의 확장을 위한 자체의 노력을 강화할 것을 다짐하였다.
8. 민단이 건의한 교민청의 신설 문제에 관하여 본 회의는 이를 검토하였다.
9. 민단측 회의 참석자는 박 대통령 각하의 탁월한 영도하에 정부와 국민이 일면 국방 일면 건설의 국가 목표를 성공적으로 달성하고 있으며, 특히 경제면에서 괄목할 성과를 올리고 있음을 실제로 목격하고 조국 발전에 깊은 감명을 받았으며, 본국 정부 시책하에 굳게 단결하여 모든 재일 한국인이 대한민국 국민으로서의 긍지를 갖고 반공 투쟁과 본국 경제 건설에 적극 참가할 것을 다짐하였다.
10. 민단측 회의 참석자는 정부가 금번회를 개최하여 진지한 토의를 갖일 수 있는 기회를 마련한데 대하여 경의를 표하였으며, 대통령 각하와 정부 지도자 및 국민의 따뜻한 환대에 심심한 사의를 표명하였다.

제4부
재일 한인 강제퇴거

해방이후 재일한인 외교문서 해제집

▌제2권▌(1945~1969)

한일협정 체결 이후에도 한국인들의 밀항은 지속적으로 이어졌다. 밀항의 이유는 다양하였다. 밀항의 이유는 한국보다 경제적으로 월등한 일본에서의 돈벌이나 범법 행위자의 도피 등이라는 것이 일반적 인식이다. 그런데 한국 외교가의 분석은 친지나 연고자를 찾아서 오는 경우가 주류를 이루고 있다는 것이었다. 물론 그 근저에는 경제적 상황의 타개라는 측면이 있겠지만 일본에 재주하다 해방 이후 가족 이산이 되어버린 경우도 적지 않았다는 점을 유념해야 할 것이다.

이들의 밀항 목적과 내용은 한국으로의 강제 송환자를 분류할 때 일본 출생자인지, 그리고 일본 재주 가족이 있는지에 따라 퇴거 여부가 중요 요소로 작용했으므로 해당 문서철에는 이들을 판별하는 기준이 상세하게 나열되어 있다. 특히 1965년 한일협정 이후에는 법적 지위에 따라 강제퇴거의 기준이 어느 정도 정립되었다.

① 재일 한인 강제퇴거(송환) 1966년 문서철은 크게 4개의 사안으로 분류할 수 있다. 사안 1은 대한민국 및 재일교포 밀항자 대책 건, 사안 2는 김지웅 망명요청 사건, 사안 3은 유택열 납북기도 사건, 사안 4는 밀항으로 수감된 피퇴거 대상자들의 명부와 인적사항에 관한 것이다.

사안 1은 밀항 어부 박영이 사건으로 촉발된 외교적 정쟁이다. 박영이는 1965년 여름에 밀입국하여 오무라(大村) 수용소에 수용되어 있다가 그해 12월 30일 기타큐슈(北九州)에서 청진으로 가는 화물선을 타고 출항했다고 알려졌다.[14] 박영이 이전에도 오무라 수용소에 있다가 북송된 경우는 있었지만[15] 박영이 사례는 한일수교가 시작된 지 얼마 되지 않은 시점이었기 때문에 한국측의 반응은 예민할 수밖에 없었다.

김동조 주일대사는 이 사건과 관련해 일본측에 '밀항자는 북한 지역으로 강제퇴거가 용인될 수 없음' '재일교포 기타 한국인이 일본 관헌에 의해 체포되면 즉시 주일한국공관에 통고하는 등 밀항방지를 위한 정보 교환 및 공동의 협력' '밀항 원인의 철거를 위한 양국의 협력' 등의 내용으로 항의하였다.

김동조와 면담한 외무성 우시바 심의관은 이러한 사항들은 일본 정부가 당연히 할 수 있는 것이라는 원칙적인 대처를 하였다. 그런 반면 외무성 구로다 북동아 과장은 '밀항자 관련 상세한 정보를 지체없이 제공해 달라'는 한국측의 요청에 '밀항자 방지대책이 효력을 나타낸다면 밀항자 북한 강제퇴거도 해결될 수 있다'는 식으로 정보 제공에 미온적인 태도를 보였다.

사안 2는 백범 김구의 암살범 안두희 피습[16] 후 이 암살사건의 주모자라고 자처하

14) (1966.2.3.) 『동아일보』
15) (1966.2.3.) 『조선일보』, 기사에 의하면 이보다 5년 전의 사례라고 한다.

는 김지웅이 일본에 망명 요청을 한 건이다. 1966년 1월 30일 조선일보에는 "내가 백범 암살 지휘자다"라는 표제로 김지웅이 일본에 망명 요청을 하였으며, 일본 경시청에서 여러번 신원조회를 했다는 사실이 공개되었다. 이 당시 김지웅은 1960년 4.19 혁명 발발 이후, 일본으로 밀입국하여 체포된 다음, 10개월 징역, 집행유예판결[17]을 받은 후 가방면 상태였다.

밀입국자는 강제퇴거시키는 것이 원칙이지만 김지웅이 돌아가면 일신의 안전이 보장되지 않을 수 있다는 의미에서 일본은 이에 대해 신중한 검토를 취하겠다는 입장이었다. 한국측은 김지웅의 주장이 한국 정부에 의해 사실무근으로 밝혀졌다며 사안 1의 정보 제공 요청과 이를 연관 짓고 있다.

그런데 김지웅의 역할은 역사적으로 어느 정도 규명된 상태이므로 이 문서를 통한 한국측의 반응에 대해서는 의문이 남는다. 김지웅의 주장 9년 후인 1975년, 김구 암살사건 가담자 중 한 명이었던 홍종만은 김지웅이 실질적인 배후였다고 밝히기도 하였고,[18] 1995년 12월 대한민국 국회의 암살진상 조사보고서에서도 암살사건 계획과 조율에 김지웅이 깊이 관여했다고 규명된 바 있다.

그 이후 김지웅의 행적을 보아도 한국 정부의 대처는 여전히 미심쩍은 부분이 많다. 1974년 홍종만의 폭로 이후 김지웅에 대해 다시 관심이 집중되었고, 1988년에 사망한 사실이 알려지지도 않은 채 가명으로 한국에 매장되어 있다는 것이 보도되기도 했다.[19] 전반적인 흐름을 보면 그는 결국 일본에서 정치 망명자로 인정받았고, 한국도 그의 과거를 은폐하면서 강제인도를 적극적으로 시도하지 않았다. 그 이면에는 양국 사이의 외교적 거래가 있었던 것으로 추정된다. 다만 그러한 내용은 이 시기를 대상으로 공개된 외교문서에서는 찾아볼 수 없다.

사안 3은 유택열(호적명 유호열) 사건이다. 유택열은 한국에서 고려대학교를 졸업하고, 갑판원으로 취업한 후 일본에 온 이후 배에서 이탈해 홋카이도대 대학원에 재학 중이었다. 일본에는 그의 형인 유정열이 해방 이전부터 거주하고 있었는데 유정열은 홋카이도 조총련 지부의 임원이었다. 일본 경찰청의 검거 상황 보고서에 의하면 효고현에서 '낯선 배' 발견 신고가 들어왔고, 경찰을 이를 밀항 사건으로 판단

16) 안두희는 1965년 12월 22일 강원도 양구에서 김구 암살의 배후를 밝히고자 하던 곽태영에 의해 피습당했다. 안두희는 이때 목숨을 건졌지만 그 이후에도 여러번 피습 기도가 있었고, 31년 후인 1996년 10월 23일 박기서에 의해 피살당했다.

17) 보고서는 신문 보도를 인용했는데 집행유예기간이 각기 2년, 3년으로 달리 나타나 있다.

18) (1974.5.15.)『동아일보』

19) (1992.6.19.)『한겨레신문』

해 그를 외국인등록법 위반자로 체포했다.

체포 이후 그는 재판에 회부되었다. 재판 과정 중에 한국 외교관들은 그와 여러 차례 면담하였는데 유택열은 북한행 의도가 없고, 학업을 위해 밀항했다고 입장을 밝혔다. 한국에서는 그의 형이 북한행을 유도할 것을 우려하여 결심과 동시에 즉각적인 귀국 조치를 취할 것을 요구하였다.

유택열은 1심에서 징역 8개월, 집행유예 2년을 언도받고, 오무라 수용소로 호송되었다. 그런데 이 과정에서 그는 말을 바꾸었다. 효고현 경찰본부 외사과장은 유택열이 북한행 의도를 밝혔다고 하였으며 형 유정열은 오무라 호송 직전에 그에게 북한행을 권고했다고 한다. 현지 영사관에서도 이러한 점을 우려하여 결심과 동시에 즉시 귀국시키려고 하였을 것이다.

유택열 체포 당시의 경찰 보고서를 보면 그는 원래 북한행을 시도했던 것으로 보인다. 그를 면담했던 주코베 영사는 면담에서 그가 북한행 의도가 없었다고 부정했던 이유는 공판 도중 간첩 혐의를 받을 수 있으므로 이를 불식시키고, 공소를 통해 재판을 지연시키려는 의도였을 것이라고 판단하였다.

사안 4는 피퇴거 대상자의 명부와 퇴거 사유를 분류한 것이다. 박영이와 김지웅 사건이 대두된 1966년 연초만 하더라도 일본측은 명부 교환에 대해 주저하는 입장이었지만 이 시기에는 어느 정도 정리된 상황으로 보인다. 피퇴거 대상자는 176명으로 일본측의 요망에 의해 13명, 한국측의 요망으로 9명의 송환이 보류되었다. 전자는 자비출국 요청 가방면자와 형사 사건으로 공소 심의 중인 이들이다. 후자는 각기 다른 사정을 가지고 있지만 한국측의 판단으로 인해 보류된 이들이다.

② 재일 한인 강제퇴거 (송환) 1967년 문서철은 1967년에 행해진 밀항자 강제퇴거와 송환 계획에 관한 내용으로 57~59차 집단 송환과 관련된 정치외교적, 실무적 사안과 이세영 가족 사건, 김동희 사건 등으로 분류할 수 있다.

특히 57차 송환선은 이세영 사건과 김동희 사건이 맞물려 있어서 한국 정부는 송환선 출발 직전까지 이를 철저히 점검했고, 일본 측에서는 경비 인원 수십명이 직접 동행해서 한국 영해까지 들어오는 등 양국 모두 치밀한 대처를 하였다. 이세영의 신분이 공무원인 까닭에 정부에서는 이 사안을 민감하게 받아들였다. 그의 신분상 북한행은 불가하며 만일 북송된다면 한일간 중대문제가 될 가능성이 있다고 하며 한국 신문에 보도되지 않도록 공을 들였다. 여러 우여곡절 끝에 이들은 약 2주 후인 3월 28일 한국으로 다시 송환되었다.

밀항의 이유는 처음에는 생활고 때문인 것으로 알려졌지만 이들의 송환 이후 일본 경찰에 의해 작성된 공술 내용을 보면 내용이 달라지고 있다. 이세영은 체포 직후, 국민학교(초등학교) 5학년 때 담임 선생과 전전 공산당원이었던 아버지의 영향을 받아 17세에 공산주의자가 되었고, 남북통일 운동을 했다고 한다. 이는 북한행을 원한 사유라고 할 수 있을 것이다. 하지만 3월 15일 이후 공술에서는 이를 정정하여 자신은 공산주의자가 아니라 생활고와 전매청 인사 결정에 반발해서 일본으로 오면 어떤 해결책이 있을 것으로 생각했다고 한다. 최악의 경우는 북으로 가도 된다고 여겨 과장되게 말했다면서 초기 진술을 뒤엎었다.

가족 중에 유아가 있었기 때문에 정상참작이 되어 이들 일가족은 기소유예 판결을 받았고, 한국 정부는 이들을 신속하게 송환하고자 시도하였다. 3월 27일 57차 송환선이 출발 예정이었는데 이들 가족은 이 송환선 승선 계획이 수립되었다. 대마도에서 오무라 수용소까지 이송하는 과정에 외부에 노출될 것을 우려한 한국 정부는 이들을 별도로 송환선이 출발하는 사세보항에 대기시켰다가 송환선에 승선시키고자 하였다.

이들이 탄 57차 송환선은 예정보다 앞당겨서 출항하였다. 이는 김동희 사건과도 관련이 있었다. 김동희 사건은 한국의 베트남 참전으로 촉발된 사건이었다. 문서에는 김동희 사건이 별도로 언급되어 있지 않고, 그의 송환을 둘러싼 조총련계의 저항과 재판 과정에 대한 보고가 강조되어 있다. 전술한 것처럼 이세영 일가족이 승선한 57차 송환선이 일찍 출발한 이유는 이 배에 김동희를 태운다는 소문을 들은 조총련계 인사들의 저지 행동을 우려했기 때문이었다.

③ 재일 한인 강제퇴거(송환), 1968 문서는 60차 강제퇴거 심사보고와 미성년자인 유인권 강제퇴거를 둘러싸고 조총련과의 마찰을 빚은 내용이 주를 이루고 있다. 강제퇴거 매 차수마다 대상자 중 일부는 일본에서의 사법절차가 진행 중인 이들이 몇 명 정도 포함되어 있었다. 그들은 해당 차수에서 퇴거가 보류되는 사례로 분류되었다. 송환선이 아닌 자비 출국자들도 있었다. 이들 중에는 일본에 재류할 수 있는 합법적 지위에 해당하였지만 오무라 수용소에 수용되었다가 일본에서의 생활이 전망이 없다고 여겨 자비출국을 하는 사례도 있었다.

유인권은 일본으로 밀항했던 부친을 찾아왔지만 부친은 이미 송환된 이후였다. 유인권은 부친의 연고자를 찾아가 의탁하고 있던 중 체포되었다. 그런데 이 연고자가 조총련이었던 까닭에 한국 정부는 이 사안에 큰 비중을 두었다. 유인권의 부친이 강제 퇴거 당할 때에도 조총련의 움직임이 있었다. 유인권의 재판이 개시되자 조직을 동원해 재판을 방해하고, 재판 후에는 그를 연행하여 사라져 버린 사건이 있었기 때문에 한 소년의 밀항 처리를 둘러싸고 양 진영은 치열한 대립각을 세웠다. 이세영과 김동희의 경우처럼 일본 야당이 이를 쟁점화시킬 것을 우려해 양국 정부는 유인권의 형에게 단순 밀항자인 그를 석방해 달라는 전정서를 제출하도록 시키고, 비밀리에 유인권을 송환해 올 계획을 수립하였다.

그 외의 사안으로는 일본 폭력단 단속 중 한국인 불법입국자가 검거되거나 대규모로 검거된 밀항 주모자가 여러개의 이름을 사용하고 있어 이를 계속 조사 중이라는 내용이 있다.

④ 재일 한인 강제퇴거(송환), 1969년 문서는 훗날 『통일일보』 주필이 되는 윤수길의 재판과 관련된 사안이다. 윤수길은 한국전쟁 당시 밀항하였다가 1963년 이 사실이 적발되어 강제퇴거 명령을 받았다. 하지만 그는 일본 체류 당시 유학생 신분으로 한국 정부에 대한 반정부 활동을 하였으므로 강제퇴거 당하면 목숨이 위험하다고 하여 퇴거강제 발부취소청구소송을 제기하였다. 장기간 진행되었던 그의 재판에서 재판장은 그의 정치 망명을 인정하는 판결을 내렸는데 일부 신문에서는 정치범죄에 대한 첫 판결로서 파문을 일으킬 것 같다는 의견을 보이기도 했다.

▌관련 문서▐

① 재일 한인 강제퇴거(송환) 1966 ② 재일 한인 강제퇴거 (송환) 1967 ③ 재일 한인 강제퇴거(송환), 1968 ④ 재일 한인 강제퇴거(송환), 1969

① 재일 한인 강제퇴거(송환), 1966

기능명칭: 재일 한인 강제퇴거(송환) 1966

분류번호: 791.41, 1966

등록번호: 2043

생산과: 재외국민과/교민과/동북아주과

생산년도: 1966

필름번호: P-0004

파일번호: 04

프레임번호: 0001~0073

1. 외무부공문(착신전보)

대한민국 외무부
번호 JAW-02203
일시 111842
수신시간 1966.2.4. □□:33
발신 주일대사
수신 외무부 장관

1. 외무성 우시바 심의관을 금 11일 하오 방문, 면담한 자리에서 본직은 밀항자의 북한지역으로의 퇴거 강제가 용인될 수 없음을 다시 상기시키고 (참조 JAW-02201) 금후 밀항자가 적발될 경우 상세한 정보를 한국정부에 제공해줄 것을 요구하였음. 본직은, 이와 같은 정보가 한국측의 밀항자 방지대책을 위하여 필요하다고 강조하였음. 또한 본직은 밀항자뿐만 아니라 재일교포 기타 한국인이 일본 관헌에 의하여 체포된 그 사실을 즉시 주일 한국공관에 통고할 것을 요구하고, 한일 양국간에 통상조약이 없드라도 여사한 통보는 일본정부가 당연히 할 수 있는 문제일 것이라고 말하였음.

우시바 심의관은 이 문제에 관하여 검토해 보겠다고 말하였고, 최근 수일간의 접촉에서 오 정무과장은 외무성 구로다 북동아과장에게 일본 관련 에□ 한국 밀항자 적발 즉시 인적 사항 기타 상세한 정보를 지체 없이 제공해줄 것을 요청하여 왔음. 구로다 과장은 정부 제도에 관하여 적극적인 태도를 보이지 않고, 한일 양국정부가 밀항자 방지를 위하여 상호 협력하는 방안을 강구하는 것이 선결문제이며 이를 위하여 일본측은 한국 당국과 협의하고자 한다고 말하였음. 또한 구로다 과장은 한일 양국정부에 의한 밀항자 방지가 효력을 나타낸다면, 대상이 없어지기 때문에 밀항자를 북한으로 퇴거 강제시키는 문제도 자연적으로 이러나지 않게 될 것이라고 주장하였음.

정무과장은 밀항자를 없앤다는 문제와 북한으로 퇴거강제시킨다는 문제는 근본적으로 별개의 문제임을 강조하였음. 정무과장은 밀항자 방지 대책을 한국정부가 계속 강구하고 있음을 상기시키고, 그러나 효과적으로 방지하기 위하여는 밀항의 동기 중 상당한 부분을 차지하는 이산 가족문제들과 같은 근본문제가 또한 동시에 해결되어야할 것이며 따라서 밀항자를 방지하기 위하여 일본정부는 보다 더 적극적이고 호의적인 고려가 필요하다고 주장하였음.

3. 이상과 같이 밀항자의 북한 지역으로의 퇴거강제문제, 밀항방지를 위한 정보교환 및 공동의 협력, 밀항 원인의 철거를 위한 양국의 협력등과 같은 제반문제들이 논의되었음을 고려하시와, 여사한 문제 전반에 대한 정부의 기본적 방침 또는 일차적 견해를 회시하여 주시기 바람(주일정-외아북, 외아교)

2. 외무부공문(착신전보)

대한민국 외무부
번호 JAW-02309
일시 181623
수신시간 1966.2.19. AM9:12
발신 주일대사
수신 외무부 장관

연: JAW-21188(65.11.10)

1. 외무부 "구로다" 북동아과장은 작 17일 하오 오정무과장과의 면담에서 "이즈하라" 밀수활동이 극히 감소되었다고 말하면서 이는 일본측의 협조의 결과라고 하여 크게 생색을 내었음. 아측은 최근 수개월간 외무성을 통하여 쾌속정 출입에 관한 정보 제공 이외에 일본당국이 특별히 취한 조치가 있는지를 문의한 바, 일측은 이에 대하여 아는 바 없다고 말하였음. 아측은 일측의 지금까지의 협조내용 또는 조치상황을 알려달라고 요청해 두었음.

2. 연호로 요청한 점에 관하여 회시해주시고 전기 쾌속정 출입정보 제공 이외에 일본측의 협력이 있었는지 또한 있으면 그 내용이 여하한지 회시 바람.

3. 일측은 본건 밀수대책상의 상호 협력과 같이 JAW-02203으로 청훈한 밀항대책에 대해서도 협력하자고 말하고 있음(주일정-외아북, 외통진)

3. 외무부공문(착신전보)

대한민국 외무부

번호 JAW-02310
일시 181624
수신시간 1966.2.19. AM9:12
발신 주일대사
수신 외무부 장관

연: JWA-02203, 참조: JWA-02309

1. 연호로 보고한 밀항자 □ 재일교포의 일본당국에 의한 체포에 있어서의 한국정부에 대한 정보제공 문제에 관하여 2. 17. 하오 외무성 "구로다" 북동아과장은 오 정무과장에게 밀항자 적□□의 정보제공은 고려될 수 있으나 재일교포의 경우 60만이라는 방대한 수효가 있고 또한 경미한 적발까지 통보하기가 사실상 어려운 문제라고 논평하였음. 일측은 법무성과 협의 중이라고 말하고 법무성 측과도 교섭해 달라고 말하였음.

2. 본 건 문제는 법적지휘협정상 퇴거강제와도 관련시켜 검토해주시기 바라며 국제관행 및 실행가능성과도 관련시켜 검토해주시기 바람.(주일정-외아북)

4. 기안

번호 외아북722
기안년월일 1966.2.23.
기안자 동북아주과
발신 장관
경유수신참조 주일대사
제목 일본밀항자에 관한 정보 제공

대: JAW-02203

1. 일본으로 밀항하여 간 자가 일본 관헌에 적발되었을 경우 일본 정부가 동 사실 및 관계 정보를 즉시 외교 경로를 통하여 우리측에 제공(또는 사무의 간편을 위하여 일본정부의 지방 관계당국이 우리 영사관에 통보할 수도 있을 것임)하는 것은 밀항 사전방지 및 밀항자의 사후처리(강제송환 등)를 위하여

필요한 것이므로 반드시 실현되도록 최선을 다하시기 바랍니다.

2. 밀항 예방대책에 관한 상호 정보의 교환은 그것이 밀항을 예방하는데 효과적인 것이 될수 있다면 반대하지는 않을 것인 바, 구체적으로 어떤 정보를 교환코저 하는 것인지를 타진 보고하기기 바랍니다.

3. 밀항자의 송환과 관련하여 종래 일본으로 밀항한 자의 송환은 상당한 수효가 될 때까지 일본내 수용소 (오오무라 수용소등)에 상당한 기간 수용되어 있었는 바 이를 재검토코저 하니 아래 사항에 대한 자료 또는 귀하의 의견을 회시하여 주시기 바랍니다.

가. 밀항자를 수용소에 억류할 수 있는 일본의 관계법령

나. 밀항자의 출입국 관리 관계법령 위반으로 인한 형사상의 처리상황

다. 수용소 수용자의 평균 수용기간

라. 수용기간 단축을 위한 대일교섭 필요성 여부의 이해득실. 끝.

5. 외무부공문(착신전보)

대한민국 외무부
번호 JAW-03085
일시 051127
수신시간 1966.3.5. PM12:15
발신 주일대사
수신 외무부 장관

대: 외아북-722-107

1. 작 4일 하오 오정무과장은 "구로다" 외무성 북동아과장에게, 밀항자 적발 즉시의 정보제공을 재차 촉구하였음. 또한 아측은 밀항 방지를 위하여 일본 정부와 서로 협력한다는 원칙에 이의 없음을 표명하고 일본측의 구체적인 방안을 타진하였음. 또한 아측은 양국정부가 밀항 방지대책에 관하여 협의하는 문제와는 별도로 우선 밀항자 명단 제공부터라도 즉시 실시할 것을 요구하였음.

2. 일측은 한국측과 협의하고자 하는 안을 현재 준비 중에 있다고 말하고 그 내용에 대하여는 시사하지 아니하였음. 또한 일측은 밀항자 정보 제공문제는

방지대책 협력안을 아측에 제시할 때 함께 논의하고자 한다고 말하였음.
3. 밀항자 정보제공(일체의 명단)에 관하여 일측은 한국측의 요구의 의도가 북한으로의 퇴거 강제를 저지하고자 하는데 있다면 일본측으로서 여러 각도로 생각해야 될 문제라고 말하였음. 이에 대하여 아측은 한국측 요구는 효과적인 밀항 방지대책을 강구하기 위한 것이라고 설명하고 북한으로의 퇴거강제 문제와는 관련 없는 것이라고 말하였음.
4. 계속 보고위계임. (주일정-외아북)

6. 외무부공문(정세보고처리전)

대한민국 외무부
번호 JAW-03632
일시 1966.03.31.
발신 주일대사
SOURCE 신문보고(요미우리)

김구씨 사살사건의 주모자라고 자칭하는 김지웅(53세)이란 자가 김구씨 피살하수인 안두희가 최근에 피습당한 후 신변에 위협을 느낀다 하면서 일본정부에 망명을 요청하였다 함.
이 문제는 현재 일본 중의원 외무위원회에서 논의 중이며 법무성 입관국장의 답변에 의하면 망명요청을 기억한다 하며, 우선 중요한 인물인지를 조사할 것이라 하며, 정규의 입국이면 거주를 인정할 것이나, 밀입국이면 방침에 따라 한국 이외의 국가에라도 퇴거시킬 것을 검토 중이라 함

意見 :
1. 上記報告內容을 內務府 및 中情部에 通報予定입니다.
2. 現段階에서는 特別한 措置를 取할 必要가 없을것으로 생각됩니다.

7. 외무부공문(착신전보)

대한민국 외부무
번호 JAW-03632
일시 301044
발신 주일대사
수신 외무부장관

신문보고

금 30일 요미우리 조간은 "조선독립운동의 김구씨 암살사건 주모자가 망명 요청? 금일 중의원 외무위원회에서 질문"이라는 표제로 아래와 같이 보도하고 있음.

"조선독립운동의 아버지"로 불리는 고 김구씨가 암살된 것은 지금부터 16년 전인데 그 암살자들의 지휘자라 칭하는 인물이 일본에 망명을 요청하고 있다는 문제가 금 11월 30일의 중의원 외무위원에서 논의된다. 이것은 사실이라면 한일 국교 회복후 처음의 케이스임으로 그 귀추가 주목된다. 이 문제를 질문하는 사회당의 "니시무라" 위원의 말에 의하면 지난 1월 30일자 조선일보 톱에. "내가 김구의 암살 지휘자다. 김지웅씨 일본 정부에 망명요청"이라는 큰 표제로 일본 당국으로부터 한국치안당국에 몇차례에 걸쳐 김지웅(53세)의 신원조회가 있었는데, 일본에 있는 동씨는 정치망명을 이유로 암살 지휘자로서 김구씨 가족으로부터 고발 받고 있는 사실을 들고 있으며, 당시 김씨는 모 기관의 고문이었다는 내용의 기사가 게재되었다 함. 김구씨는 종전 후 망명지인 상해에서 서울에 돌아와 1946년에는 북한 평양에서 개최된 남북정치협상에 참가한[20] 동일파의 거두이며, 남한의 단독선거에 반대하고 "남북통일과 미군의 철퇴"를 스로간으로 내걸고 있었다. 이 때문에 1948년에는 이승만씨와 결별하였으며, 익년 6월 26일 서울의 자택에서 암살되었다. 범인은 당시 육군 소위인 안두휘[21](43세)였으며, 현장에서 체포되었다. 그런데 문제의 김지웅씨는 관계자의 말에의하면 전 왕조

20) 김구는 충칭에서 귀국하였고, 평양 남북연석회의는 1948년에 있었다. 당시 일본 언론은 김구에 대해 잘 알지 못했던 듯하다.
21) 안두희, 신문 보고이지만 오타가 많은 것으로 보아 다른 사실이나 숫자에도 오타가 있었을 것으로 보인다.

명 정권의 정치 고문이며, 종전 후 서울시내에 살고 있었는데, 작년 12월 18일 이미 석방되어 있었던 안두휘가 강원도에서 김구씨의 전 부하에게 습격당하는 사건이 발생하자, 상사인 자기도 습격당할 것이라고 일본에의 망명을 서두르게 되었다고 한다.

그 후 조선일보 기사를 계기로 일본주재 남북한 출신자 중에서도 진상추급의 움직임이 활발하게 되어 금월 초순 동경에 김구씨 살해진상규명 일본위원회(위원장 대리 최선)가 발족하였다. 동위원회 조사에 의하면 김씨는 지난 1961년 이래 한일간을 수차 왕복하였고 현재는 동경도내에 잠복중이며 최근 김씨는 일본인 친우를 통하여 "자기는 김구씨 살해에 직접 관여하고 있지 않다. 그러나 지금 모습을 나타내면 어떤 위해를 받을 우려가 있어서 귀 위원회에 출두할 수는 없다"라는 서신을 보냈다.

"야기" 법무성 입관국장의 말: 김지웅 이라는 이름은 기억하고 있지 않으나, 김구씨 암살에 관계한 일간[22]이 정치망명을 요청하고 있다는 것을 기억하고 있다. 작년 처음으로 내일한 것은 아닌가? 일본론[23]으로서는 그러한 것을 이유로 일본에 거주하고 싶어하는 자도 있을것이며, 사실이라 하드라도 그처럼 중요한 인물인지 잘 조사하지 않으면 알 수 없다. 정규의 입국이면 거주를 인정할 것이나, 밀입국이면, 한국 이외의 국가를 포함하여 퇴거시키는 것이 망영에 대한 국가의 방침이므로 검토할 생각히다.

(주일정-외아북) 끝

8. 외무부공문(정세보고처리전)

대한민국 외무부

번호 JAW-03656

일시 1966.4.1.

발신 주일대사

SOURCE 신문보고

---

22) 인간

23) 일반론

1. 일본 중의원 외무위원회에서는 김구씨 암살주모자로 자처하는 김지웅의 망명요청 건을 계속 논의.
2. 법무성, 경찰당국자의 답변에 의하면 김지웅은 1960년 밀입국하여 10개월 징역, 2년 집행유예판결을 받은 후 현재 가방면 중임.
3. 밀입국자는 강제퇴거시키는 것이 원칙이나, 한국에 있어서의 일신상의 안전보장을 고려하여 신중히 결론을 내려야 하는데, 2, 3주일내로 결정이 날 것임.

9. 외무부공문(착신전보)

대한민국 외무부
번호 JAW-03656
일시 302023
수신시간 1966.3.31. 10:06
발신 주일대사
수신 외무부장관

신문보고(30일 석간)

1. 중의원 외무위원회는 금 30일 11시경부터 개최되었는데, 중공 대표 입국거부 결정에 대하여 사회당측으로부터 반중공 정책의 표현이라고 정부의 입장을 추궁하였음. 시이나 외상은 질문에 답하여 미제국주의라는 중공측의 비난에 언급하고 미일 안보조약과 같이 일본국의 기반이 되어 있는 것을 비판한데에 거부결정의 이유가 있다고 말함. 사회당측은 중의원 외무위원회를 중심으로 정부를 계속 취급하므로서 장기적으로 법안의 심의를 정체시켜 내각불신임안 제출의 기회를 조성하기로 하였다 함.

2. 동 외무위원회에서 김구 암살 주모자라는 김지웅에 관하여, 법무성 입관차장과 경찰청 외사2 과장은, 김지웅이 지난 1960년대 후꾸오까 현에 밀입국하여 징역 10월, 집행유예 3년의 판결을 받아 가방면 중이며, 후꾸오까 현 경찰에 대한 정치망명 신청이 있었다고 말함. 입관 차장은, 밀입국자에게는 강제 퇴거를 명하는 것이 원칙이나 김의 경우 한국에 있어서 일신의 안전보장에 관하여서

도 고려하여야 하며, 간단히 결론을 낼 수는 없으나 2, 3주일 중에 결론을 내리겠다고 말함. 김의 신원인수인은 동경의 아세아 대학 교수라 함.

3. 나까무라 문상은 30일의 중의원 문교위에서 사학의 경영과 운영 등에 관하여 국가의 감독권을 부여하는 제도를 검토할 의향이라 함. 사학의 설치 인가는 문부대신이 행하나 인가 후에는 사립학교법상 감독할 수 없게 되어 있다 함(주일경-외아북)

10. 외무부공문(발신전보)

대한민국 외무부
번호 WJA-04455
일시 276035
발신 외무부장관
수신 주일대사

대: JAW-04467

1. 대호 신문보고 6항에 아국인으로서 일본에 밀입국하여 소위 정치 망명을 하고 있는 자들에 대하여 타국에 망명을 권고하든가 가방면 조치를 취할 것이라고 하고 있는 바, 동 기사의 사실 여부 및 관계사실과 타국의 망명을 권고한다면 타국은 구체적으로 어떠한 나라를 생각하고 있는지를 탐지하여 보고하기 바람.
2. 8항에 일본정부 및 자민당이 소위 재일조선인 귀환협정을 폐기하던가 신협정을 제기하여야 할 것이라는 내용의 기사보고에 관하여 상세한 상황을 조사보고 바람.(외아북)

*JAW-04467은 4.25일자 신문보고임.(관련전문 제6항)

11. 주일대한민국대사관 공문

주일대한민국 대사관

번호 주일공710-14
일시 1966.5.2.
발신 주일대사 김동조
수신 외무부장관
제목 당 대사관 Press Release 사본 송부

당 대사관은 김지웅의 소위 정치 망명 문제에 관하여, Press Release를 당지 국내의 각 보도기관에 송부하였으므로 그 사본을 참고로 별첨 송부합니다.
유첨 1966. 4. 30. 자 Press Release 사본 2부 끝

유첨-PRESS RELEASE

일시 April 30, 1966
제목 STOWAWAY CASE OF MR. JI WOONG KIM

It has come to our attention that a Korean stowaway has been seeking a political asylum in Japan on a totally unfounded pretext that he was involved in the 1949 assasination of Korean leader, Mr. Koo Kim.

The Korean national, Mr. Ji Woong Kim(金志雄), aged 51, has reportedly appealed to the Japanese immigration authorities that he himself was the "mastermind" of Mr. Koo Kim's assassination and had to escape from Korea.

However, investigation by the authorities concerned of the Republic of Korea proved that Mr. Ji Woong Kim had nothing to do with the assasination of the late Mr. Koo Kim.

His Excellency Dong Jo Kim, Korean Ambassador to Japan, today expressed his regret that such unfouned story has been taken up even in the Japanese Diet sessions which might mislead the general public regarding the individual case of a stowaway.

12. 외무부공문(착신전보)

대한민국 외무부
번호 JAW-05238
일시 122032
수신시간 1966.5.13. 10:19
발신 주일대사
수신 외무부 장관

대: WJA-04455
대호 제1항 망명 희망자문제에 관하여, 당대사관으로서는 일본관계당국에 그 명단제시를 요구하고 있으나 그간 일본측이 이를 꺼려하여 왔음. 작11일 하오 오 정무과장은 "구로다" 북동아과장과 면담하고 본건 명단 및 관계사실 제시를 강력히 요청함. "구로다"과장은 여전히 꺼려하는 인상을 보이면서, 내부적으로 다시 상의해 보겠다고 말하였음.

아측은 "김지웅" 케이스를 예로 들어, 본인이 주장하고 있는 것이 한국당국에 의하여 사실무근으로 밝혀져 이를 법무성측에 통보한 적도 있음을 지적하고 소위 망명 희망자에 대한 사실규명을 위해서도 일본측의 정보 제시가 필요한 것이라고 설명하였음.

2. 상기 문제에 관하여 "구로다" 과장은 현실적으로 정치 망명자가 있는 것은 아니며 국회 답변 등에서 대외적으로 말한 것은 어디까지나 가정에 서고 있다고 말하면서 따라서 제3국 내지 지역으로의 출국권고는 아직 현실 문제가 아니고 따라서 구체적으로 어떤 나라를 생각하고 있는지도, 문제가 가정인 만큼 말할 입장이 못 된다고 말하였음. 아측 질문에 대하여 "구로다" 과장은 제3의 국가 내지 지역으로 출국을 시킬 때 일본정부가 이를 지정한다고 밝혔음.

3. 아측의 감촉으로는, 이번 기회에 외무성 실무자들이 정치 망명에 관련된 국제법을 검토하고 있는듯함. (주일정-외아북)

13. 외무부공문(착신전보)

대한민국 외무부

번호 JAW-05565
일시 251752
수신시간 1966.5.25. □□:□□
발신 주일대사
수신 외무부 장관

연: JWA-05545
연호 전문 제3항으로 보고한, "유택열"의 북한으로의 밀항 건에 관하여, 금일 외무성 구로다 북동아과장에게 사실 확인을 요청하였던 바, 그는, 신문보도 내용 중에는 사실도 있지만 사실 아닌 것도 있다고 말하고, 현재 경찰에서 조사 중임으로 그 이상의 논평을 할 수 없다고 말하였음. 그는 앞으로 구체적인 사항이 나타나면 알려줄 것임을 시사하였음.
(주일정-외아북)
5.25 新聞에 보도됨, 정보문화국장

朝日新聞 5月26日朝刊

北朝鮮スパイ船？で密入国をはかる

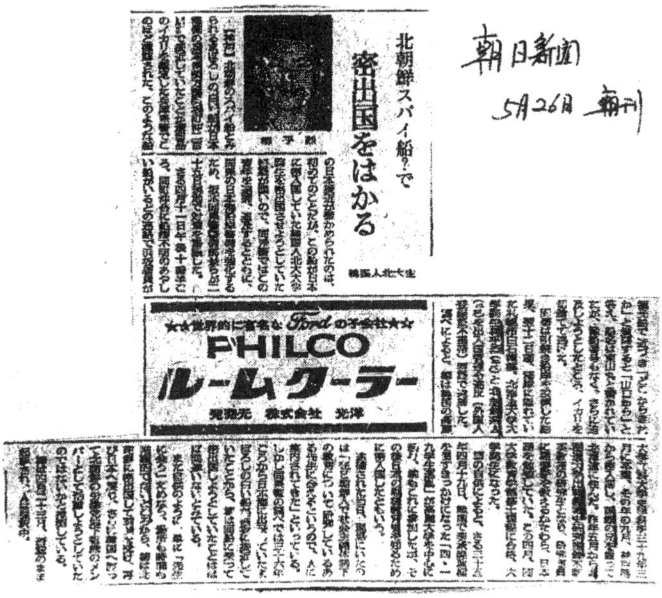
北朝鮮スパイ船？で
密出国をはかる

朝日新聞
5月26日 朝刊

14. 내무부공문

내무부
번호 내치정2068-6-8751
일시 1966.5.27.
발신 내무부 장관 양찬우
수신 외무부 장관
제목 대일 긴급 사실 조회 의뢰

외신 보도에 의하면 아래 사람은 일본에 밀항한 후 지난 5.11. 다시 북한으로 밀출국으로 기도하다가 일경에 체포되었다는 바 다음 사실을 주일 대사관을 통해 긴급 조회 및 조치하여 주시기 바랍니다.

1. 인적 사항
   본적 경남 사천군 곤명면 성방리 577
   주소 日本 北海道 札幌市 白石南郷町590
   성명 유택열(柳澤烈) 28년
2. 조회사항
   가. 본명에 대한 조사 결과 판명된 사항
   나. 한국에서의 밀항 경위에 대한 상세
   다. 북괴 간첩과의 관련 여부
   라. 본명의 형 유정열에 대한 인적사항
   (조총련계 가담 여부등)
   마. 본명에 대한 조치 사항
3. 조치 사항
   만일 본명이 대남 북괴간첩임이 판명되었을시는 본명의 신병 인수 교섭.

끝

15. 외무부공문(착신전보)

대한민국 외무부

번호 JAW-05649
일시 281004
수신시간 1966.5.28. 10:47 1966.5.59. 10:□□[24)]
발신 주일대사
수신 외무부장관

연 주일정 725-196
밀항자 송환
1. 별도로 송부한 바 있는 피퇴거 강제심사를 주재국측은 오는 6.13. 열게 되어 있으며, 송환선은 6월말에 있다고 함.
2. 심사 이전에 "오무라" 수용소를 방문하여 피퇴거자 신변조사 및 의견 청취 등이 요구됨으로 당관 직원이 6월초에 동 수용소를 방문할 수 있도록 조속 본부 지침을 하달하여 주시기 바람. (주일정-외아교, 외아북)

16. 외무부공문(발신전보)

대한민국 외무부
번호 WJA-05626
일시 311355
발신 장관
수신 주일대사

대: JAW-05565
1. 대호 "유택열"의 밀항 기도건에 대하여, 일본 당국을 통하여 다음 사항을 조사 회보 바람.
가. 한국으로부터의 밀항 경위
나. 북괴 간첩과의 관련 여부
다. 동인의 형 "유정열"의 인적사항, 조총련 관련 여부 등

24) 두 개의 수신시간이 위 아래로 나란히 적혀 있으나, '일시'를 보면 28일이 가능성이 높다.

라. 조사 결과 판명된 사항
마. 동인에 대한 조치 사항
2. 동인에 대한 일본 경찰의 조사 결과 간첩임이 판명될 때에는 한국으로의 송환을 요청 바람. (외아북)

17. 외무부공문

외아부
번호 외아북722
일시 1966.6.3.
발신 외무부 장관 이동원
수신 내무부 장관
제목 사실 조사 회보

대: 내치정 2,068.6-8751 (66.5.27.)
대호로 "유택열"건에 대하여 다음과 같이 회보합니다.
1. 동인의 인적사항
성명: 유 택열 (호적명 柳乎烈)
생년월일: 1938.2.15.
1963.9.5.에 부산지법 진주지청에 개명신청을 하였다 함.
2. 일본에의 밀항 경위
1964년 제13동일호(東一號, 부산 동일수산 주식회사 소속)의 갑판원으로 승선 (선원수첩번호 부산 13996, 1964. 7. 25. 발행)하여 일본 "고오베"항에 입항한 후 배에서 도망하여 북해도에 거주하는 형 "유정열"을 찾어가 북해도 대학원에 입학하였다 함.
3. 동인의 형 "유정열"에 관한 사항
동인은 북해도 하꼬따떼시 호리가오쬬오39번지에 거주하며, 직업은 유기업(遊技業). 조총련 하꼬다데지부 위원장이라함.
4. 동인에 대한 일본당국의 조치 사항
현재 동인은 법무성 입국관리국 "고오베" 출장소에 출입국관리령 위반으로 구류중임.

5. 조사 결과 판명된 사항

일본경찰은 당초에 동인을 출입국 관리령 위반 혐의로 체포하고 특히 간첩과의 관련 여부도 조사중이었으나, 동인은 북괴에 가려고 하지 않았다고 진술하고 있다 하며, 일본당국은 계속하여 동인을 체포 지점에 안내한 (A)라는 인물을 체포코저 한다 함.

6. 기타

상기 회보는 "고오베" 영사관을 통한 주일대사의 보고인바, 일외무성측으로부터는 아직 경찰과 연락중이라면서, 정보를 제시하지 않고 있음을 첨언함. 끝

18. 주코오베대한민국영사관 공문

주코오베 대한민국 영사관

번호 주코영 제 비1호

일시 1966.6.4.

발신 주코오베영사 이원달

수신 외무부 장관

참조 아주국장

제목 밀입국(일본)한 "유호열"에 관한 보고

1. 1966.5.25일자 당지 "마이니찌" 신문 조간 및 "동일자 "코오베" 신문 석간에 각각 한국으로부터 밀입국한 "유호열"(柳乎烈)이 별첨 기사와 같이 체포된 것이 보도되었음.

2. 본직은 "마이니찌 신문 조간을 본 즉시 병고현 경찰본부 당국자를 방문하고 본건에 관하여 경위를 문의한 바를 다음과 같이 보고합니다.

다음

가. 신문기사에 나타난 "유택열"(柳澤烈) 의 호적명은 "유호열"(柳乎烈) 이며 1938.2.15 생임.

1963.9.5 부산 지방법원 진주지청에 "유호열"로 변경 신청하여 동년 9.30.에

허가되었다고 함.

나. “유호열”은 1964년 고려대학을 졸업 후 동년 “동일수산주식회사”(東一水産株式会社) 소속선 “제13 동일호” (東一号)의 갑판원으로서 선원수첩 부산 제13996호(64.7.25. 발행) “유호열”로서 일본 “코오베”에 입국하여 동지에서 탈선하였음.

다. 그후 북해도 “하꼬다대”에 있는 실형 “유정열”(柳禎烈) 집에 은신하며 북해도대학에 재적 수학하고 있었음.

라. 실형 “유정열”은 1920.3.12 생으로 북해도 조총련 “하꼬다대”지부 위원장으로 있으며 동 시 호리가와쬬-39에서 유기업(빠찡꼬)을 경영하고 있다고 함.

마. 실형이 조총련 지부 위원장이며 또 신문기사 중 “A”라는 자와의 관련으로 미루워 보아 조총련과 관련되어 있었음은 능히 짐작되고 있음.

바. 기자 중에 “A”라는 자는 “권덕규(権徳圭)”라고 하며 조총련 조직부 지도원이나 조직부 지도원 명부에는 없는 것으로 보와 정치부 공작원인 것으로 판단된다고 함. 동인의 친척은 현재 “오-사가”에 재주하고 있으나 동인은 동경에 있다고 함. 현재 수사선상에 오르고 있어 일본 경찰당국에서도 채포[25] 노력중에 있으므로 동인의 성명을 공표하는 것은 수사에 지장을 초래하므로 당분간 비밀에 부하여 줄 것을 부탁하고 있음.

사. “유호열”은 현재 출입국관리국 코오베 출장소의 수용소에 수용 중임.

아. “유호열” 본인의 진술에 의하면 북한에 갈려고는 하지 않고 있다고 함.

자. 병고현 “하마사까”에서 “유”는 채포되었으나 신문기사 중의 소위 괴선과의 관계에 대하여는 아직 판명 되지 않고 있다고 함.

차. 동인의 송환에 대하여는 앞으로 본 영사관에 연락할 것을 요청하였음.

3. 상기 사항은 6. 2. 동경의 주일대사관에 전화로 보고 한바 있음. 끝

유첨: “마이니찌” 신문조간 크립핑 1부 끝.

25) 체포

유첨-마이니찌 신문조간

スパイへ引き抜き

密入国の北大大学院生　なぞの“迎え船”

地下活動の訓練か

5月25日(朝刊) “毎日新聞”

スパイへ引き抜き

密入国の北大大学院生

なぞの"迎え船"

地下活動の訓練か

浜坂 出港直前つかまる

5月25日 (朝刊)
"毎日新聞"

2068

19. 외무부 공문

외무부
번호 외아북722
일시 1966.6.10.
발신 외무부 장관 이동원
수신 내무부 장관
제목 사실조사회보(추가)

1. 외아북 722-9838(66.6.7.) 에 관련한 공문입니다.

2. "유택열"의 실형. "유정열"(柳楨烈)은 1920.3.12.생임.

3. "유"를 체포 지점에 안내한 (A)라는 인물은 "권덕규"(權德圭)라 하며, 조총련 조직부 지도원이나 조직부 지도원 명부에 없는 것으로 보아 정치부 공작원인 것으로 판단된다 함. "권"의 친척이 현재 "오-사카"에 거주하고 있으며, 현재 검찰이 동인의 체포에 노력중에 있어 성명을 공표하는 것은 수사에 지장을 초래함으로 당분간 비밀에 붙여 줄것을 부탁하고 있음.

4. "유"의 체포와 신문기사중의 괴선과의 관계에 대하여는 아직 판명되지 않고 있다고 함.

5. "유"의 송환에 대하여는 앞으로 "코오베"영사관에 연락토록 일본당국에 요청하였다 함. 끝

20. 주일대사관 공문

주일대사관
번호 주일정722-241
일시 1966.6.9.
발신 주일대사 김동조
수신 외무부 장관
제목 "유택열" 케이스 상황보고

대: WJA-05626

연: JAW-06050

1. 외무성으로부터 입수한 "유택열" 에 대한 당지 경찰청 검거상황을 별첨 송부합니다.

2. "유택열"의 실형 "유정열"의 인적 사항을 삿뽀로 총영사관을 통하여 조사한 결과는 다음과 같습니다.

본적: 경남 사천군 곤명면 성방리

주소: 하꼬다데 시 호리가와 쵸오(掘川町) 39

성명: 유정열, 일명: 후지다(藤田)

직업: 유기업(빠찡꼬)

1955-59: 조총련 "오오다루" 지부 위원장

57-60: 조총련 아끼다 현 본부 전남 지구 귀국퇴사(歸國退社)위원장

60-61: 조총련 하꼬다데 지부 조직 부장 대리

61-63: 조직부장

63-64: 하꼬다데 지부 부위원장

64-66: 하꼬다데 지부 위원장

재산: 일화 1천만원 정도

가족상황: 처자 4명 내지 5명

한국으로부터 해방 이전에 일본으로 건너온 자임.

3. 외무성측은 "유택열"이가 접촉한 A라는 인물에 대하여 경찰청측이 조사 진행상 인적 상황을 밝히는 것을 보류하고 있다고 하며 외무성측으로서는 A라는 인물에 대하여 전혀 아는 바 없다고 말하고 있음을 첨언합니다.

유첨: 검거상황 1부. 끝.

유첨-脱船船員柳の発見検挙状況

1．本事件発見の端緒

昭和41年4月11日午後10時20分頃兵庫県浜坂漁協職員から所轄浜坂警察署に対し電話で「浜坂芦屋新港提防付近に見なれない船がいる」との提報があり、同署では密航事件と判断し、直ちに捜査を開始した。

その結果

(1)不審船東山丸を発見した。(鐵網を切り逃走した。)

(2)4月12日午前2時20分頃(A)を4月12日午前8時45分頃、柳乎烈をそれぞれ前期芦屋新港堤防付近の海岸で発見し浜坂警察署へ任意同行した。

2. 被疑者の人定事項及び犯罪事実

(1)柳乎烈について

本籍　韓国 慶尙南道泗川郡昆名面城方理

住所　札幌市白石南郷 590の2

柳澤烈こと

柳乎烈 1938.2.25生

犯罪事実

被疑者は昭和39年10月11日頃、韓国船第13東一に乗組、神戸港に滞港中かねて実兄柳禎烈と打合せていたとおり脱船上陸し兄柳禎烈の庇護を受けながら、もちろん外国人登録もそなわずに、我が国に潜伏在留していたものである。

なお、その間昭和40.4　北海道大学教育学部、教育史研究室、研究生として入学し、昭和41.4 同大学修士課程に 編入試験を受け合格している。

適用罪名罰条

- 不法上陸 (出管令第70条3号)
- 無登録 (外登法第3条違反. 同18条1項 1号適用)

(2)Aについて

A~29才

犯罪事実

被疑者は外国人登録を正規に行なっている在日朝鮮人であるが、外国人は法令の規定により登録証明書を常時携帯していなければならない義務があるにもかかわらずこれを□こたり携帯していなかったものである。

罪名罰条

外国人登録法第13条違反、同法第18条1項7号適用

(3)柳禎烈について

本籍 朝鮮慶尙南道泗川郡昆明面城方里

住所 函館市掘川町39

藤田久一こと

柳禎烈

1920.3.12生

犯罪事実

被疑者は合法在日朝鮮人であるが在韓中の実弟柳乎烈をわが国に不法に入国させることを企図し昭和39.10.11日頃韓国船第13東一号に船員として乗組、神戸港に入港した際、脱船上陸せしめその後、本事件発覚に到るまで庇護しもって犯人蔵匿をしたものである。

罪名罰条

犯人蔵匿罪 (刑法第103条)

3．捜査経過

(1)柳乎烈について

- 昭和41. 4. 12. 22. 45 緊急逮捕
- 〃 41. 4. 14 神戸地検に送致
- 昭和41. 4. 15 句留
- 〃 41. 4. 23 前記罪名で 起訴
- 〃 41. 5. 18 保釈 (保釈金 30万円)
- 〃 41. 5. 18 保釈と共に神戸入管に收容した。

(2)Aについて

- 昭和41. 4. 13. 06. 30通常逮捕
- 〃 4. 15 神戸地検に送致
- 〃 4. 15 句留
- 〃 4. 23 前記罪名で 起訴
- 〃 4. 25 保釈 (保釈金 10 万円)

(3) 柳禎烈について

- 昭和41. 4. 17. 17. 10 通常逮捕
- 〃 4. 19 神戸地検に送致
- 〃 4. 20 句留
- 〃 4. 28 略式裁判罰金5万円
- 〃 4. 28 放釈

4．海岸徘徊の目的について

被疑者Aは、「柳乎烈と一緒に関西旅行していた」と供述し。

被疑者、柳乎烈は「共産主義を教えてくれるえらい先生に会うためAの案内で浜坂にきた」旨供述している。

しかしながら

(1)2人の足取りを捜査した結果、4月11日午後7時すぎ　浜坂駅に到着し真直ぐ海岸に向い、全く人通りのない場所に長時間潜んでいたこと。

(2)旅館に対する宿泊予約がなく、当日雨が降ってきたにも拘らず海岸から動こうともしなかったこと。

などの不審点があり、あわせて被疑者の供述に喰い違いもあるところから目下真相を究明中である。

5．不審船の捜査結果と本事案との関連とついて

(1)不審船発見の状況

浜坂署では提報にもとづき, 船舶を借上げ現場に急行したところ、芦屋新港入口燈台から約2分の地点に停泊している"東山丸、約40トン登録番号かなく、型は鮮魚運搬船であるが通風筒がついているという変わった船を発見した。

(2)不審船舶員に対する職質状況

捜査員は同船を不審船と認め、折柄通行中のテンマ船に移乗して接船し、船員に対し「船籍はどこか」と質問した。相手は「山口県だ」と極めて朝鮮訛りの強い日本語で答えた。

そのうち不審船は船尾の錨綱を切って、北々東方面に約15ノットの速度で逃走した。

(3)実況見分の状況

ア．錨の引上げと領置

昭和41年5月2日別添写真の錨を引上げた。錨には25mと29m2本の網がづいており、その尖端は鋭利な刀物で切った状況が認められた。

イ．錨の鑑定結果

- 全く商品価値のない錨である。
- 個人が単なる間にあわせか消耗品として手製したものと思われらが、日本ではメーカー品を買った方が安くて品質も良い。
- ロープの巻き方が普通でない

ウ．錨のあった位置

芦屋新港入口通称赤燈台から北面150mの海底。

(注)不審船が停泊していた位置と認められる。

(4)本事案事項との関連

被疑者2名が座って話をしていたという通称松が下にある岩山から"赤燈台"のある提防まで約80mの至近距離にあるというだけで、現在のところ不審船と被疑者2名とを関連づける具体的な証拠もなく、かつ被疑者の供述もない。

21. 외부무 공문(착신전보)

대한민국 외무부
번호 JAW-06369
일시 131601
수신시간 1969.6.13. 19:34
발신 주일대사
수신 외무부 장관

대: WJA-06165

대호에 의거 금 13일 당대사관 장명하, 김영휘 및 김봉규 서기관은 일외무성에서 오는 6.29 송환 예정인 피퇴거 대상자에 관하여 일측과 협의한 결과 다음과 같이 합의하였음. (일측으로부터 법무성 입국관리국 "도요시마" 경비 과장 나까무라 집행계장 및 외무성 북동아과 도꾸나가 사무관 참석)

1. 명부에 기재된 176명중 일측의 요망으로 보류될 자 13명이며 그 중,

가. 본인의 자비 출국 요청으로 가방면된 자:

11(번): 문병욱, 12: 조학기, 16: 소건일, 73: 김문수, 97: 김용철, 129: 배강문, 152: 장정악, 159: 김경자, 160: 정태근

나. 형사사건으로 공소 심의 중인 자:

176: 이태수, 177: 김호, 178: 김욱권, 179: 장병태

2. 아측 요망으로 보류된자 9명:

3: 노재관, 4: 강상호, 7: 김재도, 9: 고승칠, 26: 신학도, 27: 신학진, 77: 현복언, 78: 현승일, 133: 최인룡 (26번 신학도는 단기 체류자이나 27번 신학진과 친형제

간이며 같이 행동하기를 원하고 있음으로 일단 보류하였음.

3. 장기 체류자중에도 하기 7명은 본인의 귀국희망에 의하여 일단 송환자 명부에 등재키로 하였음. 단 추후 본부로부터 보류하라는 지시가 있으면 금번송환에서 보류토록 하였음.

72: 조신구, 146: 장무동, 147: 이구동, 154, 정해진, 166: 정세윤, 168: 신성호, 174: 김옥득, 상기인에 대한 보류 여부에 대하여 조속 지시바람.

4. 명단에 들어 있지 않은 김병식(JAW-06221 참조)을 추가 송환키로 하였음. 또한 금일 협의중 일측이 금번 명단에 들어있지 않으나 북송되기를 희망한 바 있는다 하여 하기인의 추가 송환을 요망하여 왔음. 따라서 우선 송환자 명부에 기재하여 금번 송환토록 화되[26] 추후 본부 지시에 의거 보류할 수 있도록 합의하였으니 조속 지시바람.

성명: 김한동(남) 1942년 3월 21일생

본적지: 제주도 북청주군[27] 한림읍 금옹리

위반년월일: 1964.9.26일(1962년 10월에 오오무라 수용소로부터 송환된 사실이 있음.)

5. 따라서 금번 송환에서 보류될 사람이 22명이며 송환자는 159명이 될 것임.

6. 남양호로 밀입국을 기도한 10명중 미성년자 5명은 금번 송환될 것이나(송환자 명단에 들어있음) 기타 5명은 현재 재판 심의중이라고 하며 최종 판결이 있기까지는 시일이 소요됨으로 금번 송환에서는 시기적으로 불가능할 것이라고 하였음. 아측은 이들의 조속 인수를 요망하였으며 이에 대한 가능한 합의 협조를 베풀겠다는 언질을 받았음.

7. 현재 오오무라 수용소에 수용중인 총인원은 남자 177명, 여자 36명 도합 213명임(아교, 아북)

22. 외무부 공문(착신전보)

대한민국 외무부

번호 JAW-06672

---

26) 하되

27) 북제주군으로 추정

일시 241500
수신시간 1966.6.24. 19:34
발신 주일대사
수신 장관

연: JAW-05595, 06613

남양호 밀항 기도자 송환

1. 연호의 남양호 밀항기도자 9명중 미성년자 5명은 6.29일 출항, 30일 부산입항 예정인 일본송환선 "쓰바끼"호편으로 송환될 일본으로부터의 "피퇴거 강제자" 158명중에 포함되었음.

2. 23일 법무성으로부터의 통보에 의하면 위 남양호 밀항기도자 중 나머지 4명 및 동 밀항기도 방조자 "양보찬" (남양호 선원)은 6.15일 "나가사끼" 지방재판소 "사세보" 지원으로부터 각각 아래와 같은 유죄판결을 받았다고 함.

오인철, 한재복 및 고석진…징역 6월(집행유예2년)

양보찬…징역1년(집행유예3년)

송웅사…징역6월

3. 송웅사를 제외한 위 4명은 아측의 강력한 요청대로 29일의 일측 송환선편으로 송환토록 조치되었음. 따라서 "쓰바끼"호로 송환될 총수는 162명임.

4. 실형언도를 받은 송웅사도 가능한 한 29일의 송환선으로 송환되도록 금 24일 다시 교섭하였으나 일측은 송웅사가 밀항 3회의 전과자이며, 사법관청의 판결에 행정관청이 관여하기 곤난하다고 인정하였음을 보고함.

5. 본건에 관하여는 주후쿠오카 총영사관에 연락하여 송웅사의 조속한 송환을 위하여 현지에서도 교섭할 것을 요청하였음. (주일영-외아북, 외아교)

23. 외무부 공문(착신전보)

대한민국 외무부
번호 JAW-06819
일시 291541
수신시간 1966.6.29. 18:13

발신 주일대사
수신 외무부 장관

1. 금 29일 오전에 예정대로 송환선(쯔바기마루 椿丸)은 162명의 송환자를 싣고 오오무라항을 출항하였음

2. 주복강총영사 및 김영 영사외 1명이 현지 탑승 관경을 시찰하였음. (주일정-외아교, 외아북)

24. 외무부 공문(착신전보)

대한민국 외무부
번호 JAW-07274
일시 111839
수신시간 1966.7.11. 20:51
발신 주일대사
수신 외무부 장관

대: WJA-05626
유호열건

1. 금 11일 고오베 이영사가 현지 입관측과 접촉한 후 보고해온 바에 의하면, 유호열 건은 7.19일에 결심된다고 하며 결심후에는 오오무라 수용소로 입소될 것이라고 함.

2. 이영사가 현지 입관측과 상담한 결과, 오오무라 수용소에 입소되면 북해도의 자기 형과 접촉하여 북송을 원하거나 하면 새로운 문제가 제기됨으로, 결심과 동시에 즉시 오오사까에서 KAL기편으로 귀국시킬 수 있도록 특별 조치를 취하는 것이 현명할 것이라는 것이 현지의 견해이오니 이에 대한 조속한 회시를 바람. (주일정-외아북, 외아교)

25. 주코오베대한민국영사관 공문(착신전보)

주코오베 대한민국 영사관
번호 주코영80
일시 1966.7.23.
발신 주쿠오베영사
수신 외무부 장관
참조 아주국장, 정보문화국장
제목 "유호열"의 공판 결과 보고

대: 주코영 제 비1호, (66.6.4.)

1. 대호로 보고한 "유호열"의 공판이 지난 7.19일 있었으며 사전에 당지 출입국관리국 사무소장과 접촉하여 동일 결심을 보게 되면 이에 따라 즉시 귀국조치를 취하게끔 만반의 준비를 가추고 있었으나 동일에는 검찰관의 기소사실의 심리와 증거심리등을 끝나고 일방 변호인측의 "입국관리국의 결정이 아직 내리지 않었다는" 등의 지연시키려는 변론이 있어 검찰의 구형까지도 이르지 못하고 폐정되었음.

2. 다음 공판은 오는 8. 18에 있을 예정임. 다음 공판에서 검찰의 구형과 동시에 판결이 있을 것으로 예측된다고 함.

3. 본인의 송환에 대하여는 이미 자비귀국증을 발급하여 하시든지 결심이 나는대로 송환할 수 있도록 준비를 하고 있음을 아울러 보고합니다. 끝.

26. 외무부 공문(착신전보)

대한민국 외무부
번호 JAW-08572
일시 191134
수신시간 1966.8.19. 15:06
발신 주일대사
수신 외무부장관

대: JAW-07688

유호열건:

1. 고베 영사 보고에 의하면 8.18 예정대로 유호열에 대한 공판이 있었으며, 10개월 징역을 구형받았음.

2. 변호인은 집행유예를 요구했고, 피고도 입국목적이 취학이였다 하여 관대한 처분을 요구하였음.

3. 이에 대한 언도는 8.30. 있을 예정임. (주일정-외아북)

27. 외무부 공문(정세보고처리전)

외무부

일시 1966.9.12.

발신 주코오베영사

SOURCE 주코영175

1. 유호열(密入国者)公判(第一審)에서 징역8개월, 집행유예 2年의 言渡
2. 被告의 辯護人이 控訴申立으로, 本国送還은 一時保留
3. 出入国管理局은 "유"를 大村收容所에 護送(이어 强制退去決定)
4. "유"의 実兄(朝總聯幹部)이 北送을 권유하고 있다는 情報를 出入国관리소장으로부터 接受
5. "유"의 北送을 저지하기 위하여 관계당국과 절충中
6. "유"의 送還書류의 希望蘭에는 大韓民国으로 記載되있다함.
7. 大村에선 "유"의 希望에 따라 北韓으로 갈 수 있다 함
8. 控訴審과 上告를 爲하여 大村에 相当期間 收容될것임

28. 주코오베대한민국영사관 공문

주코오 베대한민국 영사관

번호 주코영175

일시 1966.9.5.
발신 주코오베영사
수신 외무부 장관
참조 아주국장, 정보문화국장
제목 "유호열"의 결심 언도 보도

연: 주코영 142. (1966. 8. 19)

1. 연호로 보고한 "유호열"의 결심은 예정대로 8.30 상오 10시 15분부터 10시 25분까지 코오베 지방재판소 별관에서 제2회 공판시의 재판관 및 검찰관이 참석하에 행하여졌음.

2. 재판관으로부터 징역 8개월, 집행유여[28] 2년의 언도가 있었음.

3. 이에 대하여 피고의 변호인이 공소 신립을 하였음.

4. 이로서 제1심은 완료되었으나 본인이 공소 신립을 취하하지 않는 한 재판이 아직 계속되고 있으므로 제1심 언도가 확정되는 즉시 본국으로 송환하기로 준비하였던 것은 일단 보류되었음.

5. 출입국관리국으로서는 이미 강제태거[29]의 결정이 되었으므로 "유호열"을 9.2. 하오 9.47분 급행으로 오오무라 수용소에 호송하였음.

6. 9.3. 효고현경찰본부, 외사과장으로부터 연락에 의하면 "유호열"이 이북으로 갈려고 할지도 모른다는 말을 하였다고 함. 본인의 형이 조총련의 간부로 있으므로서인지 유호열을 오오무라에 호송하기 직전에 면회 대담할 때 이북으로 가도록 본인에게 권하고 있었다고 당시 출입국관리소장도 말하고 있음.

7. 유호열의 실형은 9.2. 작별한 후 동경 출입국관리국에 가서 유의 가방면을 신청하였으나 각하 당하였음.

8. 유호열 본인은 본직이 수차 만났을 때 종시일관 북한으로 가지 않겠다고 하였으나 실형이 이북으로 가기를 권하고 있는 것 같은 정보가 상기와 같이 있으므로 차지를 동경대사관에 전화로 연락하여 출입국관리국과 연락하여 이를 저지하도록 조치를 취할 것과 아울러 복강 총영사관에도 연락하여 직접 오오무라 수용소 당국자와 긴밀히 연락을 취하여 북한송환을 사전에 저지식히도록 조

28) 유예
29) 퇴거

치하였음.

9. 일방 코오베 출입국관리소장은 유의 송환서류 내용에 대한민국정부의 희망사항을 기록하여 오오무라 수용소에 보냈다고 함.

10. 오오무라에서는 본인의 거주지 선택의 자유라는 원측에 의하여 유가 만일 북한으로 가겠다는 의사를 표시하고 공소심을 자신이 취하하면 갈 수 있다고 하며 이와 같은 예가 과거에도 많이 있었다고 함.

11. 만일 유가 공소를 취하하지 않는 한 공소하였으므로, 아직 재판에 계속되어 었으므로[30] 오오무라 수용소에 수용되어 있을 것이며 공소심에서도 또 상고하게 되면 최고재판에까지 가게 되므로 수용소에서도 상당한 시일을 보낼 수 있을 것으로 예상됩니다.

12. 결심 전까지는 유호열이 북한으로 가겠다는 말은 일언반구도 없다가 결심이 나고 오오무라 수용소에 가게 되자 북한으로 가겠다는 말이 있다는 것은 일면으로는 공판 도중에 이런 의사 표시를 하면 본인의 사건이 신문보도에도 간첩과 유관한 것 같이 보도되었으므로 이 혐의를 더욱 짙게 할 가능성도 있으므로 이 혐의를 불식하기 위하여 북한으로는 가지 않겠다고 하였을 가능성도 였보이며 공소하게 된 것은 재판을 지연시키므로서 본인의 사건이 새인[31]의 주목으로부터 망각식히려는 소위 냉각기를 노리는 배려도 있는것으로 사료됩니다. 끝.

30. 외무부 공문(발신전보)

대한민국 외무부
번호 WJA-09244
일시 131605
발신 외무부 장관
수신 주일대사

연: WJA-07216

고오베 영사로부터의 보고에 의하면, 북괴로 밀항을 기도한 "유호열"의 북송

---

30) 있으므로
31) 세인

저지를 위하여 귀하는 최선의 노력을 경주하고 있는것으로 알고 있으나, 귀하는 주재국 정부와 긴밀한 접촉을 통하여 해인이 북송되는 일이 없도록 계속 노력하시고 수시 그 경위를 보고 바람. (외아북)

② 재일 한인 강제퇴거(송환) 1967

기능명칭: 재일 한인 강제퇴거 (송환) 1967

분류번호: 791.41, 1967

등록번호: 2447

생산과: 재외국민과/교민과/동북아주과

생산년도: 1967

필름번호: P-0005

파일번호: 08

프레임번호: 0001~0131

1. 외무부공문(착신전보)

대한민국 외무부
번호 JAW-02402
일시 221941
수신시간 1967.2.23. 11:20
발신 주일대사
수신 장관

밀항자 송환:

1. 금 22일 오후 외무성 동북아과 "히와다리" 사무관은 당 대사관에 제57차 밀항자 송환 계획을 다음과 같이 통보해오면서 관계서류를 송부해왔음.

가. 일측은 금차 피퇴거 강제자 송환은 3월 27일로 할 것을 예정하고 있다고 함.

나. 아측의 현지심사를 3월 초순 (7일) 까지는 완료해 줄 것을 희망해옴.

2. 당 대사관은 2월 말경에 "오무라" 수용소 현지 심사를 할 예정이오니 정부 방침을 조속히 말하여 주시기 바람.

3. 외무성으로부터 전달된 금차 송환계획의 피퇴거 강제자명부와 동조사표 및 해당자 사진은 명일 파우치편으로 송부 위계임. 일측 명부에 의하면 이번 해당자는 105 명임.

(주일정-외아교, 외아북)

2. 외무부공문(착신전보)

대한민국 외무부
번호 JAW-03041
일시 040920
수신시간 1967.3.4. 10:39
발신 주일대사
수신 장관

밀항자 송환: 연: 주일정 725-312 (66. 2. 23)

1. 금 3일 법무성 입관국 경비관에 피퇴거 강제자 조사표 및 사진 누락분을 조속 송부해 줄 것을 요청하였는 바 일측은 동조사표가 아직 미비되었다고 하고 현제[32] 정리되어 있는 것만이라고 조속 송부해 줄 것이라 함. 일측은 22일 송부된 명부에는 105명으로 되어 있으나 다소 (20명이내) 수가 늘 것 갔다고 함. 이들 추가 예정자는 현제 아직 사법 기관의 관장하에 있는 자들로서 퇴거 강제령은 받고 있으나 수용소에 넘어오지 않은 자들이며 따라서 조사표 등도 미비되고 있다 함. 그러나 일측은 이들도 금차 송환에 송환하기를 바라고 있다고 하고 이들에 대한 조사표등은 아측의 현지 조사시까지 (내주초)는 전달될 것이라고 하고 아측의 협력을 요청함.

2. 동성 경비과 "나까무라" 집행 계장은 안서기관과의 전화 연락 가운데서 일측으로서는 송환선의 경비 등을 고려하여 되도록이면 한번에 많은 자의 송환을 바라고 있는 것이라고 하고 금차 송환은 105명으로 다소 적어 현제 사법기관 관장하에 있으나 퇴거명령을 받은 자는 이번 송환에 같이 보내고저 한다 함.

3. 아측은 조사표등 관계서류의 송부가 너무 늦어면 처리가 어렵게 될 것이라고 하고 조속 송부를 강조함. (주일정-외아교, 외아북)

3. 외무부공문(착신전보)

대한민국 외무부

번호 FUW-0301

일시 151605

수신시간 1967.3.16. 11:09

발신 주후꾸오카 총영사

수신 외무장관(중앙정보부장)

참조: 아주국장. 정보국장. 사본: 주일대사

제목: 밀항자 보고

---

32) 현재

거류민단 대마도담당의 보고에 의하면 하기인은 가족 7명을 대동하고 가재를 실고 3월 12일 밤에 대마도에 밀항(밀항이유 생활고) 하였다가 13일 오전 7시 가족과 같이 체포되였음. 동단장이 하기인의 처와 동생 (남18)을 면회하였든 바 북한으로 가겠다는 말을 하였다 하며 하기인도 경찰의 말에 의하면 북한으로 가겠다고 하였다 함. 미성년자 및 유아를 가진 처를 제외한 하기인 정양순(모) 이면희(녀동생)은 일 경찰이 외부의 접촉을 불허하고 있음. 본건 설득과 정보수집에 노력 중이며, 계속 보고위계임.

성명: 이세영(세상세, 길영) 1934.8.22생

본적: 전북 진안군 성수면 신포리 100

주소: 전남 여수시 국동 11반

직업: 남원 전매소지서 차석 (가족진술)

(아북. 정보)

要措置

1. 내무부 및 전매청에 통보, 신분 및 밀항 경위 파악
2. 주 후꾸오까 총영사에 본건을 closely follow up 하도록 지시
3. 주일대사에 조속 송환토록 조치 지시

4. 외무부공문(발신전보)

번호 WJA-032□□

일시 16170□

발신 장관

수신 주일대사

참조: FUW-0301

1. 대호 주후쿠오카 총영사의 보고에 접하여 WFU-0308와 같이 지시하였음.

2. 이들 밀항자의 북송은 절대 불가하며, 조속히 본국으로 송환되어야 할 것인바, 특히 본건은 동인의 신분이 현직 공무원(확인 중)이며, 당초부터 북한행을 목적으로 밀항한 것으로 보이는 만큼, 만일 이들이 북송되는 일이 있다면 한일간에 중대한 문제가 야기될 가능성이 있음.

3. 귀하는 만약 일본이 북괴행의 중계지점으로 이용되는 결과가 되면 아측의

안전에 영향을 주는 것임을 특히 지적하고 본건이 복잡하여지기 전에 다른 밀항자의 경우와 같이 조속히 이들을 강제 송환하도록 교섭하는 동시 현지 총영사관의 활동을 뒷바침 하기 바람.
4. 이세영의 신분, 밀항 동기 등은 조사중이며, 본국 신문에도 본 건 밀항사건이 보도된 바 있음. (별도전문 참조)(아북)

5. 외무부공문(발신전보)

대한민국 외무부
번호 WFU-030□□
일시 16170□
발신 장관
수신 주후쿠오카 총영사
사본 주일대사

대: FUW-0301

1. 대호 이세영 및 동가족들의 밀항자는 절대로 북한으로 보내지는 일이 없이 (다른 밀항자의 경우와 같이) 조속 강제송환 되도록 하여야 할 것이므로 귀측영사관은 현지 일본 관계 당국의 가능한 한의 협조를 구하는 동시에 동인들의 거취 및 일관계당국의 처리상황을 면밀히 FOLLOW UP하고 그 상황을 수시 보고 바람.

2. 또한 귀지 조총련 등 좌익계열이 책동하는 일이 없도록 동 밀항자들과의 접촉을 봉쇄하고 본건이 표면화하지 않도록 조치하시기 바람.

3. 이세영의 신분과 밀항경위는 조사중이며, 주일대사에게 귀총영사관 활동에 대한 외교적 뒷바침을 하도록 지시하였음. (아북)

6. 외무부공문

번호 주후총 제360호

일시 1967.3.17.
발신 주후쿠오카 총영사
수신 외무부 장관
참조 아주국장, 정보국장
제목 밀항자에 관한 보고

연: FUW 0301 (1967년3월15일자)

연호로 보고한 바 있는 밀항자 이세영에 관하여 거류민단 대마도 단장의 보고에 의하면 현자[33]조총련 대표 5명이 현지 입관당국에게 밀항자 이세구[34]를 북송해달라는 요청을 하였다 함으로 이에 보고합니다. 현지 입관 당국은 좌익계열의 밀항자 면회를 거절하고 있다 하며 당관은 그간 동건을 신문 기자 등이 취재활동할 우려 등을 고려하여 주로 전기 민단단장을 통하여 정보를 수집하고 있으며 관원을 현지에 파견하는 것을 보류하고 있음을 참고로 보고합니다.

7. 외무부공문(발신전보)

대한민국 외무부
번호 WJA-032□□
일시 17110□
발신 장관
수신 주일대사

대: JAW-03280

대호 전문 취지 양해함. WFU-380은 암호 보존에 지장이 없도록 귀 대사관에서 REWRITE하여 전달바람. 금후 복강에 대한 지시는 가급적 영문전보로 할 것임. (아북)

33) 현지
34) 이세영

10. 외무부공문(착신전보)

대한민국 외무부
번호 JAW-03298
일시 171901
수신시간 1967.3.18 AM11:20
발신 주일대사
수신 장관, 중앙정보부장

연: JAW-03273(專賣局 職員 李世永및 家族 一行의 密航 企圖件)

1. 이상익 공사는 3.17. 오후 나가가와 입관국장을 방문하고 연호보고 밀항자를 조속 아측에 인계해줄 것을 요구함.

2. 이공사는 특히 (1) 북괴간첩. 형사법 또는 막연한 불만을 갖인 자들이 일본을 경유하여 이북으로 간다는 것은 국가안보상 방치할 수 없으며, (2) 이러한 사건으로 말미아마 일본에 가기만 하면 북괴로 갈 수 있다는 인상을 주어서는 양측에 곤란하며, (3) 일본은 북송 희망 밀항자를 북송선으로 북송케 한 사례가 있는 바 이는 북송 협정에도 없는 한국측에 불리한 처사이며, (4) 금번 기회에 북송 의사를 표시하는 밀항자는 한국정부에 인도한다는 원칙을 수입할 필요가 있음을 강조함.

3. 입관국장은 아측 입장을 이해하고 최선을 다하겠다 하였는 바 북송의사를 표시한 자가 한국에 송환되었을 시의 처벌 내용에 관심을 표시하였으며 (이에 대하여 이공사는 일측이 염려하는 가혹한 처벌은 없음을 설명함) 사회당 등 때문에 일측에 많은 곤난이 있음을 설명하고 금번 케이스에 관한 확약은 하지 않었음.

4. 지금까지 입수된 정보로는 조총련 "이즈하라" 위원장이 문제인을 3.17. 면회하였다 함. (주일정-외아북)

8. 외무부공문(착신전보)

대한민국 외무부

번호 JAW-0337□
일시 222006
수신시간 1967.3.23. 1:57
발신 주일대사
수신 장관

이세영 가족 밀항:

법무성 입관국 경비과장 "도요시마"는 금 22일 하오 늦게, 오정무 과장과의 접촉에서, 검찰에서 불기소 처분하였으며 아직 최종결정은 되지 않았으나, 내 3.27. 제57차 퇴거강제자 송환선 편을 이용하여 한국으로 송환하는 방향으로 처리하고저 한다고 말하였음. 그는 동인들을 "오오무라"까지 이송하면 눈에 띄일 가능성이 있기 때문에, "사세보"에 대기시켰다가 송환선 "쯔바끼" 마루가 동항구에 일단 기항하는 기회를 이용해서 승선시킬 방침이라고 말하였음 (주일정-외아북)

9. 외무부공문(착신전보)

대한민국 외무부
번호 JAW-03371
일시 222003
수신시간 1967.3.23. AM9:30
발신 주일대사
수신 장관

사본: 국무총리실
연: JAW-03339

1. 연호 제2항으로 보고한, 제57차 퇴거강제대상자 중 피합의된 자 7명에 관하여, 금 22일 법무성 입관국 "도요시마" 경비과장은, 월요일의 안공사 요청에 관하여 내부검토한 경과[35], 57차에 한해서 송환을 보류시켜 달라. 즉, 다음에는

35) 결과

꼭 인수하겠다,는 내용의 서한을 법무대신 앞으로 제출해주면 이번에 한해서 7명을 보류시키겠다고 알려왔음. 오정무 과장은 그러한 약속을 할 수 없다고 한 바, 일측은 법무대신 앞 서면으로는 57차 송환에서 보류해달라는 내용으로 족하나, 구두로는 다음 송환시에는 한국정부가 인수에 있어서 호의적으로(마에무끼니) 검토한다는 약속을 해달라고 타협안을 제시해 왔음.

2. 기히 보고한 바와 같이 평화조약이전 입국자로서 심한 범죄기록을 가진 자들에 대한 일본측의 입장이 매우 강경할 뿐만 아니라 현재 문제되고 있는 이세영 가족 집단 밀항사건에 관련된 제반사정을 고려하여 상기 제1항의 일본측안에 응함이 본건의 원만한 해결을 위하여 좋을 것으로 사료되거[36] 그 수탁을 건의함.

3. 이상과 아울러 제57차 송환대상자 처리(JAW-03254)에 과하여, 가능하면 내 23일 오전 중으로 회시바람. (당대사관은 금일 전기 7명을 포함한 57차 송환대상자 97명의 명단을 통보해 온 외무성 구술서를 접수한 바 있음. (아교, 아북)

10. 주후쿠오카 총영사관 공문

주후쿠오카 총영사관
번호 주후총373호
일시 1967.3.24.
발신 주후쿠오카 총영사
수신 외무부 장관

제목: 밀항자에 관한 보고
연: FUW 0301호 (1967.3.15)
연: 주후총 360호)1967.3.17)

연호로 보고한바 있는 밀항자 "이세영"에 관하여 그 후의 동태를 다음과 같이 보고합니다.

다음

36) 사료되어

1. "후쿠오카"입관 차장의 말에 의하면 "이세영"은 그간 불기소 처분되였다 하며 근간 "오오무라 수용소에 이감될 것이라 함.

2. "후쿠오카" 입관에서는 22일 동경 본청의 지시에 의하여 "이세영"에 관한 조서를 작성 동경에 보고하였다 하며 동 입관 차장은 자기 사견으로는 동인들이 3월 27일 "오오무라"에서 출항하는 제 57차 송환선으로 송환될 가능성이 있으며 만일 동 송환선으로 송환한다면 이에 관한 지시가 금명간 있을 것이라 함.

11. 외무부공문(착신전보)

대한민국 외무부
번호 JAW-03402
일시 231919
수신시간 1967.3.24. 0:37
발신 주일대사
수신 장관

제57차 퇴거 강제
당대사관은 금 23일 퇴거강제자 호송 목적으로 26명의 일본정부 직원에게 입국사증을 발급하였음. 법무성측에 의하면 해상보안청 직원 4,5명이 추가될 것이라 함.
법무성측은 지금까지는 호송인원의 사증을 받지 않아왔으나 한국영역에 들어간다는 점을 생각해서 이번부터는 사증을 받아 가기로 하였다고 말하였음. 일측은 그러나 종래와 같이 상륙은 하지 않을 것이라고 함. 26명의 내역은 아래와 같음.

가. 입국경비관 (IMMIGRATION CONTROL OFFICER) 15명
나. 법무사무관 (OFFICIAL, MIN. OF JUSTICE) 4명
다. 법무기관 (TECHNICAL OFFICIAL, MIN. OF JUSTICE) 4명
라. 법무성 고용원 (EMPLOYEE, MIN. OF JUSTICE) 1명
마. 의사 1명
바. 간호부 1명

합계 26명. 원본: 교민과
(주일정-외아교, 외아북)

12. 외무부공문(착신전보)

대한민국 외무부
번호 JAW-03415
일시 251519
수신시간 1967.3.2. AM3:33
발신 주일대사(사본: 중앙정보부장)
수신 장관

이세영 가족 집단 밀항:
1. 금 25일 상오 11시경 법무성 입관국 "도요시마" 경비과장은 오정무 과장에게 일행을 내 27일 제57차 퇴거강제자 송환선 편으로 퇴거강제시키기로 방침을 결정하는데 이들을 "이즈하라"로부터 구주지방으로 호송해야 하는 관계로 혹시 풍랑이나 기타 예기치 않은 사정으로 송환선에 승선 못 시키기[37] 되는 일이 일어날런지도 모르겠으므로 이들을 실제로 송환선에 승선시킨 후에 당대사관에 대하여 퇴거강제를 확인해 주겠다고 알려왔음. "도요시마"는 그러나 27일 송환 예정에 변동 없으므로 한국측에서도 그렇게 알고 준비해주기 바란다고 말하였음.
2. 금일 12:00 김정태 참사관이 외무성 기타 참사관과 면담한 기회에 상기 법무성측 연락에 관하여 논의한 바 기타는 법무성이 27일에 송환할 방침임을 확인하였음. 아측은 풍랑이나 기타 사유를 핑계로 27일의 송환을 연기시키는 일이 결코 있어서는 안 될 것임을 강조한 바 일측은 그런 일은 없을 것이라는 견해를 표명하였음. (주일정-외아북)

예고: 일반문서로 재분류 (67.12.31)

---

37) 시키게

13. 외무부공문(착신전보)

대한민국 외무부
번호 JAW-03448
일시 271051
수신시간 1967.3.27. 14:32
발신 주일대사
수신 장관
(①內務部, 情報部에 □□通報할 것, ②對外發表되지않도록 主意 줄 것)

이세영 밀항:

1. 법무성 "도요시마" 입관 경비과장은 금 27일 아침 오정무과장에게 이세영 및 그 가족 8명을 현재 "쯔바기마루" (제57차 퇴거 강제자 송환선으로서 현재 오무라에 정박 중) 승선시켰음을 확인하였음.

2. 입관측에 의하면 8명은 작 26일 아침 "이즈하라" 출발, 오후에 오무라 도착, 수용소에 수용되지 않고 바로 전기 "쯔바기 마루"에 승선하도록 조치하였다 함. 오무라 수용소 주변에는 김동희 송환을 감시하기 위하여 조총련계 약 150명이 금일 집결할 것이라는 정보도 있고 해서, 직접 승선시킨 것으로 설명됨.

3. "쯔바기 마루"는 57차 송환자 전원을 실코 금일 하오 4:30 오무라 출발, 명 28일 오전 7시경 부산에 입항할 예정으로 있다함.

4. "도요시마" 경비과장은 지금까지 한국측에 제시한 57차 퇴거명부에 8명 기재되지 않았으나 다른 송환자와 같이 8명의 명단을 명부에 추가시킬 것이라 하며 한국측에서도 이에 따라 처리해 달라고 말하였음. "도요시마"는 (가) 본인들은 생활고로 일본으로 밀항하였으나 일본 당국에 체포되었으며, 다시 한국으로 가기로 했다고 말 있어, 입관 당국으로서는 한국으로 가겠다는 의사를 확인하였으며, (나) 따라서 일본측으로서는 대외적으로 이들이 북한으로 갈 의사는 없었다는 입장을 유지할 것이며, (다) 일본 당국의 이들에 대한 처분에 관하여는 보통의 경우와 같이 형사처분을 하게 되면 장기간 수용시켜야 하는데 일행 중에는 어린애도 있고 해서 보통 경우처럼 형사처분함이 가혹하다고 생각하여 결국 형사처분을 생략하여 (기소유예) 지난 25일 해상 보안청에 퇴거를 위한 선편을 의뢰하고 결국 27일의 57차 송환선 편을 이용하기로 낙착된 것으로 하겠다는

견해를 전달해왔음.

5. 당 대사관으로서는 본건에 관하여 계속, 대외 발표하지 않고 또한 특별한 논평도 하지 않기로 하겠음. (주일정-아북, 아교)

14. 외무부공문(착신전보)

대한민국 외무부
번호 JAW-03467
일시 271809
수신시간 1967.3.27. 21:40
발신 주일대사
수신 외무장관

이세영 밀항

1. 법무성 입관국 경비과에 의하면, 이세영 가족 일행을 태운 "쯔바기마루"는 예정보다 빨리 하오 1345시 오무라 출항하였으며 "사세보"에 일단 기항, 검역 등 항해수속을 마치고 하오 7시경 "사세보" 출항 예정이며 부산 도착은 예정대로 명 28일 상오 7시경이라 함.
2. 출항시간이 앞당겨진 이유에 대하여는 자세히 알 수 없으나 조총련 등에서 현지에서 소동이 있어서 그랬을른지도 모르겠다고 법무성측은 말하고 있음.
3. 본건 송환에 관련하여 현재로서 이상 없다 함.
4. 일본측에서 발표한 것 없다 함. (아북. 아교)

15. 주일대사관공문

주일대사관
번호 주일정725-637
일시 1967.3.23.
발신 주일대사

수신 외무장관
제목 이세영 및 동 가족 집단 밀항 사건

1967.3.13. 일본 대마도에 불법 상륙한 이세영 및 동 가족에 관한 일본 경찰 정보를 별첨과 같이 송부합니다. 별첨은 일본 경찰로부터 입수된 것이므로, 대외적으로 발표되지 않도록 해주시고 기타 취급에 있어서도 주의해주시기 바랍니다.

첨부: 이세영 밀항 사건 (일본 경찰 정보) 1부. 끝

1967.3.
李世永 密航事件

1. 被疑者の人定事項
本籍 韓國全羅北道鎮安郡聖寿面竜浦里 100
住所 全羅南道麗水市菊洞11
南原専賣公社 長水支所

	李世永	昭 9.8.20
母	鄭良順	大 3.5.17
妹	李蓮姫	昭 20.10.17
弟	李寛永	昭 23.10.28
妻	林瑞雲	昭 16.9.16
長女	李真善	昭 38.6.18
二女	李真淑	昭 40.1.1
長男	李京□	昭 43.2.

2. 検挙の日時, 場所
昭和42年3月13日 午前1時45分
長崎県下県郡 美津島町大字尾崎
3月13日午前7時頃 上記居住の半農半漁 □□男 51才が 郵便局に行く途中 被疑者 李世永ら2人れに逢い「水を飲ませてくれ」と願まれたが、その言動などから密航者と直感し、密航監視哨員を通じて加志駐在所に連絡され、同所員が 現場に赴き、職質のうえ、出管令違反（密入国）容疑で緊急逮捕した。

李世永らの供述で他に６名の家族が密入国し、附近に潜伏していることが判明して捜索の結果、発見し緊急逮捕した

3. 密入国の狀況

昭和42. 3. 12. 22. 00頃 約 4.5トン位のエンジンボートで忠武港を出港し、13日 04. 30頃：対馬美津島町郷崎海岸に倒着、密入國したと供述している。

4. 供述概要

(1) 3月 13日 発見された直後、監視哨員に対して

「密航 自首書

一家族8名 政治的避難要求

身辺保護要求　　李世永」

と書いた紙片を手渡した。

(2) 現在までの供述　17才頃共産主義者となり南北統一運動を行っていたが永年にわたる韓国の腐敗政治と生活苦のため、韓国から逃げ出し、日本を経由して北鮮へ脱出するため密入國してきた。

共産主義者になったのは、国民学校5年のときの担任教諭黃仁九と亡父李鐘煥(戦前の共産党員)の感化をうけたためである。

3月15日の供述では次のとおり一部訂正してる。自分は共産党員でも何でもない、生活苦と専売庁の人事に対する反撥、日本に行けば何とかなるだらう。最悪の場合は北鮮に行くようにすればよいと考えて客船にきた。また日本で北鮮に行きたいと言えば簡単に行けと思、北鮮へ亡命したい…などと誇張に話もした。

5. 関係者の動向

(1) 李世永は拘留尋問に際し(3月14日)才判官から連絡先などはないかと聞かれたものに対し、「対馬の総聯委員長に連絡してもらいたい」と要求し才判官はこれを了承した。

これにもとづき、3月15日12時10分才判所は「勾留通知書」を総聯対馬本部委員長金炳根宛に送達した。

(2) 3月14日17時30分頃、林端雲、李寬永ほか幼児3名を厳原署から入管厳原出

張所に引継いだ際、たまたま所用で同入管にきていた民団対馬本部団長金昌珉が来ており、「密航者」「北鮮帰国を希望」を知り再三にわたり面会し、北鮮帰国を断念、韓国に帰るよう説得した。これに対して、林端雲、李寛永は「韓国での生活は苦しく北鮮に行けば楽な生活ができると思っていた。」と語っていた。なお李世永は接見禁止で面会はできない。

(3) 民団対馬団長金昌珉は3月14日22.00頃福岡韓国総領事館金栄領事に密航および北鮮帰国の意思ある旨を報告している。これに対して金栄領事は「3月17日変側貿易船の調査のため厳原を訪問するので それまでの間、団長の責任において韓国への帰国を説得せよ」と拍□している。

6. 送致状況および身柄収容状況

昭和 42年3月3日	07.45	逮捕
昭和 42年3月14日	15.30	送致
昭和 42年3月14日 3月21日まで	句留状発布	李世永. 鄭良順 李蓮姫
李世永. 鄭良順		厳原
李蓮姫	厳原 句置所(刊ム所)	
他5名	厳原 入管	

に収容中

16. 외무부 공문(착신전보)

대한민국 외무부

번호 JAW-03502

일시 291031

수신시간 1967.3.29. PM5:43

발신 주일대사

수신 장관

대: WJA -03345. 연: JAW -03434 (제57차 퇴거강제)

1. 대호 제3항, 3번 및 4번에 관하여는, 이들 형제는 평화조약 이전에 입국한 것으로 주장하고 일본입관 당국은 그 이후라고 주장하여 당대사관으로서 아직

결론 못 내리고 있으며 또한 3번은 그 배우자가 영주권 자격자이며(입관 당국은 현재 사실상 헤어졌다고 주장) 56번 및 73번은 주일정 725-312 (67.2.23)동문으로 송부한 법무성 작성의 “피퇴거자 조사표”에 나타나 있는 바와 같이 평화조약 이전 입국자임. (피퇴거강제 명부에 기재된 위반 년월일이 입국 년월일과 반드시 일치하지 않음)

2. 이상의 사정을 고려하여, 문제의 9명 전원을 일단 보류시키도록 법무성측과 최종 교섭하기로 하여 지난 24일 안광호 공사는 하오 2시 30분 “나까가와” 입관국장을 방문, 주일정 725-658 (67.3.27) 공문으로 송부한 바와 같은 본직의 사안을 수교하고 한국정부의 관계당국내에서 본건에 관한 견해 조정이 끝나지 않았으며 따라서 일본측이 요구한 바와 같은 구두 약속을 할 수 없는 입장임을 밝히고 대사관에서 본건에 관하여 계속 검토하고 그 결과에 따라 본국정부에 필요하면 건의할 용의 있다는 견해를 표명하면서 9명 전원의 보류를 요청하였음. 나까가와국장은 처음에는 극히 난처하다는 입장을 표명하였으나 결국 퇴거강제자는 한일간의 합의에 따라 행하는 것은 아니지만 이번에는 특별 케이스로 취급하여 보류에 응하겠으나 한국정부가 이를 장차 선례로 삼지 말기 바란다는 견해를 표명하면서, 9명 보류에 동의하였음.

(아교, 아북)

예고: 재분류 (67.12.31)

17. 외무부 공문(착신전보)

대한민국 외무부

번호 JAW-07089

일시 077355

수신시간 1967.7.7. 16:05

발신 주일대사

수신 장관

대: WJA-07069

1. 1945.8.15부터 1948. 6. 23까지는 일반여행 (방문-상용 등)을 의한 출입국은

전혀 금지되어 있었음으로 재일한국인의 합법적인 본국일시 귀국은 할 수 없었음

2. 1948. 6. 23일자로 "G.H.Q.CIRCULAR"를 공포하여 일반 여행자의 출입국 관리사무를 연합군 총사령부에서 취급하게 되어 합법적인 출입국을 하게 되었으나 대한민국의 사절단 대표부 설치가 1949.1.30있었으므로 사절단을 통한 신청을 하지 못한 재일교포들은 사실상 49.1.30까지 합법적인 일시귀국을 할 수 없었음.

3. 출입국 허가 사무절차

1) 신청인이 자국 사절단을 통하여 재입국 허가 신청을 함.

2) 연합국 총사령부에서 허가되면 그 명단이 사절단 및 일본외무성 출입국 관리부에 통달됨. (단 일본 당국에 대한 통달은 참고용)

3) 허가를 받은자는 출입국망의 세관내에 파견된 "출입국감리관"의 검열을 받고 출국, 입국함 (주일영(1)외아교)

18. 외무부 공문(착신전보)

대한민국 외무부

번호 KOW-0603

일시 080813

수신시간 1967.8.9. 15:41

발신 주코오베영사

수신 외무부장관

제목: 밀항자 검거

대 WKO -0602

1. 대호에 의하여 6.7. 1500시 당지 해상 보안부 경호과장을 방문하고 밀항자들중 미성년 6명에 대해서는 조속히 석방을 요청한 바 현재 조사가 완료되지 않았으며 또한 밀항자들의 진술과 "제 22 공화호" 선원들의 진술은 전연 상반되고 있어 조사가 지연되고 있는 만큼 현단계로서는 석방이 어렵다고 함.

2. 조사가 끝나면 출입국 관리령 위반으로 재판의 결과를 기다리야[38] 하나 만부득이한 사정이 있으면 외교 찬넬을 통해 교섭해줄 것을 해상보안부에서 요망하고 있음.
3. 현재 "제 22 공화호"의 선장 및 선원 8명도 밀항 방조혐의로 구류 조사를 밟고 있음.
4. 선장 "신경백"은 밀항자가 잠복한 것을 당초부터 검거될 때까지 전연 몰랐다고 하고 있으나 밀항자들은 항행 도중 선실에서 선원들과 같이 식사도 하고 선원들과 지나고 있었다고 하므로 선원들의 밀항 방조의 구성 요건 성립 여부를 철저히 조사하기 위하여 일당국의 조사 시일이 지연되고 있는 것으로 사료됨.
5. 선원들은 전부 9명이 있으나 그중 "박명균" (갑판원)은 당지에 입항 후 탈선 도주하고 현재 수배 중에 있으나
6. 조수(백명관)[39]을 개별적으로 맞나 본인이 말한 바에 의하면 선원들은 밀항자가 승선하고 있었음을 알고 있었다고 하며 만일 검거되면 선원들이 전책임을 (박명관) 혼자 지도록 하기로 합의하고 밀항자들에게도 행행 중 그렇게 주기 시켰다고 밀항자들을 알선한 것은 단신도주한 (박명관)인 것 같다고 함.
8. 선원들 상호간에도 진술이 서로 상반되고 있어 현재로서는 구류기간을 연기하더라도 일치될 때까지 해상보안부는 조사할 계획으로 있으니 재판이 끝나기까지는 상당한 시일이 요할 것 같으므로 미성년 및 부여자들만이라도 조속히 송환하기 위하여는 밀항자 및 선원들의 진술을 일치시킬 필요가 있어 각자들을 개별적으로 만나게 해줄 것을 요청하고 9일 만나기로 하였음.
8. 현재 미성년자 6명 및 부녀자 3명 도합 9명은 의료시설이 좋은 "코오베 구치소"에 수용, 잔여 3명은 명 8일부터 수상경찰서에 구류하게 된다고 하나 전원 건강상태는 양호하다고 함.
9. 밀항자중 "홍복선" "고선행" "김명생"은 전전에 일본에 거주하다가 귀국하였으며 그후 2~3차나 밀항을 시도하여 작년도에 강제 송환된 자라고 하며 "홍복선"은 현재 임신 6개월의 몸이라고 함.
10. 밀항 동기는 아직 밀항자를 직접 대하지 못하였으므로 상세한 것은 모르겠으나 생활고보다는 친척을 찾어온 것이 많다고 함.
11. "제22 공화호"는 서울소재 "선린 (착할선, 이웃린) 통상" 소속이며 동선박

38) 기다려야
39) 하단 명단에는 조기수 박명관으로 기재되어 있음

승무원은 다음과 같음.

1. 성명: 신경백 (1908년 4월 15일생)
   직명: 선장
   주소: 완도군 청산면 완도리 1193
   선원수첩: 묵호 783
2. 성명: 문성윤 (1923. 5. 13. 생)
   직명: 기관장
   주소: 전남 여수시 동정 971
   선원수첩: 여수 2983
3. 성명: 박우봉
   직명: 갑판원
   주소: 삼천포시 대방리 282
   선원수첩: 부산 14289
4. 성명: 홍운화 (1933. 8. 21. 생)
   직명: 갑판원
   주소: 제주도 북제주시 한림읍 수원리 783
   선원수첩: 제주 661
5. 성명: 박명균 (1922. 6. 15. 생)
   직명: 갑판원
   주소: 장흥군 안양면 사천리 458
   선원수첩: 여수 5164
6. 성명: 박명관 (1937. 1. 8. 생)
   직명: 조기수
   주소: 장흥군 안양면 수문리 225
   선원수첩: 21956 (부산)
7. 성명: 진석보 (1939. 3. 18. 생)
   직명: 갑판원
   주소: 제주도 북제주군 한경면 두모리 2744
   선원수첩: 제주 1146
8. 성명: 이완윤 (1902. 4. 30. 생)
   직명: 갑판원

주소: 전남 무안군 한좌면 소공리 609
선원수첩: 목포 401
(외아교,)

19. 외무부 공문(착신전보)

대한민국 외무부
번호 JAW-07339
일시 201855
수신시간 1967.7.20. 22:30
발신 주일대사
수신 장관

연 JAW-07331 원본: 교민과
58차 피퇴거 강제대상자 1□명에 대한 면접심사 결과를 다음과 같이 보고함.
1. 1952.4.28 이전 입국자:
4, 5, 6, 7, 10, 12, 13, 14, 17, 18, 19, 20, 22, 24, 25, 28, 53, 80, 86, 116, 120. 추가 1번 (이상 22명)이중 가) 10, 14, 116번은 배우자(내연)가 영주권 자격자이며, 나) 13, 17, 18, 19, 20, 24, 80번은 배우자(내연)가 일본인이며 다) 추가 1번 노재관은 장기간의 수용소 생활에 지쳐 조기 송환을 강하게 희망하고 있음.
2. 1952.4.28 이전 입국이라 주장하고 있는 자:
3. 68번(이상 2명) 3번은 51년 여름, 68번은 51.7 일본에 입국하였다고 하나 확증 없음. 3번은 2번인 형과 귀국하기를 희망하고 있음.
3. 1952.4.28 이후 입국자:
가) 배우자(내연관계 포함)가 영주권자격자인 경우: 1번, 11번, 48번, 54번, 74번(이상 5명)(이중 40번은 대학에 적을 두고 있음)
나). 배우자(내연관계 포함)가 일본인인 경우: 47, 49, 50, 71, 112번 이상 5명
다) 부 또는 모가 영주권 자격자 또는 특별 재류자:
23, 26 27, 29, 30, 43, 44, 75, 85, 93, 95, 97번 이상 12명 (75, 85, 93번은

학교에 재학중임) 이중 43번, 44번은 귀국을 희망함.
라) 미성년자: 8, 9번 이상 2명. 양인모다 귀국을 희망하고 있음.
마.) 문제되고 있는 자와 행동을 같이 해야 하는 자: 2번 (3번의 형) 15및 16번 (14번의 여식) 이상 3명. 2번은 귀국을 희망함.
바). 자비출국 희망자: 77번 (여식 78번, 124번 동반), 67번, 113번 계 5명
사. 상기 이외의 면접자들은 모다 송환을 희망하고 있음. 희망이유는 일본 재류가 불가능한 이상 조속 귀국하여 안정하기를 원하기 때문이라 함 (주일정-외아교, 외아북)

20. 외무부 공문(착신전보)

대한민국 외무부
번호 JAW-07425
일시 241340
수신시간 1967.7.24. 2:20
발신 주일대사
수신 장관

연: JAW -07333
대: WJA -07227
1. 연호전문으로 보고한 바와 같이 58차 퇴거강제자 심사 결과 다수의 전후입국자 (1952.4.28. 이전입국자)가 포함되어 있으며 그 중에는 57차 송환 교섭시 특별고려로서 송환을 보류시킨 자도 포함되었음. 또한 이들은 노재관(추가 1번)을 제외하고는 모두가 범죄경력을 가지고 있음.
2. 이미 수시보고 한바와 같이 일본당국은 전후입국자라 할지라도 입관령의 적용을 받으며 법상 성명이 있기는 하나 범죄경력을 가진 자는 도저히 재류허가를 부여할 수 없으므로 한국 정부가 그들의 인수를 거부함은 부당하다는 주장을 강하게 내세워 왔는 바 여사한 일본측의 주장과 입장에 관하여는 지난 6월 하순 당대사관 오정무과장이 본국출장시 외무부 관계 실무자들과의 협의에서 자세히 보고한 바 있으며 또한 금반 동경서 개최된 한일 법무사관 간의 법적지위 회담

에 있어서도 일측이 종래의 입장을 강력히 주장하여 왔음.
3. 종래 아국정부가 여사한 자들의 인수를 거부해 옴으로서 해당자가 수적되어 수용소에 계속적으로 그리고 무한정으로 수용되고 있는 형편이며 이상의 본건에 관한 결론을 지연시킬 수 없는 것으로 판단되며 아국정부가 이들의 인수를 계속 거부할 시에는 법적지위 문제에 관한 다른 부문에 있어서의 교섭내지 운영에 오히려 악영향을 미칠 우려도 있는 것으로 판단됨.
4. 따라서 금번의 법무사관회담을 통한 한일양측의 교섭경과를 감안하시와 58차 송환에 있어서는 범죄경력을 가진 전후입국자의 퇴거를 인정하도록 건의하며 일측에서 7.27.에 합동심사를 제안하고 있으므로 시급 방침을 회시바람. 또한 범죄의 종류와 내용에 따라 인수 여부를 결정한다는 것이 정부의 방침일 경우에는 그 기준도 상세히 지시바람.
5. 일측은 8.7. 송환선을 오무라에서 출발시킬 예정인 바(주일정720-1841 67.7.6자) 동배선일자의 가부를 시급회시바람. (주일정-외아교, 외아북)

21. 외무부 공문(착신전보)

대한민국 외무부
번호 JAW-07511
일시 271130
수신시간 1967.7.27. PM 2:47
발신 주일대사
수신 장관

대: JAW-07357 (58차 퇴거 강제)
1. 대호 지시에 따라 외무성 및 법무성측과 협의한 바 일측은 이미 용선계약을 체결하였기 때문에 8.7일 송환일자를 변경할 수 없다고 함. 특히 법무성측은 만약 8.7일 송환일자를 변경하게 되는 경우에는 선박회사측에 손해배상을 해야 하는 사례가 발생하며 이에 대한 책임을 일본측은 질 수 없다는 강경한 태도임.
2. 한편 일측은 한국측의 사정이 그러하다면 합동심사를 8.2일 연기한다는데는 응할 것이나 8.7일 송환을 위해서는 그날로서 송환자를 확정해야 되겠다는 입장

임. 일측은 만약 한국대사관이 합동심사결과를 본국 정부로부터 최종승인 받는 절차를 취해야 한다면 합동심사를 8.1일로 하고 여하한 일이 있드라도 8.2일에는 최종확인되도록 할 것을 주장하고 있음.

3. 이상에 관하여 당대사관 판단으로서는 송환일자를 8.7일 이후로 연기한다는 것이 사실상 곤란하며 따라서 8.2일 합동심사에서 송환자를 확정할 수 있도록 당대사관에 재량권을 전적으로 위임해 주시든지 불연이면 합동심사를 앞당겨 예컨데 8.1일에 실시하고 8.2일까지는 본국정부에서 최종 확인하는 방식으로 해 주시던지 할 것을 건의함.

시급 회시바람. (주일정- 외아교, 아북)

22. 주후쿠오카영사관 공문

주후쿠오카 총영사관
번호 주후총1225호
일시 1967.10.18.
발신 후쿠오카 총영사
수신 외무부 장관
제목 밀항자 "김동희"

연: 주후총 876호 603호

연호로 보고한바 있는 밀항자 "김동희"가 일법무대신을 상대로 한 퇴거강제령서 발부 처분 취소소송사건의 제 3회 구두 변론이 10월 12일 오전 10시부터 "후쿠오카" 지방재판소 (재판장. "히라다 가쓰마사")에서 개정되었음으로 그 내용을 다음과 같이 보고합니다.

다음

당일의 공판에는 종전과 같이 "김동희"는 출정하지 못하였으며 좌익계 50여명이 방청하였는 바, 원고측 대리인 "이사야마" 변호사는

가. 출입국 관리령 제53조에 의한 송환선(先)은 이미 결정되어 있는 것이 않인가

나. "김동희"는 수용소에서 부당한 차별대우를 받고있다(우편물 검열, 오락

관계, 격리수용, 면회인 제한 등)

다. 한국의 월남 파병의 합법성 여하

라. 법정에서 피고측은 정식 국호인 "조선 민주주의 인민공화국"을 북조선이라고 부르고 있으나 이를 정식 국호로 정정하라

마. "김동희"를 법정에 출정시켜라

등을 요청하였음 이에 대하여 피고측 "후쿠오카" 법무국 "사이또" 송무부장은

가. 출입국 관리령 53조에 의한 송환선은 미정이다

나. "김동희"는 수용소에서 차별대우를 받은 사실은 없다

다. 국호에 관하여는 국회등 답변에 있어서도 북조선이라 호칭하고 있으며 일정된 것임으로 취소할 수 없다

라. "김동희"를 출정시키면 경비상 좋치 않을뿐만 않이라 분쟁을 이르킬 뿐이다

라고 반론하였음. 이에 대하여 재판소측은 (재판이 진행되지 않음에 비추어)

가. 한국의 월남 파병문제에 관하여는 사전 준비 서류로서 서면으로 제출하라

나. 국호에 관하여는 원고측의 요청대로 "조선 민주주의 인민 공화국이라 부르기로 하고 조속 재판을 진행하는 것이 좋치 않을가 라는 의견이 있었으나 3자가 의견의 합치를 보지 못하고 11시 45분 폐정하였는 바 당일의 공판내용은 "후쿠오카"의 지방지인 "후쿠니찌" 신문만이 취급하였을 뿐 기타 보도기관에서는 이를 취급하지 않었으며 다음 공판은 1968.2.8일로 결정되었음

유첨: 관련 신문 기사.

23. 법무부 공문

법무부

번호 법무출845

일시 1967.11.9.

발신 법무부 장관

수신 외무부 장관
제목 제59차 피퇴거 강제자 송환

1. 외아교 725-23636 (67.10.27)에 대한 회신입니다.

2. 67.12.1 송환예정인 제59차 피퇴거 강제자 152명 중 52.4.28 이전에 입국한자에 대하여는 일본내에서의 범법사실로 인하여 송환요청한 것으로 사료되는 바, 이를 엄격히 심사하여 중요한 범법사실이 아닌 한 송환대상에서 제외하고, 지난 58차 송환 시 상당한 사유가 인정되어 송환이 보류되었던 자에 대하여도 계속 그 사유가 인정되는 경우에는 송환에서 제외하여 계속 일본내에서 체류할 수 있도록 조치를 강구하여 주시기 바랍니다.

가. 52.4.28 이전 입국자 명단.

(83) 구윤희 (93) 이현수 (119) 김정수 (128)서영호 (136) 하귀옥 이상 5명

나. 58차 송환 시 보류자 명단

(1) 곽근식 (2) 김수영 (3) 김병화 (4) 김용화 (5) 이복생 (6) 강중현 (7) 김성준 (8) 안영식 (9) 김연태 (10) 김진홍 (11) 이창규 (12) 박화자

이상 12명

끝.

24. 외무부 공문(발신전보)

대한민국 외무부
번호 WJA-11142
일시 151120
발신 장관
수신 주일대사

67.12.1. 송환예정인 제59차 일본 피퇴거 강제자 152명의 송환제의에 관하여 다음과 같이 지시함.

1. 93번 "이현수"는 45, 8, 15, 이전 입국자로서 협정 영주권 해당자이므로 한,일 협정상의 퇴거 강제 사유가 없는 이상 퇴거 강제되지 않도록 엄격히 심사

하기 바람.

2. 52, 4, 28, 이전 입국자인 83번, 119번, 128번, 136번의 4명은 범법 사실로 인하여 송환 요청된 것으로 사료되나, 이들도 1952.4.28 이전부터 계속 일본에서 거주하여 온 거주 경력이 있음에 감안하여 중범이 아닌 한 송환되지 않도록 노력하시기 바람.

3. 제58차 송환 시 1952. 4. 28. 이전 입국자 또는 배우자 및 부모가 영주권자라는 상당한 사유가 인정되어 송환에서 제외 또는 보류된 1번부터 12번 까지의 12명이 퇴거강제에서 계속 제외되도록 조치하시기 바람. (외아교.)

25. 법무부 공문

법무부
번호 법무출845
일시 1967.11.15.
발신 법무부장관
수신 수신처 참조
제목 강제 송환 인수 계획서 송부

1. 일본정부로부터 67.10.17 현재 일본 오무라(大村) 수용소에 수용되어 있는 한국인 밀항자 152명을 1967.12.1 강제 송환할 것을 제의하여 왔으므로 이들에 대한 인수절차와 인수후의 처리계획을 성안하여 별첨과 같이 송부하오니 의견이 있으면 67.11.25까지 통보하여 주시고 의견이 없으면 본 계획에 의거 인수하겠으니 양지하시기 바랍니다.

첨부: 가. 피퇴거 강제자 명단 각 1부
나. 밀항자 인수처리 계획 각 1부 끝.

수신처: 경제기획원. 내무부. 중앙정보부. 국방부. 재무부. 보사부. 외무부. 대한적십자사.

첨부-밀항자 인수 처리 계획

1967.12.1.
密航者引受處理計劃

1967年度 第3次

法務部

密航者引受處理計劃(案)

1. 目的
日本 大村收容所로부터 送還되어 오는 密航者引受에 있어 諸般業務의 圓滑한 協助를 期하며 迅速正確한 引受處理를 完了코저함.
2. 引受日時
1967年 12月 1日
3. 引受場所
釜山港
4. 引受豫定人員
152名
5. 細部計劃
가. 政府機關業務負擔
(1) 法務部
(가) 密航者引受處理計劃樹立
(나) 密航者送還引受書 對照 및 署名
(다) 公安檢事差出
(2) 保健社會部, 大韓赤十字社
(가) 檢疫
(나) 輸送 (引受場所 外國人收容所間)
(다) 給食 (外國人收容所 收容期間中)

(라) 寢具 및 其他 日用品 準備

(마) 密航送還者 歸鄕에 必要한 可能한 實用의 補助

(3) 財務部

(가) 携帶品 通關에 關한 事項

(4) 內務部

(가) 搜査에 所要되는 調査官 差出

(나) 外國人收容所의 收容準備

(다) 輸送 및 審査期間中의 警備

(5) 國防部

(가) 兵役義務者에 對한 審査官 差出

(6) 經濟企劃院

(가) 本引受計劃에 隨伴되는 所要豫算의 令達은 從來의 例에 依하여 迅速히 令達한다.

(7) 中央情報部 南部地區分室

(가) 送還者引受後處理에 關한 指揮

나. 實務者會議

(1) 會議範圍 政府機關派遣實務者

(2) 會議日時 引受1日前 (日字追後通報) 10:00

(3) 會議場所 釜山稅關會議室

(4) 會議主催 中央情報部南部地區分室

다. 派遣官旅費支出

(1) 本引受業務를 爲하여 實務者를 派遣하는 政府 各 機關은 所定旅費를 支給한다.

6. 引受 및 收容業務指針

가. 密航者에 對한 檢疫은 外港에서 實施한다.

나. 出入國管理公務員은 送還者의 名單 및 寫眞을 對照, 把握하여 人員을 引受하고 引受書에 署名한다.

다. 密航者 下船 卽時 所要 待期車輛便으로 外國人收容所에 收容한다.

라. 携帶品은 外國人收容所에서 調査官에 依하여 細密히 檢事한다.

마. 密航者가 携帶하는 物品의 通關은 本人이 使用하는 物品에 限한다.

바. 給食은 保健社會部 計劃에 依據하여 實施한다.

사. 密航者에 對한 審査는 別途計劃에 依한 審査委員會에서 樹立 遂行하며 同計劃에 依한 委員會構成 및 運營은 中央情報部南部地區分室에서 主管한다.

26. 외무부 공문(착신전보)

대한민국 외무부
번호 JAW-11274
일시 23□945
수신시간 1967.11.17. 11:13
발신 주일대사
수신 장관

제59차 퇴거강제심사 결과보고
연: 주일정 720-468(07.10.26)
연호로 보고한 제59차 대상자에 대한 오무라 수용소 현지심사를 지난 16일 실시하였는 바 당대사관 김정태 참사관, 주후꾸오까 총영사관 김영사가 담당하였음. 동 심사결과를 가지고서 금 21일 당대사관은 일본정부측과 합동심사를 실시하였는 바 아측에 오정무과장, 안윤기 2등서기관, 김세택 3등서기관이, 일측에 사까우에 법무성입관국 경비과장 도요다 경비과장보좌, 기타 외무성 및 법무성 관계 실무자들이 참석하였음. 합동심사는 외무성에서 상오 11시부터 3시간 계속되었음. 동심사결과는 아래와 같음.
1. 연호 공한으로 보고한 퇴거자 명부 중 아래의 22명이, 자비 귀국, 가석방, 형사 처분 미결로 인한 송환 보류 등 이유로 명부에서 삭제되었음.
가. 이미 자비 귀국한 자
6번(11. 17), 18번(11.17), 31(10.28), 32(10.28), 74(10.24), 81(11.8), 82(11.9), 95(10.31), 132(11.25), 143(11.7), 148(10.31), 151(11.5) 12명
나. 가방면된 자
10(재류허가전제로 10.27) 20(자비귀국전제로, 10.26) 104(재비[40]귀국전제로 11.7) 121(신병치료차10.25) 134(자비귀국전제로 11.8) 5명

다. 형사 처분 미결로 일본측에서 보류한 자
60, 62, 77, 98, 130 5명
2. 전기명부에는 없으나 61번 원춘자가 오무라 수용 중 여아를 출산하였기 때문에 동여아를 모친과 함께 송환하기로 하여 심사대상에 아래와 같이 추가하였음.
153번, 성명: 전(밭전) 이쁜, 성별, 여
1967. 9. 15경 본적지: 제주도 제주시 동명리 1417(동인은 상기 제1항 다. 에서 형사처분 미결로 보류된 60번 전상진을 부친으로 함)
3. 이상 제1및 2항에 비추어, 합동심사대상자는 합계 131명인바 그 결과는 아래과 같음.
가. 양측간에 보류하기로 합의된 자.
2, 3, 4, 5, □, 105, 114, 115, 116, 117, 119, 147, 150(이상 13명)
나. 심사결과 특기사항이 있어 아측이 보류를 교섭하였으나 일측이 송환을 강력히 주장하고 또한 해당자들의 귀국희망 등 사정을 고려하여 송환을 일단 결정한 자 및 관련 사유는 다음과 같음.
1) 1번: 본인이 귀국을 희망함, 본인은 종전부터 계속 거주했다 하나 일본입관당국의 조사에 의하면 1945년 8월 양친과 함께 한국으로 귀환하였다가 동년 9월 일본에 밀항, 북구주, 신호, 대판 등지를 전전하였으며 일본에 거주하고 있는 친형도 동인의 임시귀국 사실을 시인하였다고 주장하면서 전후 입국자라 하도라도 범죄 경력으로 보아 일본내 재류를 허용할 수 없다는 것이 일본측 주장임. 동인은 그간 그의 친형이 재류경력에 관하여 위증하였다는 이유로 퇴거 명령 취소를 위한 행정 소송을 제기하였는바 지난 10.14일자로 복강 지방재판소에 의하여 소송이유 없다는 이유로 각하된바 있음. 동인은, 오무라 수송소[41]측에 의하면, 수용소 내에서 이번 송환대상자, 101번 김영자와 친하게 되어 귀국 후 결혼하자는 언약을 한 듯하다 함.
2) 5번: 처자가 영주권자인데, 일본측은 동인이 밀항상습자이고 또한 밀항방조를 전문으로 하고 있다는 이유로 재류를 허용할 수 없으며 일단 송환된 후 정식 여권을 소지하고 입국 신청하면, 그때에 입국 허가를 고려할 수 있다고 주장함.
3) 7번: 본인이 귀국을 희망함.
4) 8번: 일본측은 재류허가를 줄 수 없다고 주장함.

40) 자비
41) 수용소

5). 11번: 본인이 귀국을 희망함. 오무라 수용소측에 의하면 본인은 퇴거대상자 12번 이화자와 수용소 내에서 친하게 되어 귀국 후 결혼하자는 언약을 한 듯하다 함.

6) 12번: 본인이 귀국을 희망함. 수용소 측에 의하면 좌익계 변호사가 북송을 위하여 활략(부친의 요청인 듯함) 하고 있다 함.

7). 48번: 최근에 한국여자와 결관[42]한바, 일본측은 동인이 귀국준비 빙자로 가석방을 받은 후 고의로 결혼하여 퇴거를 당하지 않을려고 시도한 것이 확실한게 일단 귀국 후 정식 여권을 소지하고 입국 신청하면 그 때에 고려하겠으나 현상태로 하여 재류를 허가할 수는 도저히 없다고 주장함. 혼인 관계는 16일 현지심사 시 본인이 처음으로 진술한 것인 바 사실관계가 아직 확인되지 아니하였음.

8) 65번: 위와 같음.

9). 126번: 평화조약 이전 입국자이나 범죄경력으로 보아 도저히 재류허가 할 수 없다는 것이 일본측 주장임.

10). 136번: 위와 같음.

11). 145번: 미성년이지만 범죄가 많았고 부친이 있으나(특별재류자격자) 보호할 의사가 없음으로 재류 허용할 수 없다 (이상 11명)

다. 이상 가. 및 다. 이외의 자에 관하여는 아래 2명을 제외하고 특기사항 없는 바, 이들의 송환은 특별히 문제시되지 아니함.

1) 93번: 영주권 자격자이나 16일 현지심사에서 귀국하겠다는 의사를 확인하였음. 영주권을 포기하고 귀국하는 이유는, 일본에서는 더 이상 장래를 바라볼 수 없고 한국에서 재출발하겠다는 것임. 당대사관으로서는 본인이 귀국을 희망한 이상 귀국시킬 수 박에 없다고 사료되나 이번 송환선편에 송환하는 경우 영주권자가 영주권을 포기하고 귀국하였다는 점을 들어 일부 불순세력이 악선전에 이용할 우려도 있음으로 자비귀국형식 등 적절한 방법으로 별도 송환함이 좋다고 사료되어 이를 건의함. (금일 합동 심사에서 일본측은, 신원을 대사관측이 보증하는 한 자비 귀국 형식으로 별도 송환하는 데는 이의없다 함. 단, 동인이 귀국경비를 자비부담 할 능력은 없음)

2) 120번: 본인이 노동 중 팔을 부상당하여 팔을 절단 당함으로서 현재 노동재해 보험금 지급을 신청 중인바, 이 점에 관한 본인의 권리 행사가 송환으로

42) 결혼

인하여 영향받지 않으면 이번 기회에 송환해도 좋다고 사료됨. 금 21일 합동 심사에서 일본측은 아측 입장을 이해하고, 권리 행사에 영향 유무를 아측에 회답하기로 하였음.
4. 참고사항: 16일 오무라 현지 심사 과정에서 송환대상자 23번 이수성이 조선대학 재학 중임을 확인하였음.
5. 이상 심사 결과에 비추어 제5 항 가. 보류 확정자 13명을 제외한 118명을 인수할 것을 건의하오니 조속 회시바라며, 또한 영주권 자격자 93번의 취급에 관하여도 조속 회시바람. (아교, 아북)

27. 외무부 공문(착신전보)

대한미국 외무부
번호 JAW-11307
일시 241450
수신시간 1967.11.24. 13:27
발신 주일대사
수신 장관

연: JAW-11274
제59차 퇴거 강제
1. 연호로 보고한 퇴거 강제 대상자 118명 (참조 연호 제5항) 인수에 관하여 조속 확인해 주시기 바람.
2. 일본측이 12.1일 송환 실시에 사용하는 선박명은 "쯔바끼 마루" (525,63톤) 이며 동 선박은 12.2 부산에 입항 예정임. (주일정-외아교, 외ㅇ아북)

28. 외무부 공문(발신전보)

대한민국 외무부
번호 WJA-11261

일시 251440
발신 장관
수신 주일대사

대. JAW -11274, 11307.

第59차 퇴거 강제자 송환에 관하여,

1. 93번 이현수는 협정 영주권자로서 본인의 귀국 희망여부와는 관계없이, 그의 범죄 기록(범력표)에 비추어보아, 처음부터 퇴거 강제 범주에 들 수 없는 자로 추정되는데, 어떠한 경위로 오오무라 수용소에 수용되고 동 퇴거강제 대상자로 취급되어 왔는지 상세히 조사보고 바람. 본인 의사에 따른 귀국이라면, 일반 재일한인이 귀국하는 경우의 절차와 동일해야 할 것임.

2. 145번 주외용은 미성년자로서 그의 부친이 보호할 의사가 없다고 하여 퇴거 시킨다는 일측의 주장이라고 하나, 본국에도 연고자가 없을뿐더러 원측적으로 친권자인 부가 보호할 책임이 있을 것인 바 지난 8월 확인된 실무자 간의 양해 사항정신에 비추어 퇴거강제되지 않도록 조치하시기 바람. 끝 (외아교)

1. 145番 朱外用: 未成年者로서 扶養의 責任은 現在 日本에서 特別在留資格으로 殘留하고 있는 그의 父以外에는 없고 本國에는 本 未成年者는 保護 할 者가 無

2. 93番 李玄水 ㉮ 永住權資格者가 收容所에 있는 理由?
㉯ 旅費?

29. 외무부 공문(착신전보)

대한민국 외무부
번호 JAW-11348
일시 280905
수신시간 1967.11.28. 14:26
발신 주일대사
수신 장관

대: WJA -11251
제59차 퇴거 강제:
1. 93번 이현수에 관하여 대호 지시에 따라 사실 관계 및 당대사관 의견을 아래와 같이 보고함.
가. 법무성측의 설명으로는, 퇴거 강제 사유와 근거는 1967. 7. 15일자로 외국인등록법 위반에 의거한 징역 2개월형이 확정되고 또한 1965.9.11일 이후 불법체류함으로서 (동인이 제기한 연장 신청을 하지 않았다 함) 일본 출입국 관리령 제24조 제4호 (해) 및 (호)에 각각 해당하게 되어 퇴거 명령을 발급한 것이며 본인이 영주권 신청의사가 없음이 확인되었기 때문에 퇴거절차를 밟은 것이라 함. 오무라 수용소에는 8.10일자로 수용되었음. 동인의 위반 사실에 관하여는 주일정 720-5040 (10. 23일자) 공문으로 보고한 "피퇴거 강제자 조사표"를 참고바람.
나. 당대사관으로서는 동인이 협정 영주권 자격자라는 점에서 심사를 신중히 하고 영주권 신청 여부에 관한 의사를 확인하였으며 그 결과 동인이 영주권 취득의 의사가 없는 것으로 판단 내렸는 바, 한편 일본 당국으로서는 한일 법적 지위협정합의 의사록 제3조에 관한 규정 제4항에 의하여, 비록 동인이 입국 관리령 상의 퇴거 강제 사유에 해당되지만 영주권 자격자라는 점에 비추어 일본 재류에 관한 의사를 확인한 결과 영주권 신청의사 없음이 판명되어 이상과 같은 퇴거 절차를 밟게 된 것으로 사료됨. 만약 동인이 영주권을 가진 자라면 협정상의 퇴거 강제 사유에 해당하지 않는 한 퇴거 당하지 않겠지만 전술과 같이 동인이 아직 영주권을 취득하지 않하였고 또한 취득할 의사가 없음에 비추어 입국 관리령 상의 퇴거는 부득이한 것으로 사료됨. 단, JAW -11274 제3항 다. (1)의 건의대로 함이 적당하다고 사료됨.
2. 금 17일 하오 4:30분부터 약 40분간 오정무과장은 법무성 입관국 사까우에 경비과장을 방문 대상자 중 특별문제에 있는 자에 관하여 다시 협의한 결과 (이들에 대한 아측의 최종 입장은 지난 21일 합동 심사 시 아측이 보류하여 두었던 것임) 65번, 128번, 145번은 이번 송환에서 제외하기로 합의 하였으며, 1번 및 93번은 자비귀국 형식으로 귀국 시킨다는 전제 하에서 금번 송환으로부터 제외하기로 하였음. 따라서 이상 5명을 제외한 합계 113명이 제59차 송환 인원임. 한편 퇴거 대상자 중 가족이 특별히 문제된 5번, 및 48번의 퇴거에 관하여는 다음 두가지 점 (가) 전례로 삼지 아니한다 (나) 가족과의 동거를 위한 일본

입국 허가 신청이 있을 때 이들에 대한 허가가 부여되어야 한다는 점을 조건으로 하여 퇴거를 인정한다는 입장을 밝혔음. 이에 대하여 일본측은 특별한 논평은 없고 잘 알겠다는 태도를 보였음.

3. 전기 제2항, 금일 면담에서 보류시킨 65번, 128번, 145번에 관한 아측의 입장 설명 중 특기할 것은 다음과 같음.

65번: 혼인 관계 기타 가족관계가 아측 조사에 의하면 확실하고 정상적이라는 것.

128번: 범죄 경력이 있으나 과히 심한 것이 아니며 평화조약 이전 입국자임에 비추어 그 정도의 범죄경력에 대하여는 일본 당국이 관대하게 취급하여야 할 것, 또한 동인은 6.25동란에 교포의용군으로서 출전하였고 가와사끼 민단의 일도 최근에 맡고 있었다는 것.

145번: 미성년자인 동시에 친권자가 일본에 있다는 것.

4. 이상으로서 제59차 퇴거 문제를 확정지움이 좋을 것으로 사료되오니 12.1일자 실시에 관하여 시급 회시바람. (주일정 외아교)

30. 외무부 공문(착신전보)

대한민국 외무부
번호 JAW-11355
일시 281440
수신일시 1967.11.28. 15:22
발신 주일대사
수신 장관

제59차 퇴거 강제:

연 JAW-11348

1. 연호 제2항, 작 27일 법무성측과의 협의에서 송환 보류시킨 128번, 서영호는 금조 주요코하마 영사관 경유로 이번 송환선 편으로 귀국하도록 해줄 것을 진정해 왔으므로, 금일 당 대사관에 법무성측과 다시 협의하여, 동인을 59차편으로 송환하기로 결정하였음. 한편 그간 송환하기로 일단 정해 두었던 8번 안영

식을 송환 보류하기로 하였음. 따라서 이번 송환인원은 113명 총수에는 변동 없음.

2. JAW-11274 제3항 다 (2)에서 보고한 120번에 관하여는 법무성측에 조회하는 한편 주오사카 총영사관으로 하여금 현재 노동 감독서에 사실조회 및 확인을 시켰던 바 일본측으로부터 동인의 출국이 보상금 지급에 영향을 받지 않는다는 회답을 해왔으므로 동인을 송환키로 하였음. (동인에게 지급되는 노동재해 보험금은 동인의 사망 시까지 매년 4회에 나누어 연금으로서 지급되며 동인이 한국으로 갔을 때에는 일본은행을 통하여 불화로 동인에게 송금된다 함.

동인의 보험금 지급신청에 관하여는 아직 일본당국이 심사 중인데 결론은 시기적으로 보아 동인이 귀국한 후에 내려질 것 같음 (주일정-외아교, 외아북)

31. 기안

번호 외아교 725-

기안일자 67.11.29.

기안자 교민과 김정순

경유수신참조 수신처 참조

제목 제59차 일본 피퇴거 강제자 송환

1. 오는 12. 1. 송환 예정인 제59차 일본 피퇴거 강제 대상자 총 153명중 지난 21일 보류 키로 합의한 35명 (참조 JAW-11274)에 하기 5명을 추가 보류키로 양측이 합의하였으므로 금번 송환 대상자는 113명임이 되며 보류 사유는 아래와 같다고 함을 통보합니다.

하기

1번	곽근식	자비귀국 시키기로 하였음
8번	안영식	부모가 영주권 신청자임.
65번	김귀태	일본에서 아국 여자와 결혼
93번	이현수	자비 귀국 시키기로 하였음.
145번	주외용	미성년자인 동시에 친권자가 일본 거주

2. 금번 퇴거 강제 대상자중에는 128번 "서영호"가 포함되어 있는 바, 그는 평화조약 이전 입국자이므로 그간 송환 보류되어 온 바 있으나, 금번 59차 송환에 포함된 이유는 그가, 금번 송환 선편으로 귀국시켜 줄 것을 주 요꼬하마 영사에게 진정하였으므로 그의 희망을 양측이 받어드리기로 합의한 것임. 끝.
수신처 참조: 내무부 장관(참조: 치안국장), 법무부 장관, 중앙정보부장.

32. 기안

번호 외아교 725-
기안일자 67.11.28.
기안자 교민과 김정순
경유수신참조 수신처 참조
제목 일본 피퇴거 강제자의 탄원서 송부

1. 제59차 일본 피퇴거 강제자 "이필수"(명부 62번)는 주일대사에게 별첨 탄원서를 제출하고, 그는 과거 일본에 밀항하였을 때 북송을 희망하였다는 이유로 징역 4개월을 언도받은 바 있으며, 형기만료 후에도 생활의 방책이 없어 자녀 2명을 둔 채 일본에 재밀항한 자인 바, 금후 송환 귀국 후의 처벌 및 생계 문제 등에 관하여 우려됨으로 정부에서 관대히, 그리고 선도하여 줄 것을 탄원하여 왔으므로 동 탄원서 사본을 송부하오니, 참고하시기 바랍니다. 끝.
첨부: 탄원서 1통

수신처: 내무부장관(참조: 치안국장), 중앙정보부장.

33. 주일대사관 공문

주일대사관
번호 주일정720-3386
일시 1967.11.22.

발신 주일대사
수신 외무부 장관
참조 아주국장
제목 송환자 이필수의 탄원서 송부

1. 제59차 퇴거 강제자 명부 62번 이필수(1967.12.1 송환 예정)로부터 당관에 보내온 탄원서를 별첨과 같이 송부합니다.

2. 동 탄원서의 내용은, 동인이 과거 북송을 희망하였다가 번의하여 본국에 귀환한 후 받은 취급이 억울하다는 것인바, 동인의 금후 취급상 참고하시기 바랍니다.

유첨: 탄원서 사본 3통 끝.

유첨

歎願書

本籍 濟州道北郡舊左面終達里一〇五二番地
現住所 釜山市影島區大平洞二街三五番地
氏名 李苾秀
西紀 一,九二三年十月十日生

密入國을 하야 違反으로 處罰을 밧은 후 現在 收容所에, 잇습니다 日本에 密航한 動機을 엿줌과 同時, 趣意內容을 말하겟슴니다. 不肖小生은 以前에 日本에 居住하얏습니다. 外國人登錄證도 잇섯습니다 日本에는 一,九五六年 十一月 꺼지 居住하얏습니다. 祖國에 歸國前에는 同年同月꺼지 日本人□과 結婚하야 長女와 長男이엇습니다. 그 當時. 歸國할랴니 正式手續이 어려와서 歸國을 釜山으로 密航한 것입니다. 그 當時 歸國 動機는 事業에 失敗되자 家産은 圓滿치 못하야 不滿生活을 虛送하는 것이 夫婦間에는 愛情이 冷情하야지고 보니, 如何할 方針은 업고, 長女와 長男을 다리고 歸國한 것입니다.

歸國하야 約 九年間을 釜山에서 維持한 것입니다. 그間에는 長女을 爲하고 長男을 爲하고 全力에 努力하야 日常生活에 協力을 한 것입니다. 그러나 結局은

再次 事業에 失敗하야 財産도 업서지고 最後에는 生活維持도 못하고, 날마다 呻吟속에 苛酷한 生活보다도 飢餓한 生活을 보넨 것입니다 如何할 方針이 업서서 再次 日本으로 密入國 한 것입니다 그러나 密入國 하얏습니다만 違反으로 逮捕하야 裁判을 맛치고 入國管理廳으로 移送된 것입니다.

日本人妻에 通知한 結果, 精神病으로 入院한 것입니다 病院名과 病院住所는 京都市 左京區 岩倉町 岩倉病院에 一,九六〇年 五月에 入院한 것입니다. 密航年月은 父子三人이 一,九六五年 四月 八日에 密航한 것입니다. 그러나 日本 法務省에서는 居住權도 아니주엇습니다 以前에 在留權이, 잇엇쓰나마 不法出入國者에는 在留權은 無效라고 主張하얏습니다. 日本人妻 森野節子는 精神病으로 病院生活을 하시고 그 外에는 信賴할 데 업고하야. 如何할 方針이 업섯습니다.

韓國으로 歸國하야도 財産도 업고 房도 一間을 貸與할 能力도 업고 再次 飢餓한 生活을 繼續하게 되오니 할 수 업시 北韓을 歸還할랴고 希望하야 父子三人은 決定한 것입니다. 그러나 大使館에서며 福岡 總領事館에서며 事實을 알라서, 저이들 父子三人間을 收容所에 訪問하여 온 것입니다. 內容은 北韓을 歸還하는 것을 取消하야 주라는 것입니다.

잘 生覺 하야 取消하야 주면, 저이들에 家庭的안[43] 事情도 알고 잇쓰며 就職이라든가 生活維持을 保護하도록 하겟다는 것입니다 그레서 父子三人은 深히 生覺하야 大使館에며 福岡領事館에 眞實로 陳情과 告白하고 呼訴을 한 것입니다. 呼訴한 結果 再次 大使館에서며 福岡領事館에서며 訪問하려 온 것입니다. 相面하야 要求한 것입니다 첫차는 刑罰 問題을 免除와 就職斡旋과 生活保護을 要求한 것입니다

그 要求에 依하야서는 그러면 再次 北韓을 希望 아니하겟다는 誓約을 하라 하는 것입니다 그레서 誓約을 한 結果, 저이들 要求는 約束하겟다는 것입니다. 要求한 바 갓치 刑罰免除하고 就職도 斡旋하고 生活保護꺼지, 約束하겟다고 하야 航空便으로 歸國꺼지. 식켜주어서 歸國한 것입니다. 父子는 歸國한 結果 約束함에도 不拘하고 罪名은 國家保安法 反共法 違反으로 拘束을 식킨 것입니다.

그레서 裁判長에 歎願書을 提出하고 判決言渡에는 執行猶豫로 出所을 한 것입니다. 그러나 너무도 抑憤하고 抑鬱하야 抗訴을 할랴고 한 것입니다. 抗訴할랴 하얏쓰나마 代書費가, 업서서 못한것입니다. 金錢이 잇다면 私選辯護士을 選定하야 正正堂堂 無罪을 主張할 것입니다. 이러한 盾矛과 非人道的이, 어데 잇

43) 인

겟습닛가 國家롭서 國民을 欺瞞할 수 잇습닛가 子息은 父母을 欺瞞하야도 父母는 子息을 欺瞞할 수 업는 것입니다 間諜도 自首을 하면 處罰을 免除하는 수가. 잇는데 北韓을 歸還할랴는 希望만, 한 뿐이고 結局은 取消을 하야 呼訴을 하고 歸國한 것이, 아닙가. 不肖小生은 思想도 업습니다. 但, 生活維持을 하기 爲하야 希望한 것뿐입니다.

社會가 認識하면 法律도 認識하지, 안습닛가 그러나 執行猶豫 判決에는 不服하고 抗訴도 못하얏습니다. 出所하야 生活維持는 못하고 就職도 업고 再次 飢餓한 生活은, 날마다 繼續되고 할 수 업시 信賴할 데는 업고 再次 日本을 密航할랴고 希望한 것입니다. 昨年 一月 十九日 大使館에서 航空便으로 歸國하야 處罰을 밧고 同年 六月 三十日에 出所하야 同年 八月 十六日에 密航 團束法 違反으로 하야 再次 矯導所에 拘束되여 裁判長에 歎願書 提出하고 執行猶豫 期間中이나마 結局은 懲役 四月을 實刑言渡을 밧고 昨年 十二月 十九日에 出所한 것입니다.

그러나 亦是 出所하야도 就職은 업고 生活維持는 못하고 再次 呻吟속에 날마다 苛酷한 生活을 虛送하니 悲觀과 悲慘속에 劣等感에, 이기지 못하고 견듸지 못하고, 할 도리가 업섯습니다. 그레서 再次 日本을 密航할 希望하야 今年 五月 十三日에 日本을 密入國한 것입니다.

그러나 上陸한 結果 密入國 違反으로 拘束되여 裁判을 絡決 하야. 收容所로 移送된 것입니다. 日本人 妻는 現在도 京都市 岩倉病院에 病院生活을 하고 面會도, 한번 못하고, 정말 凄凉합니다. 萬一, 無事이 倒着되엿쓰면, 첫자 病院에 妻을 相面하고, 大阪에 知人을 訪問하야 職場을 決定하야 勞力하고 生活維持을, 할랴고 한 것입니다.

今般은 長女와 長男을 두고 不肖小生만 密航을, 한 것입니다 成功하면 勞力하야 子女들에 生活費을 送할랴고꺼지 生覺한 것입니다. 그레서 再次 收容所에서 大使館에며 福岡 總領事館에며, 事實을 傳함과 同時 呼訴한 것입니다. 連絡한 結果, 깜작, 놀렛다고 한 內容을 傳하여오며, 정말 몰랏다고 합니다 今般 받은 全力에 最善을 다하야 歸國하야도 處罰을 免除하고 就職도 無□斡旋도록, 하겟다는 것입니다. 그레서 安心하고 劣等感을 이기고 견듸고 歸國날만 苦待하고 잇음에도 不拘하고 釜山에서 不肖小生 長女에서 片紙가 온 것입니다.

片紙에 內容은 檢察廳에서 檢事官이 出頭하라는 通知가 와서, 長女가 出頭한 結果, 너이 아버지 李苾秀는 今般 歸國하면 懲役 七게月을 服役하여야 한다고 한 것입니다 內容이 如何로 하야 懲役을 服役하게 될 事實을 問議한 結果, 檢事官이 말에 依하면, 國家保安法 反共法 罪로 執行猶豫 判決은 不服이라서 檢事官이 抗訴를 하얏다는 것입니다. 抗訴를 하야 通知을 하고 不出頭하기로 抗訴 裁判하야 判決한 結果 實刑 七月을 言渡하얏다는 것입니다. 本人 업시 裁判을 하고 萬一, 檢事官이 抗訴 하얏다면 不肖小生은 두 말할 것 업시 抗訴할 것이며 實은 代書金이 업서서 抗訴를 못하얏는데 檢事 側에 抗訴을 한 것은 全般 몰랏던 것입니다 抗訴 裁判은 終決할라면 約 四月程度 期日이면 끗나는 것입니다

通知을 하야도 不出頭 하얏다는 말에 對하야서 말슴을 올니겟습니다 昨年 六月 三十日에 出所하야 再次 四十五日만에 八月 十六日에 密航團束法未遂로 하야 拘束되여 懲役 四月을 服役하야 昨年 十二月 十九日에 出所함에도 不拘하고 警察署 側에서 不足이 아니겟습닛가. 警察 側에서 逮捕하야 拘束식키고 矯導所로 移送꺼지 하고, 四月間이란 期日을 矯導所에서 收容됨에도 不拘하고 檢事側에서는 通知하야도 不出頭하얏다 하야, 實刑 七月을 言渡하얏다는 것은, 너무나 正直치 안습니다.

萬一, 抗訴 裁判에 實刑判決을 알랏다면 最高 裁判所로 上告하야야, 할 것 아닙닛가.

너무나 憤慨합니다. 그레서 大使館에며 福岡 領事館에며 이러한 事實을 傳한 것입니다.

傳한 結果, 極情하는 心情은 잘 알고 잇다고 하면서 조곰도 極情말고 歸國날만 待望하라는 連絡이 왔습니다.

그러나 萬一, 或이멘 萬般 歸國 時 模樣으로 再次. 欺瞞 當하는 것이 아닌가. 安心을 못하고 愁心이 泰山이라 狂人만 될 것 갓흡니다. 釜山에는 可憐하고도 現在 父母업는 長女와 長男이 苦待하고 잇습니다 아버지라는 人間은 收容所 生活, 어머니는 精神病으로 病院生活을 하고 잇고, 정말 殘酷한 運命이, 어데 잇겟습닛가. 子息을 爲하고 自己을 爲하고 病妻을 爲하고 全力에 努力하야 當日當日 生活維持라도 하여야 할 것 아닙닛가. 요번에도 再次 犯行을 저지른 것도 國家에 責任이, 잇지 안겟습닛가. 國家롭서 約束함에도 不拘하고 欺瞞을, 아니하얏다면 就職에 執中이 勞力하야, 父子三人이 平和스러운 生活維持는 極情업고 再次 密航은 아니하여실 것입니다. 歸國하야 萬一 實刑 七月을 服役하게 되면, 長女와 長男은 信賴할 데도 업고, 저이들 父子三人은, 엇더케 되는 것입닛가

누구에 呼訴을 하며, 누구에 願望을 하여야 합닛가. 勿論 國家에 呼訴하는 것입니다. 各各 一通式 呼訴함과 同時, 大統領 閣下 및 金鍾泌 議長 法務 長官, 駐日大使官에 歎願書을 提出하는 것입니다. 今般 歸國하야서는 祖國을 爲하고 國民을 爲하고 如何한 協力을 할랴고 生覺하고 잇습니다.

不肖小生이 信頼을 하야주고 國家롭서 力成이 될 듯하면 治安當局과 如何한 協力을 다하겟습니다. 生活方針하기 爲하여서는 全力을 다하겟습니다 治安當局과 協力이란 것은 첫자 密航團束法에 對한 것입니다. 密航푸로-카 者들이라 할가, 欺瞞的인 行動을 하야 詐欺하는 者들이 만습니다. 그 外에도, 도음이 될 듯하면 全力에 努力 하겟습니다 貧困을 물리치기 爲하야 今般만은 살려주기을 바라는 바입니다. 저이들 父子三人 間에 依하야서는 家庭事情으로 할가, 社會的으로 批評을 하여서도 惘諒할 處地가 아니겟습니다.

再次, 이러한 宿命的인 犯行은 저지르지는 아니할 것입니다 過去을 淸山하기 爲하야 懺悔하고 反省하고 잇습니다. 如何을 莫論하고 歸國하면, 最善에 全力을 하야 前進할 希望을 가지고 잇습니다. 大使任 御寬大한 處罰을 바라는 바입니다

西紀一、九六七年十一月二日

右李苾秀

大使任 [ ]

34. 외무부 공문(착신전보)

대한민국 외무부

번호 JAW-12007

일시 011230

수신시간 1967.12.1. 15:12

발신인 주일대사

수신인 장관

59차 퇴거강제자

1. 금 1일 상오 법무성으로부터 당대사관에 긴급 연락해오기를 113명 중 퇴거

명부 23번 이수성 및 84번 박시문에 대하여 작 30일 2300 동경지방재판소가 퇴거 강제집행 정지 처분을 내렸기 때문에 금일 송환 인원은 111명으로 되었다고 함.
재판소가 정지처분을 결정하게 된 것은 이들이 조선 대학 재학 내지 여사한 자를 친척으로 가짐으로서 한국으로 송환되는 경우 박해를 받을 것임으로 퇴거시키지 말 것을 동경 지방 재판소에 행정소송하고 집행정지 신청한데 대하여 재판소가 이를 받아드려 우선 집행정지 결정한 것이라고 법무성측은 설명하였음.
소송대리인은 참의원 사회당 "이나바 세이이찌"의원 외 2명이라 함.
박시문은 조선대학에 다니지는 않았으나 이수성과 인척이 되고 또한 양인이 함께 일본 밀항해 왔다 함.
2. 상기 송환 정지에 관하여 법무성측은 그간 양인이 한국대사관측 심사를 순순히 받고 한국으로 갈 의사를 표시했음으로 그대로 송환할 생각이었으며 그간 일부측에서 그들을 북송시키라는 요청을 해왔었지만 이에 응하지 않고 있었는데 결국 법적으로 집행 못하게 결정되었음으로 부득이 송환정지 할 수밖에 없게 되었다고 설명하고 행정소송이 그렇게 빨리 끝나지도 않을 것이고 해서 이들을 오무라에 수용해둘 방침이라고 말하였음.
3. 외부에서 이들을 북송 시킬려고 시도하고 있다는 점에 관하여는 과반 당대사관이 오무라 현지 심사시에도 일측으로부터 들은 바 있었음.
4. 상세는 추후 조사되는대로 보고위계임.
(아교, 아북)

35. 기안

번호 외아교 725-
기안일자 67.12.2.
기안자 교민과 김정순
경유수신참조 수신처 참조
제목 제59차 일본 피퇴거 강제자 송환

1. 외아교 725-26545로 통보한 바 있는 제59차 일본 피퇴거 강제자 송환에

관한 사항입니다

2. 상기 공한으로 이미 통보한 금번 일본 피퇴거 강제 대상자 113명 중 23번 “이수성” 및 84번 “박시문” 양인은 지난 30일자 동경지방 재판소의 퇴거 강제 집행 정지 처분으로 인하여 우선 송환 대상에서 제외되었으므로, 제59차 일본 피퇴거 강제 대상자 총수는 111명이 되었다고 합니다.

3. 동경 지방 재판소의 피퇴거 강제 집행 정지 처분 경위는 “이수성”은 소위 조선대학에 재학하여 왔으며, “박시문”은 “이수성”의 인척으로서 양인이 한국으로 송환되는 경우 박해를 받을 염려가 있을 것이라고 하여, 제기한 피퇴거 강제 집행 정지 소송 신청을(소송 대리인은 일 사회당 참의원 “이나바 세이이찌” 외 2명) 동 재판소가 받아드리게 되었으므로, 우선 집행 정지 처분를 내린 것이라고 합니다.

4. 일 법무성에 의하면, 외부에서 이들 양인의 북송 신청을 해온 바 있으나 그들이 주일 대사관의 심사를 받고 한국으로 갈 의사를 표시하였으므로, 송환 예정이었다고 하며, 행정 소송이 속히 끝나지 않을 것이므로 미루어 이들을 앞으로도 계속 “오오무라” 수용소에 수용할 방침이라고 함을 첨기합니다.

끝

수신처: 내무부 장관 (참조: 치안국장), 법무부 장관, 중앙정보부장.

36. 기안

번호 외아교 725-

기안일자 67.12.28.

기안자 교민과 김정순

경유수신참조 수신처 참조

제목 자비귀국자 통보

1. 외아교 725-26545(67.11.23.)에 관련입니다.

2. 주일대사 보고에 의하면, 제59차 일본 피퇴거 강제자 송환대상에서 제외된 “이현수” (93번)는 일본 영주권을 취득치 않고 귀국하겠다는 의사에 변함이 없으므로 금일내에 자비 귀국토록 조치 예정이며 영주 귀국증명을 동인에게 발급

예정이라고 합니다.

끝

수신처: 내무부 장관 (참조: 치안국장), 법무부 장관, 중앙정보부장.

③ 재일 한인 강제퇴거(송환), 1968

기능명칭: 재일한인 강제퇴거(송환), 1968

분류번호: 791.41, 1968

등록번호: 2876

생산과: 재외국민과/교민과/동북아주과

생산년도: 1968

필름번호: Re-0037

파일번호: 04

프레임번호: 0001-0035

1. 외무부 공문(착신전보)

대한민국 외무부
번호 JAW-02257
일시 201842
수신시간 1968.2.21. 10:34
발신 주일대사
수신 장관

제60차 퇴거 강제 심사보고
연: 주일정 720-277, 주일정 720-443, 주일정 720-522
1. 현지심사
(가) 연호로 보고한 퇴거강제 대상자에 대한 오무라 수용소 현지 심사를 지난 16일 오후에 실시하였는 바, 오정무과장 및 후꾸오까 총영사관 김영사가 담당하였음.
(나) 동심사 기회를 이용하여 당대사관 안광호 공사는 오무라로 출장 16일에 수용소 시설, 수용자 실태, 심사장면 등 현황을 시찰하였으나 동일 □□시 수용소 소장 경비부장 기타수용소 간부들은 □□에 □□하였음.
(다) 현지 심사에서 특기할 사항은 다음과 같음.
(1) 명부 66번 "김규식"은 자아의 본명이 "전병록" (온전전, □□병, 기록할 록)이며 생년월일은 1931년 11월 26일임을 밝혔음으로 이에 따라 명부 기재사항을 정정함.
(2) 현지에서 12명의 추가 송환 요청이 있어, 이들을 심사하였음. (참고. 주일정 720-522), 금일 법무성 측에서 이들의 명부 및 퇴거 강제조사표를 추가로 제시해온바 이를 다음 파우치로 송부 위계이며, 명부 번호를 우선 다음과 같이 보고함. (괄호내는 주일정 720-522로 송부한 명부의 추가번호를 표시함)
123 황찬규 (추가 10)
133 김상규 (추가 6)
134 김기찬 (추가 8)
135 김정유 (추가 7)
136 김병기 (추가 2)

137 최태옥 (추가 1)
138 백명호 (추가 11)
139 김정선 (추가 9)
140 박동복 (추가 5)
141 방장수 (추가 4)
142 김억조 (추가 3)
143 서석경 (추가 12)

2. 합동심사

상기대상자 143명에 대한 한일 양측 합동심사 회의를 금 20일 상오 10:30부터 약 2시간 외무성에서 개최함 아측에 오정무과장, 안윤기 서기관 및 김세택 서기관, 일측에 법무성 "도요다" 경비과장 보좌 기타 외무성 및 법무성 관계관이 참석함. 심사 결과는 다음과 같음.

(1) 명부 143명 중 다음의 18명은 사법절차 미완료 자비출국 가방면, 특별 재류허가를 사유로 송환자 명부에서 삭제함.

(1) 사법절차 미완료 7번, 18번, 25번, 26번, 45. 106

(2) 자비출국: 74, 1/31 출국) 86 (2.7) 107 (1.25) 109 (1.31)

(3) 가방면: 124, 125, 126, 127, 128, 129, 130

(4) 특별재류 허가: 51 (추가 영주권자임) (이상 18명임)

(나) 상기삭제자 18명을 제외한 125명에 대한 심사결과, 다음 15명에 대하여 이번 소환을 보류하기로 양측간에 합의되었음.

1번, 2,3,4,5,8,10,13,14,15,16,62,86,87,102 (이상 15명)

(다) 기타 자 중. 특기할 자는 다음과 같음.

12번 및 32번(모자) 32번 "김인순"는 59차 현지 심사시 당대사관 관계관에게 12번 "김동항"이 일본인 "오오야마"의 소생이라는 진술을 하였음으로 사실관계 조사를 위하여 일단 송환을 보류시켰는바, 그반 심사기회에 일본인 "오오야마"는 실제로는 한국인 "전규택"이라는 자임을 법무성측에서 입증하였으므로 양인에 대한 재류허가를 요구할 특별한 사유가 없음에 비추어, 인수함이 가하다고 사료됨.

19번 : 미성년자로서 59차 송환시 보류조치하였으나 범죄사실을 이유로 일본측은 재류를 결코 허용할 수 없다고 하고 본인도 귀국의사를 표명하고 있음에 미루어 인수함이 가하다고 사료됨.

20번: 배우자가 일본인이라는 사실을 근거로 그간 일본측에서 재류허가 여부심사를 해옴으로써 59차 송환보류되었으나, 금반 일본측 결론은 동일본인 처를 배우자로 간주하지 않으며 재류허가를 부여할 수 없다고 주장함으로, 인수함이 가하다고 사료됨.

17번, 63번, 90번: "전후 입국자" 들이지만, 일본당국은 범죄기록에 비추어 재류를 결코 허용할 수 없다고 주장하고 있음에 비추어, 인수함이 가하다고 사료됨.

6번, 9번, 및 11번: 59차 송환시, 형사처분 미완료를 이유로 보류되었든 바 그간 완료되었음으로 이번에 인수함.

66번 (이름, 및 생년월일 정정한자): 배우자가 협정 영주권 자격이나, 현지 심사시 본인은 귀국을 희망하므로, 인수함이 가하도고[44] 사료됨.

3. 이상 심사결과에 비추어, 금일 심사에서 보류하기로 합의한 15명 (참조: 제2항 (나)를 제외한 나머지 110명을 60차 송환자로서 인수할 것을 건의함. 조속 회시바람 (아교, 아북)

2. 외무부 공문(착신전보)

대한민국 외무부

번호 JAW-02420

일시 291618

수신시간 1968.2.29. 16:44

발신 주일대사

수신 장관

연 JAW-0236□

60차 퇴거 강제:

금 29일 법무성 측의 연락에 의하면 송환자 명부 104번 (고강사)이 가방면 허가를 받았으므로 금번 송환자 명부에서 삭제된다 함으로 보고함.

따라서 송환 총인원은 106명이됨. (주일청-아교, 아북)

---

44) 가하다고

3. 외무부 공문(착신전보)

대한민국 외무부
번호 JAW-05159
일시 111029
수신시간 1968.5.11. 11:22
발신 주일대사
수신 장관

1. 10일 오후 요꼬하마 이국[45]관리 사무소 앞에서 한국으로부터 밀입국하여온 소년 (18세)을 둘러싸고 동사무소와 조련계 및 노조원이 대립하여 약 1시간에 걸쳐 도로상에서 논쟁하던 중 조련계가 소년을 차로 연행하여 사라졌다 함. 이에 대하여 가나가와현 경찰과 관계서에는 공무 집행 방해의 혐의로 수사를 개시하였다 함. 소년은 일본에 있는 부친을 찾아 65. 9월에 밀입국하여 왔으나 부친은 이미 한국에 송환된 후이기 때문에 연고자에게 거주하고 있었는데 지난 4월 16일 체포되어 그간 재판에 회부되었었다 함.

2. 10일 오후 4시경 요꼬하마 가정 재판에서 심판 불개시로 석방되었는데 여기에 방청한 가나가와 조련계 약 10명은 판결이 끝난 후 입관 관계자 2명이 동소년에 대해 신병구속하려할 때 이를 방해하였다 함. 이 때문에 소년의 변호사는 소년과 입관 관계자 2명을 차에 동승시켜 요꼬하마 입국관리 사무소로 가 동관리 사무소장의 면회를 요청하였다 함. 이에 대하여 소장은 강제수용명서를 집행한다고 하여 면회를 거부하고 동관리소 직원 10명이 소년을 차에서 내리려 하였기 때문에 혼란이 벌어지게 됨. 이 때문에 근방에 있던 요꼬하마 검수 노조원 약 20명이 소년을 응원을 오게 되고 논쟁을 하던 중 동일 오후 5시 반경 조련계 차로 소년을 연행하였다고 함.

3. 본건에 관하여는 현재 당관 및 요꼬하마 영사관에서 사건 진상을 조사중에 있음.

---

45) 입국

4. 외무부 공문(착신전보)

대한민국 외무부
번호 JAW-05170
일시 111309
수신시간 1968.5.11.
발신 주일대사
수신 장관

연: JAW-05159
유인권 사건:
연호 주 요꼬하마 영사관 김재은 영사가 금 11일 오전 요꼬하마 입관 소장 및 가나가와 현경 외사과장을 방문하여 조사한 사실은 다음과 같음.
1. 연호로 소년의 신원은 아래와 같음.
유인권 (버들유, 어질인, 권세권) 1949.10.8. 생
현 거주지: 가나가와현 가와사끼시 미나미가세(남녘남, 더할가, 여울뇌) 2562 (아라이방)
2. 유인권은 그의 부친을 찾아 밀입국하였으나 그의 부친인 유봉기(받들봉, 터기,)는 66년 6월 한국으로 강제퇴거 당했음. 퇴거 전은 요꼬하마시 고호꾸구(항구항, 북녘북, 감출구) 히오시쬬(날일, 길할길, 구역정) 1042번지. 이라이 방[46]에 거주하였었다고 함.
3. 사건의 내용에 관하여서는 연호로 보고한 신문보고 내용을 입관당국이 시인하고 있음. 입관 사무소 앞에서 혼란이 이러나니까 입관에서 경찰에 협조요청을 하였는데 경관 4-5명이 막 도착하기 전에 조련계가 자동차에 유인권을 태워 다라났다고 함.
4. 일본경찰에서는 금 11일 오전 10시경 현재 아직 유인권을 체포하지 못하고 있음.
5. 경찰에서는 유인권과 그를 납치한 조련계의 행방을 추구하고 있는데 유인권은 체포되는 대로 입관에 넘길 것이며 입관에서는 수용 입장을 집행할 것이라고

46) 아라이로 추정

하고 있음.

6. 경찰은 유인권을 보호하고 있는 아라이라는 자가 조총련계라고 생각된다고 하며 그의 부친은 유봉기가 강제퇴거 될 때에도 퇴거를 반대하는 조련계의 움직임이 있었다는 말이 있음. 유인권이 한국으로의 퇴거를 반대할 의사를 표시하였는지 여부에 관하여는 아직 확실치

7. 본건계속보고위계임 (아북)

5. 외무부 공문(착신전보)

대한민국 외무부

번호 JAW-05167

일시 111309

발신 주일대사

수신 장관

연: JAW-05155

연호 전문으로 보고한 건에 관하여 일본 법무성 관계당국으로부터 얻은 정보에 의하면 10일 오후 5시반 경 행방불명된 유인권을 11일 중으로 입관에 출두시키겠다는 담당 변호사로부터의 전화 연락을 요꼬하마 입관측이 받았다고 하여 법무성 관계당국의 말에 의하면 동인의 긴병[47]을 확보하는 대로 강제 퇴거방침이라 하옵기 보고함.

상기 인의 인적 사항:

1. 성별: 유인권(버들유, 어질인, 권세권)
2. 생년월일: 1949. 10. 8.
3. 본직: 경남 남해군 이동면 상주리
4. 주소: 일본 가와나끼시[48] 미나미 가세 2562의 2
5. 밀항시일: 1965. 9. 2. 일경 요꼬하마항 부근에 밀입국
6. 본국내 가족: 유봉기(밧들봉 터기) 동인은 1966. 6 일본에서 강제 퇴거 당하

---

47) 신병

48) 가와사키시

였음.
(아교, 아북)

6. 외무부 공문(착신전보)

대한민국 외무부
번호 JAW-05181
일시 131507
수신시간 1968.5.12. PM4:□□
발신 주일대사
수신 장관

연: JAW-05167 대: WJA-05129
1. 연호의 유인권에 관하여 일본 법무성 관계당국에 의하면 동인은 5. 11 정오 12시 45분 요꼬하마 입관에 자수하여 현재 동사무소에 수용되어 조사를 받고 있는 바 현단계로서 동인의 송환에 관해서 사무당국으로는 확정적으로 단언할 수 없으나 밀항 당시의 가족지인 한국에 송환함이 타당하다고 사료된다고 하며 이를 위하여 동인의 보호자 (부 및 형)로부터의 한국으로의 송환을 일정 당국에 진정하여 준다면 사무적인 처리에 도움이 되겠다 하옵기 보고함.
2. 상기인의 본국 송환 등 필요한 조치는 당지 중정 파견관으로 하여금 조치케 하고 있으니 관계기관과 협조 바라며 본견 수시 보고위계임. (주일영 아교, 아북)

7. 기안

번호 아교 725
기안일시 68.5.14.
기안자 교민과 박문규
협조 동북아주과장

경유수신참조 수신처 참조
제목 밀항소년 "유인권"

연: 아교 725-8341(68.5.13.)

주일대사는 연호 유인권의 조속한 본국 송환을 위하여 유인권의 보호자로부터 본국 송환 진정서를 입수 송부하여 줄 것을 요청하여 왔는 바, 연고자에 의한 이와 같은 진정 여부와는 관계없이, 전기 "유"가 대한민국 국민이며 또한 단순한 밀항자이므로 그의 본국인 대한민국으로 송환됨은 당연한 일이나 다만 이와 같은 진정서는 동인의 조기 본국 송환에 사실상 도움이 될 것으로 생각되오니 협조하여 주시기 바랍니다.

첨부: JAW-05181 전문사본 1통 끝.

수신처: 내무부장관, 중앙정보부장

8. 외무부 공문(발신전보)

대한민국 외무부
번호 WJA-05150
일시 141835
발신 장관
수신 주일대사

대: JAW-05181

1. 대호1항으로 요청하신 보호자의 송환 진정서는 내무부 및 중앙정보부에 협조 요청중인 바 본인측으로부터 직송될 것임.

2. 상기 1항의 진정서는 편의상의 고려에 의한 조치에 불과하며, 이것과는 전연 관계없이, 유인권의 일본 입국이 단순한 밀항이니만큼 그를 본국인 대한민국으로 송환함은 당연한 일로서 유인권의 송환에는 아무런 문제도 개재될 수 없는 것임을 일측에 명백히 밝혀두기 바람. (아교)

9. 외무부 공문(착신전보)

번호 JAW-052□□
일시 211400
수신시간 1968.5.21. 14:46
발신 주일대사
수신 장관

유인권 사건:
대 WJA-05150, 05195
1. 표기에 관하여 안광호 공사는 20일 오후 오사와 법무부 차관 및 우수이 입관국 차장과 면담한 기회에 아측의 견해 및 입장에 따라 유인권이 본국으로 송환되도록 요청한데 대하여 일측은 아측의 입장을 존중하는 방향으로 본건을 처리할 것을 시사하였음.
2. 관련 김정무과장은 5. 23일 외무성 노다 북동아 과장을 방문하여 아국의 입장을 표명한 바 있거니와 20일 오후 4시 다시금 노다를 방문하여 아측의 견해 및 입장을 재천명하고 유인권의 본국 송환되도록 요청하였음. 노다는 법무성측과 논의하여 보겠다고 하였음. (주일정. 영 1- 아고, 아북)

10. 외무부 공문(착신전보)

대한민국 외무부
번호 JAW-06090
일시 081300
수신시간 1968.6.8. 15:□□
발신 주일대사
수신 장관

연: JAW-02267
제60차 강제퇴거송환에서 송환이 보류된 바 있는 "구윤희"는 6.11. 14:10 "이다

쓰께" 발 KAL 편으로 송환예정임을 보고함. 상세는 추후 파우치편으로 보고위계임 (주일영(1)-) 아교, 아북)

11. 외무부 공문(착신전보)

대한민국 외무부
번호 JAW-05□□□
일시 131610
발신 주일대사
수신 장관

일본 경찰당국은 폭력단 단속 중 6.4일 오사카 시내에서 16명의 한국인 불법입국자를 검거하였는 바 이에 관하여 금 13일 입관당국에서 알려온 바에 의하면 다음과 같음.

1. 5. 31일 부산에서 목선(5톤)으로 출항, 6.1일 일본 사가현 가라쓰시 오비꼬 해안에 상륙.
2. 일행 29명중 6. 4일 체포된 인원은 16명(남자 10명, 여자 1명, 소년 1명, 소녀 4명)이며 잔여 13명은 도주 중임.
3. 상기 체포된 자의 명단 및 상세는 다음 파우치편으로 보고위계임(주일영 1- 아교, 아국)

12. 외무부 공문(발신전보)

대한민국 외무부
번호 WJA-06152
일시 50930
발신 장관
수신 주일대사

대: JAW-05256, 05291
연: WJA-05195
1. 대호 밀항소년 "유인권"의 본국 송환을 위한 진정서는 그의 형 "유인철" 명의로 5. 24. 당지 일본 대사관이 제출하였다 하오니 양지하시기 바라며 본건의 그간의 경과를 보고바람.
2. 본명의 부 "유봉기"는 65. 8. 16. 일본으로부터 강제송환 된 바 있으나 현재 주소 불명이라고 함을 첨기함. (아교)

13. 외무부 공문(착신전보)

대한민국 외무부
번호 JAW-06350
일시 281515
수신시간 1968.6.28. 8:24
발신 주일대사
수신 장관

대 WJA-06152
대호에 관하여 제일영사 과장은 6. 25 입관경비과장 보좌를 맞나 본건의 진전 상황을 타진한바 요지 아래와 같음
1. 유인권은 한국에 송환하기로 하여 현재 퇴거령에 대한 대신 결재를 중신 중에 있음.
2. 입관당국으로서는 한국에 송환할 방침이나 본인이 행정 소송을 제기할 경우에는 재판소에 의하여 소중에는 집행이 정지될 가능성이 있음.
3. 본국의 형 유인철의 진정서가 상금 입관에 전달되지 않었다 하며 당관이 접수한 진정서를 보고 종전의 경험에 비추어 상대방 변호사는 사소한 트집이라도 잡아 하자를 발견하고저 하는 만큼 오히려 진정인이 직접 입관 국장 앞으로 보내줄 것을 희망하고 문장이 훌륭하지 않아도 좋으니 자필로 필히 써주기를 바란다고 하였음.
4. 상기에 대하여 아측은 유인권을 금 61차 송환선편에 비밀리에 송환시킬 것을

희망한바 일측도 동안이 좋겠다는 의견을 표시하고 대신의 결재가 나는 타이밍을 보아 다시 아측과 상의하겠다고 함.
5. 일측은 재차 여사한 강제 송환의 경우 한국에 귀국한 후 한국신문에 피소 내용이 보도되어 일본의 좌익변호사 단체 또는 사회당이 추궁하는 경우가 있으니 신문 등에 보도되지 않도록 조치하여 줄 것을 희망하였음 (아교)

14. 외무부 공문

외무부
번호 아교 725-
일시 1968.7.4.
발신 외무부 장관
수신 수신처 참조
제목 밀항소년 "유인권"

대: 외사 2068-182 (68. 6. 11.)
연: 아교 725-239 (68. 5. 14.)

1. 주일대사는 연호 "유인권"에 관하여 그간의 진전 상황을 다음과 같이 보고하여 왔습니다.

가. "유"를 한국에 송환키로 하고 현재 퇴거령에 대한 상부 결재를 중신중에 있음.

나. 입관 당국으로서는 한국에 송환할 방침이나 본인이 행정 소송을 제기할 경우, 재판소에 의하여 소중에는 집행이 정지될 가능성이 있음.

다. 일측은 재차 여사한 강제 송환의 경우, 한국에 귀국한 후 한국 신문에 피소 내용이 보도되어 일본의 좌익 변호사 단체 또는 사회당이 추궁하는 경우가 있으니, 신문 등에 보도되지 않도록 조치하여 줄 것을 희망하고 있음.

2. 본국의 형 유인철의 진정서는 상금 일본 입관에 도착되지 않고 있으므로 상대방 변호사의 소송이 있을 경우에 대비코저, 진정인이 필히 자필로 입관 국장 앞으로 진정서를 보내줄 것을 희망하고 있아오니, 지급 조치하여 주시고, 그 결과를 회보하여 주시기 바랍니다.

3. 본건 아측은 "유"를 금 61차 송환 선편에 송환시킬 것을 희망하였던바, 일측도 동안이 좋겠다는 의견을 표시하고 상부의 결재가 나는 대로 다시 아측과 상의하겠다고 하여 왔음을 첨기합니다.

첨부: JAW-06350 전문 사본 1부. 끝.

수신처: 내무부 장관, 중앙정보부장.

15. 외무부 공문(발신전보)

대한민국 외무부
번호 WJA-07221
일시 201255
발신 장관
수신 주일대사

대: JAW-06350
대호 "유"의 형 유인철 명의 진정서는 7.10일자로 일법무성 입관국장 앞으로 발송하였다고 하며, 5. 24일자 진정서도 일 입관당국에 조속 도착되도록 당지 일본대사관에 재차 탄원서를 제출하였다고 함을 알림. (아교)

16. 외무부 공문(착신전보)

외무부
번호 SIW-1006
일시 111550
수신시간 68.10.11. 17:24
발신 주시모노세키 영사
수신 장관

대: WSI-1001

대호에 관하여 아래와 같이 보고함.

1. SIW -0902. 0903 및 시영 738로 보고한바와 같이 9.24일 18일 밀항자가 검거되었고 10.1 일에는 4명이 10.3일에는 29명의 밀항자가 계속 검거되었는데 (SI W -1001 및 1002 참조) 시모노세끼 해상보안소 및 입관당국자에 의하면 밀항자의 대부분이 젊은 자이고 상기와 같이 단시일내에 다수의 밀항자가 발생하여 혹시 인신매매 같은 목적을 가진 밀항 조직이었는 것이 아닌가 의심되어 조사하였으나 현재까지 이에 대한 확증은 없다고 함.

2. 동당국자에 의하면 9. 24. 일 밀항 검거된 18명 중 주모자로 보이는 "오오따니 유끼오"는 박천수, 김영식, 하길수, 박홍식, 하성식, 하서항 등의 여러가지 이름을 사용하고 있으나 하서항이 그의 본명 같다고 하며 주소는 경북 영일군 구평 업[49] 구평리이며 해인은 1967년.1 월경에도 후꾸오까 부근에 밀항 체포되어 동년말 오오무라 수용소를 경유 송환된 사실도 있다고 하며 주모자로 보이는 밀항자에 대한 조사는 아직 끝나지 않았다고 함. (아교, 아북)

17. 외무부 공문(착신전보)

대한민국 외무부

번호 JAW-10454

일시 301520

수신시간 68.10.30. 16:23

발신 주일대사

수신 장관

밀항사범 발생보고

1. 당지 아사히 신문(10.30일 조간)에 밀입국 한국인 3명이 10.28 일 가와사키 경찰에 체포되었다는 기사가 있어 관할 요꼬하마 영사관에 조회한 바 다음과 같이 신원이 판명되었기 보고함.

가. 성명: 이정흠 1946. 6. 5일생

---

49) 읍

본적: 제주도 남제주군 대정읍 하모리
주소: 가나가와 현 가와사키시 모도끼쪼 84
밀항 일자: 1966. 4 초순, 부산에서 목선으로 일본 구주에 상륙함.
목적: 돈벌이
나. 성명: 강동구
본적: 이정흠과 동일함
밀항일자: 1966. 12. 2. 부산에서 목선으로 상륙
목적: 병치료
다. 강경택 1951. 12. 3 일생
본적: , 주소: 제주도 제주시 삼양리 1275
밀항일자: 1968. 4월경 부산에서 어선으로 상륙
목적: 기술습득
2. 상세는 요꼬하마 영사관에서 추후 보고할 것임
3. 상기인들에 관한 신문기사에 동인들이 경찰신문에서 일본 밀입국 목적이 한국은 23세가 되면 징병되어 월남에 파병되기 때문에 이것이 싫어서 밀입국하였다고 말하였다 함

(아교 아북)

④ 재일 한인 강제퇴거(송환), 1969

기능명칭: 재일한인 강제퇴거(송환), 1969

분류번호: 791.41, 1969

등록번호: 3360

생산과: 재외국민과/교민과/동북아주과

생산년도: 1969

필름번호: P-0007

파일번호: 09

프레임번호: 0001-0007

1. 외무부 공문(착신전보)–경위 및 윤수길의 약력

번호 JAW-
일시
수신시간 1969.1.25. 21:24

판독불가[50)]

받은 후, 행정소송을 제기하면서 본인은 정치범 죄인 또는 정치 난민이라고 주장하고 한국에 돌아가면 위험하다는 것을 이유로 처분
2. 동경 지방재판소 " 스기모도" 판사는 상기 행정처분 취소판결을 내리면서 (1) 정치범인 불송환 원칙은 국제적으로 인정되고 있는 관행이며 (2) 차별의 위험성이 있는 자를 송환한다는 것은 본인에게 위험을 가지고올 우려가 있다는 이유를 들고 있다함.
3. 윤수길의 약력에 관하여 알려진 바는 다음과 같음.
1951.4 일본 밀입국
1952.9 동경대학 이학부 문리과 연구생으로 편입
1955.9 상기 중퇴
1962.4 동경입관에 체포되어 강제퇴거명령을 받고 오무라에 수용
1962.12 행정명령 취소 청구에 관한 행소 제기 그후 동경지방 재판소는 판결이 내려질때까지 퇴거집행정지를 결정하고 가방면중에 있음. (아북, 아교)

2. 외무부 공문(착신전보)–정치망명 인정 판결

외무부
번호 JAW-01284
일시 271755
수신시간 1969.1.27. □□:□□

50) 문서 상단에 짙게 음영이 지어 있음.

수신 장관

발신 주일대사

□□□□□□□ 소위 정치망명 인정 판결

연: JAW-01624

1. 동경 지방 재판소의 윤수길의 판결에 대하여 24일 석간 각 신문은 크게, 밀입국한 한국인이 승소하였다고, 보도하고 있음. (아사히 마이니찌는 1면 4,5단 기타 각 신문은 사회면 톱) 윤수길의 일본체재 경력, 배경 및 기소와 판결 이유등은 연호 보고와 대체로 같으나 신문은 윤수길의 판결이 소위 정치 망명에 대한 최초의 판결이라고 강조함. 동경지방 재판소의 상기 판결에 대하여는 동일 오후 법무성측이 판결불복하여 공소를 제기하였다함.

2. 동경 지방재판소 "스기모도 코기찌" 판사의 판결 이유는 정치범죄인으로 인정되며, 일본헌법 98조(국제법규의 준수)에 의하여 상기 국제관습법은 일본내에서도 효력을 가지는 것임으로 이에 반하는 윤씨의 강제송환은 위험이라고 하여 법무성 입구관리국의 강제퇴거 처분을 취소하는 판결을 내린것임.

3. 법무성은 쟁송과정에서 정치범 불인도 원칙은 국제관습법으로서 확립된 것이라고는 할 수 없으며 또한 정치범이라고 함은 본국으로부터 인도의 여부가 있는 자를 말하는데, 윤씨의 경우 한국으로부터 요구도 없었으며 한국에서 수사가 행하여 지고 있는 것은 아님으로 정치범은 아니다, 불법 입국자를 방치해 두는 것은 일본의 공익을 반할 것이며 원고의 행위는 송환된다고 하더라도 사형등에 상당하는 것이라고는 생각되지 않는다고 반론하였다함.

한편 25일 "나까가와" 법무성 입관국장은 국제법상 정치범 불인도 원칙이 있는 것은 확실하나 윤수길의 경우는 정치범이 아니고 불법 입국자다, 재판소가 정치범이라고 판단한 이상 윤의 내일 동기 등에 대하여 새로히 조사할 작정이라고 말하였다함.

3. 상기 재판은 62년 6월 기소이래 7년에 걸치는 쟁소로서 재판소는 국제법 전공의 3□□□□□□추천 동대교수 다까노 유이지, 동북대 교수 오다, 국가측 추천: 오히라 □□□□□□바시 대학교수에 대하여 상세한 감정서를 제출하도록 하여 판결을 내리게 하였고, "스기모도" 판사는 "다까노" 교수의 의견을 인용하였다 함. "스기모도" 판사는 정치범 본인도 원칙은 일정한 한정 하에서 국제관습법이 된다고 해석하고 있는데 조건은 (1) 순수한 정치범일 것, 그것이 본

국에서 행하여졌던가 국내에서 행하여졌던가를 불문함, (2) 본국으로부터 인도의 청구, 재판에서의 유죄의 판결, 기소 또는 체포장이 발부되어져 있느냐 상태와, 또한 객관적으로 상기와 같은 정도로 처벌 및 확실성이 있는 경우라고 하고, 이들의 조건이 있으면 정치범 불인도의 원칙은 국제 관습법이라고 해석해야할 것이라고 하여, 윤수길은 이에 해당하는 것이라고 하여 판결을 내린것임.

4. 일부 신문의 해설에서 (동경 및 산께이) 정치범죄에 대한 처음의 판결로서 파문을 일으킬 것 같다고 하고, 특히 "스기모도" 판결에 의한다면, 일정한 조건을 갖인자는 모두 망명을 □을 자격을 갖게 된다고 하고 지금까지 정치 망명을 일건도 인정하지 않았던 예로보아 획기적이라고 함. 현재 윤수길과 같이 강제퇴거 처분 취소를 구하는 행정소송의 제기하고 있는 것은 한국인이 5건, 대만이3건으로 동경과 "요꼬하마" 지방 재판소에서 각각 진행중이라고 함. (아북, 아교)

부록

역대 외무부 장관과 주일대사 명단, 대사관 정보

해방이후 재일한인 외교문서 해제집

제2권 (1945~1969)

1. 역대 외교부장관 명단

정부	대수	이름	임기
이승만 정부	초대	장택상(張澤相)	1948년 8월 15일 ~ 1948년 12월 24일
	2대	임병직(林炳稷)	1948년 12월 25일 ~ 1951년 4월 15일
	3대	변영태(卞榮泰)	1951년 4월 16일 ~ 1955년 7월 28일
	4대	조정환(曺正煥)	1956년 12월 31일 ~ 1959년 12월 21일
허정 과도내각	5대	허정(許政)	1960년 4월 25일 ~ 1960년 8월 19일
장면 내각	6대	정일형(鄭一亨)	1960년 8월 23일 ~ 1961년 5월 20일
국가재건최고회의	7대	김홍일(金弘壹)	1961년 5월 21일 ~ 1961년 7월 21일
	8대	송요찬(宋堯讚)	1961년 7월 22일 ~ 1961년 10월 10일
	9대	최덕신(崔德新)	1961년 10월 11일 ~ 1963년 3월 15일
	10대	김용식(金溶植)	1963년 3월 16일 ~ 1963년 12월 16일
제3공화국	11대	정일권(丁一權)	1963년 12월 17일 ~ 1964년 7월 24일
	12대	이동원(李東元)	1964년 7월 25일 ~ 1966년 12월 26일
	13대	정일권(丁一權)	1966년 12월 27일 ~ 1967년 6월 29일
	14대	최규하(崔圭夏)	1967년 6월 30일 ~ 1971년 6월 3일
제4공화국	15대	김용식(金溶植)	1971년 6월 4일 ~ 1973년 12월 3일
	16대	김동조(金東祚)	1973년 12월 4일 ~ 1975년 12월 18일
	17대	박동진(朴東鎭)	1975년 12월 19일 ~ 1980년 9월 1일
전두환 정부	18대	노신영(盧信永)	1980년 9월 2일 ~ 1982년 6월 1일
	19대	이범석(李範錫)	1982년 6월 2일 ~ 1983년 10월 9일
	20대	이원경(李源京)	1983년 10월 15일 ~ 1986년 8월 26일
노태우 정부	21대	최광수(崔侊洙)	1986년 8월 27일 ~ 1988년 12월 5일
	22대	최호중(崔浩中)	1988년 12월 5일 ~ 1990년 12월 27일
	23대	이상옥(李相玉)	1990년 12월 27일 ~ 1993년 2월 26일
김영삼 정부	24대	한승주(韓昇洲)	1993년 2월 26일 ~ 1994년 12월 24일
	25대	공로명(孔魯明)	1994년 12월 24일 ~ 1996년 11월 7일
	26대	유종하(柳宗夏)	1996년 11월 7일 ~ 1998년 3월 3일

김대중 정부	27대	박정수(朴定洙)	1998년 3월 3일 ~ 1998년 8월 4일
	28대	홍순영(洪淳瑛)	1998년 8월 4일 ~ 2000년 1월 14일
	29대	이정빈(李廷彬)	2000년 1월 14일 ~ 2001년 3월 26일
	30대	한승수(韓昇洙)	2001년 3월 26일 ~ 2002년 2월 4일
	31대	최성홍(崔成泓)	2002년 2월 4일 ~ 2003년 2월 27일
노무현 정부	32대	윤영관(尹永寬)	2003년 2월 27일 ~ 2004년 1월 16일
	33대	반기문(潘基文)	2004년 1월 17일 ~ 2006년 11월 9일
	34대	송민순(宋旻淳)	2006년 12월 1일 ~ 2008년 2월 29일
이명박 정부	35대	유명환(柳明桓)	2008년 2월 29일 ~ 2010년 9월 7일
	36대	김성환(金星煥)	2010년 10월 8일 ~ 2013년 2월 24일
박근혜 정부	37대	윤병세(尹炳世)	2013년 3월 13일 ~ 2017년 6월 18일
문재인 정부	38대	강경화(康京和)	2017년 6월 18일 ~ 2021년 2월 8일
	39대	정의용(鄭義溶)	2021년 2월 9일 ~ 2022년 5월 11일
윤석열 정부	40대	박진(朴振)	2022년 5월 12일 ~ 현재

2. 역대 주일대사 명단

정부	대수	이름	임기
제3공화국	초대	김동조(金東祚)	1966년 01월 07일 ~ 1967년 10월
	2대	엄민영(嚴敏永)	1967년 10월 30일 ~ 1969년 12월 10일
	3대	이후락(李厚洛)	1970년 02월 10일 ~ 1970년 12월
	4대	이호(李澔)	1971년 01월 21일 ~ 1973년 12월
제4공화국	5대	김영선(金永善)	1974년 02월 09일 ~ 1978년 12월
	6대	김정렴(金正濂)	1979년 02월 01일 ~ 1980년 08월
	7대	최경록(崔慶祿)	1980년 09월 26일 ~ 1985년 10월
제5공화국	8대	이규호(李奎浩)	1985년 11월 14일 ~ 1988년 04월
노태우 정부	9대	이원경(李源京)	1988년 04월 27일 ~ 1991년 02월
	10대	오재희(吳在熙)	1991년 02월 19일 ~ 1993년 04월
김영삼 정부	11대	공로명(孔魯明)	1993년 05월 25일 ~ 1994년 12월
	12대	김태지(金太智)	1995년 01월 20일 ~ 1998년 04월
김대중 정부	13대	김석규(金奭圭)	1998년 04월 28일 ~ 2000년 03월
	14대	최상용(崔相龍)	2000년 04월 17일 ~ 2002년 02월
	15대	조세형(趙世衡)	2002년 02월 06일 ~ 2004년 03월
노무현 정부	16대	라종일(羅鍾一)	2004년 03월 05일 ~ 2007년 03월 17일
	17대	유명환(柳明桓)	2007년 03월 23일 ~ 2008년 03월 15일
이명박 정부	18대	권철현(權哲賢)	2008년 04월 17일 ~ 2011년 06월 06일
	19대	신각수(申珏秀)	2011년 06월 10일 ~ 2013년 05월 31일
박근혜 정부	20대	이병기(李丙琪)	2013년 06월 04일 ~ 2014년 07월 16일
	21대	유흥수(柳興洙)	2014년 08월 23일 ~ 2016년 07월 01일
	22대	이준규(李俊揆)	2016년 07월 08일 ~ 2017년 10월 27일
문재인 정부	23대	이수훈(李洙勳)	2017년 10월 31일 ~ 2019년 05월 03일
	24대	남관표(南官杓)	2019년 05월 09일 ~ 2021년 01월 17일
	25대	강창일(姜昌一)	2021년 1월 22일 ~ 현재(2022년 6월 기준)

3. 주일 대사관 및 총영사관 창설 시기

주일본 대한민국 대사관	1965년 도쿄에 창설
주고베 총영사관	1966년 5월 창설, 1974년 5월 7일 총영사관 승격
주나고야 총영사관	1966년 5월 창설, 1974년 5월 총영사관 승격
주니가타 총영사관	1978년 4월 창설
주삿포로 총영사관	1966년 6월 총영사관 창설
주센다이 총영사관	1966년 9월 창설, 1980년 5월 총영사관 승격
주오사카 총영사관	1949년 사무소 창설, 1966년 총영사관 승격/현재 임시 청사
주요코하마 총영사관	1966년 5월 25일 창설
주히로시마 총영사관	1966년 5월 시모노세키 총영사관 창설 및 폐관(1996년 12월), 1977년 1월 히로시마 총영사관 개관
주후쿠오카 총영사관	1946년 9월 사무소 개설, 1966년 1월 총영사관 승격

4. 주일 대사관 및 총영사관 소재지

주일본 대한민국 대사관	東京都 港区 南麻布 1-7-32　(우106-0047)
주고베 총영사관	兵庫県 神戸市 中央区 中山手通 2-21-5　(우650-0004)
주나고야 총영사관	愛知県 名古屋市 中村区 名駅南 1-19-12 (우450-0003)
주니가타 총영사관	新潟市 中央区 万代島 5-1 万代島ビル 8階 (우950-0078)
주삿포로 총영사관	北海道 札幌市 中央区 北2条 西12丁目 1-4 (우060-0002)
주센다이 총영사관	宮城県 仙台市 青葉区 上杉 1丁目 4-3 (우980-0011)
주오사카 총영사관	大阪市 中央区 久太郎町 2-5-13 五味ビル (우541-0056)
주요코하마 총영사관	神奈川県 横浜市 中区 山手町 118番地 (우231-0862)
주히로시마 총영사관	広島市南区翠5丁目9-17 (우 734-0005)
주후쿠오카 총영사관	福岡市 中央区 地行浜 1-1-3 (우810-0065)

저자약력

이경규 동의대학교 일본어학과 교수, 동아시아연구소 소장
임상민 동의대학교 일본어학과 조교수
이수경 도쿄가쿠게이대학 교육학부 교수
소명선 제주대학교 일어일문학과 교수
박희영 한밭대학교 일본어과 조교수
김웅기 한림대학교 일본학연구소 HK교수
엄기권 한남대학교 일어일문학과 강사
정영미 동의대학교 문헌정보학과 교수
이행화 동의대학교 동아시아연구소 연구교수
박미아 동의대학교 동아시아연구소 연구교수
이재훈 동의대학교 동아시아연구소 연구교수

이 저서는 2020년도 정부(교육부)의 재원으로 한국연구재단의 지원을 받아 수행된 연구임. (NRF-2020S1A5C2A02093140)

해방이후 재일한인 외교문서 해제집

| 제2권 | (1945~1969)

초판인쇄 2022년 06월 20일
초판발행 2022년 06월 25일

편　　자 동의대학교 동아시아연구소
저　　자 이경규 임상민 이수경 소명선 박희영 김웅기
엄기권 정영미 이행화 박미아 이재훈
발 행 인 윤석현
발 행 처 박문사
등록번호 제2009-11호
책임편집 최인노

우편주소 서울시 도봉구 우이천로 353 성주빌딩
대표전화 (02) 992-3253(대)
전　　송 (02) 991-1285
전자우편 bakmunsa@hanmail.net

ISBN 979-11-92365-16-9 94340
979-11-92365-14-5 (Set)

정가 42,000**원**